教育部、财政部职业院校教师素质提高计划职教师[illegible]养资源开发项目
《车辆工程》专业职教师资培养资源开发（VTNE013）

汽车电气设备检测与维修

QICHE DIANQI SHEBEI JIANCE YU WEIXIU

主　编：吴芷红　彭德豹
主　审：刘圣田

人民交通出版社股份有限公司
China Communications Press Co.,Ltd.

内 容 提 要

本教材以工作过程系统化的行动导向教学理念为指导思想，以培养学生的专业能力、方法能力、社会能力为目标，按照理实一体化的教学模式组织编写，充分体现车辆工程类专业师资培养“专业性、职业性、师范性”三性融合的要求。

全书共分七个工作项目，分别为：汽车电源系统的检测与维修；汽车起动系统的检测与维修；汽车点火系统的检测与维修；汽车照明、信号、仪表系统的检测与维修；汽车附属电器的检测与维修；汽车空调系统的检测与维修；汽车线路的检测与维修。

本教材主要用于培养中等职业学校汽车制造与检修、汽车运用与维修、汽车电子技术应用和汽车车身修复等车辆工程类专业教师，适合于中、高等职业院校车辆工程类专业教师培训使用，也可作为相关专业的职业教育教材。

图书在版编目(CIP)数据

汽车电气设备检测与维修 / 吴芷红，彭德豹主编. —北京：人民交通出版社股份有限公司，2017.1

ISBN 978-7-114-13258-2

Ⅰ.①汽… Ⅱ.①吴… ②彭… Ⅲ.①汽车—电气设备—车辆检修—基本知识 Ⅳ.①U472.41

中国版本图书馆 CIP 数据核字(2016)第 185652 号

书　　名：汽车电气设备检测与维修
著 作 者：吴芷红　彭德豹
责任编辑：王　霞　谢海龙
出版发行：人民交通出版社股份有限公司
地　　址：(100011)北京市朝阳区安定门外外馆斜街 3 号
网　　址：http://www.ccpress.com.cn
销售电话：(010)59757973
总 经 销：人民交通出版社股份有限公司发行部
经　　销：各地新华书店
印　　刷：北京盈盛恒通印刷有限公司
开　　本：787×1092　1/16
印　　张：17.75
字　　数：418 千
版　　次：2017 年 3 月　第 1 版
印　　次：2017 年 3 月　第 1 次印刷
书　　号：ISBN 978-7-114-13258-2
定　　价：35.00 元

项目专家指导委员会

出版说明

《国家中长期教育改革和发展规划纲要(2010—2020年)》颁布实施以来,我国职业教育进入到加快构建现代职业教育体系、全面提高技能型人才培养质量的新阶段。加快发展现代职业教育,实现职业教育改革发展新跨越,对职业学校"双师型"教师队伍建设提出了更高的要求。为此,教育部明确提出,要以推动教师专业化为引领,以加强"双师型"教师队伍建设为重点,以创新制度和机制为动力,以完善培养培训体系为保障,以实施素质提高计划为抓手,统筹规划,突出重点,改革创新,狠抓落实,切实提升职业院校教师队伍整体素质和建设水平,加快建成一支师德高尚、素质优良、技艺精湛、结构合理、专兼结合的高素质专业化的"双师型"教师队伍,为建设具有中国特色、世界水平的现代职业教育体系提供强有力的师资保障。

目前,我国共有60余所高校正在开展职教师资培养,但由于教师培养标准的缺失和培养课程资源的匮乏,制约了"双师型"教师培养质量的提高。为完善教师培养标准和课程体系,教育部、财政部在"职业院校教师素质提高计划"框架内专门设置了职教师资培养资源开发项目,中央财政划拨1.5亿元,系统开发用于本科专业职教师资培养标准、培养方案、核心课程和特色教材等系列资源。其中,包括88个专业项目,12个资格考试制度开发等公共项目。该项目由42家开设职业技术师范专业的高等学校牵头,组织近千家科研院所、职业学校、行业企业共同研发,一大批专家学者、优秀校长、一线教师、企业工程技术人员参与其中。

经过三年的努力,培养资源开发项目取得了丰硕成果。一是开发了中等职业学校88个专业(类)职教师资本科培养资源项目,内容包括专业教师标准、专业教师培养标准、评价方案,以及一系列专业课程大纲、主干课程教材及数字化资源;二是取得了6项公共基础研究成果,内容包括职教师资培养模式、国际职教师资培养、教育理论课程、质量保障体系、教学资源中心建设和学习平台开发等;三是完成了18个专业大类职教师资资格标准及认证考试标准开发。上述成果,共计800多本正式出版物。总体来说,培养资源开发项目实现了高效益:形成了一大批资源,填补了相关标准和资源的空白;凝聚了一支研发队伍,强化了教师培养的"校—企—校"协同;引领了一批高校的教学改革,带动了"双师型"教师的专业化培养。职教师资培养资源开发项目是支撑专业化培养的一项系统化、基础性工程,是加强职教教师培养培训一体化建设的关键环节,也是对职教师资培养培训基地教师专业化培养实践、教师教育研究能力的系统检阅。

自2013年项目立项开题以来,各项目承担单位、项目负责人及全体开发人员做了大量深入细致的工作,结合职教教师培养实践,研发出很多填补空白、体现科学性和前瞻性的成果,有力推进了"双师型"教师专门化培养向更深层次发展。同时,专家指导委员会的各位专家以及项目管理办公室的各位同志,克服了许多困难,按照教育部和财政部对项目开发工作的总体要求,为实施项目管理、研发、检查等投入了大量时间和心血,也为各个项目提供了专业的咨询和指导,有力地保障了项目实施和成果质量。在此,我们一并表示衷心的感谢。

编写委员会

2016年3月

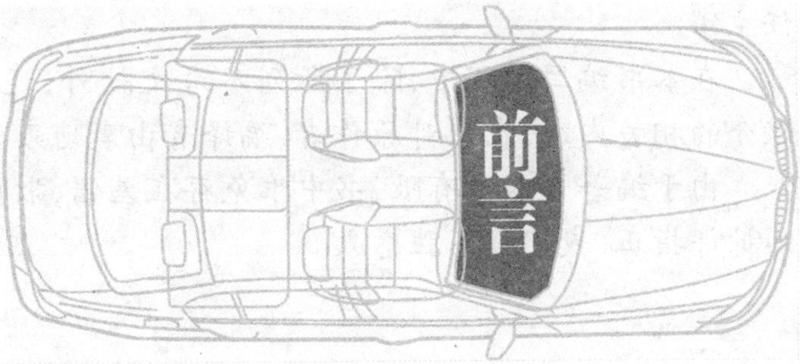

前言

自2009年以来，中国一直保持着汽车产量、销量世界第一。2015年，中国内地生产汽车2450.33万辆，销售汽车2459.76万辆。2014年年末全国民用汽车保有量达到15447万辆(包括三轮汽车和低速货车972万辆)，其中私人汽车保有量12584万辆；民用轿车保有量8307万辆，其中私人轿车7590万辆。这些数字说明，中国内地已经成为一个以私人消费为主的巨大的汽车消费市场。汽车，已经普遍渗透到了我们社会的方方面面，形成了一个庞大的汽车市场。

汽车市场的蓬勃发展，需要有数量足够、技能娴熟的从业人员为其生产、流通和使用服务，这为职业院校的车辆工程类专业的开设提供了市场机会，也意味着需要充足的、高素质的车辆工程类专业师资。基于此，“十二五”期间，教育部、财政部发布实施“职业院校教师素质提高计划”，本教材即是车辆工程类本科专业职教师资培养资源开发项目(项目编号：VTNE013)的系列研究成果之一。

本教材主要是为培养中等职业学校汽车制造与检修、汽车运用与维修、汽车电子技术应用和汽车车身修复等车辆工程类专业教师而编写。教材编写以工作过程系统化的行动导向教学理念为指导思想，以培养学生的专业能力、方法能力、社会能力为目标，按照理实一体化的教学模式组织编写，充分体现车辆工程类专业师资培养“专业性、职业性、师范性”三性融合的要求。

本教材共分七个工作项目，分别为：汽车电源系统的检测与维修；汽车起动系统的检测与维修；汽车点火系统的检测与维维；汽车照明、信号、仪表系统的检测与维修；汽车附属电器的检测与维修；汽车空调系统的检测与维修；汽车线路的检测与维修。每个工作项目均包括了项目描述、任务目标、任务导入、任务知识、任务实施、知识拓展、练一练、做一做、任务评价、教学提示和项目小结等内容。本教材内容编排契合成人学习特点与职教师资培养的诉求，确保培训有效性。

本书由吴芷红、彭德豹任主编。编写分工为：项目一由刘鹏编写，项目二由冉广仁编写，项目三由柳涛编写，项目四由梁彦强编写，项目五由吴芷红、叶芳编写，项目六由彭德豹编写，项目七由聂恒柱编写。全书由吴芷红统稿，刘圣田担任主审。

在本书编写过程中，除了所列参考文献外，还参考了国内部分报刊、网站等媒介的相关内容，在此对原作者、编译者由衷地表示感谢。

由于编著者水平有限，书中难免存在差错，敬请广大读者尤其是中职学校教师批评指正，我们将不胜感激。

编　者

2015 年 12 月

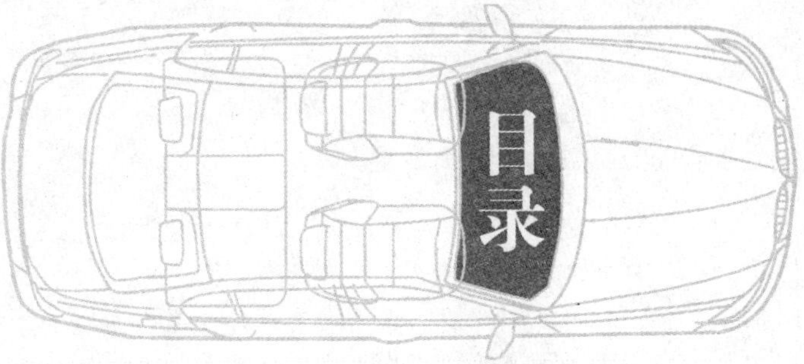

目录

项目一
汽车电源系统的检测与维修

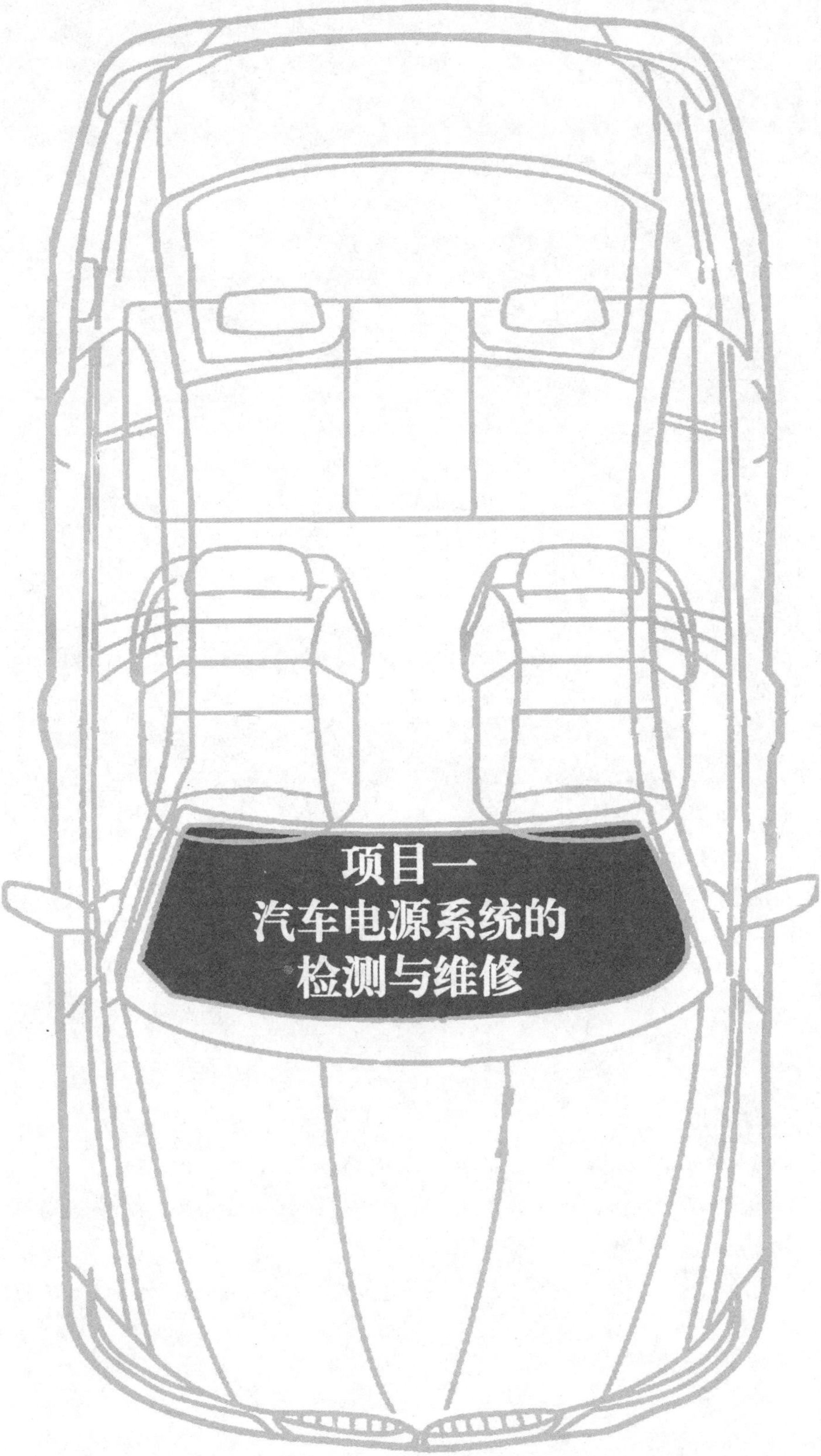

项目描述

汽车电源系统是汽车中必不可少的重要组成部分。电源系统主要包括:蓄电池、发电机、电压调节器。其中,发电机为主电源,发电机正常工作时,由发电机向全车用电设备供电,同时给蓄电池充电。蓄电池的主要作用是发动机起动时向起动机供电,同时辅助发电机向用电设备供电。电压调节器的作用是使发电机的输出电压保持恒定。

汽车电源系统故障主要有蓄电池亏电故障、充电指示灯故障、蓄电池充电故障、发电机充电故障以及其他故障等。

任务1　蓄电池的检测与维修

任务目标

1. 了解蓄电池的工作原理及作用。
2. 掌握蓄电池的维护。
3. 学会蓄电池的检测方法。

任务导入

一辆大众时代超人轿车蓄电池经常亏电,短时间起动正常,将车辆停放超过一天蓄电池就无力起动,甚至无法起动。

任务知识

一、蓄电池的作用

蓄电池是一种可逆的低压直流电源,它既能将化学能转化为电能,也能将电能转换为化学能。蓄电池在整车上的位置,如图1-1所示。

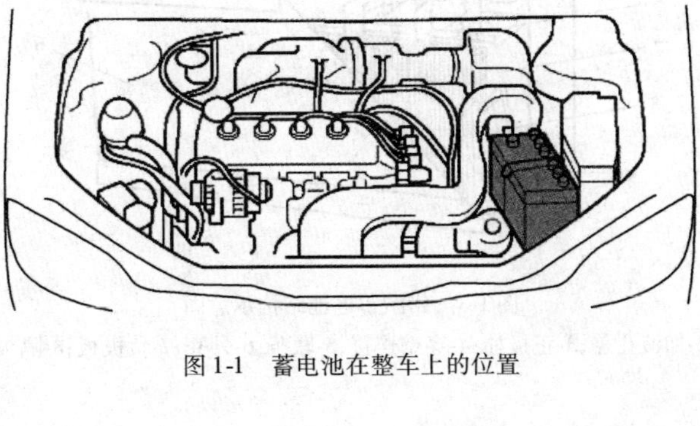

图1-1　蓄电池在整车上的位置

蓄电池可分为碱性蓄电池和酸性蓄电池两大类,其主要功能是起动发动机,汽车上一般采用铅酸蓄电池。汽车上装有蓄电池与发电机两个直流电源,全车用电设备均与直流电源并联连接,电路图如图 1-2 所示。

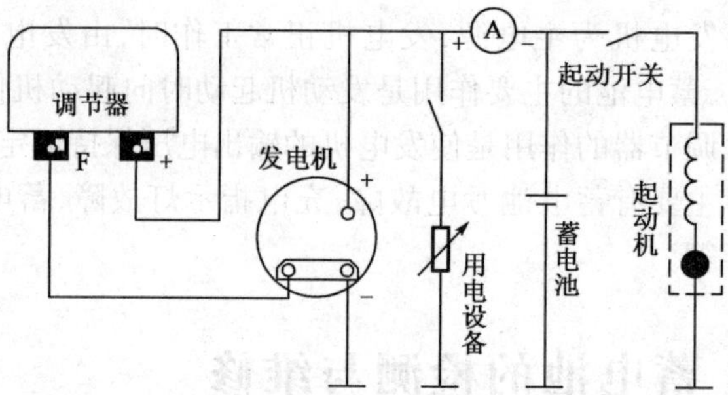

图 1-2　汽车并联电路

蓄电池具体作用如下:

(1)发动机起动时,向起动机和点火系统供电。

(2)发动机低速运转时,向用电设备和发电机磁场绕组供电。

(3)发动机中、高速运转时,将发电机剩余电能转化为化学能储存起来。

(4)发电机过载时,协助发电机向用电设备供电。

(5)蓄电池相当于一个大电容,能吸收电路中出现的瞬时过电压,保护电子元件,保持汽车电器系统电压稳定。

二、蓄电池的基本结构

铅酸蓄电池主要由正负极板、隔板、电解液、外壳、联条、极桩、蓄电池盖及加液孔盖等部分组成,如图 1-3 所示。极板是蓄电池的核心部分。正极板上的活性物质是二氧化铅(PbO_2),呈深棕色;负极板上的活性物质是海绵状的纯铅,呈青灰色。隔板插放在正负极板之间,防止正、负极板互相接触造成短路。电解液在蓄电池的化学反应中起到离子间导电的

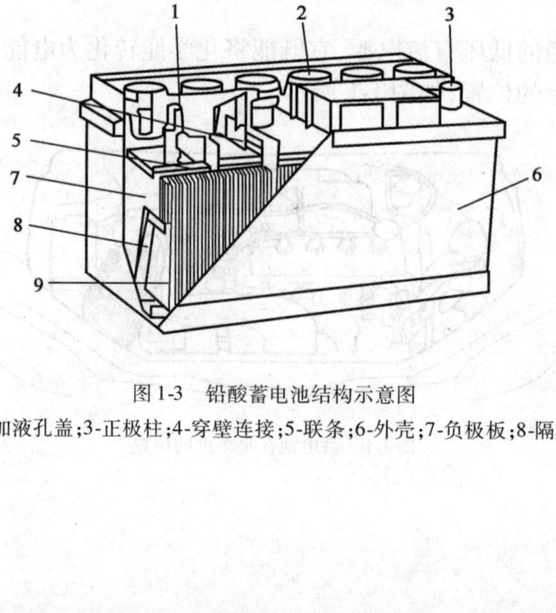

图 1-3　铅酸蓄电池结构示意图

1-负极柱;2-加液孔盖;3-正极柱;4-穿壁连接;5-联条;6-外壳;7-负极板;8-隔板;9-正极板

作用，并参与蓄电池的化学反应，电解液由相对密度为 1.84g/cm^3 的化学纯硫酸（H_2SO_4）与蒸馏水按一定比例配制而成，其相对密度一般为 1.24～1.30g/cm^3。壳内由间壁分成 3 个或 6 个互不相通的单格，各单格之间用铅质联条串联起来。蓄电池首尾两极板组的横板上焊有接线柱。这是蓄电池充放电的必经之路。它分为正极桩和负极桩，前者用"+"符号表示，后者用"-"符号表示。壳体上部使用相同材料的电池盖密封，电池盖上设有对应于每个单格电池的加液孔，用于添加电解液和蒸馏水以及测量电解液密度、温度和液面高度。蓄电池充、放电的化学反应主要是依靠极板上的活性物质与电解液进行的。额定电压 12V 的蓄电池由 6 个单格串联而成，每单格的额定电压为 2V。

三、蓄电池的工作原理

蓄电池充放电过程就是化学能与电能相互转化的过程：当蓄电池向外供电时，将化学能转化为电能；而当蓄电池与外部直流电源相连进行充电时，将电能转化为化学能。其电化学反应是可逆反应，可用如下总的反应方程式表示：

$$PbO_2 + 2H_2SO_4 + Pb \underset{\text{充电}}{\overset{\text{放电}}{=\!=\!=}} 2PbSO_4 + 2H_2O$$

正极板　电解液　负极板　　正、负极板

起动型蓄电池的内阻一般都很小，仅百分之几欧姆（单格电池内阻约为 0.011Ω）。大电流放电时，内阻压降很小，以满足起动机的需要。

四、蓄电池的容量

蓄电池的额定容量是检验蓄电池质量的重要指标之一。《起动用铅酸蓄电池　第 1 部分：技术条件和试验方法》（GB/T 5008.1—2013）规定，蓄电池在完全充电结束后 1～5h 内，当电解液温度达到 25℃ ±5℃时，以 I_{20} 电流放电到蓄电池端电压达 10.5V ±0.05V 时终止，蓄电池所输出的电量称为额定容量，用 C_{20} 表示，单位为安培·小时（A·h）。

一般说来，有些使用因素也会对蓄电池容量有影响。放电电流大时，蓄电池容量下降；电解液温度降低时，蓄电池容量减小；电解液密度过高或过低蓄电池容量都会降低。

五、蓄电池的充电

通常蓄电池的充电方法有定流充电、定压充电及脉冲快速充电三种，不同的充电方法，应根据具体情况正确选择。

蓄电池的充电种类有初充电、补充充电、去硫化充电，适用于不同的场合。

任务实施

一、蓄电池的维护

（1）保持蓄电池外表面的清洁干燥，及时清除极桩和电缆卡子上的氧化物，并确定蓄电池极桩上的电缆连接牢固。

清洗蓄电池时，最好从车上拆下蓄电池，用苏打水溶液冲洗整个壳体，如图 1-4a）所示，然后用清水冲洗蓄电池并用纸巾擦干。对蓄电池托架,可先用腻子刀刮净较厚的腐蚀物,然后用苏打水溶液清洗托架,如图 1-4b)所示,之后用水冲洗并干燥。托架干燥后,漆上防腐漆。

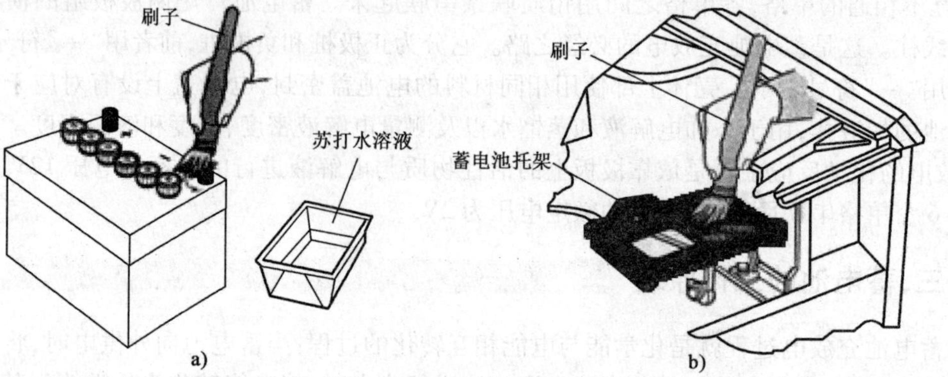

图 1-4　蓄电池的清洁

对极桩和电缆卡子,可先用苏打水溶液清洗,再用专用清洁工具进行清洁,如图 1-5 所示。清洗后,在电缆卡子上涂上凡士林或润滑油防止腐蚀。

注意:清洗蓄电池之前,要拧紧加液孔盖,防止苏打水进入蓄电池内部。

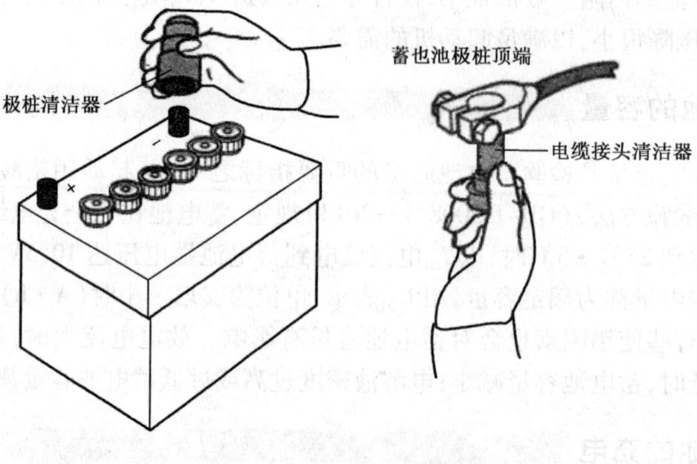

图 1-5　极桩和电缆卡子的清洁

(2)保持加液孔盖上通气孔的畅通,定期疏通。

(3)定期检查并调整电解液液面高度,液面不足时,应补加蒸馏水。

(4)汽车每行驶 1000km 或夏季行驶 5 ~6d,冬季行驶 10 ~15d,应用密度计或高率放电计检查一次蓄电池的放电程度。当冬季放电超过 25%,夏季放电超过 50% 时,应及时将蓄电池从车上拆下进行补充充电。

(5)根据季节和地区的变化及时调整电解液的密度。冬季可加入适量的密度为 $1.40g/cm^3$ 的电解液,以调高电解液的密度(一般比夏季高 $0.02 \sim 0.04g/cm^3$ 为宜)。

(6)冬季向蓄电池内补加蒸馏水时,必须在蓄电池充电前进行,以免水和电解液混合不均而引起结冰。

(7)冬季蓄电池应经常保持在充足电的状态,以防电解液密度降低而结冰,引起外壳破裂、极板弯曲和活性物质脱落等故障。

二、蓄电池的检测与维修

1. 蓄电池的拆装

(1)蓄电池的拆卸

①将点火开关置于"断开(OFF)"位置。

②拆下蓄电池固定夹板的固定螺栓,取下固定夹板。

③拧松蓄电池正、负极柱上的电缆接头固紧螺栓,取下电缆。

④从汽车上取下蓄电池。取下蓄电池时应小心轻放,尽量用蓄电池提把提取。

⑤检查蓄电池壳体上有无裂纹和电解液渗漏痕迹,发现裂纹和渗漏,应更换蓄电池。

(2)蓄电池的安装步骤

①检查蓄电池型号、规格是否适合该型号汽车使用。

②检查电解液的相对密度和液面高度是否符合技术要求,否则应予调整。

③按照蓄电池正、负极柱和正、负电缆端子的相对位置,将蓄电池安放到固定架上。

④用细砂纸或专用清洁器清洁蓄电池的接线柱及连接接线柱的夹头;在螺栓、螺母的螺纹上涂凡士林或润滑脂,以防氧化生锈。

⑤在正、负极接线柱及其电缆端子上涂抹一层润滑脂,以防极柱和端子氧化腐蚀。

⑥安装固定夹板,拧紧夹板固定螺栓。

注意事项:

①在发动机运转时,严禁拆卸蓄电池。

②拆卸蓄电池时应使用专用工具,尽量不要用手直接触摸有酸液的部位。

2. 蓄电池的漏电检查

蓄电池漏电,一般可分为两种。一种是蓄电池自身漏电(称为内漏),即电荷不经过外电路,在蓄电池内部经过电解液泄放,造成漏电。充足电的蓄电池放置几天后,再次使用时发现电已耗尽,这是蓄电池自身的原因造成的,属蓄电池自身漏电。另一种蓄电池漏电是由于车载电器或线路的原因造成蓄电池放电(称为外漏),常见的情况是收车时蓄电池电量正常,放置几天再用车时发现蓄电池电量不足,车子无法起动。蓄电池外漏电原因有以下三类:

第一类,停车时电器开关(灯光开关、除霜加热开关等)未关等导致的蓄电池亏电,此类为使用不慎导致漏电。

第二类,蓄电池极板短路或氧化脱落导致自放电而亏电。

第三类,由于汽车电器、线束、传感器、控制器、执行器等电子元器件(加装电器设备等)和电路搭铁造成漏电,此类漏电比较普遍,也是相对不容易检测的,尤其是对于一些老车型或原车线束遭到改装的车辆,此类漏电故障更容易发生。

3. 检测与维修步骤

(1)首先检测蓄电池是否亏电。

(2)把车辆熄火,关闭所有用电设备。

(3)拨出钥匙,让发动机罩锁止开关、门锁开关及门开关、行李舱锁开关处于锁止状态。

(4)断开蓄电池搭铁负极线,在搭铁负极和蓄电池负极桩头之间连接直流电流表如图1-6所示,最大量程调至2A以上(若没有电流表也可以用5W的试灯代替做模拟检测)。

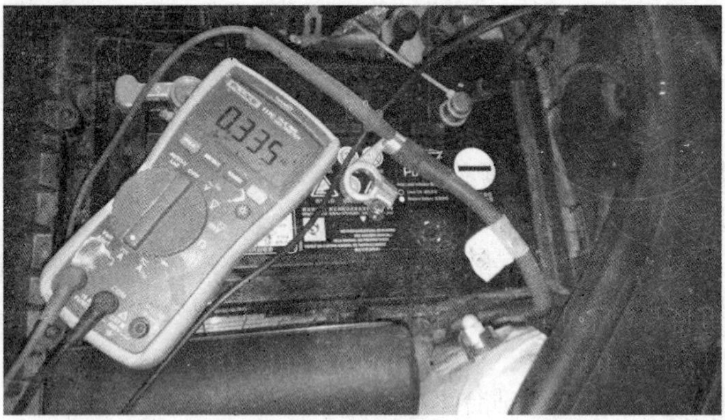

图1-6 万用表连接方式

如果电流表电流在10~20mA以下,试灯开始发亮,之后逐渐变暗,灯丝暗红或者熄灭,都可推断为上述第一类漏电情况,由于车主使用不慎而造成,实际正常使用不会漏电。反之则视为有车身漏电故障存在(传统的漏电检测方法是把万用表或试灯串联在蓄电池的负极上,需拆除蓄电池的引线。这样不但费时费力,还容易将客户的资料丢失,如时钟和电子导航数据等,容易引起客户的不满,现在可使用带感应功能的钳型万用表)。

(5)在确认车身有漏电的情况下,保持电流表或试灯连接,可一边逐个拔掉熔断丝,一边观察电流表或试灯明暗的变化。如果去掉某个熔断丝后,漏电现象消失,即表明此熔断丝控制回路有搭铁短路问题存在,再仔细对照电路图分段检测就会找出故障点。

(6)还有一种极个别的情况,在单个拔掉所有熔断丝的情况下依然有漏电情况存在,这时应该想到蓄电池正极到熔断丝或点火开关的电路有漏电。

三、检查蓄电池电解液密度

电解液密度的大小,是判断蓄电池容量的重要标志。测量蓄电池电解液密度时,蓄电池应处于稳定状态。蓄电池充、放电或加注蒸馏水后,应静置半个小时后再测量。

蓄电池充电状态与密度的关系见表1-1。

蓄电池充电状态与密度的关系 表1-1

充电状态(%)	100	75	50	25	0
电解液密度(g/cm^3)	1.27	1.23	1.19	1.15	1.11

用吸式密度计测量电解液密度,其测量过程如图1-7所示。测得的密度值应当用标准温度(+25℃)予以校正(同时测量电解液温度)。

通过对各个单格电池电解液密度的测量,如图1-8所示,可以确定蓄电池是否失效。如果单格电池之间的密度相差$0.05g/cm^3$,则该电池失效。

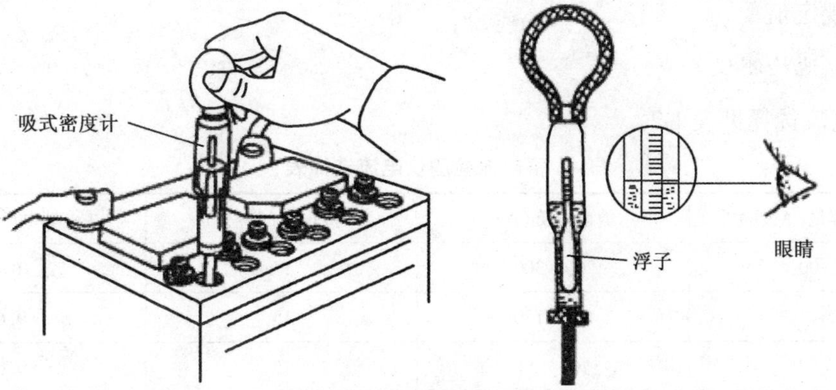

图 1-7　吸式密度计测量电解液密度

四、检测蓄电池电解液液面高度

(1)玻璃管测量法,如图 1-9 所示。工具:内径为 3 ~ 5mm 的玻璃管。液面高度标准值为 10 ~ 15mm。

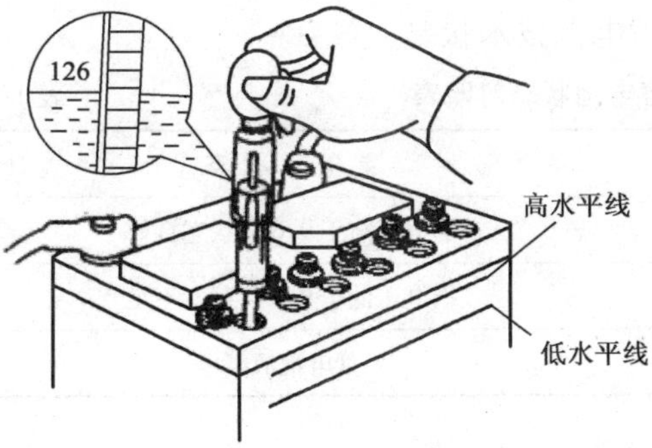

图 1-8　电解液密度测量

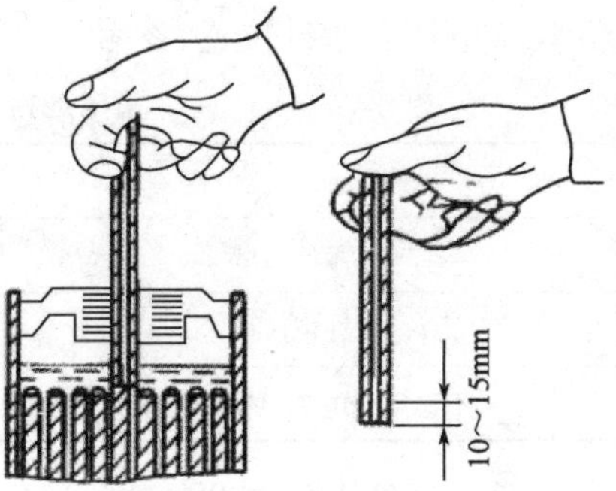

图 1-9　玻璃管测量法

(2)液面高度指示线法(图 1-10)。正常液面高度介于两线之间,液面过低时,应加入蒸馏水补充,以恢复正确的液面高度。除非确知电解液溅出,否则不许添加硫酸溶液。

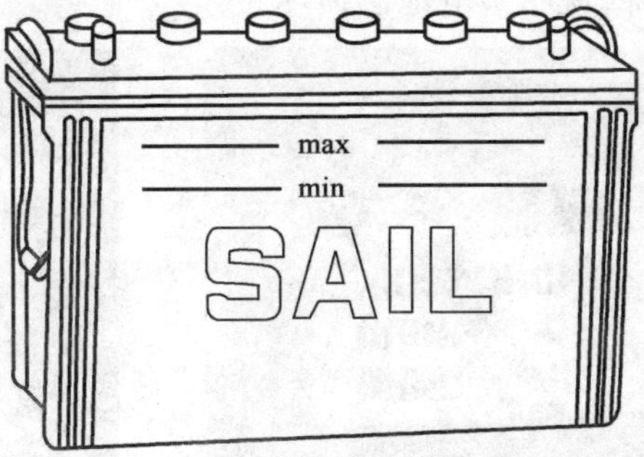

图 1-10　液面高度指示线法

五、模拟起动放电检测

对于技术状态良好的蓄电池,当以起动电流或规定的放电电流连续放电 15s 时,端电压应不低于规定值。

1. 蓄电池检测仪

(1)电流选择见表1-2。

蓄电池检测仪电流选择表　　表1-2

蓄电池容量(A·h)	放电电流(A)	放电时间(s)	端电压(V)
>100	200~300	15	10.2
50	100~170	15	9.6
30	70~120	15	9.0

(2)操作步骤。

①将“电流调节旋钮”逆时针旋转至切断放电电路。

②将电流检测电缆上正(红)、负(黑)夹夹到蓄电池正、负极柱上。

③将电压检测线上正(红)、负(黑)夹夹到蓄电池正、负极柱上。

④顺时针转动电流调节旋钮至规定放电电流,放电15s。

⑤观察电压表指针位置,参考表1-3判断蓄电池技术状况。

蓄电池检测仪与蓄电池状态对照表　　表1-3

指针位置	蓄电池状态
蓝色区域	端电压高于9.6V,状态良好
红色区域	端电压低于9.6V,存电不足
不稳定或电流急剧减小至0	蓄电池故障

⑥逆时针转动电流调节旋钮,停止放电。

2. 高率放电计

如图1-11所示,将两放电针压在蓄电池正负极桩上,保持5s,若电压稳定,根据表1-4判断放电程度;若电压迅速下降,说明蓄电池已损坏。

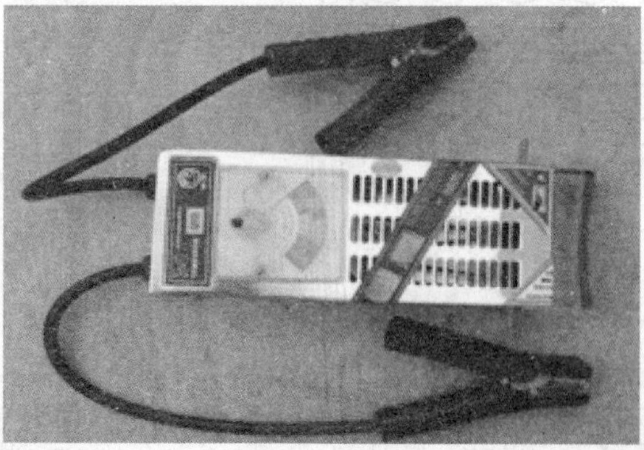

图1-11　用12V高率放电计测量蓄电池的放电电压

蓄电池电压与放电程度对照表　　表 1-4

蓄电池开路电压(V)	≥12.6	12.4	12.2	12.0	≤11.7
高率放电计检测蓄电池电压(V)	11.6~10.6	9.6~10.6		≤9.6	
高率放电计(100A)检测单格电压(V)	1.7~1.8	1.6~1.7	1.5~1.6	1.4~1.5	1.3~1.4

测 12V 电池,蓄电池充满电,密度为 1.24g/cm^3,接入时间为 10~15s,则:

(1)电压能保持在 10.5~11.6V 以上,存电量充足,蓄电池无故障。

(2)电压能保持在 9.6~10.5V,存电量不足,蓄电池无故障。

(3)电压降到 9.6V 以下,存电量严重不足或蓄电池有故障。

练一练

根据图 1-12 写出蓄电池的部件名称。

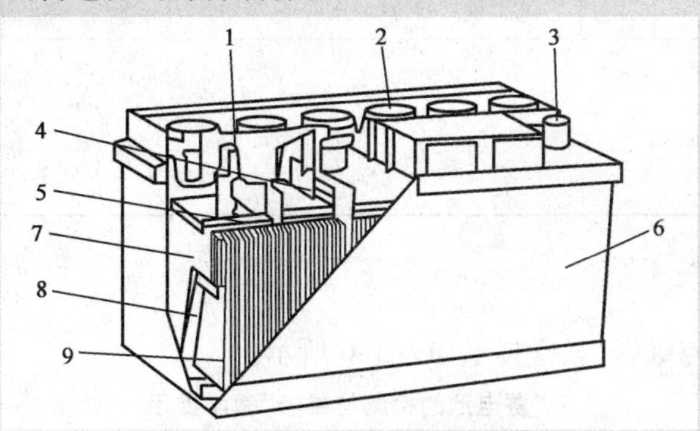

图 1-12　蓄电池示意图

1 ________　2 ________　3 ________　4 ________　5 ________

6 ________　7 ________　8 ________　9 ________

做一做

两名同学一组,一名同学做工作任务内容时,另一名同学对其项目完成情况做出点评,说明其各步骤的表述是否清晰,对工作原理的理解是否有错,应当如何表述,之后对调进行同样的工作任务内容并评价。

任务评价

蓄电池的检测与维修评价表如表 1-5 所示。

蓄电池的检测与维修评价表　　表 1-5

序号	内容及要求	评分	评 分 标 准	自评	组评	师评	得分
1	准备	10	①汽车进入工位前,准备好相关的器材(4 分); ②拉紧驻车制动器,把变速杆置于空挡或 P 挡位置(3 分); ③套上三件套、粘贴翼子板布(3 分)				

续上表

序号	内容及要求	评分	评分标准	自评	组评	师评	得分
2	清洁	5	按要求清理工位				
3	就车检查蓄电池外观状况	5	检测点清晰，能够说明原因				
4	拆卸蓄电池	30	连线拆解顺序正确，电池拆卸工艺正确，零件工具不落地				
5	蓄电池技术状况检测	30	检测方法正确，检测结果准确				
6	蓄电池装复	10	安装工艺正确，接线顺序正确，紧固力矩准确				
7	安全文明生产	10	①结束后清洁(5分)； ②工量具归位(5分)				
指导教师总体评价 指导教师 ＿＿＿＿＿＿ ＿＿＿年＿＿月＿＿日							

教学提示

“蓄电池的检测与维修”教学提示如表1-6所示。

“蓄电池的检测与维修”教学提示　　表1-6

任务1	蓄电池的检测与维修		学时	2
学习目标	1. 检测蓄电池的技术状态； 2. 检测、排除蓄电池典型故障			
学习内容	教学方法与建议			
1. 蓄电池的功用； 2. 蓄电池的基本构造与工作原理； 3. 蓄电池的维护； 4. 蓄电池的使用注意事项； 5. 蓄电池的一般检测与维护	通过任务驱动教学法实施教学： 1.“蓄电池”教学过程由任务目标、任务导入、知识准备、任务实施、练一练、做一做、任务评价组成，在老师的指导下制订方案并实施，最终进行评价； 2. 学生通过典型工作任务的完成，将理论知识融入实际操作中去； 3. 教学过程中体现以学生为主体，教师进行适当讲解，并进行引导、督促和评估； 4. 教师应提前准备好各种媒体资料、教学课件，并准备教学场地和设备			
教学媒体与设备	学生已有的知识、能力要求	教师执教的要求		
1. 实训设备：工作台、蓄电池等； 2. 通用、专用工具：扭力扳手、万用表、蓄电池检测仪等； 3. 多媒体教学设备； 4. 多媒体教学课件、软件； 5. 网络教学资源	1. 安全操作知识； 2. 使用各种工具的基本技能和经验； 3. 蓄电池的构造、原理和维护步骤	1. 能够根据教学方法合理设计教学情境； 2. 熟悉蓄电池维护的安全操作规程； 3. 能够完成蓄电池维护工作； 4. 能够完成蓄电池的检测； 5. 具备协调各方、处理学生误操作的能力		

任务2 发电机的检测与维修

任务目标

1. 了解发电机的作用。
2. 掌握发电机的结构及工作原理。
3. 掌握发电机的正确拆装工艺。
4. 能进行发电机的就车检测与维修。
5. 能正确地检测与维修发电机转子、定子、整流器等零部件。

任务导入

某天一辆大众时代超人轿车的驾驶员发现汽车无法起动，且全车没电，于是驾驶员将汽车蓄电池用家用充电器补充充电 3h 后才将车起动着，当他将车起动着后发现充电指示灯常亮，于是将车开到了汽车修理厂询问汽车维修师傅。维修师傅检查发现发电机皮带张紧度正常，但是发电机不发电，于是判断发电机有问题。

任务知识

一、发电机的作用

发电机是汽车的主要电源，其在整车上的位置如图 1-13 所示。其功用是在发动机正常运转时，向所有用电设备（起动机除外）供电，同时给蓄电池充电如图 1-14 所示。

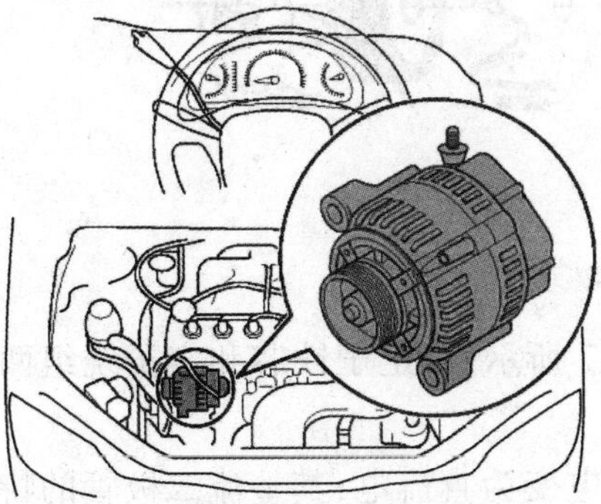

图 1-13　发电机在整车上的位置图

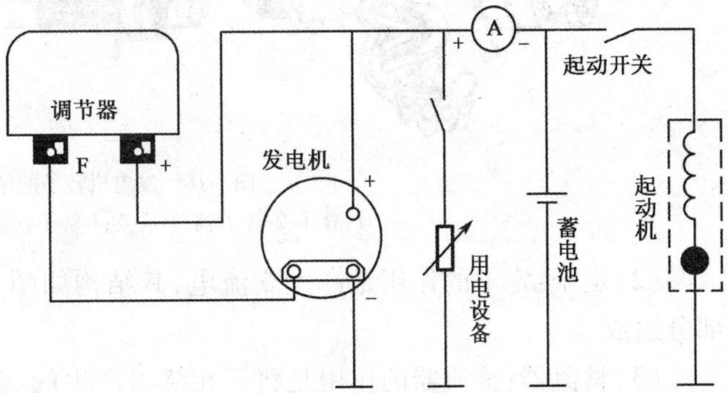

图 1-14　蓄电池充电电路

汽车采用三相交流发电机，内部带有二极管整流电路，将交流电整流为直流电。交流发电机必须配装电压调节器，电压调节器对发电机的输出电压进行控制，使其保持基本恒定，以满足汽车用电器的需求。

二、交流发电机的结构及工作原理

1. 交流发电机的结构

汽车用硅整流交流发电机由三相同步发电机和硅整流器两大件组成。其工作过程是：交流发电机定子绕组中感应出交变电动势，经硅整流器整流，输出直流电。

普通交流发电机一般由转子、定子、整流器、前后端盖、风扇、带轮等组成。如图 1-15 所示为 JF132 型 6 管交流发电机解体图。

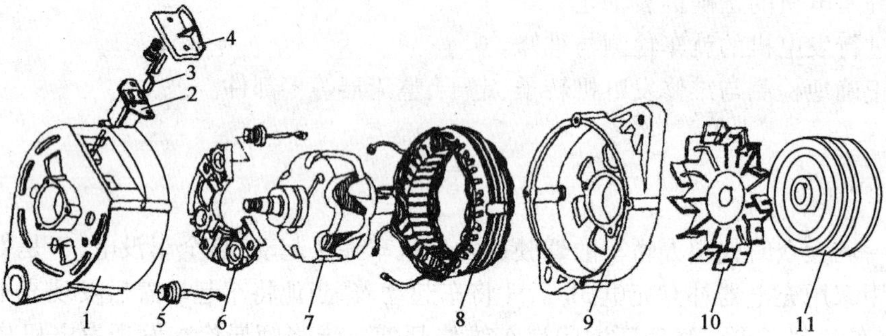

图 1-15　JFB2 型 6 管交流发电机解体图

1-后端盖；2-电刷架；3-电刷；4-电刷弹簧压盖；5-硅二极管；6-散热板；7-转子；8-定子总成；9-前端盖；10-风扇；11-带轮

(1)转子：转子的功用是产生旋转磁场。转子由爪极、磁轭、磁场绕组、滑环、转子轴组成，如图 1-16 所示。

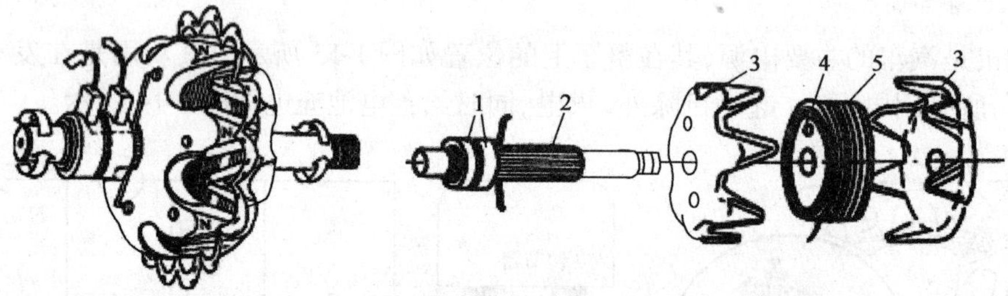

图 1-16　发电机转子的结构

1-滑环；2-转子轴；3-爪极；4-转子铁芯；5-磁场绕组

(2)定子：定子的作用是产生交流电，其结构如图 1-17 所示，由定子铁芯和定子绕组两部分组成。

(3)整流器：整流器的作用是将三相绕组产生的交流电变为直流电，其整流二极管的特点是工作电流大、反向电压高。如图 1-18 所示，整流器由正、负整流板组成。

(4)端盖及电刷组件：端盖一般分两部分(前端盖和后端盖)，起支撑转子、定子、整流器和电刷组件的作用。端盖一般用铝合金铸造，一是可有效地防止漏磁，二是铝合金散热性能好。后端盖上装有电刷组件。电刷组件由电刷、电刷架和电刷弹簧组成，如图 1-19 所示。

电刷的作用是将电源通过滑环引入励磁绕组,一般与调节器装为一体。两个电刷分别装在电刷架的孔内,借助弹簧压力与滑环保持接触。电刷和滑环的接触应良好,否则会因为磁场电流过小,导致发电机发电不足。

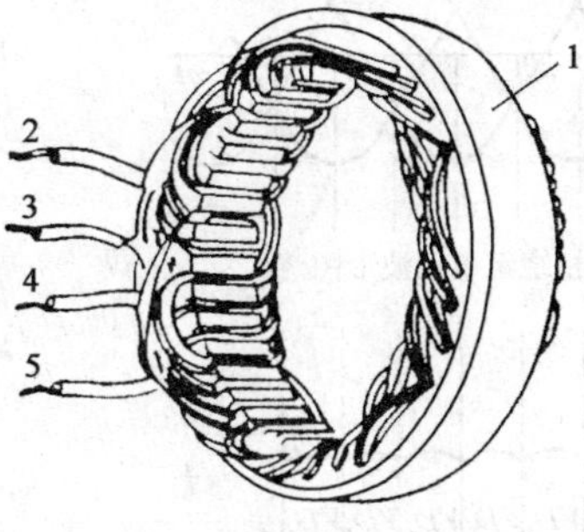

图 1-17　发电机定子的结构

1-定子铁芯;2 ~5-定子绕组引线端

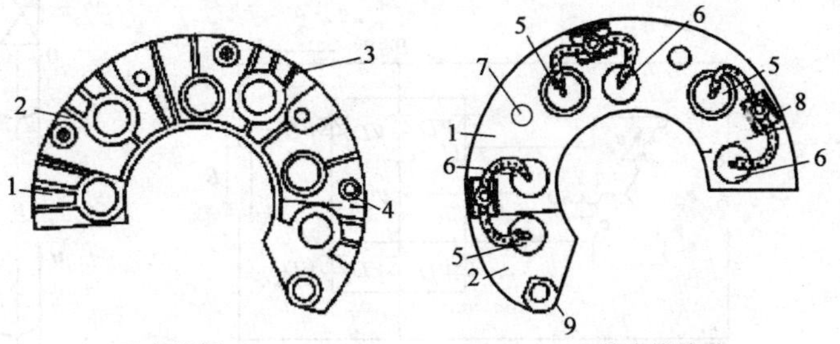

a)整流板　　b)整流器总成

图 1-18　交流发电机整流器总成

1-负整流板;2-正整流板;3-散热片;4-连接螺栓;5-正极管;6-负极管;7-安装孔;8-绝缘垫;9-电枢接柱安装孔

2. 交流发电机的工作原理

(1)发电原理

发电机定子的三相绕组按一定规律分布在发电机的定子槽中,内部有一个转子,转子上安装着爪极和励磁绕组。

如图 1-20 所示,当外电路通过电刷使励磁绕组通电时,便产生磁场,使爪极被磁化为 N 极和 S 极。当转子旋转时,磁通交替地在定子绕组中变化,根据电磁感应原理可知,定子的三相绕组中便产生交变的感应电动势。这就是交流发电机的发电原理。

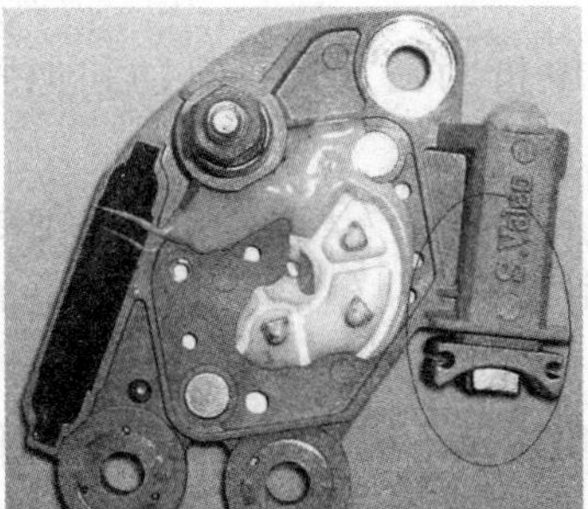

图 1-19　交流发电机电刷组件

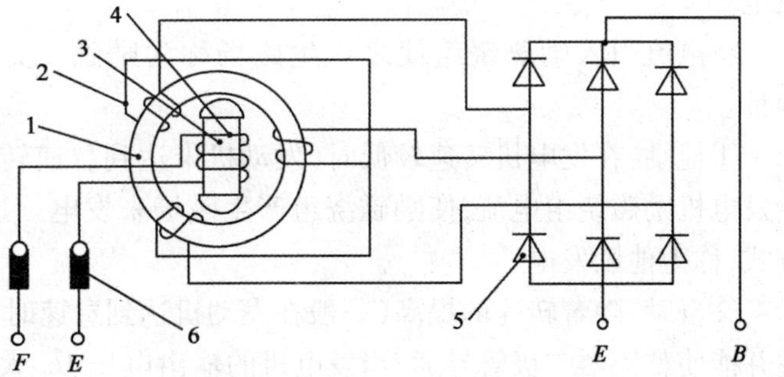

图 1-20　交流发电机发电原理示意图

1-定子铁芯;2-定子绕组;3-转子;4-励磁绕组;5-整流二极管;6-电刷

(2)整流原理

交流发电机定子的三相绕组中,感应产生的是交流电,是通过 6 只二极管组成的三相桥式整流电路整流为直流电的,整流电路如图 1-21a)所示。

二极管具有单向导通性,当给二极管加上正向电压时二极管导通,当给二极管加上反向电压时二极管截止。将定子的三相绕组和 6 只整流二极管按图 1-21b)的电路连接,

发电机的输出端 B、E 上就输出一个脉动直流电压，如图 1-21c）所示，这就是发电机的整流原理。

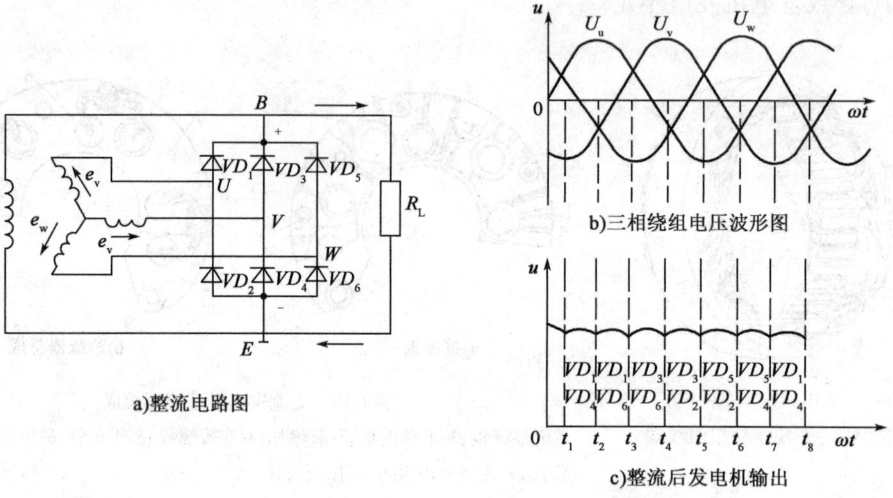

图 1-21　交流发电机整流原理

三相桥式整流电路中二极管的依次循环导通，当 3 只正二极管负极端连接在一起时，正极端电位最高者导通；当 3 只负二极管正极端连接在一起时，负极端电位最低者导通。使得负载 R_L 两端得到一个比较平稳的脉动直流电压。

（3）交流发电机的励磁方式

除永磁式交流发电机不需要励磁以外，其他形式的交流发电机都需要励磁，因为它们的磁场都是电磁场，必须给励磁绕组通电才会有磁场产生而发电，否则发电机将不能发电。

将电流引入励磁绕组使之产生磁场称为励磁。交流发电机励磁方式有自励和他励两种。

①他励：在发电机转速较低时（发动机未达到怠速转速），自身不能发电，需要蓄电池供给发电机励磁绕组电流，使励磁绕组产生磁场来发电。这种由蓄电池供给磁场电流发电的方式，称为他励发电。

②自励：随着转速的提高（一般在发动机达到怠速时），发电机定子绕组的电动势逐渐升高并能使整流器二极管导通，当发电机的输出电压 U_B 大于蓄电池电压时，发电机就能对外供电了。当发电机能对外供电时，就可以把自身发的电供给励磁绕组，这种自身供给磁场电流发电的方式，称为自励发电。

交流发电机励磁过程是先他励后自励。当发动机达到正常怠速转速时，发电机的输出电压一般高出蓄电池电压 1～2V 以便对蓄电池充电，此时，由发电机自励发电。

不同汽车的励磁电路各不相同，但有一个共同特点是，励磁电路都必须由点火开关控制。交流发电机的励磁电路如图 1-22 所示。

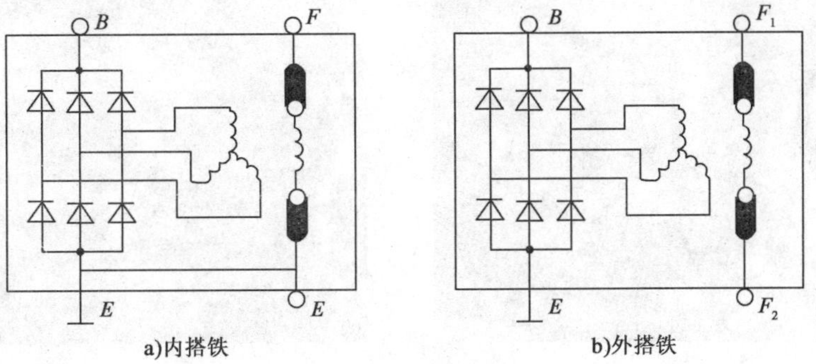

图 1-22　励磁控制形式

任务实施

一、发电机的就车检测与维修

1. 充电指示灯检查

当打开点火开关不起动发动机时查看仪表充电指示灯是否点亮(图 1-23)。如不亮,应检查相应电路或充电指示灯熔断丝是否熔断,指示灯灯泡是否损坏,如有,应更换。然后起动发动机,当发动机正常运转时充电指示灯应熄灭,否则应检查发电机。

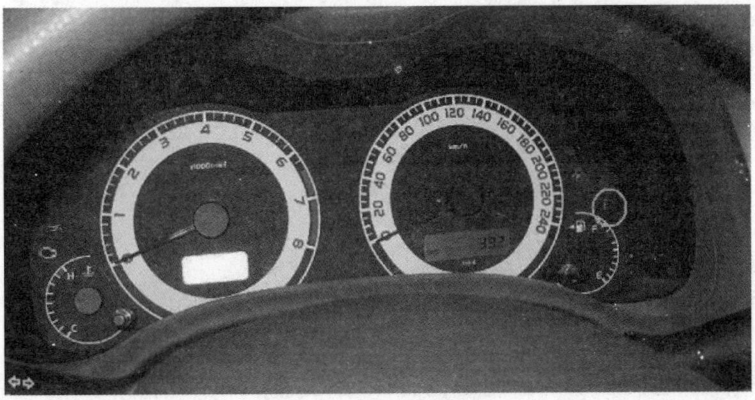

图 1-23　充电指示灯检查

2. 励磁电路检查

在打开点火开关状态下用一金属物体检查发电机转子轴有无磁性,如图 1-24 所示,若有磁性说明发电机激磁电路良好,如没有,应检查发电机激磁电路有无输入电压;如有电压,则检查电压调节器及激磁绕组有无损坏。

3. 发电机运行状态检查

如图 1-25 所示,在发动机运转状态下用万用表检查发电机的输出电压,在 2500r/min 的情况下发电机的输出电压应小于 14.10V。

图 1-24　励磁电路检查

图 1-25　发电机运行状态检查

二、发电机的正确拆装工艺

(1)断开蓄电池负极端子。

(2)断开发电机电缆及连接器。

(3)拆卸发电机固定螺栓及皮带。

(4)拆卸发电机电刷座总成。

①拆卸发电机端子绝缘体。

②拆卸电刷座。

③拆卸后端盖。

(5)拆卸发电机调节器总成。

(6)拆卸整流器。

(7)拆卸发电机转子总成。

①拆卸驱动端盖。

②拆卸转子。

③拆卸整流器端盖。

(8)按拆卸的相反顺序装复。

装复后,转动发电机带轮,转子应转动平顺,无摩擦及碰击声。

三、发电机解体后的检查及技术要求

1. 转子的检测与维修

(1)转子绕组短路与断路的检查:用数字万用表的低电阻挡检测两滑环之间的电阻,应符合技术标准。若阻值为“∞”,则说明断路;若阻值过小,则说明短路。一般阻值为 3.5 ~ 6Ω,若断路或短路一般都是整体更换,如图 1-26 所示。

(2)转子绕组搭铁检查:检查转子绕组与铁芯(或转子轴)之间的绝缘情况。用万用表电阻挡检测两滑环与铁芯(或转子轴)之间的导通情况。若电阻为零且万用表发出响声,说明有搭铁故障,正常为“∞”,如图 1-27 所示。

(3)滑环的检查:滑环表面应平整光滑,无明显烧损,否则可用 0 号砂纸打磨。两滑环间隙处应无积聚物。滑环圆度误差不超过 0.025mm,厚度不小于 1.5mm。

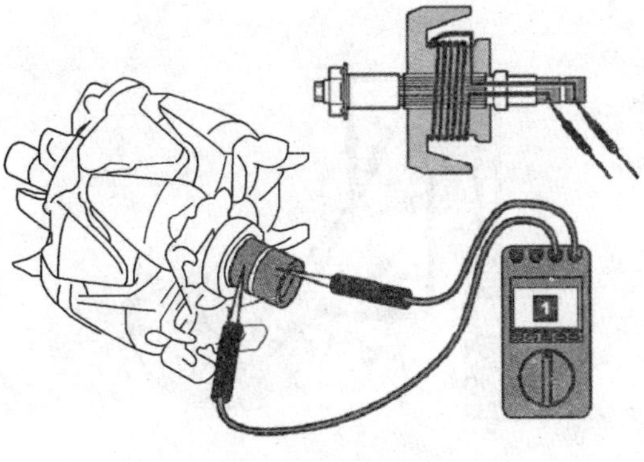

图 1-26　转子的检测

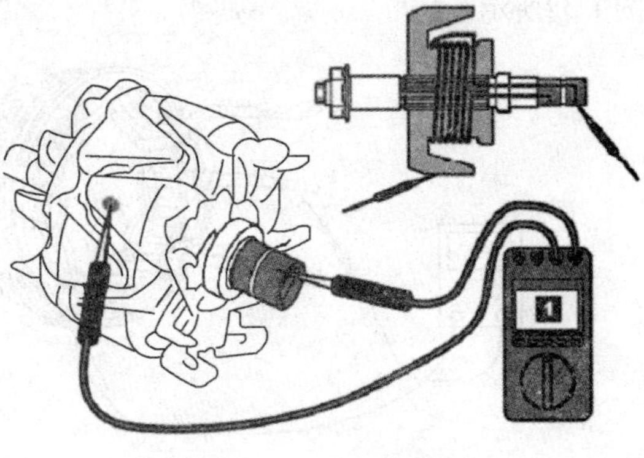

图 1-27　转子绕组搭铁检查

(4)转子轴检查:用百分表检查轴弯曲度应不超过 0.05mm(径向圆跳动不超过 0.1mm),否则应予以校正。爪形磁极在转子轴上应固定牢靠、间距相等,如图 1-28 所示。

2. 定子的检测与维修

(1)定子绕组短路与断路的检查:用数字万用表的低电阻挡检测定子绕组的三个接线端,两两接线,分别测量。正常时,阻值小于 1Ω 且相等。阻值为"∞",说明断路;阻值为零,说明短路,若断路或短路一般都是整体更换。定子的检测如图 1-29 所示。

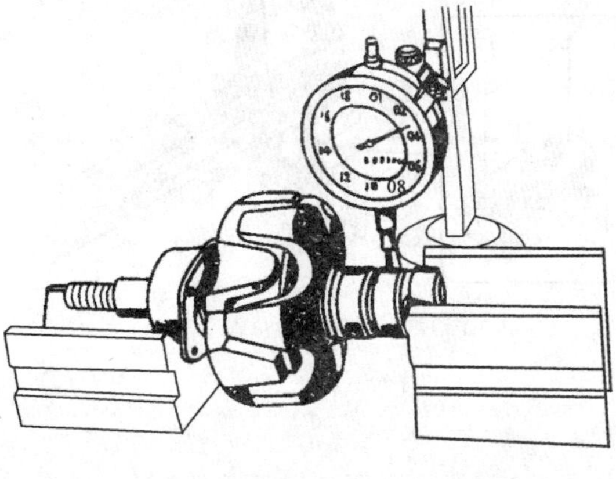

图 1-28　转子轴的检查

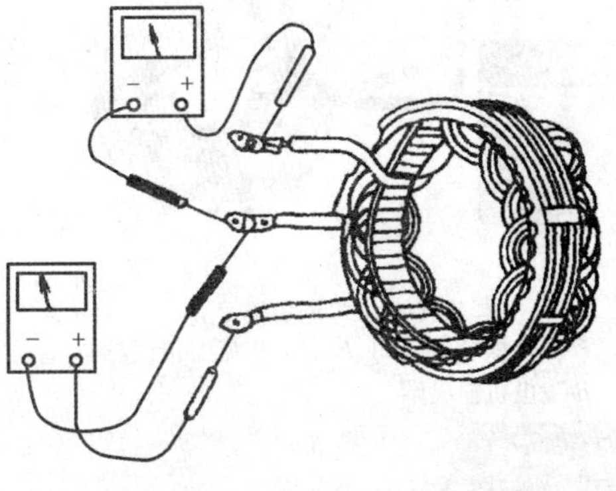

图 1-29　定子的检测

(2)定子绕组搭铁检查:检查定子绕组与定子铁芯之间绝缘情况。用数字万用表电阻挡测定子绕组接线端与铁芯之间的电阻,若电阻过小(表内发出响声),说明有绝缘不良故障。正常应指示"∞",如图 1-30 所示。

3. 整流器的检测与维修(主要是整流二极管)

(1)正极管检测与维修:用数字万用表的电阻挡,黑表笔接整流器输出端子,红表笔分别接整流器各接线柱,万用表均应导通,否则说明该二极管断路,应更换整流器总成;调换两表笔进行测试,此时万用表均应不导通,否则说明二极管短路,亦应更换整流器总成,如图 1-31所示。

(2)负极管检测与维修:用数字万用表的电阻挡,红表笔接整流器负极管的外壳,黑表笔分别接整流器各接线柱,万用表均应导通,否则说明该二极管断路,应更换整流器总成;调换两表笔进行测试,此时万用表均应不导通,否则说明二极管短路,亦应更换整流器总成,如

图1-32所示。

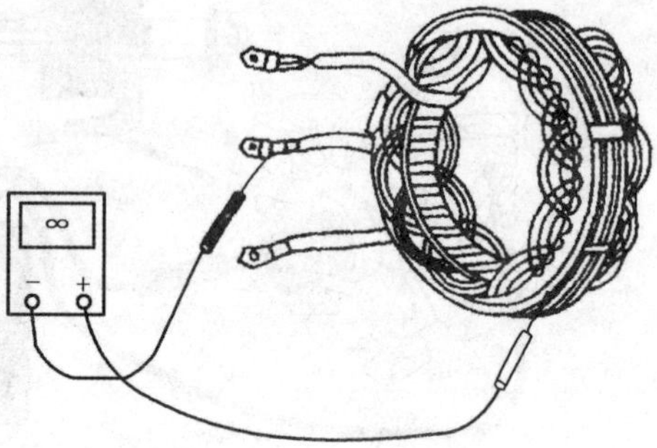

图1-30 定子绕组搭铁检查

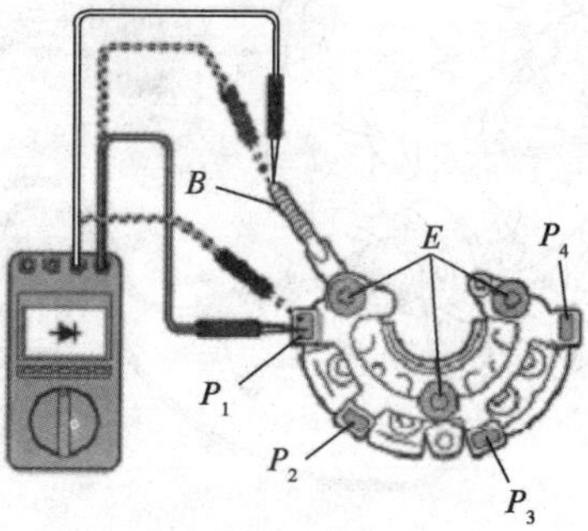

图1-31 检测正极管

E-固定螺栓；P_1、P_2、P_3、P_4-整流器接线栓；B-发电机输出端

4. 电刷组件的检查

电刷表面不得有油污，且应在电刷架中活动自如，电刷磨损不得超过原高度的1/2（标准长度为10.5mm）；当电刷从电刷架中露出2mm时，电刷弹簧力一般为2~3N；电刷架应无烧损，破裂或变形，如图1-33所示。

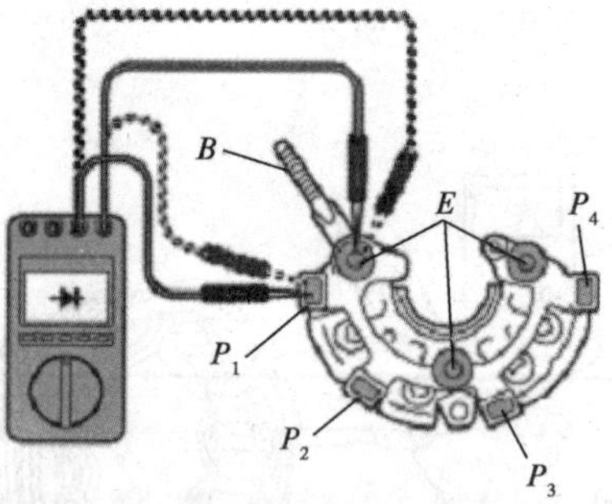

图1-32 检测负极管

E-固定螺栓；P_1、P_2、P_3、P_4-整流器接线栓；B-发电机输出端

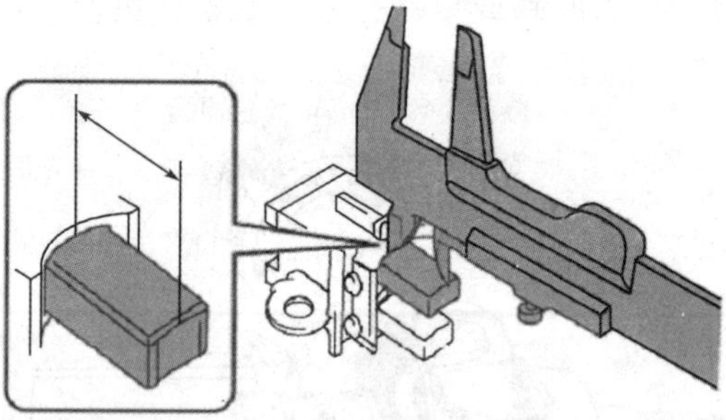

图1-33 电刷组件检查

练一练

一、填空题

1. 根据图1-34写出发电机的部件名称。

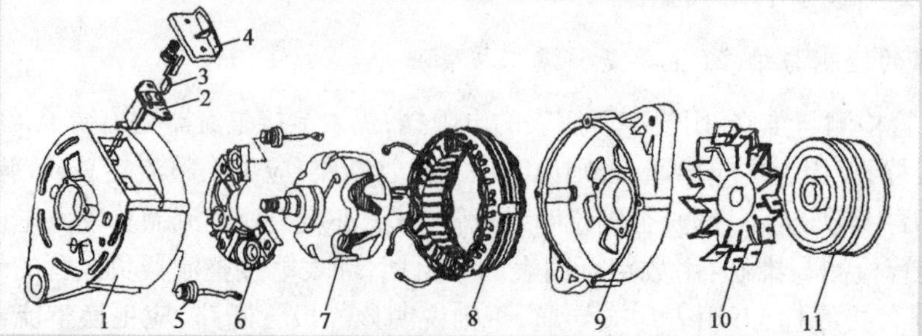

图1-34 发电机示意图

1 ________ 2 ________ 3 ________ 4 ________
5 ________ 6 ________ 7 ________ 8 ________
9 ________ 10 ________ 11 ________。

2. 交流发电机的励磁方式有________、________两种。

3. 发电机的电压检测方法分为：________、________。

二、选择题

整流器的作用是把三相同步交流发电机产生的(　　)电转换成(　　)电输出，它一般用六个硅二极管接成三相桥式全波整流电路。

A. 交流　B. 直流　C. 低压　D. 高压

做一做

两名同学一组，一名同学做工作任务内容时，另一名同学对其项目完成情况做出点评，说明其各步骤的表述是否清晰，对工作原理的理解是否有错，应当如何表述，之后对调进行同样的工作任务内容并评价。

任务评价

发电机的检测与维修评价表如表1-7所示。

发电机的检测与维修评价表　表1-7

序号	内容及要求	评分	评 分 标 准	自评	组评	师评	得分
1	准备	10	①汽车进入工位前，准备好相关的器材(4分)； ②拉紧驻车制动器，把变速杆置于空挡或P挡位置(3分)； ③套上三件套、粘贴翼子板布(3分)				
2	清洁	5	按要求清理工位				
3	检查交流发电机	10	检测点清晰，能够说明原因				
4	拆解交流发电机总成	20	拆解程序正确，零件摆放调理整洁，零件工具不落地				
5	交流发电机部件检测	20	检测方法正确，检测结果准确				
6	交流发电机装复	15	装复程序正确，轴承润滑脂加注量合适，紧固力矩准确				
7	交流发电机工作状况检查	10	检测点清晰，能够分析异常的原因				
8	安全文明生产	10	①结束后清洁(5分)； ②工量具归位(5分)				
指导教师总体评价 指导教师________ ______年____月____日							

教学提示

“交流发电机检测与维修”教学提示如表 1-8 所示。

“交流发电机检测与维修”教学提示　　表 1-8

<table>
<tr><td>任务 2</td><td colspan="2">交流发电机检测与维修</td><td>学时</td><td>4</td></tr>
<tr><td>学习目标</td><td colspan="4">1. 拆装交流发电机；
2. 检测交流发电机零部件；
3. 测试交流发电机的性能；
4. 检测、排除交流发电机典型故障</td></tr>
<tr><td>学习内容</td><td colspan="4">教学方法与建议</td></tr>
<tr><td>1. 交流发电机的功用；
2. 交流发电机的基本构造与工作原理；
3. 交流发电机的工作特性；
4. 交流发电机的维护；
5. 交流发电机使用注意事项；
6. 交流发电机一般故障检测与维修</td><td colspan="4">通过任务驱动教学法实施教学：
1. 交流发电机教学过程由任务目标、任务导入、知识准备、任务实施、练一练、做一做、任务评价组成，在老师的指导下制订方案并实施，最终进行评价；
2. 学生通过典型工作任务的完成，将理论知识融入实际操作中；
3. 教学过程中体现以学生为主体，教师进行适当讲解，并进行引导、督促和评估；
4. 教师应提前准备好各种媒体资料、教学课件，并准备教学场地和设备</td></tr>
<tr><td>教学媒体与设备</td><td>学生已有的知识、能力要求</td><td colspan="3">教师执教的要求</td></tr>
<tr><td>1. 实训设备：工作台、交流发电机总成等；
2. 通用、专用工具：扭力扳手、万用表、诊断仪、卡尺等；
3. 多媒体教学设备；
4. 多媒体教学课件、软件；
5. 网络教学资源</td><td>1. 安全操作知识；
2. 使用各种工具的基本技能和经验；
3. 交流发电机的构造、原理和拆装步骤</td><td colspan="3">1. 能够根据教学方法合理设计教学情境；
2. 熟悉交流发电机维护的安全操作规程；
3. 能够完成交流发电机维护工作；
4. 能够完成交流发电机的检测与维修；
5. 具备协调各方、处理学生误操作的能力</td></tr>
</table>

任务 3 发电机电压调节器的检测与维修

任务目标

1. 掌握发电机电压调节器的工作原理。
2. 正确检测发电机电压调节器。

任务导入

一辆大众时代超人轿车的驾驶员到一家汽车维修店抱怨维修店的职业道德和服务态度不好,因为刚开始是汽车左前照灯坏了,刚刚将左前照灯灯泡换好,开了几天发现另一个灯泡又出现了同样的故障,接着就是其他几个灯泡不断烧坏,驾驶员考虑到是不是维修师傅使坏,让维修店老板赔偿。

任务知识

一、发电机电压调节器的功用

发电机电压调节器在车上位置如图1-35所示。它的作用是使交流发电机的输出电压保持恒定。由于交流发电机的转子是由发动机通过传动带驱动旋转的,且发动机和交流发电机的速比为1.7～3,因此交流发电机转子的转速变化范围非常大,这样将引起发电机的输出电压发生较大变化,无法满足汽车用电设备的工作要求。为了满足用电设备恒定电压的要求,交流发电机必须配用发电机调节器,使其输出电压在发动机所有工况下基本保持恒定。

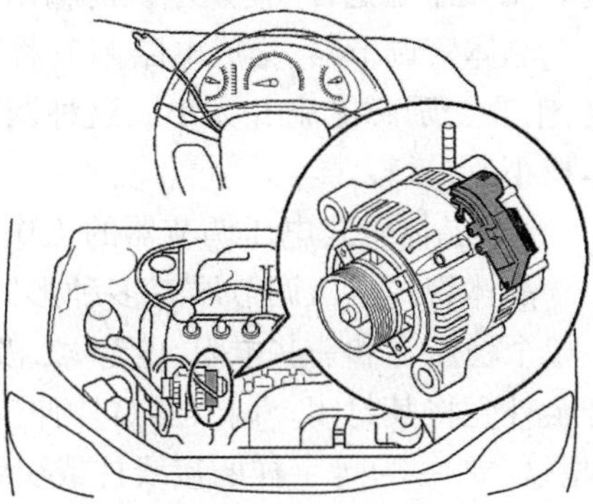

图1-35　发电机电压调节器的位置

二、发电机电压调节器的工作原理

1.发电机电压调节器的分类

发电机电压调节器可按工作原理分类,也可按搭铁形式分类。

(1)按工作原理分类

①晶体管调节器:晶体管的开关频率高,且不产生电火花,调节精度高,还具有质量轻、体积小、寿命长、可靠性高、无线电干扰小等优点,现广泛应用于多种中、低级车型。

②集成电路调节器:除具有晶体管调节器的优点外,还具有体积小,可安装于发电机内部(又称内装式调节器)的优点,减少了外接线,并且冷却效果得到了改善,现广泛应用于大众时代超人、奥迪等多种轿车上。

③计算机控制调节器:这是现代轿车采用的一种新型调节器,由电负载检测仪测量系统总负载后,向发动机控制单元发送信号,然后由发动机控制单元控制发电机电压调节器,适时地接通和断开励磁电路,既能可靠地保证电气系统正常工作,使蓄电池充电充足,又能减轻发动机负荷,提高燃料经济性。上海别克、广州本田等轿车发电机上使用了这种调节器。

(2)按搭铁形式分类

可分为内搭铁式(与内搭铁式交流发电机配套使用)和外搭铁式(与外搭铁式交流发电

机配套使用)。

2. 发电机电压调节器的工作原理

由交流发电机的工作原理可知,交流发电机的三相绕组产生的相电动势的有效值为:

$$E_{\Phi} = C_e \Phi n$$

式中:E_{Φ}——电动势(V);

C_e——发电机的结构常数;

n——发电机转子转速(r/min);

Φ——转子的磁极磁通(Wb)。

上式说明交流发电机所产生的感应电动势与转子转速和磁极磁通成正比。所以,交流发电机调节器的工作原理是:当交流发电机的转速升高时,调节器通过减小发电机的励磁电流 I_f 来减小磁通 Φ,使发电机的输出电压 U_B 保持不变。

晶体管调节器、集成电路调节器等利用大功率晶体管的导通和截止,接通和断开励磁电路,来改变励磁电流 I_f 大小。这种调节器没有触点,使用过程中无须保养和维护,结构简单,体积小,重量轻。

(1)晶体管式电压调节器的工作原理

晶体管式电压调节器有多种形式,其电路各不相同,基本结构一般由 2 ~4 个晶体管、1 ~2个稳压管和一些电阻、电容、二极管组成,再由印制电路板接成电路,然后用轻而薄的铝合金外壳将其封闭。调节器对外伸出有"+"(或"S"、"点火")、"F"(或"励磁")、"E"(或"搭铁"、"–")等字样的接线柱或引线,分别与交流发电机等连接构成整个汽车电气装置的充电系统。

晶体管式电压调节器与内或外搭铁形式的交流发电机配套使用,也有内、外搭铁的区别,使用前一定要判断其搭铁形式,并与发电机相应的接线柱正确连接。

①内搭铁式晶体管电压调节器工作原理:内搭铁式晶体管电压调节器如图 1-36 所示。电路由三个电阻 R_1、R_2、R_3,两个晶体管 VT_1、VT_2,一个稳压管 VS 和一个二极管 VD 组成。

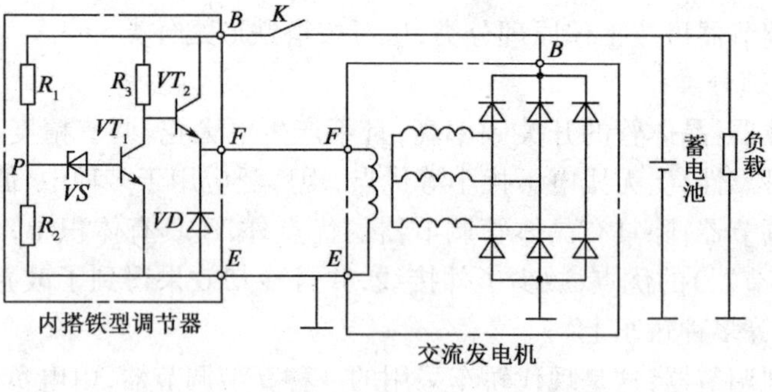

图 1-36 内搭铁式电压调节器基本电路

调节器的"B"(或"+")接线柱接点火开关,"F"接线柱接发电机励磁绕组"F","+"和"F"之间为晶体管的集电极与发射极之间形成的开关电路,"+"与"–"之间有两个电阻 R_1、R_2 组成的分压器,其 P 点电压正比于发电机电压,P 点与放大器之间接有稳压管 VS,用来感受电压,其工作过程如下。

在发电机电压较低的情况下，分压器中间 P 点电压也较低，此时稳压管处于截止状态，此状态经放大器放大，给晶体管的基极一个高电位信号，使晶体管导通，励磁电流可以通过晶体管流入发电机励磁绕组，使发电机电压上升，当电压上升到调节器电压调整值时，P 点电压升高至稳压管的击穿电压，稳压管被击穿，此信号经放大器放大后给晶体管一个低电位信号，使晶体管截止，切断了励磁电流，发电机无励磁电流，电压便下降，这样又使晶体管导通，如此反复，使发电机的电压稳定在一调定值。

VD 为续流二极管，它与励磁绕组反向并联，当 VT_2 截止时，可使励磁绕组中产生的自感电动势经它与励磁绕组自成回路，保护 VT_2 免受损坏。

②外搭铁式电压调节器内部电路可简化成如图 1-37 所示的基本电路。

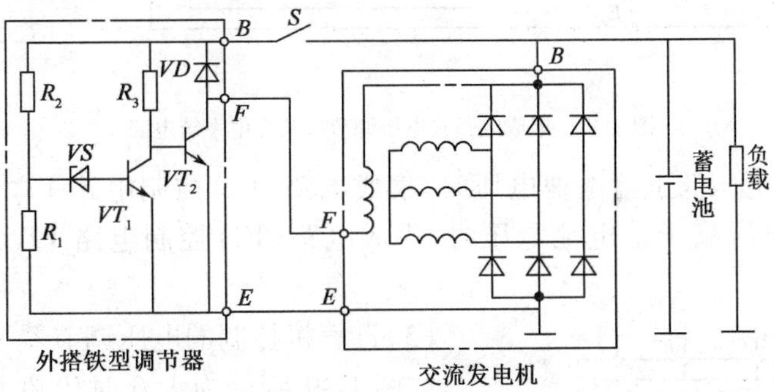

图 1-37　外搭铁式电压调节器基本电路

该电路的特点是 B 和 F 之间，与内搭铁式晶体管调节器存在显著不同，内搭铁是通过大功率晶体管控制 B 与 F 的通与断，而外搭铁是通过大功率晶体管控制 F 与"－"的通与断，但其电路工作原理和结构与前述内搭铁式晶体管调节器相类似。

(2)集成电路式电压调节器的工作原理

集成电路式电压调节器是利用集成电路(IC)组成的调节器，可分为全集成电路式电压调节器和混合集成电路电压调节器两类。前者是将二极管、晶体管、电阻、电容等电子元件同时制成在一块硅基片上，后者是用厚膜或薄膜电阻与集成的单片芯片或分立元件组装而成，使用最广泛的是厚膜混合集成电路调节器。

集成电路式电压调节器的基本工作原理与晶体管电压调节器完全一样，都是利用晶体管的开关特性控制发电机励磁电流来达到稳定发电机输出电压的目的。它也有内搭铁和外搭铁之分，而且外搭铁式使用得较多。

以丰田车系发电机内装集成电路式电压调节器及充电系统电路为例，详解其工作原理，如图 1-38 所示，该发电机调节器是由一块单片集成电路和晶体管等元件组成的混合集成电路调节器，装于发电机内部，构成整体式交流发电机，调节器为内装式外搭铁型。

该调节器有 6 个接线端子，F、P、E 三个端子用螺钉直接和发电机连接，B 端用螺母固定在发电机的输出端子"B"上，IG、L 两个端子用金属线引到调节器的外部接线插座上。

①励磁电流插座：VT_1 是大功率晶体管，与励磁电路串联，由集成电路(IC)片控制 VT_1 的导通和截止，从而控制励磁电路通断，使发电机电压得到控制。

②充电指示灯：串接在 VT_2 集电极上，VT_2 导通充电指示灯亮，VT_2 截止充电指示灯熄

灭。在集成电路(IC)片中有控制 VT_2 导通和截止的电路,控制信号由 P 点提供,P 点提供的是发电机单相电压的交流信号,其信号幅值大小可反映发电机输出电压高低。

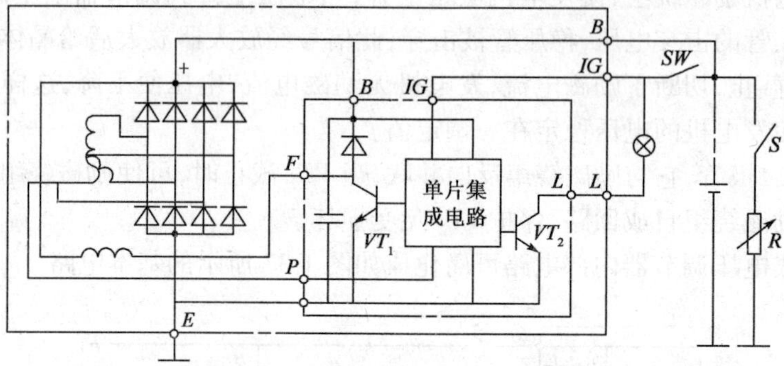

图 1-38　集成电路式电压调节器及充电系统电路

当发电机输出电压低于蓄电池电压时,集成电路(IC)控制电路 VT_2 导通,充电指示灯亮,当发电机输出电压高于蓄电池电压时,集成电路(IC)控制电路 VT_2 截止,充电指示灯熄灭。

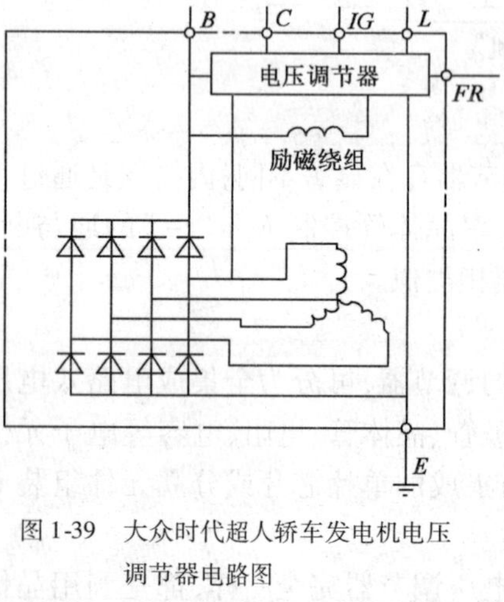

图 1-39　大众时代超人轿车发电机电压调节器电路图

(3)计算机控制的电压调节器

如图 1-39 所示为大众时代超人轿车直列 4 缸发动机配用的发电机电压调节器电路图,发电机整流器为 8 管。调节器为内装式外搭铁型,由发动机控制单元控制。

在汽车电路中有一个负载检测仪,检测电路中总电流负载大小,发送信号到发动机控制单元,调节器 C 接线端子送发电机电压信号到发动机控制单元,发动机控制单元根据这两个信号判断励磁电路应该接通还是断开,输出控制信号到 FR 端子,驱动调节器的控制电路,适时地接通和断开励磁绕组电路,以此控制发电机的输出电压。

任务实施

一、晶体管式电压调节器检测

1. 搭铁形式的检测

(1)按图 1- 40a)所示接好线路。

(2)将电源电压 U 调到 12V。

(3)接通开关 S,若小灯泡不亮,则该调节器为内搭铁型调节器;若小灯泡亮,则该调节器为外搭铁型调节器。

2. 性能的检测

(1)将调节器根据搭铁形式不同按图 1-40a)或图 1-40b)或所示连接好线路。

(2)接通开关 S,逐渐调高电源电压,小灯泡的亮度应随电压升高而增强,当电源电压调至调节电压充电系由发电机、调节器、蓄电池、充电指示灯及点火开关等组成。工作过程为:起动发动机时先接通起动开关此时充电指示灯亮,由蓄电池提供发电机的励磁电流。发动机运转带动发电机发电,当发电机磁场二极管端的输出电压与蓄电池的端电压大致相等时,充电指示灯熄灭,由发电机定子线圈通过磁场二极管供给磁场线圈的磁场电流,并由集成电路调节器控制磁场电流的大小,稳定发电机的输出电压,对蓄电池充电的同时向负载供电。对于 14V 调节器,当电压为 13.5 ~ 14.5V 时,若小灯泡熄灭,则为良好;若小灯泡始终发亮或始终熄灭,则为损坏,应更换。

二、集成电路式电压调节器检测

1. 发电机电压检测法

集成电路调节器直接在发电机上检测发电机的输出电压,称为发电机电压检测法,如图 1-41 所示。加在分压器 R_1 和 R_2 上的电压是励磁二极管输出端 L 的电压 U_L,$U_L = U_B$,因此,检测点 P 的电压加到稳压管 VS_1 上,其电压与发电机的端电压 U_B 成正比,所以该检测法称为发电机检测法。

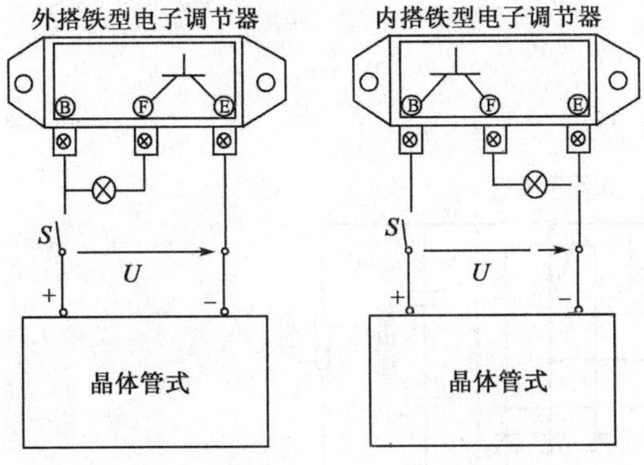

a)　　b)

图 1-40　晶体管式电压调节器检测线路图

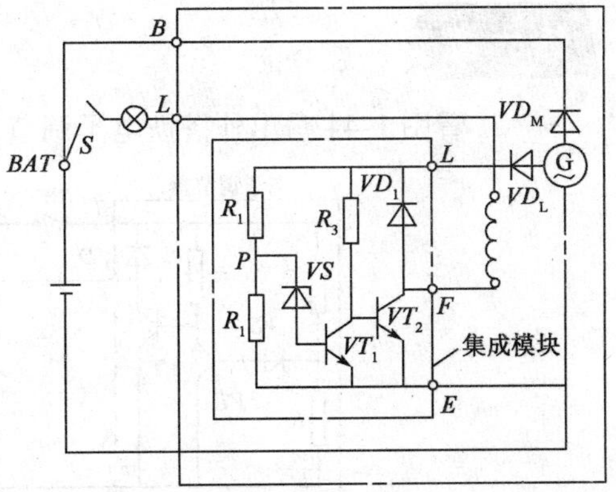

图 1-41　发电机电压检测电路

2. 蓄电池电压检测法

如果用连接导线检测蓄电池的端电压来调节发电机的输出电压,称为蓄电池电压检测法,如图 1-42 所示。加在分压器 R_1 和 R_2 上的电压为蓄电池端电压,由于通过检测点 P 加到稳压管 VS_1 上的反向电压与蓄电池端电压成正比,所以该检测法称为蓄电池电压检测法。

在这两种基本检测法中,前者发电机的引出线可以少一根,但是发电机 B 到蓄电池的接线柱之间的电压降较大时,蓄电池的充电电压将会降低,使蓄电池充电不足,因此一般大功率发电机宜采用蓄电池电压检测法。

采用蓄电池电压检测法，如 $B \sim BAT$ 之间或 $S \sim BAT$ 之间断线时，调节器便不能检测出发电机的端电压，发电机便会失控。为了克服这一缺点，有些内装集成电路调节器的发电机采取了一定的控制措施。如图 1-43 所示为实际采用的蓄电池电压检测法的线路，在这个线路中，在调节器的分压器与发电机 B 点之间增加了一个电阻 R_4 和一个二极管 VD_2。因此，当 B 点与蓄电池正极之间或 S 点与蓄电池正极之间出现断路时，由于 R_4 的存在，仍能检测发电机的端电压 U_B，使调节器正常工作，可以防止发电机电压过高的现象。

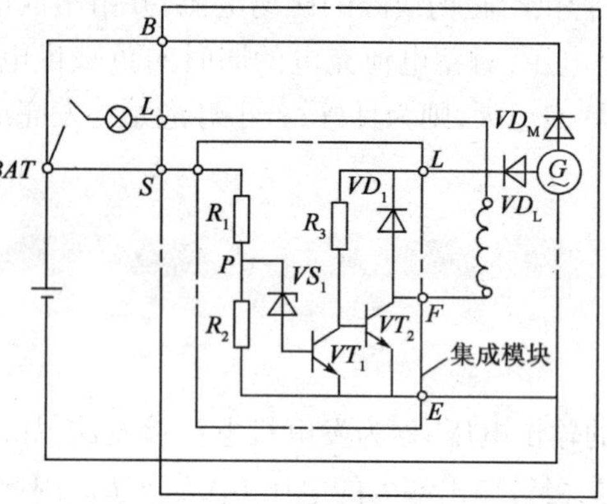

图 1-42　蓄电池电压检测

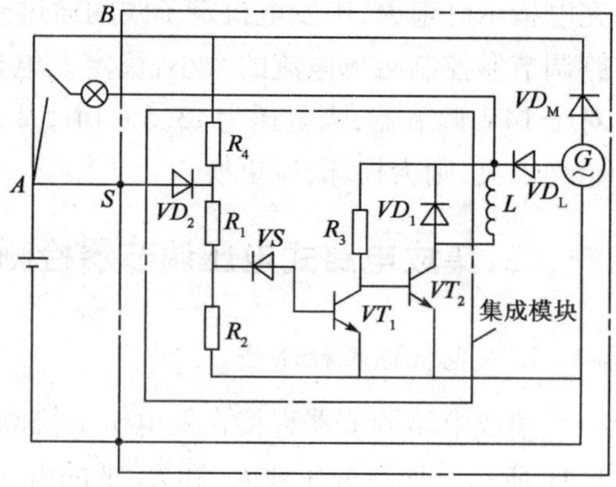

图 1-43　具有保护作用的蓄电池电压检测法原理电路

练一练

1. 看图 1-44 写出外搭铁电子调节器的工作原理。

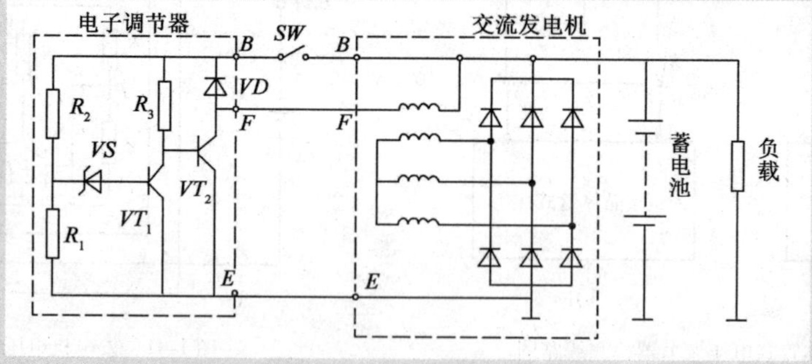

图 1-44　外搭铁电子调节器电路图

2. 发电机的电压检测方法分为：__________、__________。

做一做

两名同学一组，一名同学做工作任务内容时，另一名同学对其项目完成情况做出点评，说明其各步骤的表述是否清晰，对工作原理的理解是否有错？应当如何表述？之后对调进行同样的工作任务内容并评价。

任务评价

发电机电压调节器检测评价表如表1-9所示。

发电机电压调节器检测评价表　　表1-9

序号	内容及要求	评分	评分标准	自评	组评	师评	得分
1	准备	10	①汽车进入工位前，准备好相关的器材(4分)； ②拉紧驻车制动器，把变速杆置于空挡或P挡位置(3分)； ③套上三件套、粘贴翼子板布(3分)				
2	清洁	10	按要求清理工位				
3	随车检查发电机电压调节器	20	检测点清晰，能够说明原因				
4	发电机电压调节器检测	50	检测方法正确，检测结果准确，异常现象分析合理，结论正确				
5	安全文明生产	10	①结束后清洁(5分)； ②工量具归位(5分)				
指导教师总体评价 指导教师＿＿＿＿＿ ＿＿＿年＿＿月＿＿日							

教学提示

“发电机电压调节器检测”教学提示如表1-10所示。

“发电机电压调节器检测”教学提示　　表1-10

任务3	发电机电压调节器检测	学时	2
学习目标	1. 拆装发电机电压调节器； 2. 检测发电机电压调节器； 3. 检测分析发电机电压调节器典型故障		
学习内容	教学方法与建议		
1. 发电机电压调节器的功用； 2. 发电机电压调节器的基本构造与工作原理； 3. 发电机电压调节器的工作特性； 4. 蓄发电机电压调节器检测； 5. 发电机电压调节器使用注意事项； 6. 发电机电压调节器一般故障分析	通过任务驱动教学法实施教学： 1. 发电机电压调节器教学过程由任务目标、任务导入、知识准备、任务实施、练一练、做一做、任务评价组成，在老师的指导下制订方案并实施，最终进行评价； 2. 学生通过典型工作任务的完成，将理论知识融入实际操作中； 3. 教学过程中体现以学生为主体，教师进行适当讲解，并进行引导、督促和评估； 4. 教师应提前准备好各种媒体资料、教学课件，并准备教学场地和设备		

续上表

教学媒体与设备	学生已有的知识、能力要求	教师执教的要求
1. 实训设备:工作台、蓄电池、可变直流电源、电压调节器等; 2. 通用、专用工具:扭力扳手、诊断仪、万用表等; 3. 多媒体教学设备; 4. 多媒体教学课件、软件; 5. 网络教学资源	1. 安全操作知识; 2. 使用各种工具的基本技能和经验; 3. 发电机电压调节器的构造、原理和检测步骤	1. 能够根据教学方法合理设计教学情境; 2. 熟悉发电机电压调节器检测的操作规程; 3. 能够完成发电机电压调节器检测工作; 4. 能够完成发电机电压调节器的检测与分析; 5. 具备协调各方、处理学生误操作的能力

项目小结

1. 蓄电池主要包括极板、隔板、加液孔盖、电解液和外壳等。

2. 蓄电池正极板上的活性物质是二氧化铅,负极板上的活性物质是海绵状纯铅。

3. 蓄电池在放电过程中,正、负极板上的活性物质都转变为硫酸铅。充电过程中,正、负极板上的硫酸铅逐渐转变为活性物质。

4. 影响蓄电池容量的使用因素有放电电流、电解液的温度和电解液的密度等。

5. 蓄电池的充电方法有定流充电、定压充电和快速充电。充电种类有初充电、补充充电、去硫化充电等。

6. 硅整流发电机主要由转子、定子、前后端盖、风扇及皮带轮等组成。

7. 三相电枢绕组的连接方法有星形接法(也称 Y 形接法)和三角形接法(亦称△形接法)。中性点的直流电压等于发电机直流输出电压的一半。有中性点二极管的八管发电机其输出电流可增加10% ~15%。

8. 交流发电机的特性有输出特性、空载特性和外特性。

9. 交流发电机电压调节器按工作原理可分为晶体管式、集成电路和微机控制电压调节器三大类。

10. 发电机输出电压的调节是通过改变励磁电流的大小实现的。

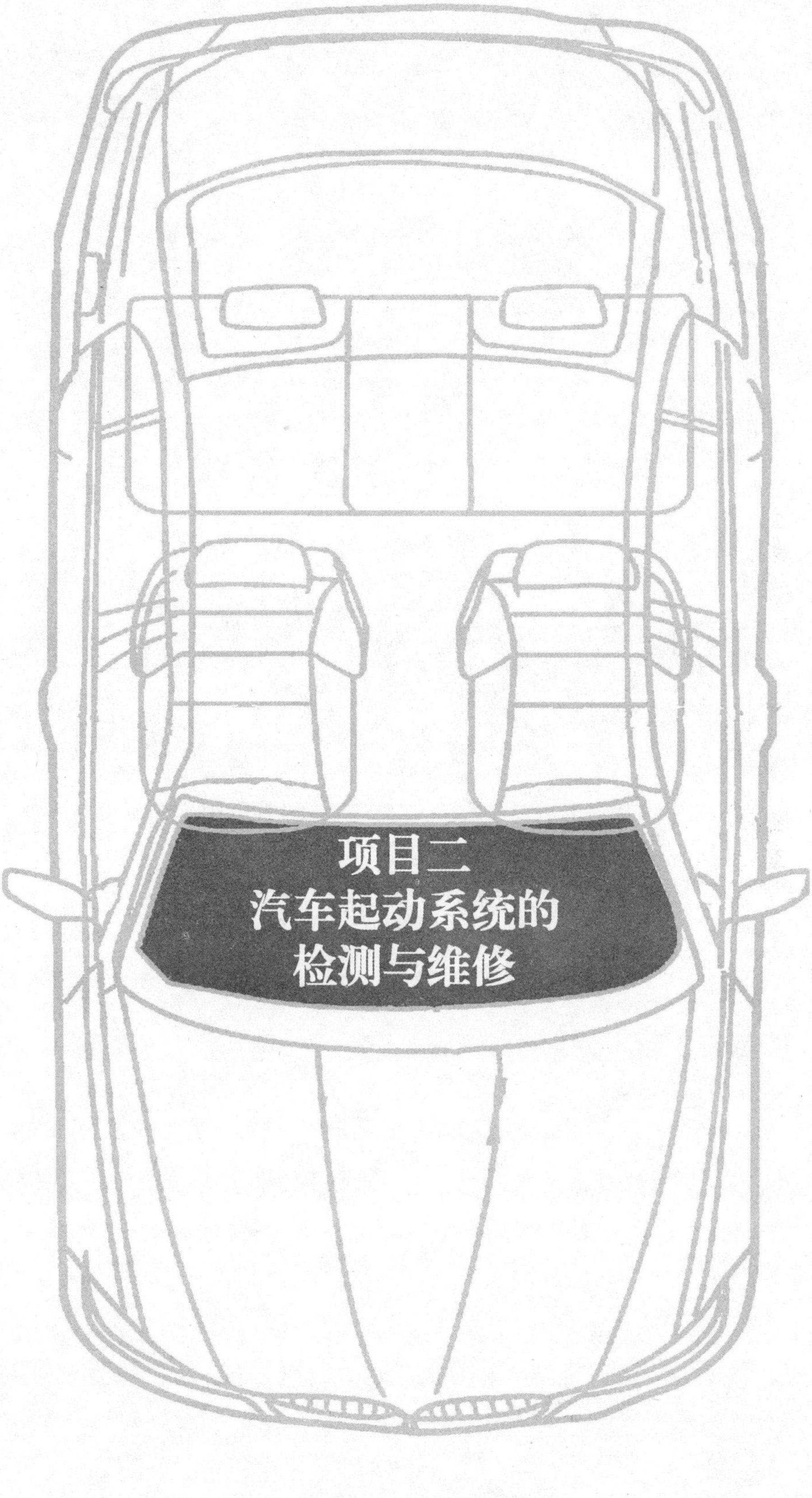

项目二 汽车起动系统的检测与维修

项目描述

汽车起动系统的作用是起动发动机。

起动系由蓄电池、起动机、起动开关和起动电路等组成。起动系统容易出现的典型故障有起动机起动无响应、起动无力、起动转速不稳、起动异响等。

任务 汽车起动系统的检测与维修

任务目标

1. 能够正确拆装起动机。
2. 能够检测起动机零部件。
3. 掌握测试起动机性能的方法。
4. 能够检测、排除起动系统典型故障。

任务导入

张先生早上准备驾驶卡罗拉汽车上班，起动汽车时，发动机不运转，无法起动。打电话给4S店请求帮助，服务顾问通过问询，得知张先生上次使用之前汽车可以正常使用，派遣技师进行救援。

任务知识

一、起动系统的作用

起动系统的作用是起动发动机。起动过程中，对起动系统有以下要求：

（1）起动机的齿轮与发动机的飞轮齿圈啮合要容易，尽量不发生冲击现象。

（2）发动机起动后，起动机的小齿轮应能自动打滑或脱离啮合，以免发动机起动后，飞轮带动起动机高速旋转造成事故。

（3）起动系统应结构简单、工作可靠、起动转速足够高。

二、起动机的分类与型号

1. 起动机的分类

起动机按照不同的分类依据可分为以下几种：

（1）按控制装置的操纵方式分为机械操纵起动机和电磁操纵起动机。

（2）按直流电动机磁场产生的方式分为永磁起动机和激磁起动机。

（3）按传动机构有无减速装置分为减速起动机和非减速起动机（普通起动机）。

（4）按驱动齿轮的啮入方式分为惯性啮合式起动机、电枢移动式起动机、齿轮移动式起动机和强制啮合式起动机。

2. 起动机的型号

根据我国行业标准《汽车电器设备产品型号编制方法》（QC/T 73—1993）的规定，起动机的型号一般由五部分组成，如图 2-1 所示。

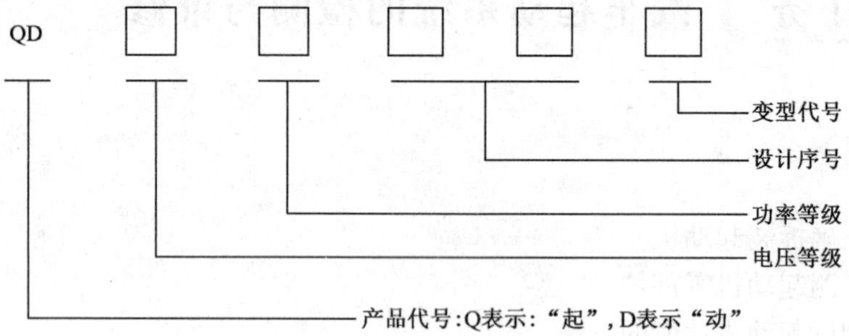

图 2-1 起动机的型号组成

（1）产品代号：起动机的产品代号有 QD、QDJ、QDY 三种，分别表示起动机、减速起动机和永磁起动机（包括永磁减速起动机）。

（2）电压等级代号：用 1 位阿拉伯数字表示，1、2、6 分别表示 12V、24V 和 6V。

（3）功率等级代号：用 1 位阿拉伯数字表示，其含义见表 2-1。

例如：QD124 表示额定电压 12V、功率 1 ~ 2kW、第 4 次设计的起动机。

起动机功率等级 表 2-1

代号	1	2	3	4	5	6	7	8	9
功率（kW）	<1	1 ~ 2	2 ~ 3	3 ~ 4	4 ~ 5	5 ~ 6	6 ~ 7	7 ~ 8	>8

三、起动系的组成

起动系主要由蓄电池、起动机、起动开关和起动电路等组成，如图 2-2 所示。起动机在点火开关的控制下，将蓄电池的电能转变为机械能，带动发动机的飞轮使曲轴旋转，完成发动机的起动过程。

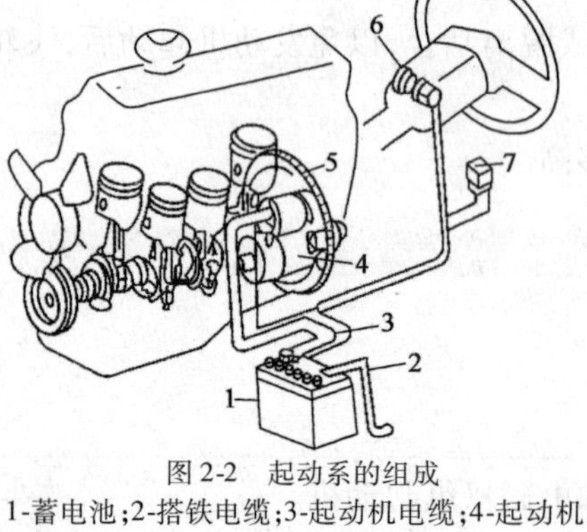

图 2-2 起动系的组成
1-蓄电池；2-搭铁电缆；3-起动机电缆；4-起动机；5-飞轮；6-点火开关；7-起动继电器

起动机总成分解示意图（图中数字表示螺栓紧固力矩，单位 N · m，括号内为英制单位）如图 2-3 所示。

1. 直流电动机

起动机的直流电动机多采用串励式，是起动机最主要的组成部分。

直流电动机主要由电枢、磁极、换向器、电刷和外壳等部件组成，如图 2-4 所示。

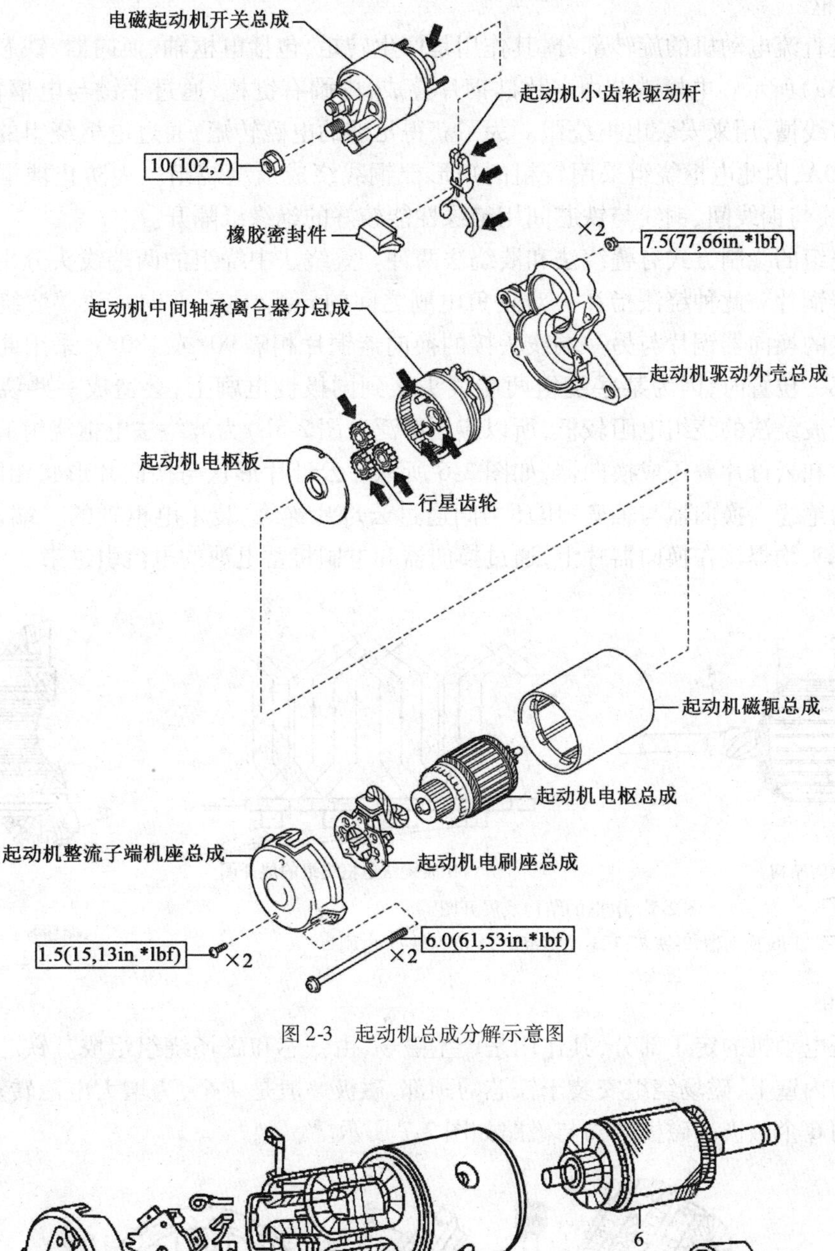

图 2-3　起动机总成分解示意图

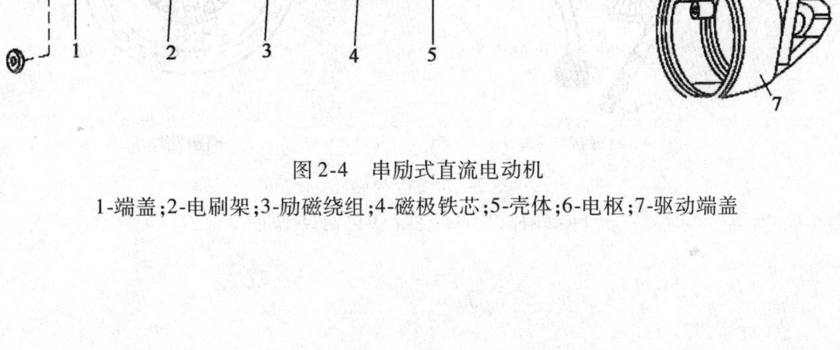

图 2-4　串励式直流电动机

1-端盖;2-电刷架;3-励磁绕组;4-磁极铁芯;5-壳体;6-电枢;7-驱动端盖

(1)电枢

电枢是直流电动机的旋转部分,其作用是产生转矩,包括电枢轴、换向器、铁芯和电枢绕组,如图 2-5a)所示。电枢铁芯由多片硅钢片叠成,内圆有键槽,通过平键与电枢轴连接,外圆圆周设有线槽,用来安装电枢绕组。为了获得足够的电磁转矩,通过电枢绕组的电流一般为 200 ~ 600A,因此电枢绕组采用较粗的矩形裸铜线绕成成型绕组。为防止裸铜线绕组间短路,在铜线与铜线间、铜线与铁芯间用绝缘性能较好的绝缘纸隔开。

电枢绕组的绕制方式有叠绕法和波绕法两种。叠绕法中绕组的两端线头分别接相邻的两个换向器铜片。此种绕法指在一对正负电刷之间的导线,电流方向一致。波绕法指绕组一端线头接的换向器铜片与另一端线头接的换向器铜片相隔 90°或 180°。采用此种绕法的电枢转到某一位置时,因为某些绕组两端线头接到同极性电刷上,会造成一些绕组没有电流。但由于波绕法的绕组电阻较低,所以应用广泛。图 2-5b)为波绕法电枢绕组的展开图。

换向片和云母片叠压成换向器,如图 2-6 所示。云母片形状与换向片形状相同,用于换向片之间的绝缘。换向器与轴套、压环之间通过云母片绝缘,装于电枢轴的一端,电枢绕组每个线圈端头均焊接在换向器片上,通过换向器和电刷将蓄电池的电流引进来。

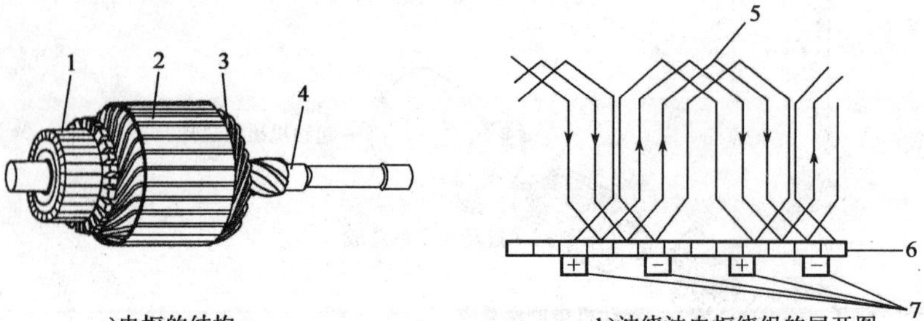

a)电枢的结构　b)波绕法电枢绕组的展开图

图 2-5　电枢的结构及展开图

1,6-换向器;2-铁芯;3,5-电枢绕组;4-电枢轴;7-电刷

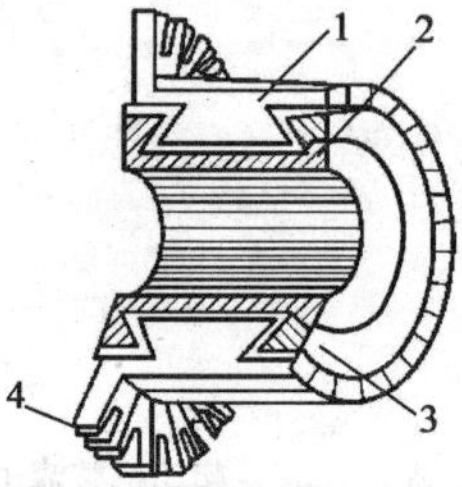

图 2-6　换向器构造

1-铜质换向片;2-轴套;3-压环;4-接线槽

(2)磁极

磁极是电动机的定子部分,其作用是产生磁场,由铁芯和磁场绕组组成。铁芯用螺钉固定在壳体的内壁上,磁场绕组安装于铁芯的颈部,磁极一般是 4 个,为增大电磁转矩,大功率起动机采用 6 个磁极。磁极结构与磁路如图 2-7 所示。

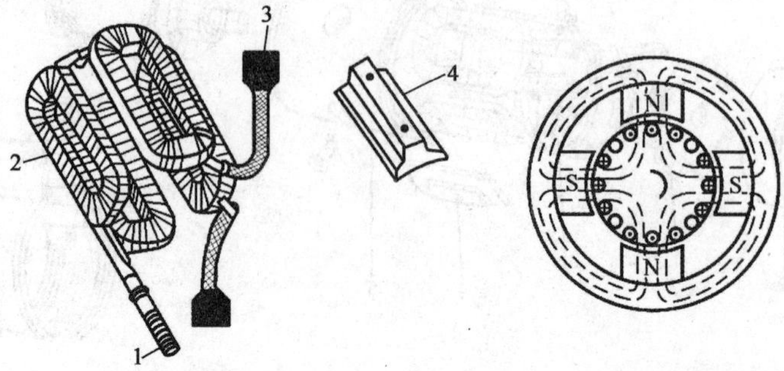

a)磁极　b)磁路

图 2-7　磁极与磁路

1-接线柱;2-励磁绕组;3-电刷;4-铁芯

励磁绕组也采用较粗的矩形裸铜线绕制而成(通过电流达200～600A),励磁绕组与电枢绕组常见的连接方式如图2-8所示。由于励磁绕组与电枢绕组串联,故称串励式直流电动机。

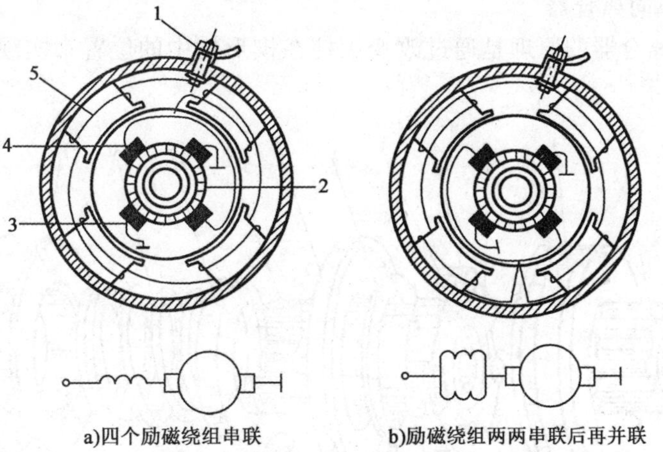

图2-8　励磁绕组与电枢绕组的连接方式

1-接线柱;2-换向器;3-搭铁电刷;4-绝缘电刷;5-励磁绕组

励磁绕组一端接在外壳的绝缘接线柱上,另一端与两个非搭铁电刷相连,当起动开关接通时,起动机的电路为:蓄电池正极→接线柱→励磁绕组→电刷→电枢绕组→搭铁电刷→搭铁→蓄电池负极。

(3)电刷架与电刷

电刷和装在电枢轴上的换向器用来连接磁场绕组和电枢绕组的电路,并使电枢轴上的电磁力矩保持固定方向。

电刷架一般为框式结构,如图2-9所示。其中正极刷架与端盖采用绝缘方式安装,负极刷架直接搭铁。电刷置于电刷架中,电刷由铜粉与石墨粉压制而成,呈棕红色。刷架上装有弹性较好的扭转弹簧,以压紧电刷与换向器良好接触。电刷的高度一般不应低于标准电刷的2/3,电刷与换向器的接触面积不应小于75%,并且要求电刷在电刷架内无卡滞现象,否则需要进行修磨或更换。

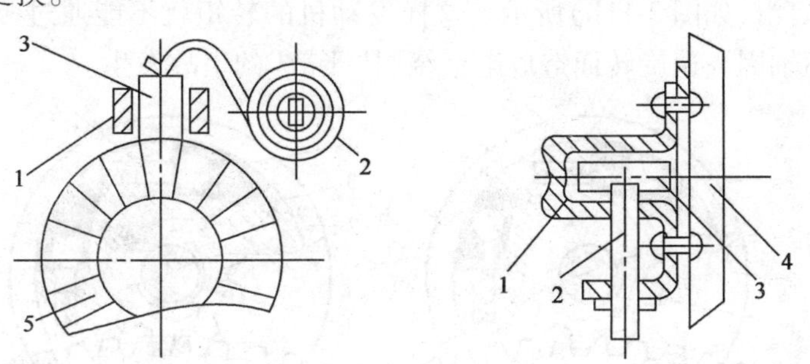

图2-9　电刷与电刷架的组合

1-框式电刷架;2-扭转弹簧;3-电刷;4-端盖;5-换向器

2. 传动机构

起动机传动机构中的关键部件是单向离合器。其作用是在起动时将电枢产生的电磁转矩传递给发动机飞轮;而当发动机起动后,单向离合器立刻打滑,防止发动机飞轮带动电枢高速旋转，造成电枢绕组“飞散”的事故。常见的单向离合器有滚柱式、摩擦片式和弹簧式三种结构形式。

（1）滚柱式单向离合器

滚柱式单向离合器的原理是通过改变滚柱在楔形槽中的位置来实现分离和结合的，其结构如图 2-10 所示。

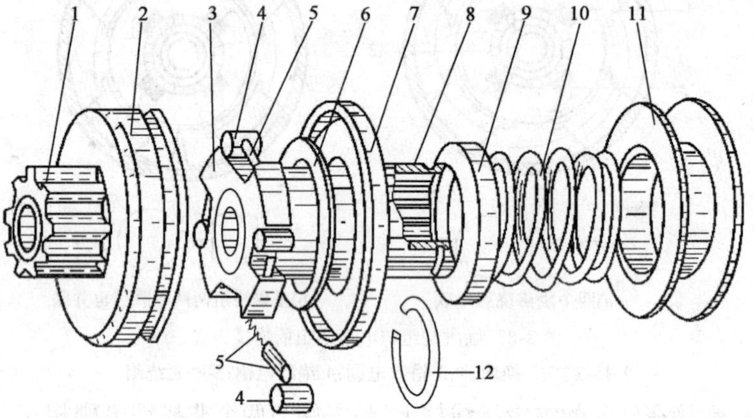

图 2-10 滚柱单向离合器结构

1-驱动齿轮；2-外壳；3-十字块；4-滚柱；5-弹簧与压帽；6-垫圈；7-护盖；8-传动套筒；9-弹簧座；10-弹簧；11-移动衬套；12-卡簧

单向离合器的外壳与驱动齿轮为一体，外壳与十字块之间形成四个楔形槽，每个槽中有一个滚柱，十字块与传动套筒为一体，通过花键与电枢轴连接。

其工作过程如下：当起动机开始工作时，拨叉拨动移动衬套，使驱动齿轮与发动机飞轮齿圈啮合，电磁转矩由电枢轴传到传动套筒与十字块，使十字块同电枢轴一同旋转。此时，再加上飞轮齿圈给驱动齿轮的反作用力，使滚柱在摩擦力矩的作用下，滚入楔形槽的窄端卡死，如图 2-11a）所示，于是驱动齿轮和传动套筒成为一个整体，带动飞轮，起动发动机。当发动机起动后，发动机飞轮带动驱动齿轮旋转，外壳的转速高于十字块的转速，因此滚柱滚向楔形槽的宽端而打滑，如图 2-11b）所示。这样发动机的转矩就不能通过驱动齿轮传递给电枢轴，防止了电枢轴因高速旋转而造成电枢绕组“飞散”的事故发生。

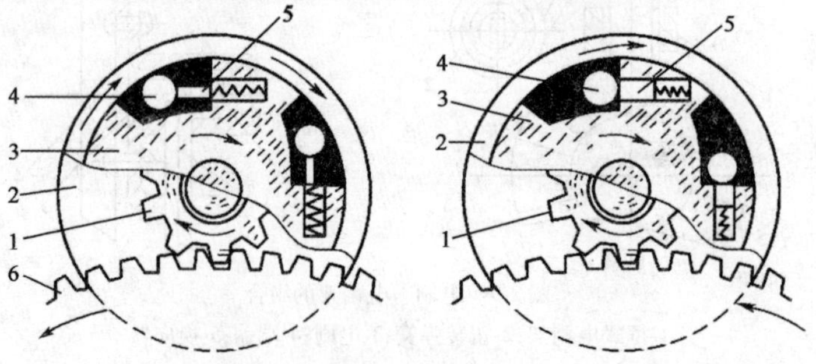

a）离合器传力　　b）离合器打滑

图 2-11 滚柱式单向离合器工作原理

1-驱动齿轮；2-外壳；3-十字块；4-滚柱；5-弹簧与压帽；6-飞轮

滚柱式单向离合器结构简单，在中、小功率的起动机上广泛应用。但在传递较大转矩时，滚柱易变形而卡死，因此滚柱式单向离合器不易用于功率较大的柴油起动机上。

(2)摩擦片式单向离合器

摩擦片式单向离合器的原理是通过主、从动摩擦片的压紧和放松来实现分离与结合的，其结构如图 2-12 所示。

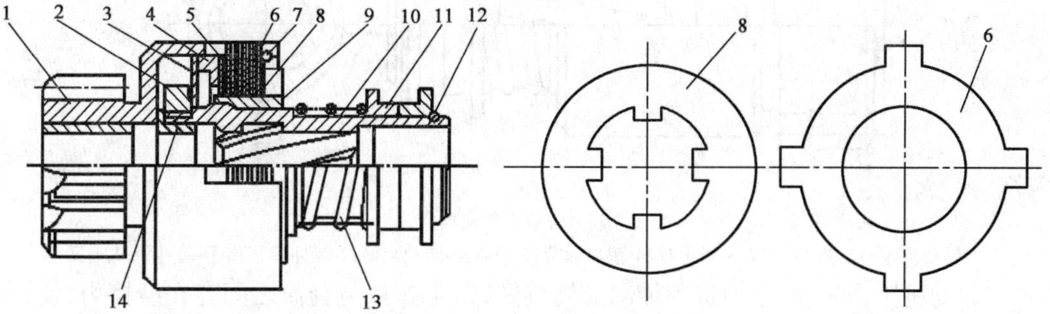

图 2-12　摩擦片式单向离合器结构

1-驱动齿轮与外接合鼓；2-螺母；3-弹簧圈；4-压环；5-调整垫圈；6-从动摩擦片；7，12-卡环；8-主动摩擦片；9-内接合鼓；10-传动套筒；11-移动套筒；13-缓冲弹簧；14-挡圈

传动套筒套在电枢轴的螺旋花键上，在传动套筒的外表面上又有三条螺旋花键，套着内接合鼓(主动鼓)，内接合鼓外径开有四个轴向槽，用来插放主动摩擦片的内齿。由传动套筒、内接合鼓和主动摩擦片共同组成单向离合器的主动部分。从动摩擦片的外齿插放在与驱动齿轮制成一体的外接合鼓的四个槽内，组成单向离合器的从动部分。主、从动摩擦片相间组装，螺母与摩擦片之间装有弹性圈、压环和调整垫圈。

起动机工作时，起动机电枢轴带动传动套筒转动，由于惯性的作用，内接合鼓随着传动套筒的旋转而左移，使主、从动摩擦片紧压在一起，利用摩擦片将电枢转矩传递给飞轮。

发动机起动后，起动机的驱动齿轮被飞轮带着高速旋转，转速高于电枢轴的转速，于是内接合鼓又沿传动套筒上的螺旋线右移，使主、从动摩擦片相互脱离而打滑，避免了因电枢轴高速旋转而造成电枢绕组“飞散”的事故。

当发动机的起动阻力过大时，曲轴不能立刻转动，此时内接合鼓在传动套筒作用下，继续向左移动，导致弹性圈在压环的压力下弯曲，当内接合鼓的左端面弹性圈接触时，内接合鼓便停止左移，于是主、从动摩擦片之间开始打滑，限制了起动机的最大输出转矩，防止了起动机过载。

摩擦片式单向离合器的最大输出转矩是可调节的，增减调整垫圈的片数，可以改变内接合鼓左端面与弹性圈之间的间隙，调节起动机的最大输出转矩。

摩擦片式单向离合器可以传递较大的转矩，应用于大功率起动机上。但是在使用过程中，摩擦片磨损后，传递的转矩会下降，因此需要经常调整，而且其结构复杂。

(3)弹簧式单向离合器

弹簧式单向离合器的原理是通过扭力弹簧的径向收缩和放松来实现分离和结合的，其结构如图 2-13 所示。

驱动齿轮与套筒是一体的，套在电枢前端的光滑部分，传动套筒套在电枢的花键上。二者通过月形键连接，在驱动齿轮套筒与传动套筒的外圆上抱有扭力弹簧，扭力弹簧的内径略小于两个套筒的外径。

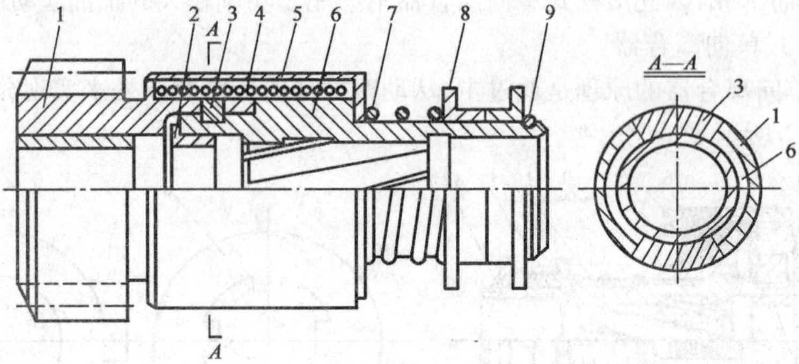

图 2-13 弹簧式单向离合器

1-驱动齿轮与套筒;2-挡圈;3-月形键;4-扭力弹簧;5-护圈;6-传动套筒;7-缓冲弹簧;8-移动衬套;9-卡簧

当起动机工作时,电枢轴带动传动套筒旋转,由于弹簧与套筒之间存在摩擦力,使弹簧扭紧而抱紧两套筒传递转矩。当发动机起动后,由于飞轮齿圈对驱动齿轮的作用力改变了方向,使弹簧放松,于是驱动齿轮只能在电枢轴的光滑部分高速空转,防止了电枢超速运转带来的危险。

弹簧式单向离合器结构简单,成本低,使用寿命长,但由于扭力弹簧的轴向尺寸较长,一般只用在大功率起动机上。

缓冲弹簧的作用是当拨叉移动驱动齿轮与飞轮齿圈啮合受阻时,缓冲弹簧受压缩,当驱动齿轮缓慢转动到啮合位置时,缓冲弹簧推动驱动齿轮与飞轮齿圈啮合。

3. 电磁开关

起动机的控制装置即操纵机构,也称为电磁开关,主要用来控制起动机驱动齿轮与发动机飞轮齿圈的啮合与分离,以及控制起动机主电路的通、断。有些起动机的电磁开关还能在起动时将点火线圈的附加电阻短路,以提高起动时的点火电压。

电磁开关主要由图 2-14 中吸引线圈、保持线圈、活动铁芯、接触盘等组成。其中吸引线圈与电动机绕组串联,保持线圈与电动机绕组并联。活动铁芯一端通过接触盘控制主电路

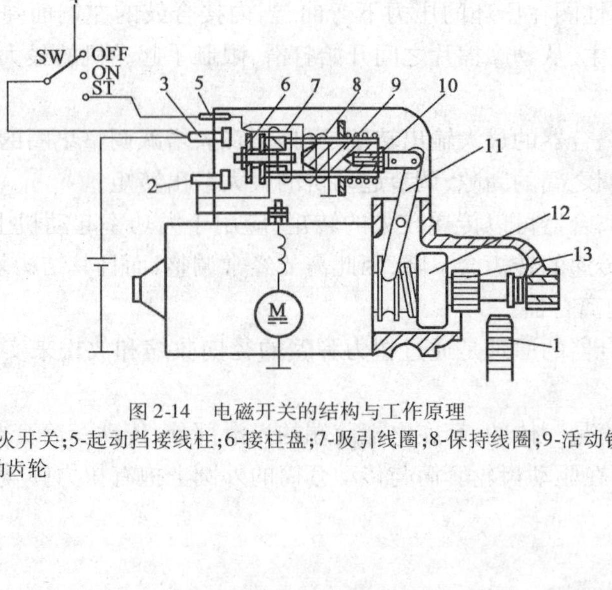

图 2-14 电磁开关的结构与工作原理

1-飞轮;2,3-主接线柱;4-点火开关;5-起动挡接线柱;6-接柱盘;7-吸引线圈;8-保持线圈;9-活动铁芯;10-调整螺钉;11-拨叉;12-单向离合器;13-驱动齿轮

的导通与断开;另一端通过拨叉控制驱动齿轮的啮合与退出。在起动机电磁开关上有三个接线柱:两个主接线柱,一个起动接线柱。

四、起动系工作原理

1. 起动机电磁转矩的原理

起动机是根据通电导体在磁场中受到电磁力作用这一原理工作的。其工作原理如图2-15所示。

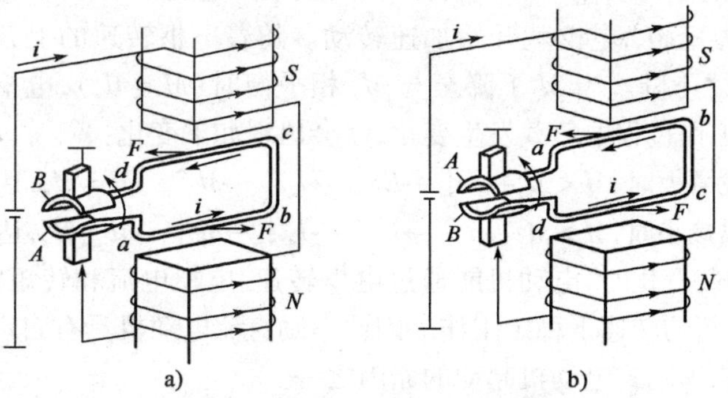

图2-15　串励式直流电动机的工作原理

电动机工作时,电流通过电刷和换向片流入电枢绕组。换向片 A 与正电刷接触,换向片 B 与负电刷接触,绕组中的电流从 $a \to b \to c \to d$ 根据左手定则判断绕组匝边 ab、cd 均受到电磁力 F 的作用,由此产生逆时针方向的电磁转矩 M 使电枢转动;当电枢转动至换向片 A 与负电刷接触,换向片 B 与正电刷接触时,电流改由 $d \to c \to b \to a$,但电磁转矩的方向仍保持不变,使电枢按逆时针方向继续转动。

由此可见,直流电动机的换向器可将电源提供的直流电转换为电枢绕组所需要的交流电,以保证电枢绕组所产生的电磁力矩的方向保持不变,使其产生定向转动。但实际的直流电动机为了产生足够大且能保持转速稳定的电磁力矩,其电枢上绕有很多组线圈,换向器的铜片也随其相应增加。

根据安培定律,可以推导出电动机通电后所产生的电磁转矩 M 与磁极的磁通量 Φ 及电枢电流 I_s 之间的关系为:

$$M = C_m \Phi I_s \tag{2-1}$$

式中,C_m 为电机转矩常数,它与电动机磁极对数 P、电枢绕组导线总根数 Z 及电枢绕组电路的支路对数 a 有关,即:

$$C_m = \frac{Pz}{2\pi a} \tag{2-2}$$

2. 直流电动机转矩自动调节原理

电枢在电磁转矩 M 作用下转动,由于绕组在转动的同时切割磁力线而产生感应电动势,并根据右手定则判定其方向与电枢电流 I 的方向相反,故称为反电动势 E。反电动势 E_f 与磁极的磁通 Φ 和电枢的转速 n 成正比,即:

$$E_f = C_e \Phi n \tag{2-3}$$

式中，C_e 为电动机的结构常数。由于反电动势的方向与电源电压的方向相反，因此电动机工作时，电枢回路的电压平衡方程式为：

$$U = E_f + I_s R_s \tag{2-4}$$

式中：U——电源电压（V）；

R_s——电枢回路电阻（Ω），其中包括电枢绕组的电阻、电刷与换向器的接触电阻；

I_s——电枢电流（A）。

在直流电动机刚接通电源的瞬间，电枢转速 n 为 0，电枢反电动势 $E_f=0$，此时，电枢绕组中的电流达到最大值，即 $I_{smax}=U/R_s$，将相应产生最大电磁转矩，即 M_{max}，若此时的电磁转矩大于电动机的阻力矩 M_z，电枢就开始加速转动。随着电枢转速的上升，E_f 增大，I_f 下降，电磁转矩 M 也就随之下降。当 M 下降至与 M_z 相平衡时（$M=M_z$），电枢就以此转速运转。如果直流电动机在工作过程中负载发生变化，就会出现如下变化：

（1）当工作负载增大时，$M<M_z \to n\downarrow \to E_f\downarrow \to I_s\uparrow \to M\uparrow \to M=M_z$，达到新的稳定。

（2）当工作负载减小时，$M>M_z \to n\uparrow \to E_f\uparrow \to I_s\downarrow \to M\downarrow \to M=M_z$，达到新的稳定。

由此可见，当负载变化时，电动机能通过电枢转速、电枢电流和转矩的自动变化来满足负载的需要，使之在新的转速下稳定工作。因此串励直流电动机具有自动调节转矩的功能。这是汽车发动机采用串励式电动机起动的原因之一。

3. 电磁开关工作原理

（1）起动时，将点火开关 SW 打到 ST 挡，电磁开关通电，其电路如下（参考图 2-14）：蓄电池正极→主接线柱→点火开关 ST 挡→起动接线柱（电流流入起动接线柱后，分为两路，一路经吸引线圈直接搭铁；另一路经吸引线圈→主接柱→励磁绕组→电枢绕组→搭铁）。此时，吸引线圈与保持线圈的电流流向相同，磁场方向相同，活动铁芯在两个线圈磁场力的共同作用下克服复位弹簧的作用向左移动，通过拨叉使驱动齿轮与发动机飞轮啮合后，接线盘将两个主接线柱内侧触头接通，于是起动机的主电路接通，其电路为：蓄电池正极→主接线柱→接触盘→主接线柱→励磁绕组→绝缘电刷→电枢绕组→搭铁电刷→搭铁→蓄电池负极。这时直流电动机产生电磁转矩，通过单向离合器带动曲轴旋转，起动发动机。

（2）发动机起动后，单向离合器打滑。

（3）松开点火开关 SW，点火开关从 ST 挡回到 ON 挡，这时从点火开关到起动接线柱之间已没有电流，吸引线圈与保持线圈的电路变为：蓄电池正极→主接线柱→接触盘→主接线柱→吸引线圈→保持线圈→搭铁。

此时，由于吸引线圈与保持线圈的电流流向相反，磁场方向相反，电磁力抵消，活动铁芯在复位弹簧的作用下，迅速右移，使主电路断开，驱动齿轮与飞轮脱离啮合，起动机停止工作。

在接触盘接通主电路之前，由于电流经吸引线圈到励磁绕组与电枢绕组，所以电枢产生了一个较小的电磁转矩，使驱动齿轮在缓慢旋转状态下与飞轮平稳啮合。主电路接通后，吸引线圈被短路，活动铁芯的位置由保持线圈产生的磁吸力来保持。

4. 起动机的工作特性

（1）直流电动机的形式

依据磁场绕组和电枢绕组连接方式的不同，起动用直流电动机可分为并励、串励和复励三种形式,如图 2-16 所示。汽车起动机多采用串励式,大功率起动机多采用复励式。

①串励式电动机。串励直流电动机的电流流向是:蓄电池正极→磁场绕组→绝缘电刷→换向器→电枢绕组→搭铁电刷→搭铁(蓄电池负极)。这种方式允许流过磁场绕组的电流全部流过电枢绕组。

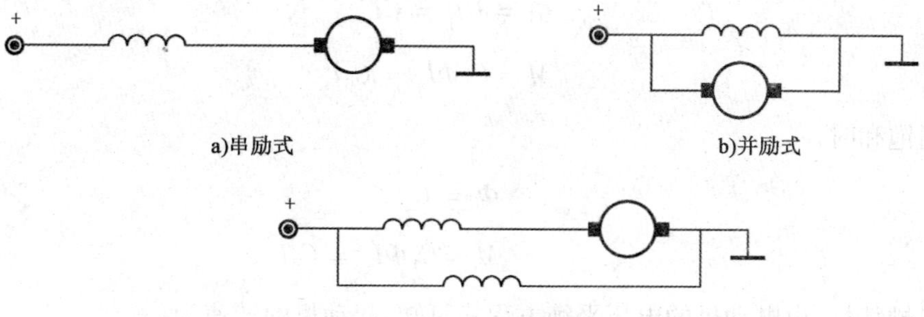

图 2-16　直流电动机的励磁方法

串励电动机开始起动时能发出最大转矩。其输出转矩随着电动机转速的升高而下降。转矩下降是由于反电动势作用的结果。

②并励电动机。并励电动机的磁场绕组与电枢绕组并联连接。并励电动机的输出转矩不随转速的升高而下降,因为电枢产生的反电动势不会削弱磁场绕组的磁场强度。由于并励电动机不能产生高转矩,故不适合作为起动机。但刮水器电动机、电动升降门窗电动机、电动调整座椅电动机等采用的都是并励电动机。

③复励电动机。复励电动机的一部分磁场绕组与电枢绕组串联连接,而另一部分磁场绕组与蓄电池和电枢绕组并联连接。这种配置使复励电动机能发挥好的起动转矩并保持恒定的运转转速。分路的磁场绕组用来限制起动机的转速。

(2)串励式直流电动机的特性

串励直流电动机的输出转矩 M、转速 n 和功率 P 随电枢电流变化的规律,称为串励直流电动机的工作特性。如图 2-17 所示为串励式直流电动的工作特性曲线,其中曲线 M、n 和 P 分别代表转矩特性、转速特性和功率特性。串励式直流电动机的特点是起动转矩大,机械特性软。

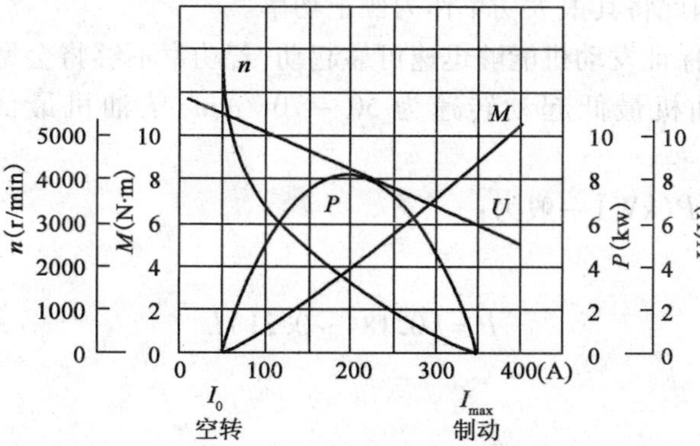

图 2-17　串励式电动机特性

M-输出转矩;n-转速;P-功率;U-起动电压

①转矩特性:对于串励直流电动机,其磁场电流与电枢电流相同,并且在磁通未饱和时,磁通与电枢电流成正比,串励直流电动机的转矩与电枢电流的平方成正比。因此磁通未饱和时,电枢电流越大,串励式电动机产生的转矩比并励式电动机的优势更大。即:

磁通不饱和时,

$$\Phi = CI_j = CI_s$$

$$M = C_1\Phi I_s = C_0 I_s^2$$

磁通饱和时,

$$\Phi = C$$

$$M = C_1\Phi I_s = C_0 I_s$$

②机械特性:由电动机的电压平衡方程式可知,起动机的转速为:

$$n = \frac{U - I_s(R_s + R_j)}{C_m\Phi} \tag{2-5}$$

由上式可知,串励直流电动机具有轻载转速高、重载转速低的软机械特性。重载转速低,可以保证电动机在起动时(重载)不会超出允许功率而烧毁,使起动安全可靠。这是起动机采用串励直流电动机的又一原因。但由于其轻载或空载时转速很高,容易造成“飞散”事故,故对于功率较大的串励直流电动机,不允许轻载或空载下运行。

③功率特性:起动机功率 P 由电动机电枢转矩 M 和电枢的转速 n 来确定,即:

$$P = \frac{M \cdot n}{9550} \tag{2-6}$$

式中:M——电动机电枢转矩(N·m);

n——电动机电枢转速(r/min)。

由式(2-6)可知,在完全制动状态($n=0$)和空载($M=0$)时,起动机的输出功率等于零,电枢电流接近制动电流的一半时,电动机输出功率最大。由于起动机起动时间很短,起动机可以最大功率运转,因此将其最大功率作为额定功率。

起动机功率必须保证发动机能够迅速可靠起动,若功率不够将会增加起动次数,缩短蓄电池寿命。一般汽油机最低起动转速为 50 ~ 70r/min,柴油机最低起动转速为 100 ~ 200r/min。

起动机所需功率 P(kW)一般为:

汽油机:

$$P = (0.184 \sim 0.21)L \tag{2-7}$$

柴油机:

$$P = (0.736 \sim 1.05)L \tag{2-8}$$

式中:L——发动机的排量(L)。

(3)影响起动机功率的使用因素

①接触电阻。主要指蓄电池的极桩与起动机的电缆线、起动机的电缆线与搭铁、接触盘与主接线柱内侧的触头、起动机电刷与换向器片等的接触不良,导致起动机的主电路电阻增大,起动电流下降,使起动机的功率下降。另外,不要随意更改起动机电缆的截面尺寸和长度,最好使用与原车型配套的合格电缆,否则电缆过细、过长会引起电阻增大,起动机输出功率下降。

②蓄电池的容量。蓄电池的容量越小,内阻越大,导致起动电流下降,起动机输出功率下降,故应使蓄电池经常保持充足电的状态。

③温度。温度降低会使蓄电池的内阻增加,容量下降,导致输出电流减小功率下降。

任务实施

一、技师询问张先生的车辆信息

检查油液情况正常,起动发动机。无法起动,听不见起动机齿轮被拨动的声音,按动喇叭,声音响亮,蓄电池电量正常,初步判定为起动机故障,将汽车通过硬连接的方式拖至4S店进行下一步检查。

二、起动电路检测

1. 检查起动机总成

备注:在3～5s内执行以下各项测试。

(1)进行牵引测试。

①从端子C上断开励磁线圈引线。

②如图2-18所示,将蓄电池连接到电磁起动机开关上,然后检查并确认小齿轮向外移动。如果离合器小齿轮不动,则更换电磁起动机开关总成。

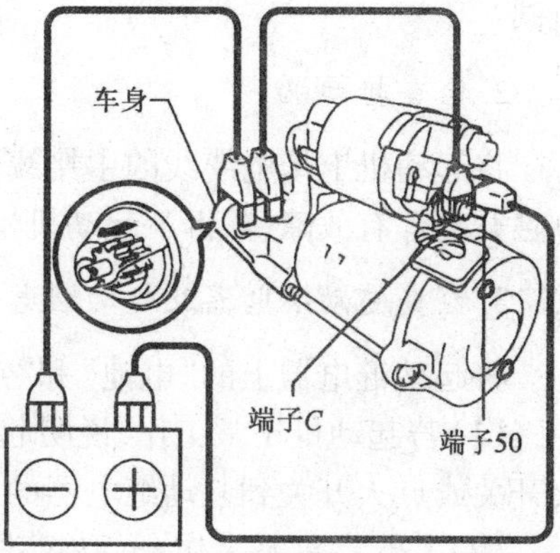

图2-18　牵引测试连线示意图

(2)进行保持测试。从端子C上断开电缆后,检查并确认小齿轮不向内回位。如果离合器小齿轮向内回位,则更换电磁起动机开关总成。

(3)检查离合器小齿轮的回位。检查并确认小齿轮向内移动。如果离合器小齿轮不向内回位,则更换电磁起动机开关总成。

(4) 进行无负荷运转测试。

①将励磁线圈引线连接到端子C上(力矩:10N·m)。

②用台钳夹住起动机。

③如图2-19所示,将蓄电池和安培表连接到起动机上。

④检查并确认起动机运行平稳,且离合器小齿轮向前换挡。

根据表2-2中的数值测量电流。如果结果不符合规定,则更换起动机总成。

无负荷运转测试标准值 表 2-2

IT-Ⅱ	条　件	规定条件
蓄电池正极端子—端子 30—端子 50	11.5V	低于 90A

可以通过测量起动电路压降的方法确定故障的部位。一般轿车的规律是:在起动时,每根起动电缆线的压降不大于 0.2V,每个连接点的压降不大于 0.1V,电磁开关内接触盘的压降不大于 0.3V,起动机的工作电压不小于 9V,蓄电池的端电压不小于 9.6V,蓄电池负极桩到发动机缸体之间的电压不大于 0.4V,如图 2-19 所示。

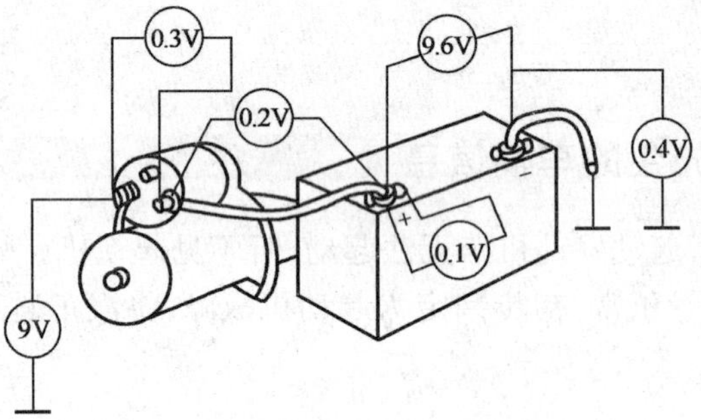

图 2-19 起动机工作时的线路压降测试

检测时,若已确定蓄电池状态完好、各接点压降正常,而蓄电池的端电压小于 9.6V 时,可初步确定起动无力的故障在起动机;然后再测量电磁开关两个主接线柱的压降,若大于0.3V,说明故障部位在电磁开关;若起动机电压大于 9V,说明故障部位在起动机内部。

2. 检查起动机

将起动机上接电缆线的主接线柱与起动接线柱短接,若起动机不能工作,说明起动机的电磁开关等有故障,需拆下起动机检测与维修。若起动机工作正常,进行下一步检查。

3. 检查起动继电器及起动继电器到起动机的线路

将起动继电器上的“电池”和“点火”两接线柱短接:

(1)若起动机正常工作,说明起动继电器及起动继电器到起动机的线路正常,故障在点火开关或点火开关到起动继电器的线路上,进行下一步检查。

(2)若起动机不工作,再将起动继电器上的“电池”和“起动”两接线柱短接,起动机正常工作,故障在起动继电器;起动机不工作,故障在起动继电器到起动机的线路上。

三、拆卸起动机总成

(1)拆下发动机下盖。从蓄电池负极端子上断开电缆。注意:从蓄电池负极(-)端子断开电缆后至少等待 90s,以停用 SRS 系统。如图 2-20 所示先拆卸发动机下盖 LH,再拆卸发动机下盖 RH。拆卸飞轮外壳侧盖时,应向外拉定位爪以将其脱开,然后拆下飞轮外壳侧盖。

（2）拆下起动机电缆和电磁开关的连线，拆下飞轮外壳侧盖，然后拆下起动机总成：拆下端子帽；拆下螺母并断开端子30；断开连接器；拆下两个螺栓和起动机总成。

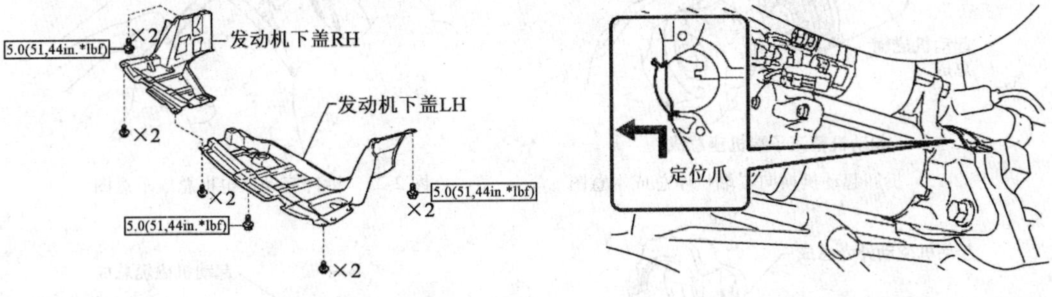

图2-20　发动机下盖拆卸示意图

四、起动机零部件检测

1. 起动机拆解

（1）拆卸电磁起动机开关总成：如图2-21所示，拆下螺母，并从电磁起动机开关总成上断开引线。固定住电磁起动机开关总成的同时，从起动机驱动外壳总成上拆下两个螺母。抬起电磁起动机开关总成前部的同时，拉出电磁起动机开关总成，并从驱动杆和电磁起动机开关总成上松开柱塞钩。

图2-21　拆卸电磁起动机开关总成示意图

（2）拆卸起动机换向器端机座总成：用梅花套筒扳手拆下两个螺栓。将起动机换向器端机座总成和起动机磁轭一同拉出。从起动机换向器端机座总成上拆下两个螺钉。如图2-22所示，将起动机磁轭总成从起动机换向器端机座总成上拉出（压紧引线的同时拆下起动机换向器端机座）。

（3）拆卸起动机电枢总成：如图2-23所示，用螺丝刀固定住弹簧后部，然后从电刷座上断开电刷；断开4个电刷，然后拆下电刷座；从起动机磁轭总成上拆下起动机电枢总成。

（4）拆卸起动机电枢板：如图2-24所示，从起动机驱动外壳总成或起动机磁轭总成上拆下电枢板。

(5)拆卸行星齿轮:从起动机中间轴承离合器分总成上(图2-25)拆下3个行星齿轮。

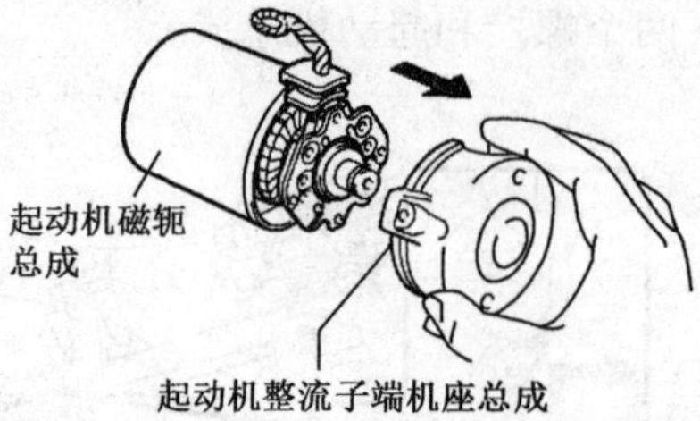

图2-22　拆卸起动机换向器端机座总成示意图

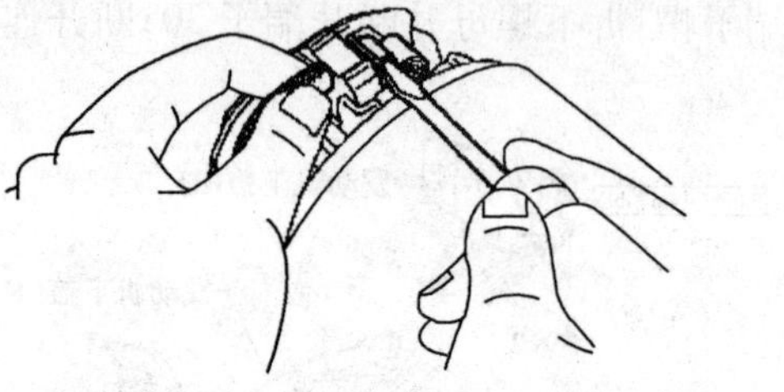

图2-23　拆卸起动机电枢总成示意图

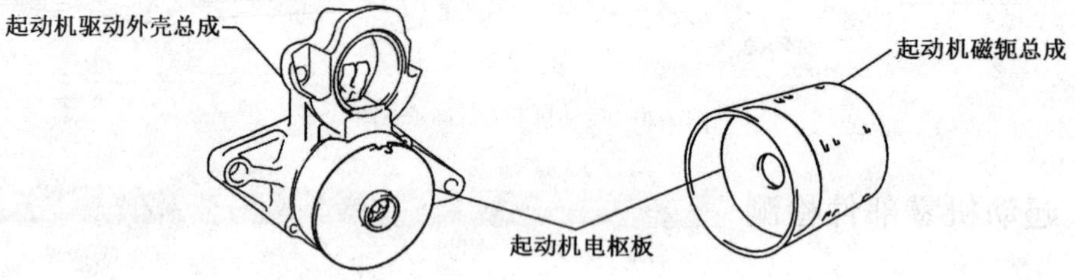

图2-24　拆卸起动机电枢板示意图

(6)拆卸起动机中间轴承离合器分总成:如图2-26所示,从起动机驱动外壳总成上拆下带起动机小齿轮驱动杆的起动机中间轴承离合器分总成;拆下起动机中间轴承离合器分总成、橡胶密封件和起动机小齿轮驱动杆。

2. 起动机直流电机零部件检测

(1)转子检查

①如图2-27所示,检查换向器是否存在断路故障。

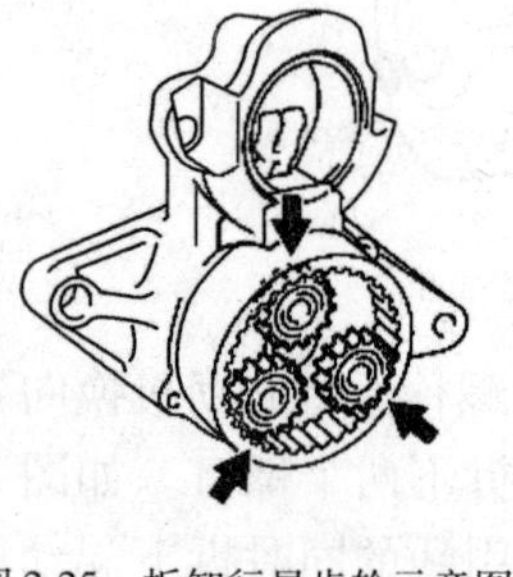

图2-25　拆卸行星齿轮示意图

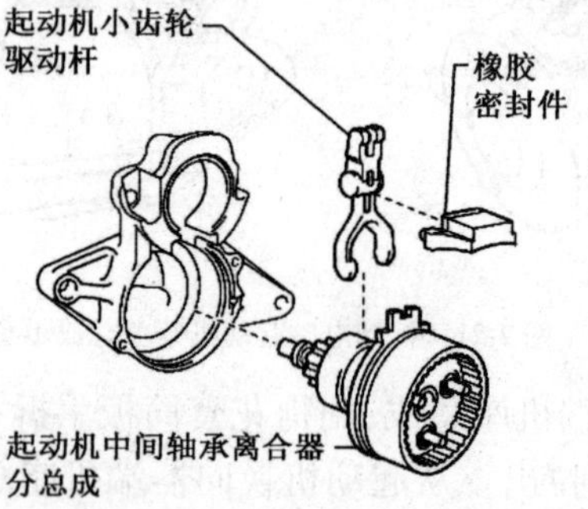

图2-26　拆卸起动机中间轴承离合器分总成示意图

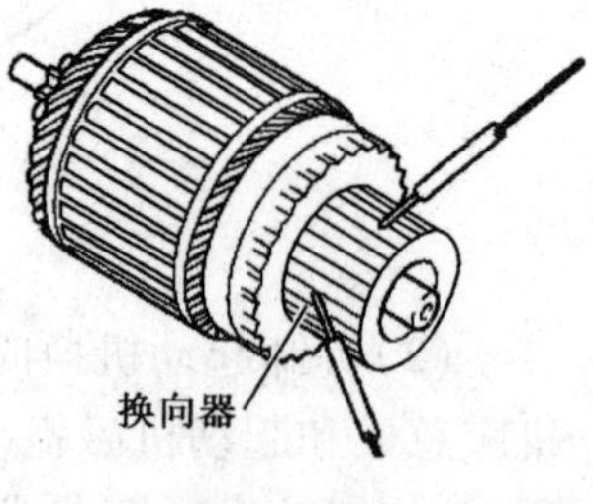

图2-27　换向器开路检查示意图

根据表2-3中的数值测量电阻。如果结果不符合规定,则更换起动机电枢总成。

换向器电阻标准　表2-3

IT-Ⅱ	条　件	规定条件
片-片	始终	低于1Ω

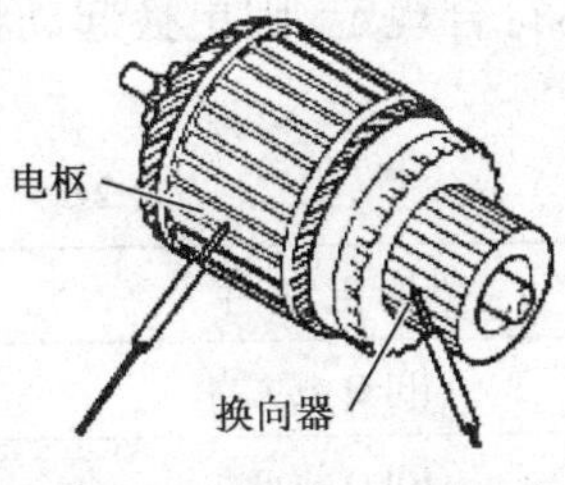

图 2-28 换向器短路检查示意图

②如图 2-28 所示，检查换向器是否存在搭铁短路故障。根据表 2-4 中的数值测量电压。如果结果不符合规定，则更换起动机电枢总成。

换向器与电枢铁芯之间电阻标准 表 2-4

IT-Ⅱ	条件	规定条件
换向器片与电枢铁芯	始终	10kΩ 或更大

③检查外观。如果表面有污垢或烧坏，则用砂纸(400 号)或在车床上修复表面。

④如图 2-29 所示，检查换向器的圆跳动。将换向器置于 V 块上。用百分表测量圆跳动。最大允许值为 0.05mm。如果跳动大于最大值，则更换电枢总成。

⑤如图 2-30 所示，用游标卡尺测量换向器直径。

标准直径为 29.0mm，最小直径为 28.0mm。如果直径小于最小值，则更换电枢总成。

⑥如图 2-31 所示，检查并确认凹槽部分清洁且没有异物，棱边是否平滑。

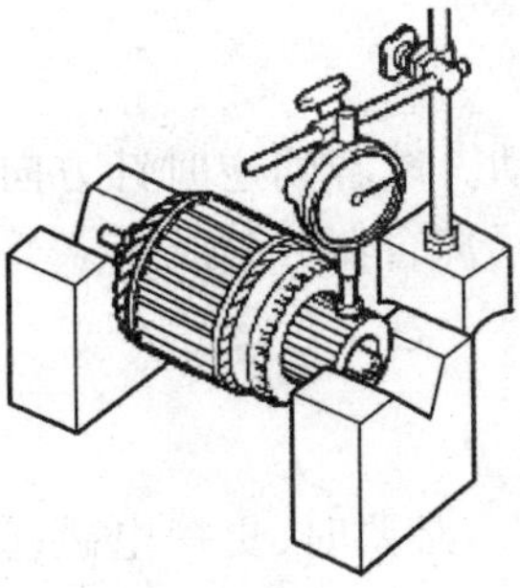
图 2-29 换向器的圆跳动检查示意图

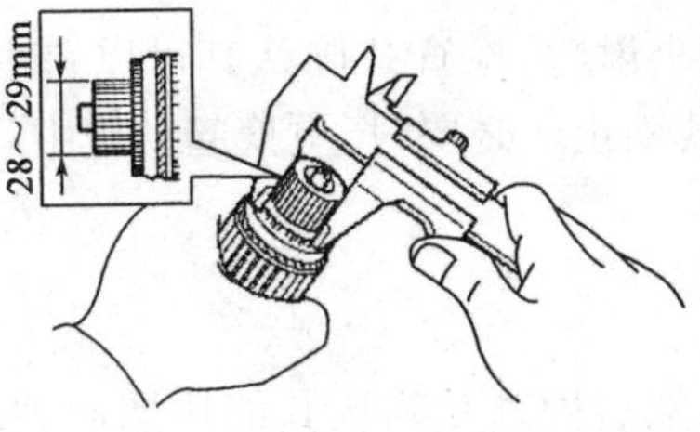

图 2-30 流子(换向器)直径测量示意图

图 2-31 换向器凹槽检查示意图

标准凹槽深度为 0.7mm，最小凹槽深度为 0.2mm。如果凹槽深度小于最小值，则用钢锯片加深深度。

(2)电刷座总成

①如图 2-32 所示，拆下弹簧定位爪，并拆下 4 个电刷。

②如图 2-33 所示，用游标卡尺测量电刷长度。

标准长度为 14.4 mm，最小长度为 9.0mm。如果长度小于最小值，则更换起动机电刷座总成。

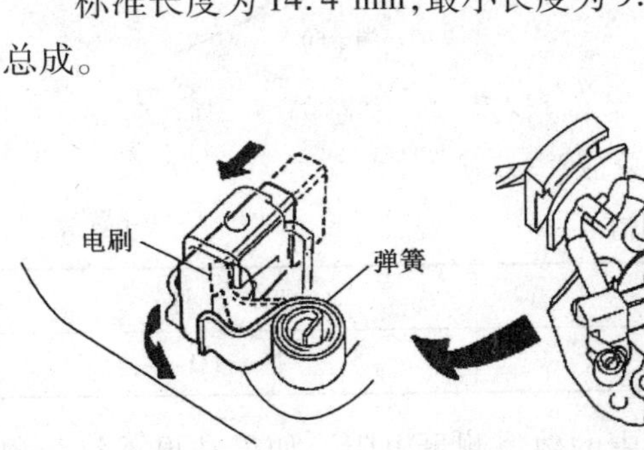

图 2-32 弹簧定位爪拆卸示意图

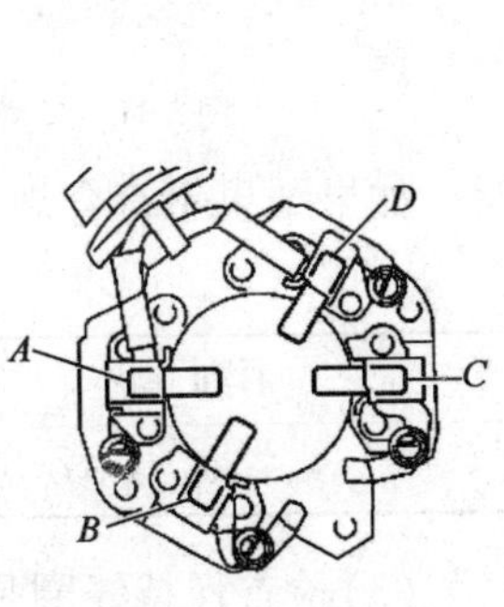

图 2-33 电刷长度测量示意图

③检查电刷座。根据表 2-5 中的数值测量电压。如果结果不符合规定，则更换起动机电刷座总成。

碳刷之间的导通与绝缘标准

表 2-5

IT-Ⅱ连接	条　件	规定条件
A-B	始终	10kΩ 或更高
A-C	始终	10kΩ 或更高
A-D	始终	低于 1Ω
B-C	始终	低于 1Ω
B-D	始终	10kΩ 或更高
C-D	始终	10kΩ 或更高

(3)中间轴承离合器分总成

①检查行星齿轮、内部齿轮和起动机离合器上的轮齿是否磨损和损坏。如果已损坏，应更换齿轮或离合器总成。同时检查行星齿轮是否磨损或损坏。

②如图 2-34 所示，检查起动机离合器。

朝顺时针方向转动离合器小齿轮，检查并确认其可以自由转动。试着朝逆时针方向转动离合器小齿轮，检查并确认其锁止。必要时，更换起动机中间轴承离合器分总成。

3. 电磁开关的检测

检查电磁起动机开关总成。

(1)检查柱塞。推入柱塞，然后检查并确认其能快速回到原位。必要时，更换电磁起动机开关总成。

(2)如图 2-35 所示检查吸引线圈是否存在开路。根据表 2-6 中的数值测量电阻。

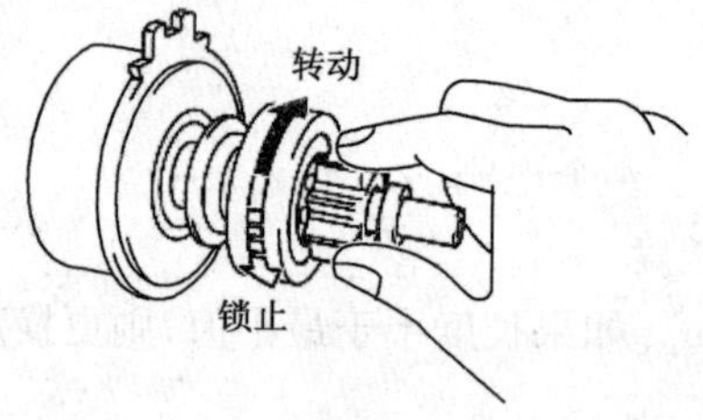

图 2-34　起动机离合器锁止情况检查示意图

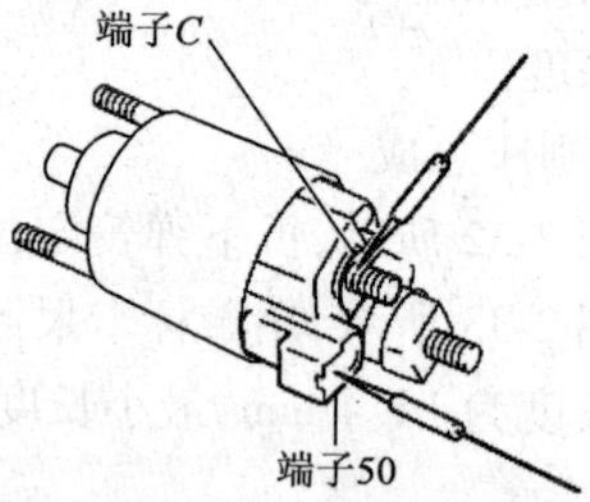

图 2-35　吸引线圈检查示意图

如果结果不符合规定，则更换电磁起动机开关总成。

吸引线圈电阻值

表 2-6

IT-Ⅱ连接	条　件	规定条件
端子 50—端子 *C*	始终	低于 1Ω

(3)检查保持线圈是否存在开路。根据表 2-7 中的数值测量电阻。如果结果不符合规定，则更换电磁起动机开关总成。

保持线圈电阻值　　　　表 2-7

IT-Ⅱ连接	条　件	规定条件
端子 50—开关壳体	始终	低于 1Ω

五、起动机的装复

(1)安装起动机中间轴承离合器分总成。

①如图 2-36 所示在起动机小齿轮驱动杆的起动机转轴部分施涂润滑脂。

②将起动机小齿轮驱动杆和橡胶密封件安装到起动机中间轴承离合器分总成内。

③将带起动机小齿轮驱动杆的起动机中间轴承离合器安装到起动机驱动外壳总成内。

(2)安装行星齿轮。

①在行星齿轮和行星齿轮轴销上施涂润滑脂。

②安装 3 个行星齿轮。

(3)安装起动机电枢总成。

将起动机电枢总成安装到起动机磁轭总成上。

注意:安装起动机电枢总成后,起动机磁轭总成上的电磁可能会吸引起动机电枢总成,造成磁铁破裂。

(4)安装起动机电刷座总成。

①安装起动机电刷座总成。

②如图 2-37 所示,用螺丝刀固定住电刷弹簧后部,并将 4 个电刷安装到电刷座内。

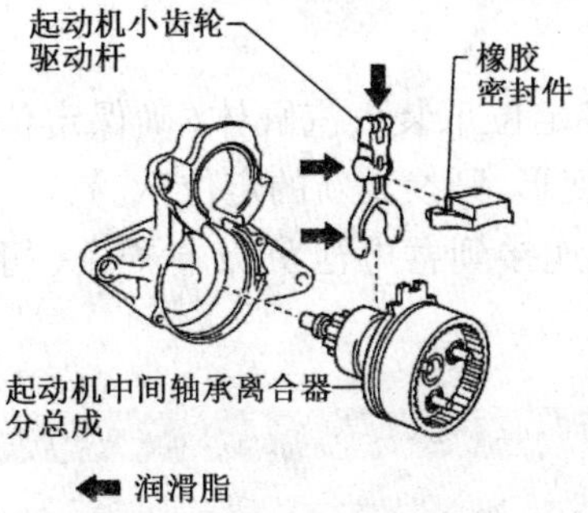

图 2-36　施涂润滑脂位置示意图

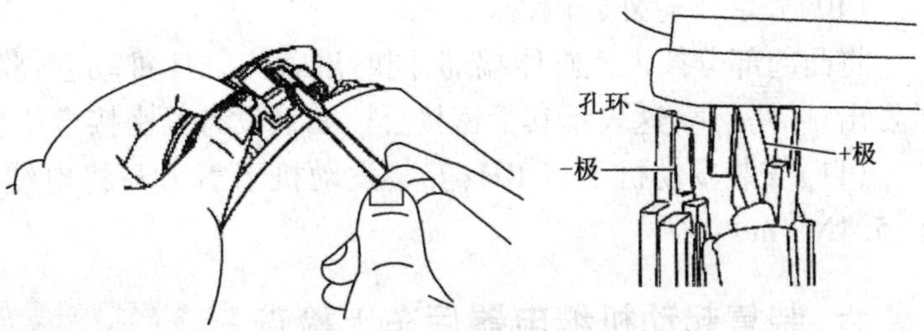

图 2-37　起动机电刷座总成安装示意图

③将孔环插在正极(+)和负极(-)之间。

(5)安装起动机换向器端机座总成。

①如图 2-38 所示将电刷座夹箍安装到起动机换向器端机座总成内。

②用两个螺钉安装换向器端机座总成(力矩:1.5N·m)。

(6)安装起动机电枢板。

①将起动机电枢板安装到起动机磁轭总成上。

②安装起动机电枢板,如图 2-39 所示,使键槽位于如图所示的两键之间。

(7)安装起动机换向器端机座总成。

①将起动机磁轭的键与位于起动机驱动外壳总成上的键槽对齐。

②用梅花套筒扳手 T25，并用两个螺栓安装驱动外壳(力矩：6.0 N·m)。

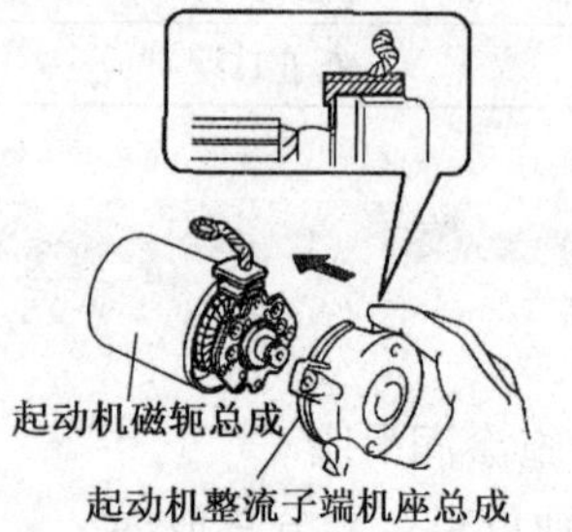

图 2-38 起动机换向器端机座总成安装示意图

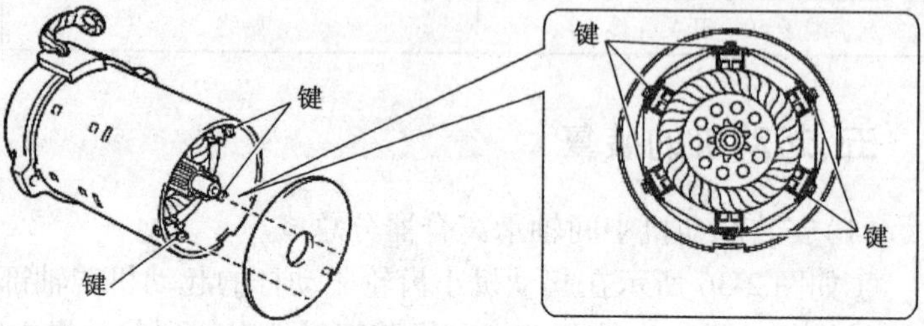

图 2-39 起动机电枢板安装示意图

(8)安装电磁起动机开关总成。

①在柱塞钩上施涂润滑脂。

②如图 2-40 所示，从上面将电磁起动机开关总成的柱塞悬挂到驱动杆。

③用两个螺母安装电磁起动机开关总成(力矩：7.5N·m)。

④将引线连接到电磁起动机开关上，并用螺母将其拧紧(力矩：10N·m)。

(9)安装起动机总成。

①用两个螺栓安装起动机总成(力矩：37N·m)。

②连接连接器。

③用螺母连接端子 30(力矩：9.8N·m)。

④关闭端子帽。

(10)安装飞轮外壳侧盖。

将凸起部分插入汽缸体端部，同时沿着汽缸体推动它，将定位爪装入汽缸体(确保定位爪发出"咔嗒"声，这表示其紧密接合。如果没有紧密接合或变形，则换为新的定位爪。)

(11)安装发动机下盖 RH；安装发动机下盖 LH；将电缆连接到蓄电池负极端子上(扭矩：5.4N·m)。

六、装复起动机继电器后车上检查

如图 2-41 所示，检查起动机继电器总成。

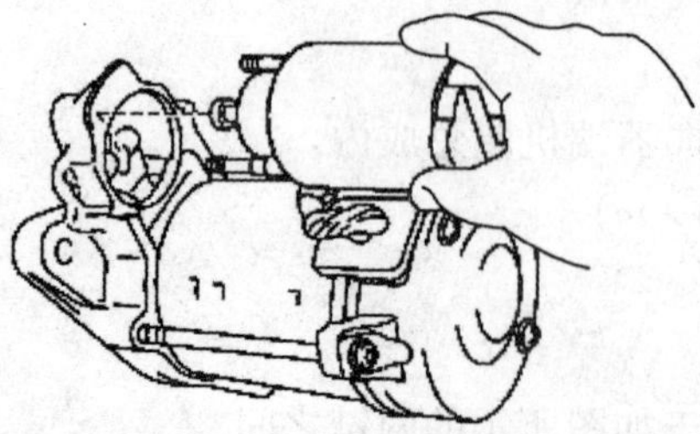
图 2-40 电磁起动机开关总成安装示意图

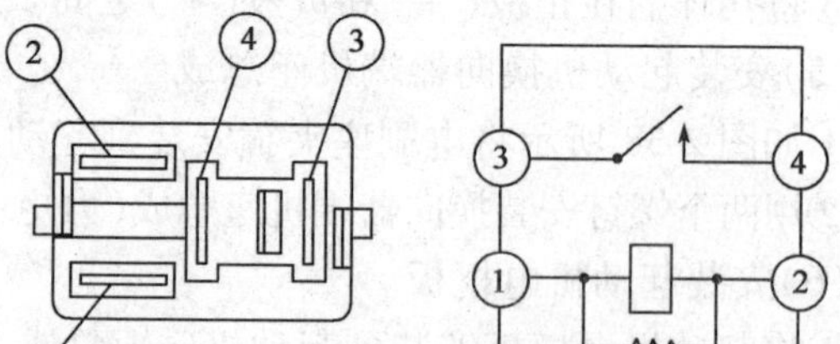

图 2-41 检查起动机继电器总成示意图
1、2、3、4-继电器端子号

根据表2-8中的数值测量电阻。如果结果不符合规定,则更换起动机继电器总成。

继电器总成电阻标准　　表2-8

IT-Ⅱ连接	条　件	电　阻
3-5	在端子1和2上施加蓄电池电压时	低于1Ω
	不施加蓄电池电压时	10kΩ或更高

七、起动机故障排除

经询问,张先生出差3个月,其间家人未使用汽车,同时蓄电池已经使用4年,并且以前出现过起动困难的现象。检测的结果为:起动系统没有问题,由于蓄电池老化以及自放电造成的起动机端电压下降,无法起动发动机。处理结果:更换蓄电池。

更换蓄电池后,起动成功。

知识拓展

减速起动机与永磁起动机简介

一、减速式起动机

减速式起动机是在普通起动机的基础上增加了一组减速器,也就是在电枢轴和驱动齿轮之间装有一级减速齿轮(一般速比为3~5),其特点是在同样输出功率情况下,体积和质量比普通起动机均减小了30%~50%,并便于安装,提高了起动转矩,有利于低温起动。起动机减速机构常见的结构形式有外啮合式、内啮合式和行星齿轮式三种,分别介绍如下:

1. 外啮合式减速起动机

如图2-42所示为采用外啮合式减速起动机结构与传动示意图。该起动机在电枢轴与驱动齿轮之间加了中间惰轮,且电磁开关铁芯与驱动齿轮同轴,电磁开关直接推动驱动齿轮与飞轮啮合,省去了拨叉,起动机的减速传动效率高,成本适中,广泛应用于小功率的起动机上。

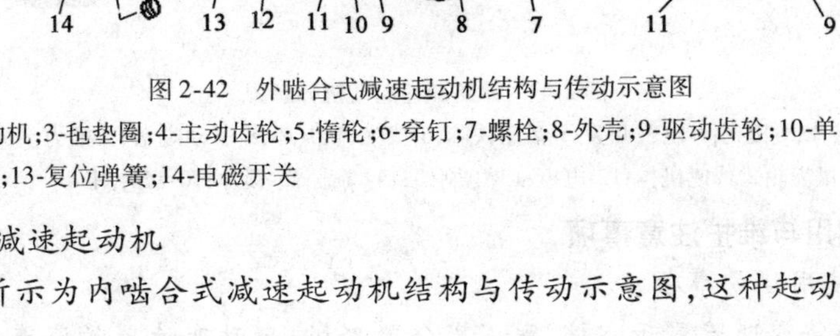

图2-42　外啮合式减速起动机结构与传动示意图

1-橡胶圈;2-电动机;3-毡垫圈;4-主动齿轮;5-惰轮;6-穿钉;7-螺栓;8-外壳;9-驱动齿轮;10-单向离合器;11-从动齿轮;12-钢球;13-复位弹簧;14-电磁开关

2. 内啮合式减速起动机

如图2-43所示为内啮合式减速起动机结构与传动示意图,这种起动机减速传动效率高,成本也高。

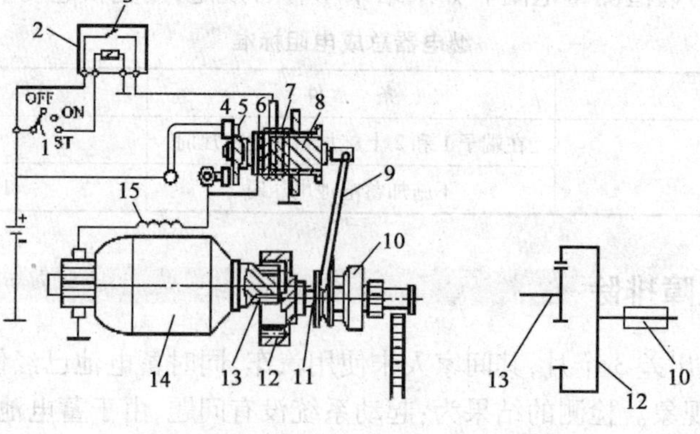

图 2-43　内啮合式减速起动机结构与传动示意图

1-点火开关;2-起动继电器;3-起动继电器触点;4-主接线柱;5-接触盘;6-吸引线圈;7-保持线圈;8-活动铁芯;9-拨叉;10-单向离合器;11-螺旋花键轴;12-内啮合减速齿轮;13-主动齿轮;14-电枢;15-励磁绕组

二、永磁式起动机

永磁式起动机以永磁材料为磁极,没有励磁线圈,直流电动机的接线柱通过电刷直接与电枢绕组相连。该起动机具有质量轻、结构简单等优点。由于永磁式电动机的机械特性较差,所以必须配有减速机构,即永磁式起动机一般都是减速式起动机,该起动机一般有 2 ~ 3 对磁极,其他结构与励磁式的相同。

如图 2-44 所示为五缸奥迪车用的永磁减速起动机的分解图。该起动机采用行星齿轮减速机构、滚柱式单向离合器,其他原理同前所述。

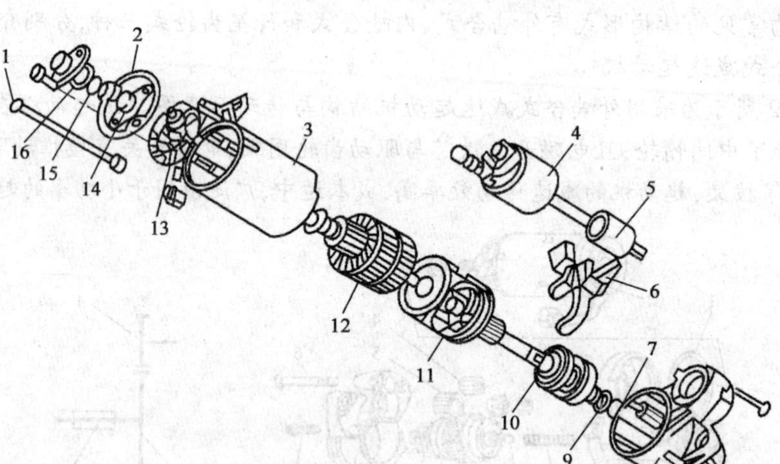

图 2-44　永磁减速起动机分解图

1-穿钉;2-调整垫片;3-机壳;4-电磁开关;5-活动铁芯;6-拨叉;7-卡环;8-驱动端盖;9-推力垫圈;10-滚柱式单向离合器;11-行星齿轮式减速机构;12-电枢;13-电刷架;14-端盖;15-锁片;16-密封圈

三、起动机使用与维护注意事项

1. 起动机的使用注意事项

(1)起动前应将变速器置于空挡,踩下离合器踏板;自动变速器的汽车应将变速杆置于

P位或N位。

(2)每次接通起动机的时间不得超过5s,两次起动之间应间隔15s以上。

(3)起动成功后,应立即松开点火开关,切断ST挡,使起动机停止工作。

(4)若连续三次起动不成功,应停止起动,对发动机进行简单检查后再进行起动;否则蓄电池容量下降,致使起动更困难。

2. 起动机的维护注意事项

(1)经常检查起动电路各导线连接是否牢固,绝缘是否良好。

(2)起动机机体和各部件保持干燥。汽车每行驶3000km后检查并清洁换向器。

(3)汽车每行驶5000~6000km后,应查看电刷的磨损程度及电刷弹簧压力。

(4)经常检查传动机构、控制装置的活动部件,并按规定进行润滑。

(5)在车上进行检测与维修起动机之前,一定要将变速器杆置于空挡,并拉紧手制动。

(6)在拆卸起动机之前,应先拆下蓄电池的搭铁电缆线。

(7)有的起动机在起动机与法兰盘之间使用了多块薄垫片,装配时应按原样装回。

练一练

一、判断题

1. 换向器的作用就是把交流电变为直流电。　(　　)
2. 串励式直流电动机的转矩特性表征其起动转矩大。　(　　)
3. 串励式直流电动机的转矩特性是重载转速高,轻载转速低。　(　　)
4. 串励式直流电动机的功率特性证明其能很快地将发动机起动。　(　　)
5. 起动机投入工作时,离合器应先啮入飞轮齿环,后接通起动开关。　(　　)
6. CA1091型汽车起动控制电路是利用组合继电器控制的,包括起动继电器和保护继电器;保护继电器是利用发电机中性点电压控制的。　(　　)

二、选择题

1. 起动机进行全制动试验时,若力矩和电流值均小于规定值,其原因可能是(　　)。

A. 内部搭铁短路　B. 负载过小　C. 内部接触不良

2. 起动机中直流串励电动机的功用是(　　)。

A. 将电能转变为机械能　B. 将机械能转变为电能

C. 将电能转变为化学能

3. 起动机运转无力的原因是(　　)。

A. 蓄电池没电　B. 蓄电池亏电

C. 蓄电池过充电　D. 蓄电池充足电

4. 起动机中,甲说若电枢电流越大,转速越高;乙说若电枢电流越大,转速越低。你认为(　　)。

A. 甲对　B. 乙对　C. 甲乙都对　D. 甲乙都不对

5. 直流串励式起动机中的"串励"是指(　　)。

A. 吸引线圈和保持线圈串联连接　　B. 励磁绕组和电枢绕组串联连接

C. 吸引线圈和电枢绕组串联连接

6. 下列不属于起动机控制装置作用的是(　　)。

A. 使活动铁芯移动,带动拨叉,使驱动齿轮和飞轮啮合或脱离

B. 使活动铁芯移动,带动接触盘,使起动机的两个主接线柱接触或分开

C. 产生电磁力,使起动机旋转

7. 起动机空转的原因之一是(　　)。

A. 蓄电池亏电　　B. 单向离合器打滑　　C. 电刷过短

8. 在起动机的解体检测过程中,(　　)是电枢不正常的现象。

A. 换向器片和电枢轴之间绝缘　　B. 换向器片和电枢铁芯之间绝缘

C. 各换向器片之间绝缘

9. 起动机中,电枢电流越大,转速将(　　)。

A. 越高　　B. 越低　　C. 不变

10. 当起动机的两个主接线柱短接时,起动机能运转,说明(　　)正常。

A. 电磁开关　　B. 直流电动机　　C. 起动继电器

11. 若起动机转动却并未与飞轮啮合,可能是(　　)。

A. 起动机驱动装置失效　　B. 控制线路电阻过高

C. 起动继电器发生故障　　D. 以上各项

12. 如果搭铁电路测试表明其电压降超过0.2V,则故障可能是(　　)。

A. 起动电动机固定螺钉松动　　B. 蓄电池搭铁接线柱接触不良

C. 蓄电池搭铁电缆受损　　D. 以上各项

13. 下列(　　)部件可以防止起动电动机超速旋转。

A. (行星齿轮机构中的)太阳齿　　B. 小驱动齿轮

C. 单向离合器　　D. 以上各项都不正确

14. 当电枢在励磁电流中旋转时,会产生(　　)。

A. 磁场力　　B. 电阻

C. 反电动势　　D. 以上各项均产生

三、简答题

1. 普通型电磁控制式起动机由几部分组成?各部分起什么作用?

2. 简述电磁操纵强制啮合式起动机的工作过程。

3. 简述起动机不转的诊断步骤。

4. 起动机的传动装置由哪些部件组成?滚柱式单向离合器是怎样传递转矩的?

5. 起动系统的控制装置是怎样工作的?

6. 电磁操纵强制啮合式起动机电磁开关中的吸引线圈和保持线圈,在起动前后其电流有无改变?为什么?

做一做

两名同学一组，一名同学做工作任务内容时，另一名同学对其项目完成情况做出点评，说明其各步骤的表述是否清晰，对工作原理的理解是否有错，应当如何表述，之后对调进行同样的工作任务内容并评价。

任务评价

汽车起动系检测与维修评价如表2-9所示。

汽车起动系统检测与维修评价表　　表2-9

序号	内容及要求	评分	评分标准	自评	组评	师评	得分
1	准备	10	①汽车进入工位前，准备好相关的器材(4分)； ②拉紧驻车制动器，把变速杆置于空挡或P挡位置(3分)； ③套上三件套、粘贴翼子板布(3分)				
2	清洁	10	按要求清理工位				
3	检查起动继电器	5	检测点清晰，能够说明原因				
4	检查电磁开关	10	检测点清晰，能够说明吸引线圈与保持线圈的不同				
5	拆解起动机总成	20	拆解程序正确，零件摆放调理整洁，零件工具不落地				
6	起动机部件检测	15	检测方法正确，检测结果准确				
7	起动机装复	10	拆解程序正确，润滑脂加注量合适，紧固力矩准确				
8	起动情况检查	10	起动规范				
9	安全文明生产	10	①结束后清洁(5分)； ②工量具归位(5分)				
指导教师总体评价 指导教师______ ____年___月___日							

教学提示

汽车起动系统检测与维修教学提示如表2-10所示。

"汽车起动系统检测与维修"教学提示　　表2-10

任务1	汽车起动系统检测与维修	学时	6
学习目标	1. 拆装起动机； 2. 检测起动机零部件； 3. 测试起动机的性能； 4. 检测、排除起动系统典型故障		

续上表

学习内容	教学方法与建议
1. 起动系的功用； 2. 起动系的基本构造与工作原理； 3. 直流电机的工作特性； 4. 起动系控制系统工作原理； 5. 起动机的拆装； 6. 起动系使用注意事项； 7. 起动机一般故障检测与维修	通过任务驱动教学法实施教学： 1. 起动系教学过程由任务目标、任务导入、知识准备、任务实施、练一练、做一做、任务评价组成，在老师的指导下制订方案并实施，最终进行评价； 2. 学生通过典型工作任务的完成，将理论知识融入实际操作中； 3. 教学过程中体现以学生为主体，教师进行适当讲解，并进行引导、督促和评估； 4. 教师应提前准备好各种媒体资料、教学课件，并准备教学场地和设备

教学媒体与设备	学生已有的知识、能力要求	教师执教的要求
1. 实训设备：工作台、起动机总成等； 2. 通用、专用工具：扭力扳手、游标卡尺、万用表、诊断仪、百分表等； 3. 多媒体教学设备； 4. 多媒体教学课件、软件； 5. 网络教学资源	1. 安全操作知识； 2. 使用各种工具的基本技能和经验； 3. 起动机的构造、原理和拆装顺序	1. 能够根据教学方法合理设计教学情境； 2. 熟悉起动系拆装的安全操作规程； 3. 能够完成起动系的拆装工作； 4. 能够完成起动系的检测； 5. 具备协调各方、处理学生误操作的能力

项目小结

1. 起动机由直流电动机、传动机构和控制装置三大部分组成。

2. 起动机按电动机磁场产生方式分为励磁式起动机和永磁式起动机。起动机按操纵机构分为直接操纵式起动机和电磁操纵式起动机。起动机按传动机构的啮合方式分为惯性啮合式、强制啮合式、电枢移动式电动机。

3. 直流串励式电动机主要由电枢、磁极和换向器等主要部件构成。

4. 起动机的电磁开关中有吸引线圈和保持线圈。

5. 起动机传动装置中单向离合器的形式有滚柱式、摩擦片式和弹簧式。

6. 起动机的传动机构由驱动齿轮、离合器、拨叉和啮合弹簧等部分组成。

7. 汽车起动机所采用的减速装置常见的三种形式有外啮合齿轮传动式、内啮合齿轮传动式及行星齿轮啮合传动式。

8. 电枢电流接近制动电流一半时，电动机输出功率最大，最大功率为额定功率。

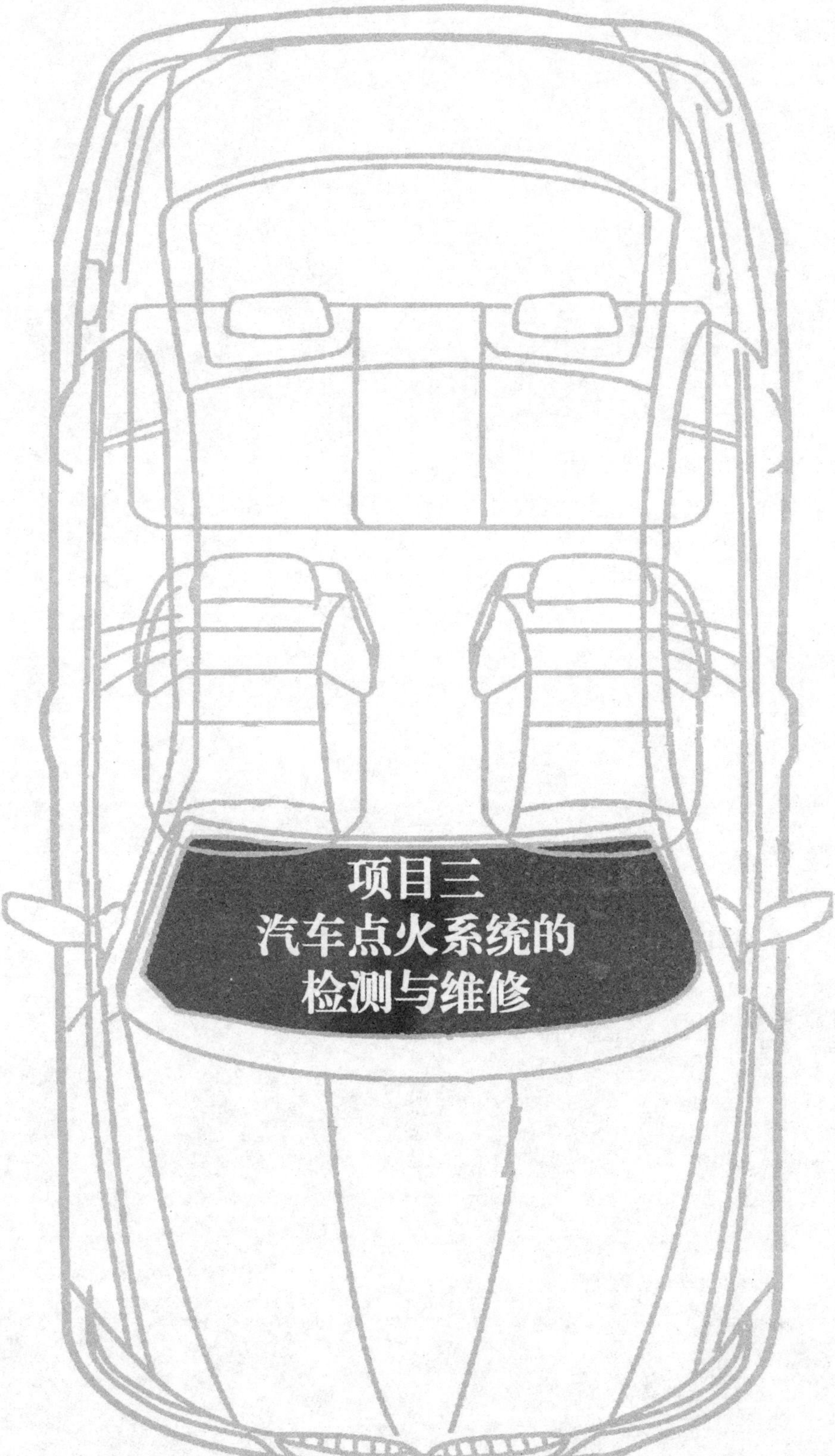

项目三
汽车点火系统的检测与维修

项目描述

汽车点火系统的作用是在发动机各种工况和使用条件下,使火花塞适时、可靠的产生足够强的电火花,以点燃汽缸内的可燃混合气。

汽车点火系统分传统点火系统、电子点火系统和微机控制点火系统。随着汽车电子技术的发展,传统点火系统已逐渐被电子点火系统和微机控制点火系统所代替。汽车点火系统常见故障有发动机不能起动、发动机运转不平稳和发动机功率下降、油耗增大、加速不良、点火时间不当、个别汽缸不点火等。

任务　汽车点火系统的检测与维修

任务目标

1. 了解点火系的作用、类型和作用。
2. 掌握电磁感应式和霍尔效应式信号发生器的工作原理。
3. 能够对点火系统点火模块、主要传感器进行检测。

任务导入

李先生驾驶一款2.2L本田雅阁轿车,怠速状态下工作时自动熄火,而且抖动,急加速时瞬间反转5~6圈,然后熄火。打电话给4S店请求帮助,服务顾问通过问询,得知李先生之前汽车可以正常使用,派遣技师进行救援。

任务知识

一、点火系统概述

点火系统是汽油发动机重要的组成部分,点火系统的性能良好与否对发动机的功率、油耗和排放等影响很大。汽车在行驶中出现的发动机工作不良故障中,点火系统占了较大的比例。因此,性能优良、工作可靠的点火系统,一直是广大汽车设计、制造和使用者所努力追求的。随着汽车工业的不断发展,汽车电子化程度不断提高,汽车的点火系统已由传统的蓄电池点火系统发展到国内外广泛采用的电子点火系统、计算机控制点火。点火系统不断发展,使得点火系统的点火性能进一步提高,工作可靠性加强,对于降低发动机的油耗和排污,提高发动机的动力性、经济性和工作可靠性起了很大的作用,电子点火系寿命更长,性能更好。

蓄电池点火系统按结构形式不同,分为传统点火系统、电子点火系统和微机控制点火系统。传统点火系统又称触电点火系统,它是发动机最早的点火模式,但随着发动机技术的发展，已逐渐被电子点火系所替代。电子点火系统取消了机械式断电器及触点，从而避免了凸轮、触点等机械磨损所造成的点火正时变化、触点烧蚀等缺陷。但是电子点火系统仍没有摆脱真空式和离心式点火提前角调节机构，不能对点火正时实现优化控制。点火时刻的精确控制对发动机性能有很大影响，显然对点火实现优化控制的微机控制是发展趋势。

1. 点火系统的作用

点火系的作用是将汽车电源供给的低压电转变为高压电，并按照发动机的做功顺序与点火时间的要求适时、准确地配送给各缸的火花塞，在其间隙处产生点火花，点燃汽缸内的可燃混合气。点火系统的性能对发动机的动力性、经济性、排放性能具有十分重要的影响。

2. 点火系统的要求

为了使汽油机的各项性能指标最佳，点火系统的性能必须满足汽油机的基本要求。

(1)能产生足以击穿火花塞间隙的电压

火花塞电极击穿而产生火花时所需要的电压称为击穿电压。点火系产生的次级电压必须高于击穿电压，才能使火花塞跳火。击穿电压的大小受很多因素影响，其中主要有：

①火花塞电极间隙和形状。实验证明：火花塞电极的间隙越大，则击穿电压就越高；电极的形状直接影响击穿电压的高低，电极形状越尖，在较低的电压下就可以产生弧光放电，所以击穿电压越低。

②汽缸内混合气体的压力和温度。实际上击穿电压与汽缸内混合气的压力和温度并无直接关系，而与混合气的密度有关。混合气的密度受压力和温度影响，当汽缸内压力越大，温度越低时，混合气密度增大，所需要的击穿电压增高；反之，所需的击穿电压降低。

③电极的温度与极性。火花塞电极的温度越高，电极周围的气体密度越小，越容易产生碰撞电离。实验证明：当火花塞电极温度超过混合气温度时，其击穿电压降低30%～50%。火花塞的击穿电压还与中心电极的极性有关。当火花塞的中心电极为负极时，由于中心电极温度较高，容易发射电子，因此击穿电压降低。

(2)火花应具有足够的能量

要使混合气能可靠点燃，火花塞产生的电火花必须具有一定的能量，发动机正常工作时，由于混合气压缩终了的温度接近其自燃温度，仅需要1～5mJ的火花能量。但在混合气过浓或是过稀时，则需要较高的火花能量。并且随着现代发动机对经济性和排气净化要求的提高，迫切需要提高火花能量。因此，为了保证可靠点火，高能电子点火系一般应具有80～100mJ的火花能量，起动时火花能量应在100mJ以上。

(3)点火时刻应适应发动机的工作情况

首先，点火系统应按发动机的工作顺序进行点火。如直列六缸汽油发动机点火顺序为1→5→3→6→2→4，直列四缸发动机的点火顺序为1→2→4→3。其次，必须在最有利的时刻进行点火。由于混合气在汽缸内燃烧占用一定的时间，所以混合气不应在压缩行程上止点处点火，而应适当提前，使活塞达到上止点时，混合气已得到充分燃烧，从而使发动机获得较大功率。点火时刻一般用点火提前角来表示，即从发出电火花开始到活塞到达上止点为止的一段时间内曲轴转过的角度。

如果点火过早，由于混合气的燃烧完全在压缩行程进行，汽缸内的燃烧压力急剧升高，当活塞到达上止点之前就达到最高压力，使正在向上运动的活塞受到反冲，发动机做负功，不仅使发动机的功率降低，并有可能引起爆燃和运转不平稳现象，加速运动部件和轴承的损坏。

如果点火过迟，当活塞到达上止点时才点火，则混合气的燃烧主要在活塞下行过程中完成，将会出现混合气边燃烧，活塞边下行的现象，即燃烧过程在容积增大的情况下进行，使炽热的气体与汽缸壁接触的面积增大，因而转变为有效功的热量相对减少，汽缸内最高燃烧压力降低，导致发动机过热，功率下降。

二、电子点火系统

1. 电子点火系统概述

(1)电子点火系的发展

20 世纪 60 年代，出现了晶体管代替触点通断点火线圈初级电流的电子点火系统。这种点火系还是用分电器断电触点，但是触点只是用于触发三极管的导通和截止，流经触点的电流很小，使点火性能得到了较大的提高。由于这种点火装置还保留了原分电器断电触点，所以触点间隙的变化及发动机高速使触点颤动等对点火性能的不良影响未能消除。

20 世纪 70 年代，无触点的电子点火系开始出现。由于没有了触点，消除了传统点火系的弊端，因此，得到了迅速发展。如今，无触点电子点火系已经普及。

20 世纪 70 年代末，以微机控制点火时刻的电子控制系统开始在汽车上使用。这种点火系统解决了传统分电器真空和离心点火提前调节装置不能适应发动机工况和状态改变时对点火提前角的实际需要的问题，使发动机的油耗和排污进一步降低。目前，最先进的是微机控制的直接电子点火系。

(2)电子点火系的组成

电子点火系统又称为半导体点火系统或晶体管点火系统，它主要由点火模块、分电器及位于分电器内的点火信号发生器、点火线圈、火花塞等组成，如图 3-1 所示。

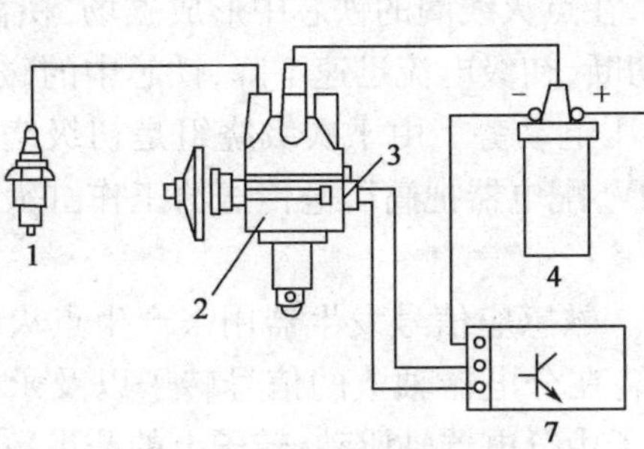

图 3-1 电子点火系统结构

1-火花塞；2-分电器；3-点火信号发生器；4-点火线圈；5-点火开关；6-蓄电池；7-点火模块

点火模块也称电子点火模块（简称点火模块），它是由半导体元器件（如三极管、可控硅等）组成的电子开关电路，其主要作用是根据点火信号发生器产生的点火脉冲信号，接通和断开点火线圈初级电路，起着传统点火系统中断电器触点同样的作用。

点火信号发生器装在分电器内，它可根据各缸的点火时刻产生相应的点火脉冲信号，控制点火模块接通和断开点火线圈初级电路的具体时刻。

(3)电子点火系的分类

目前汽车上广泛应用的电子点火系统均指无触点点火系统，按照点火信号发生器的类型可分为以下三类：

①磁感应式电子点火系：该类点火系统的信号发生器是利用电磁感应原理制成，其突出优点是结构简单、工作可靠，但是在发动机低速时输出信号不好。目前在北京切诺基 BJ2021、解放 CA1092、东风 EQ1092 等车型上应用。

②霍尔式电子点火系统：该类点火系统的信号发生器是用霍尔元件制成。其突出优点是输出信号准确可靠，几乎不受发动机转速影响，目前在老款桑塔纳、捷达、奥迪 100、红旗 CA7220 等车型上广泛应用。

③光电式电子点火系统：该类点火系统的信号发生器是利用发光元件和光电转换元件制成。由于发光元件和光电转换元件的工作性能受环境影响较大，这种信号发生器必须安装在密封良好的环境内，因此采用光电式电子点火系统的汽车较少，目前仅在国产猎豹、日本三菱吉普车等少数车型上使用。

2. 无触点电子点火系

无触点普通电子点火系采用点火信号传感器和三极管取代了原来的断电器。点火信号发生器的作用是产生对应于汽缸数及曲轴位置的电压信号，用以触发点火模块，使点火线圈产生高压电。

常见的点火信号传感器有磁感应式、霍尔式和光电式三种。

1)磁感应式电子点火系统

磁感应式无触点电子点火系统也叫磁脉冲式无触点电子点火系统，由电源、点火开关、带磁感应式点火信号发生器的磁感应式分电器、带电子点火模块的点火线圈、火花塞等部件组成，如图 3-2 所示。

(1)磁感应式分电器。磁感应式分电器由配电器、磁感应式点火信号发生器与点火提前机构组成。电流通过初级绕组时，在点火线圈的铁芯中形成磁场，积蓄了磁场能。当分电器凸轮将触点顶开时，初级电路被切断，初级电流迅速下降，铁芯中的磁场也迅速消失，于是在点火线圈的次级绕组中感应出高压电动势。由于次级绕组是初级绕组的 80 ~ 100 倍，所以其感应电动势可达 15000 ~ 30000V，配电器把高压电传送给工作缸火花塞，击穿火花塞的间隙，产生点火花。

①磁感应信号发生器的组成。磁感应信号发生器用来产生点火控制信号，装在分电器内的底板上，如图 3-3 所示，它由装在分电器轴上的信号转子以及永久磁铁、铁芯和绕在铁芯上的传感线圈等组成。信号转子由分电器轴驱动，转子上的凸齿数与发动机汽缸数相等。

磁感应点火信号发生器是利用电磁感应原理工作的，当通过传感线圈的磁通发生变化时，在传感线圈内便产生交变电动势，它相当于一个极小的发电机。其永久磁铁的磁路是：永久磁铁 N 极→空气隙→信号转子→空气隙→铁芯（通过传感线圈）→永久磁铁 S 极。当发动机未转动时，信号转子不动，通过传感线圈的磁通未发生变化，传感线圈不产生电动势，因而无信号输出。当发动机转动时，信号转子便由分电器轴带动旋转，这时信号转子的凸齿与铁芯间的空气隙将发生变化，使通过传感线圈的磁通发生变化，因此在传感线圈中便产生感应电动势。

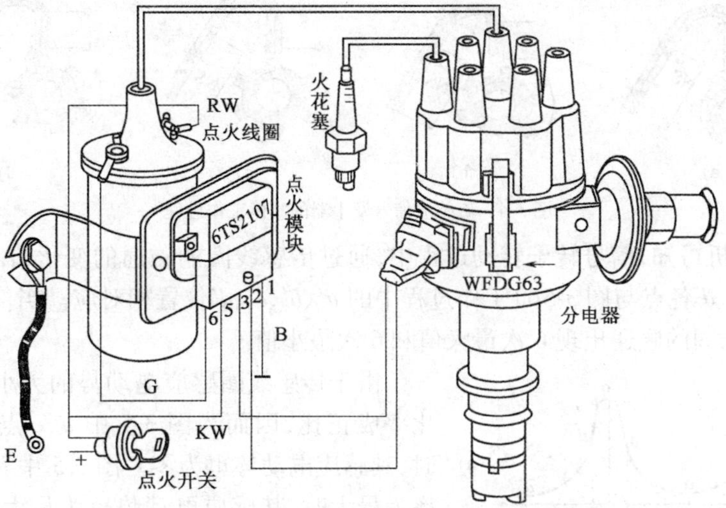

图 3-2　电磁感应式点火装置

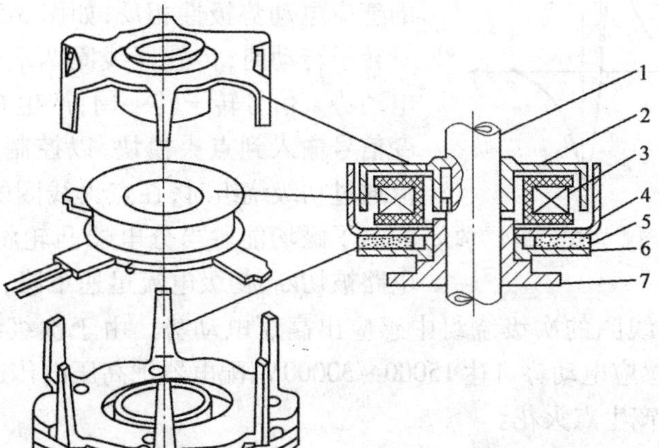

图 3-3　磁脉冲式无触点火信号发生器

1-分电器轴；2-定时转子；3-传感线圈；4-定子；5-塑性永磁片；6-导磁板；7-底板

信号发生器的具体工作过程如下：当信号转子的两个凸齿中央正对铁芯的中心线时，如图 3-4a）所示，磁路中凸齿与铁芯间的空气隙最长，通过传感线圈的磁通量最小，且磁通变化率为零。

如果信号转子顺时针转动，信号转子的凸齿越接近铁芯，凸齿与铁芯间的空气隙越小，通过传感线圈的磁通则越大。当信号转子凸齿的齿角与铁芯边线相对时，如图 3-4b）所示，通过传感线圈的磁通急剧增加，磁通变化率最大；当信号转子转过图 3-4b）后，虽然磁通仍在增加，但磁通变化率降低；当信号转子凸齿的中心正对铁芯的中心线时，如图 3-4c）所示，空气隙最小，通过传感线圈的磁通最大，但此时磁通变化率为零。

当信号转子继续顺时针转动时，凸齿与铁芯间的空气隙逐渐增大，通过传感线圈的磁通逐渐减小；当信号转子凸齿的齿角正对铁芯的边缘时，如图 3-4d）所示，磁通急剧减小，通过传感线圈的磁通变化率为负向最大值。

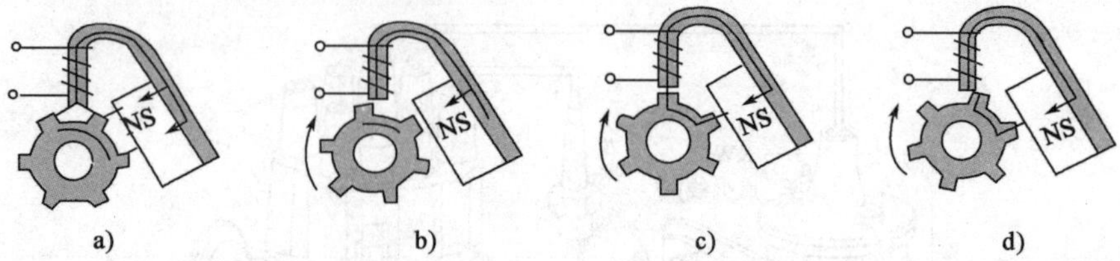

图 3-4　磁感应信号发生器的具体工作过程

由上述分析可知，信号转子转动过程中，通过传感线圈的磁通的变化情况如图 3-5a）所示，图中 a、b、c、d 各点与图 3-5b）工作过程中的 a'、b'、c'、d'位置相对应。当信号转子转一周时，通过传感线圈的磁通出现 6 次最大值和 6 次最小值。

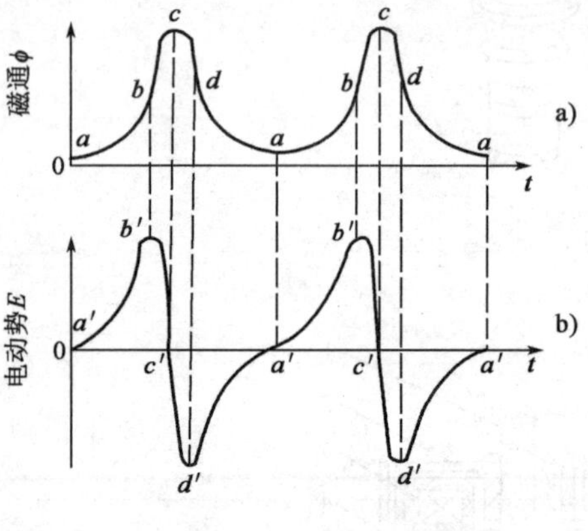

图 3-5　通过传感线圈的磁通及感应电动势的变化图

由于传感线圈感应电动势的大小与线圈磁通变化率成正比，因而当图 3-5 中 a、c 点磁通变化为零时，其感应电动势也为零。图 3-5 中 b、d 点磁通变化率为最大时，其感应电动势也为最大，所不同的是 b 点的磁通为增加，d 点的磁通为减小，致使两点产生的感应电动势极性相反，如图 3-5 中 b 所示，可见信号转子转动时，传感器线圈两端产生的信号是交变电动势。信号转子转一周，产生 6 个交变信号，该交变信号输入到点火模块，以控制点火系统工作。电流通过初级绕组时，在点火线圈的铁芯中形成磁场，积蓄了磁场能。当分电器凸轮将触点顶开时，初级电路被切断，初级电流迅速下降，铁芯中的磁场也迅速消失，于是在点火线圈的次级绕组中感应出高压电动势。由于次级绕组是初级绕组的 80 ~ 100 倍，所以其感应电动势可达 15000 ~ 30000V，配电器把高压电传送给工作缸火花塞，击穿火花塞的间隙，产生点火花。

当发动机转速变化时，传感线圈中的磁通变化率也跟着变化。转速越高、磁通变化率越大，感应电动势也越高。不同转速时，传感线圈内的磁通及感应电动势的变化情况如图 3-6 所示。

由于信号转子的凸齿和铁芯间的空气间隙，直接影响到磁路的磁阻和传感线圈输出信号电压的高低，因而使用中空气间隙的大小不能随意变动。如间隙变化，应进行正确调整。磁感应信号发生器结构较简单，便于批量生产，耐高温。

②配电器。配电器由分电器盖和分火头组成。分电器盖用胶木粉压制而成，用两个弹性夹卡固。盖的上部中间有中央高压线插孔，其内有带弹簧的碳柱与分火头的导电片接触，四周有与发动机汽缸数相等的旁电极座孔，插装高压分线。分火头由胶木粉压制而成，安装于分电器轴的顶端，其内部用一弹簧片卡紧。其导电片与旁电极保持 0.2 ~ 0.8mm 的间隙，有利于分火头的运动，没有摩擦，减少磨损。

③点火提前机构。随发动机转速、负荷和汽油辛烷值的变化改变点火提前角。从点火开始至活塞到达上止点这段时间内，曲轴所转过的角度称为点火提前角。活塞到达上止点时，混合气正好完全燃烧，所提前点火的时刻即为最佳点火时刻，其所对应的曲轴转角为最佳点火提前角。

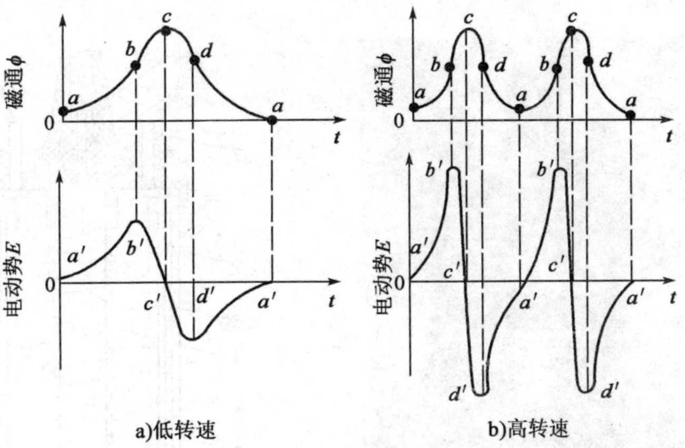

图3-6 不同转速时传感线圈内的磁通及感应电动势的变化情况

a. 离心提前机构。随发动机转速变化改变点火提前角。发动机转速升高，活塞运行速度加快，在相同的时间内，活塞的运行距离加大，即曲轴转过的角度加大。如果混合气燃烧速度不变，则最佳点火提前角应成比例增加。但由于高速时混合气的压力和温度提高，燃烧速度加快，所以点火提前角的增量应适当小些。总之，发动机的转速升高，点火提前角应加大。

b. 真空提前机构。随发动机负荷的变化改变点火提前角。当发动机负荷加大时，节气门开度加大，进气量增加，压缩行程终了的压力和温度增高，加之残存的废气相对减少，燃烧速度会加快，因此，最佳点火提前角应减小一些。相反，当发动机负荷减小时，节气门开度小，进气量减少，加之残存的废气相对增加，燃烧速度会变慢，因此，最佳点火提前角应增大一些。

(2)点火模块。点火电子组件的作用是把光接收器的信号电流放大，从而通过功率晶体管接通和切断点火线圈的初级电流。同时还具有限流控制、停车断电保护等功能。

(3)点火线圈。开磁路点火线圈的结构如图3-7所示。

①铁芯。由条形硅钢片叠成，包在硬纸套中。其作用是减小磁阻，加强磁场。

②次级绕组。用较细的漆包线包在硬纸套上，匝数一般为20000~40000匝。其作用是通过互感产生高压电动势。

③初级绕组。用较粗的漆包铜线绕300~400匝，一般在次级绕组的外边，有利于散热。为了增加绝缘，在初级绕组层间和初、次级绕组外面都包有电缆纸。其作用是利用绕组电流变化实现电磁互感。

④绝缘座。由陶瓷或玻璃制成圆盘状，用于外壳底部与绕组之间绝缘。

⑤胶木盖。用优质胶木粉在钢模中热压而成，盖上有高压线插孔和低压接线柱。其作用是与外壳扣结成总体，密封绕组和安排接线柱。

⑥导磁钢套。用硅钢片制成弧形，装在初级绕组外面，其作用是使铁芯形成半封闭磁路。

⑦外壳。用薄钢板压制，用于封装内部组件和填充绝缘物。为了提高绝缘强度，目前已向绝缘外壳方向发展。

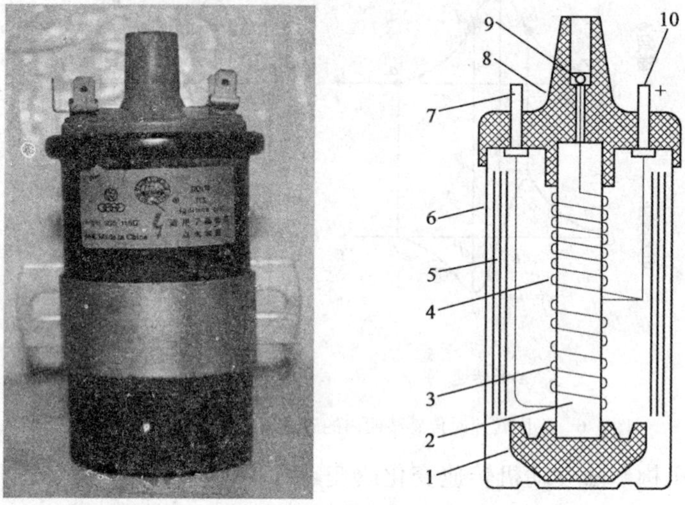

图3-7　开磁路点火线圈构造

1-绝缘座；2-铁芯；3-初级绕组；4-次级绕组；5-导磁钢套；6-外壳；7-负接线柱；8-胶木盖；9-高压线插孔；10-开关接线

⑧安装抱持。用2～3mm钢板条制成，用以固定附加电阻和方便点火线圈的安装。

⑨填充物。一般用绝缘油或沥青，防止潮气侵入，以增加绝缘性能，有利于散热和防止震动。

开磁路点火线圈的磁力线是通过导磁钢套构成回路的，在铁芯的上部和下部，磁力线必须从空气中通过，磁阻大，能量损失大，利用率一般只有60%。

(4)火花塞。火花塞的作用是将高压电引入燃烧室产生电火花点燃混合气。火花塞安装在发动机汽缸盖的火花塞座孔内，下部电极伸入燃烧室内，工作条件十分恶劣，因此要求火花塞具有良好的热特性，很好的力学强度、绝缘强度、耐腐蚀和密封性等。

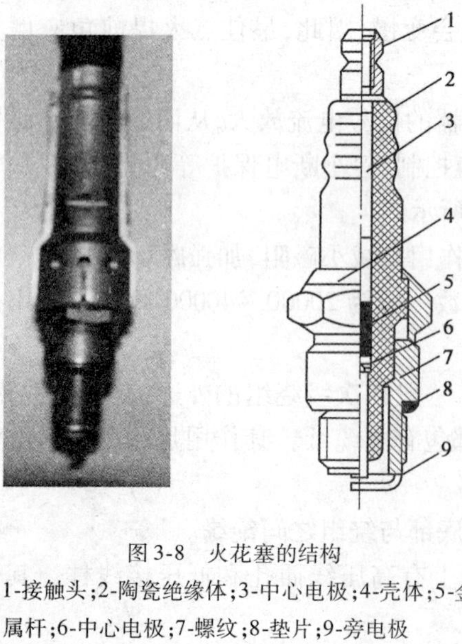

图3-8　火花塞的结构

1-接触头；2-陶瓷绝缘体；3-中心电极；4-壳体；5-金属杆；6-中心电极；7-螺纹；8-垫片；9-旁电极

①构造。火花塞主要由接触头、瓷绝缘体、中心电极、侧电极和壳体等部分组成，如图3-8所示。在钢质外壳的内部固定有高氧化铝陶瓷绝缘体，在绝缘体中心孔的上部有金属杆，杆的上端有接线螺母，用来接高压导线，下部装有中心电极。金属杆与中心电极之间用导体玻璃密封，铜质内垫圈起密

封和导热作用。钢质外壳的上部有便于拆装的六角平面，下部有螺纹以便旋装在发动机汽缸盖上，外壳下端固定有弯曲的侧电极。电极一般采用耐高温、耐腐蚀的镍锰合金钢或铬锰氮、钨、镍锰硅等合金制成，也有的采用镍包铜材料制成，以提高散热性能。火花塞电极间隙多为0.6～0.7mm，电子点火其间隙可增大至1.0～1.2mm。

火花塞与汽缸盖座孔之间应保证密封，密封方式有平面密封和锥面密封两种。平面密封时，在火花塞与座孔之间应加装铜包石棉垫圈；锥面密封是靠火花塞壳体的锥形面与汽缸盖之间相应的锥形面进行密封。

②火花塞的热特性。要使火花塞能正常工作，其下部绝缘体——裙部的温度应保持在500～700°C，这样才能使落在绝缘体上的油滴立即烧掉，不致形成积炭，通常称这个温度为火花塞的"自净温度"。如果温度低于自净温度，就可能使油雾聚积成油层，引起积炭而不能跳火；如果温度过高，例如超过850℃，会形成炽热点，发生表面点火，使发动机遭受损坏。火花塞裙部的工作温度取决于火花塞热特性和发动机汽缸的工作温度。火花塞热特性就是指火花塞发火部位的热量向发动机冷却系统散发的性能。影响火花塞热特性的主要因素是火花塞裙部的长度。裙部较长时，受热面积大，吸收热量多，而散热路径长，散热少，裙部温度较高，把这种火花塞称为"热型"火花塞；反之，当裙部较短时，吸热少，散热多，裙部温度较低，把这种火花塞成为"冷型"火花塞，如图3-9所示。

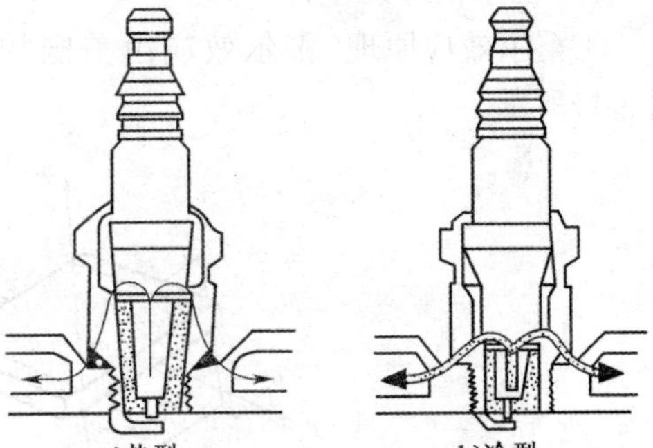

图3-9　冷型和热型火花塞

我国是以火花塞绝缘体的长度来标定火花塞的热特性，并分别用热值来表示。火花塞热值见表3-1。1、2、3为低热值火花塞；4、5、6为中热值火花塞；7、8、9及以上为高热值火花塞。热值数越高，表示散热性越好。因而，小数字为热型火花塞，大数字为冷型火花塞。

火花塞热值　表3-1

裙部长度(mm)	15.5	13.5	11.5	9.5	7.5	5.5	3.5
热值	3	4	5	6	7	8	9
热特性	热	中			冷		

火花塞裙部温度还与发动机汽缸内的工作温度有关。对于大功率、高压缩比和高转速的发动机来说，燃烧室内温度高，火花塞裙部温度就高。反之，小功率、小压缩比、低转速发动机的燃烧室内温度低，火花塞裙部温度就低。因此不同类型的发动机应选用不同热特性的火花塞。

2）霍尔效应式电子点火系统

以霍尔信号发生器进行触发的点火系统，称为霍尔式电子点火系统。霍尔信号发生器是应用霍尔效应原理制成的。在我国生产的桑塔纳、红旗、捷达等轿车及一些进口汽车上广泛采用霍尔式电子点火系统。它由内装霍尔信号发生器的分电器、点火模块、点火线圈和火花塞等组成。

图3-10为桑塔纳轿车装用的霍尔式电子点火系统的组成及电路连接图。

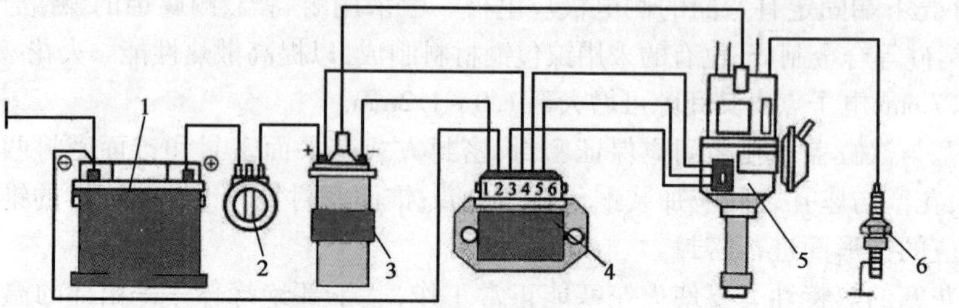

图3-10　桑塔纳轿车霍尔式电子点火系统图

1-蓄电池;2-点火开关;3-点火线圈;4-点火模块;5-带霍尔信号发生器的分电器;6-火花塞

(1)霍尔信号发生器

①霍尔效应原理:霍尔效应由美国物理学家霍尔于1897年发现,霍尔效应的原理如图3-11所示。

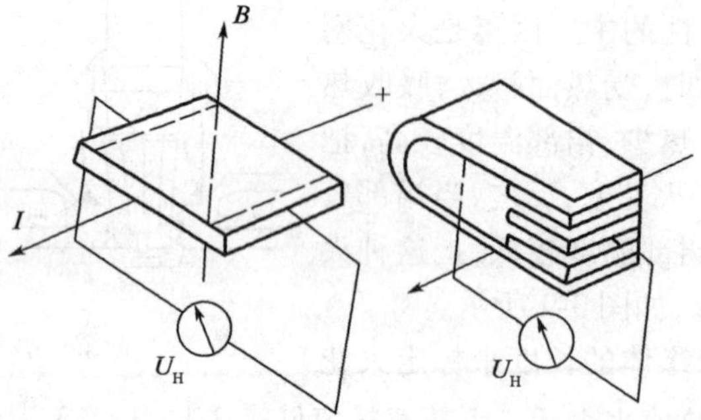

图3-11　霍尔效应原理

当电流通过放在磁场中的半导体基片,且电流方向和磁场方向垂直时,在垂直于电流和磁场的半导体基片的横向侧面上产生一个与电流和磁场强度成正比的电压,这个电压称为霍尔电压U_H。用公式表示如下:

$$U_H = \frac{R_H}{d}IB \tag{3-1}$$

式中:R_H——霍尔系数;

I——通过基片电流;

B——磁感应强度;

d——半导体基片厚度。

由式(3-1)可知,霍尔电压与通过霍尔元件的电流及磁感应强度成正比,当电流为定值时,霍尔电压只与磁感应强度成正比,利用这一效应制成了霍尔效应发生器。

②霍尔式点火信号发生器:如图3-12所示为桑塔纳轿车使用的装有霍尔式点火信号发生器的分电器结构,霍尔点火信号发生器的结构如图3-13所示,主要由分电器轴带动的触发叶轮、永久磁铁、霍尔元件等组图。

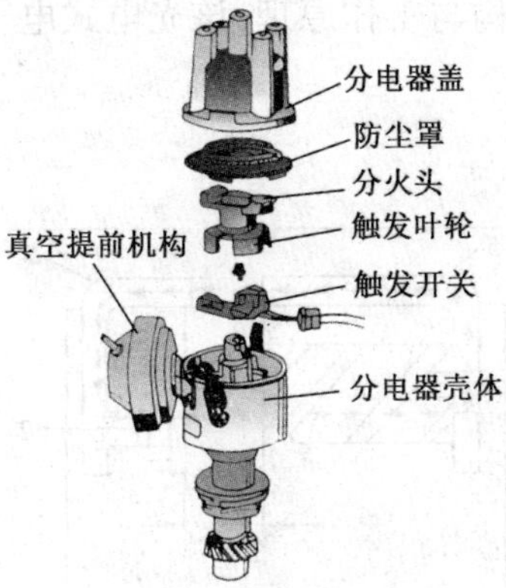

图 3-12　霍尔分电器结构

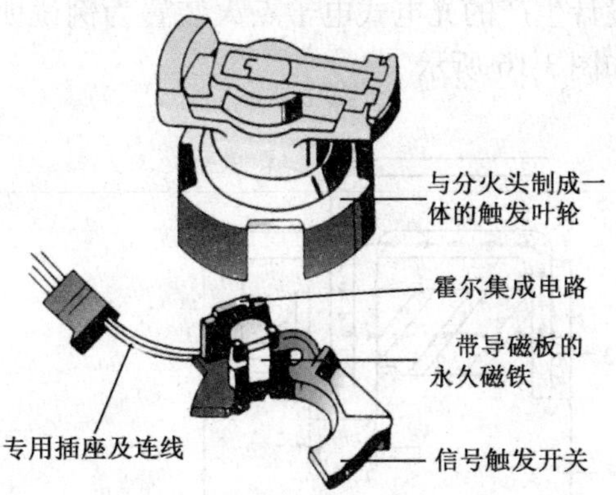

图 3-13　霍尔式点火信号发生器

触发叶轮与分火头制成一体由分电器轴带动，其叶片数与汽缸数相等。信号触发开关由霍尔集成电路和带导磁板的永久磁铁组成。霍尔集成电路包括霍尔元件和集成电路，霍尔元件实际上是一个霍尔集成块电路，内部原理图如图 3-14 所示。因为在霍尔元件上得到的霍尔电压一般为 20mV，因此必须将其放大、整形、变换后以方波输出。

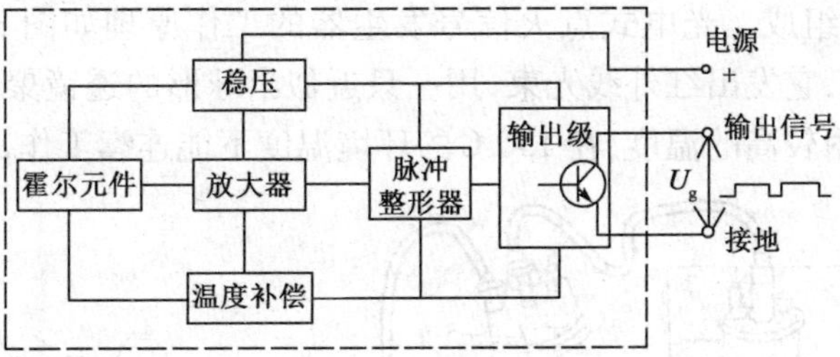

图 3-14　霍尔集成块内部原理图

③霍尔式点火信号发生器工作原理：霍尔信号发生器工作原理图如图 3-15 所示。分电器轴带动触发叶轮转动，当叶片进入磁铁与霍尔元件之间的空气隙时，磁场被旁路，霍尔元件不产生霍尔电压，霍尔集成电路末级三极管截止，信号发生器输出高电位；当触发叶轮离开空气隙，永久磁铁的磁力线通过霍尔元件而产生霍尔电压，集成电路末级三极管导通，信号发生器输出低电位即霍尔电压。

（2）点火控制器

点火控制器也称点火模块，作用是控制点火线圈初级电路的通断。控制器壳体用铝材铸模而成，以利于散热，内部电路用导热树脂装在铸铝壳体内，壳体上封装有一个 7 针脚插座，用于与点火线路的线束插头连接。许多点火控制器除具有点火控制器的开关作用，还增加了许多辅助功能，如点火线圈恒流控制、闭合角控制、停车断电保护和过压保护功能。

3）光电式无触点电子点火系统

光电式无触点电子点火系是利用光电效应的原理，由发光元件、光敏元件和遮光盘组成，光电脉冲信号发生器来产生脉冲信号电压提供点火信号，并经放大电路放大后，推动大功率管工作，控制点火线圈初级绕组的通断，使次级绕组产生高压电，实现点火的。现以丰田公司设计生产的光电式电子点火装置为例说明其结构与工作原理，该光电式电子点火装置结构如图 3-16 所示。

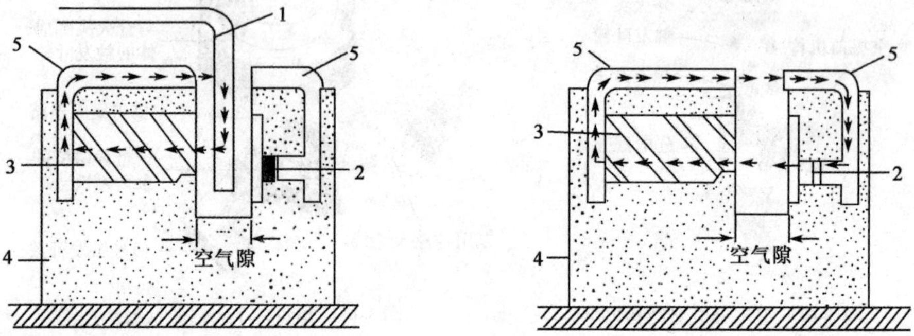

a)触发叶片进入空气隙　　b)触发叶片离开空气隙

图 3-15　霍尔信号发生器工作原理

1-触发叶轮的叶片；2-霍尔集成块；3-永久磁铁；4-霍尔传感器；5-导板

（1）光电点火信号发生器：安装在分电器内的光电式点火信号发生器通常由光源、光接收器和遮光盘三部分组成。光电式点火信号发生器的工作原理如图 3-17 所示。光源是一只砷化镓发光二极管，它发出红外线光束，用一只近似半球形的透镜聚焦。该发光二极管比白炽灯泡耐震，并能耐较高的温度，在 150℃ 的环境温度下能连续工作，工作寿命很长。

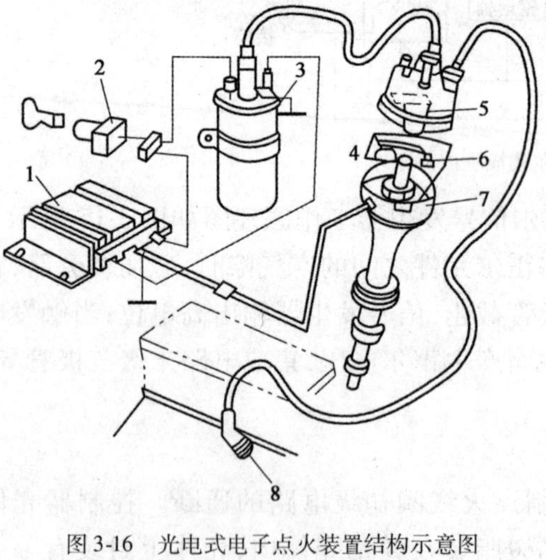

图 3-16　光电式电子点火装置结构示意图

1-点火模块；2-点火开关；3-点火线圈；4-光电式点火信号发生器；5-分火头；6-遮光板；7-分电器；8-火花塞

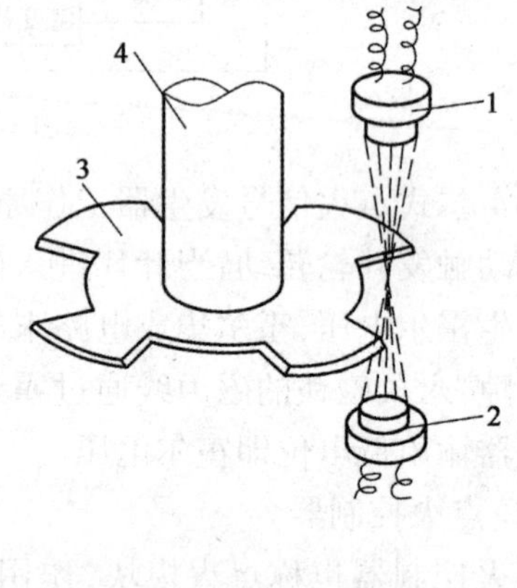

图 3-17　光电式点火信号发生器工作原理

1-光源；2-光接收器；3-遮光板；4-分电器轴

光接收器是一只硅光敏晶体管，它与光源相对，并相距一定距离，以使红外线光束聚焦后照射到光敏晶体管上。光敏晶体管的工作与普通晶体管的不同之处是它的基极电流由光产生，因此不必在基极上输入电信号，也无须基极引线。

遮光盘用金属或塑料制成，装在分电器轴上，位于分火头下面，盘的外缘伸入光源与光接收器之间，盘外缘上开有缺口，缺口数与汽缸数相等。缺口处允许红外线光束通过，其余实体部分则能挡住光束。当遮光盘随分电器轴转动时，即按一定位置产生光电点火信号。

(2)电子点火控制器：点火模块的作用是把光接收器的信号电流放大，从而通过功率晶体管接通和切断点火线圈的初级电流。

三、微机控制点火系统

1. 微机控制点火系统概述

普通的点火系统对点火提前角的控制均采用离心式或真空式点火提前装置，存在机械系统滞后效应、磨损以及装置本身的机械记忆量等因素的影响。该点火系统不能保证点火时刻处于最佳值。逐渐被微机控制点火系统取代。微机控制点火系统是20世纪70年代末开始使用无触点点火装置后的又一重大进展，其最大的成功在于实现了点火提前角的自动控制，即可根据发动机的工况对点火提前角进行适时控制。因而可获得混合气的最佳燃烧，从而能最大限度地改善发动机的高速性能，提高其动力性、经济性，减少排气污染。其特点是：

(1)在所有的工况及各种环境下，均可自动获得理想的点火提前角，从而使发动机在动力性、经济性、排放性及工作稳定性等方面均处于最佳状态。

(2)在整个工作范围内，均可对点火线圈的导通角进行控制。可使线圈中存储的点火能量保持恒定不变。

(3)采用闭环控制后，可使点火提前角控制在刚好发生爆震的状态，以此获得较高的燃烧效率，有利于发动机各种性能的提高。

2. 微机控制点火系的组成及各部分作用

微机控制点火系的组成主要由与点火有关的各种传感器、电子控制器(ECU电脑)、点火控制器(点火模块)、电源、点火线圈、分电器、火花塞等组成，如图3-18所示。

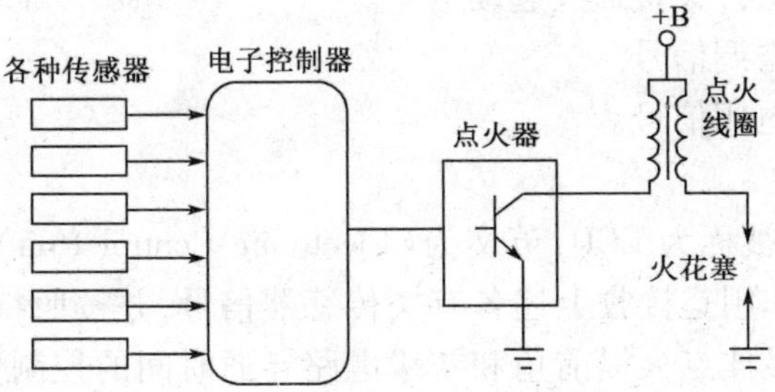

图3-18　微机控制点火系组成

1)传感器

传感器用来不断地检测与点火有关的发动机工作状况信息，并将检测结果输入电子控制器，作为运算和控制点火时刻的依据。各车型使用的传感器类型、数量、结构及安装位置不同，但其作用大同小异。微机控制的电子点火系统中所用的传感器主要有以下几种：曲轴位置传感器、空气流量计、节气门位置传感器、氧传感器、冷却液温度传感器、进气温度传感器、爆震传感器、车速传感器等。

(1)发动机转速与曲轴位置传感器:将曲轴的转角和基准位置转换为相应的脉冲信号,点火控制系统电子控制器根据该脉冲信号产生点火定时脉冲、计算发动机的转速和确定基本点火提前角等。主要检测两个信号:

①曲轴转角（或发动机转速）:检测发动机转速信号。

②曲轴基准位置(点火基准传感器,活塞上止点位置):检测基准缸活塞上止点位置信号(凸轮轴位置传感器)。

(2)空气流量计(或进气压力传感器):空气流量传感器或进气压力传感器将进气管的空气流量或进气压力转换为相应的电信号,电子控制器根据该传感器所提供的信号获得发动机的负荷信息,并确定基本点火提前角。

(3)节气门位置传感器:将节气门的开度转换为相应的电信号,电子控制器根据此传感器信号判断发动机的工作状况。当发动机处于怠速工况时,电子控制器就按怠速运行要求进行基本点火提前角控制,否则,就按正常运行工况进行基本点火提前角控制。

(4)氧传感器:将发动机排气中的氧含量高低转换为相应的电信号,电子控制器根据氧传感器的信号判断汽油喷射系统是否进行了喷油量的修正控制,并根据需要对点火提前角进行修正控制。

(5)冷却液温度传感器:将发动机的温度转换为相应的电信号,电子控制器根据该传感器所提供的信号判断发动机的温度。当发动机不在正常的工作温度时,做出点火提前角的温度修正控制。

(6)进气温度传感器:检测进气温度信号。

(7)爆震传感器:在闭环点火控制系统中使用,电子控制器根据爆燃传感器所提供的电信号判断发动机是否产生了爆燃。当发动机爆燃时,电子控制器就会做出爆燃点火提前角修正控制。

(8)车速传感器:检测车速信号。

(9)空挡开关:变速器空挡信号。

(10)点火开关:点火开关接通及起动信号。

(11)空调器开关:空调信号。

(12)蓄电池:电池电压信号。

2)电子控制单元

电子控制单元一般被称为ECU,英文为(Electronic Control Unit),它是点火控制系统和喷油控制系统的中枢,作用是接收上述各有关传感器信号,并按照特定的程序进行判断、运算后,给点火模块输出最佳点火提前角和初级电路导通时间的控制信号。在现代发动机集中控制系统中,点火系统仅是电子控制器的一个子系统。

电子控制单元的基本组成如图3-19所示,它包括输入回路、输出回路、A/D转换器、微型计算机以及电源电路、备用电路等。

3)点火模块

点火模块是综合控制的执行器之一,点火模块的作用是根据ECU的指令,通过内部的大功率三极管的导通和截止,控制初级电流的通断,完成点火工作。各种发动机的点火模块结构各不相同,有的点火模块除接通、切断初级电路的功能外,还有恒流控制、闭合角控制、汽缸判别、点火监视等功能，也有的发动机不设点火模块，控制初级电路的大功率三极管设在 ECU 内部。

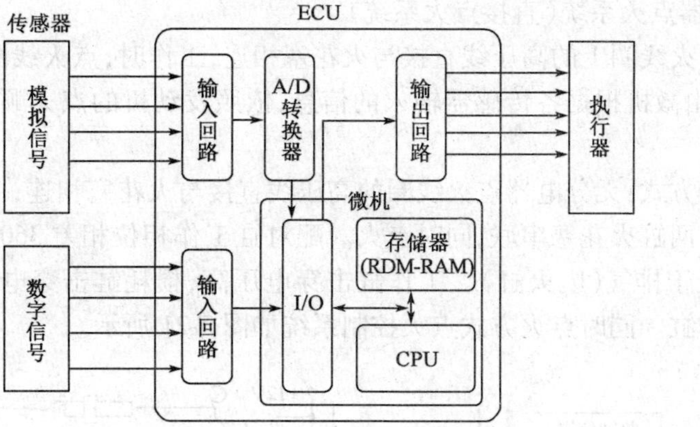

图 3-19　电子控制单元的基本

4）电源

供给点火系统所需的点火能量。

5）点火线圈

点火线圈能将点火瞬间所需的点火能量存储在点火线圈的磁场中，还可将电源提供的低压电变为电极间产生击穿点火的高压电。计算机控制点火系统多采用闭磁路点火线圈。在"日"形或"口"形铁芯内绕有两个绕组，其磁路如图 3-20 所示，其磁力线在铁芯内形成回路，不经过空气，磁损失少，能量利用率高，可达 75%。

6）分电器

将点火线圈产生的高压电一次分配给各缸火花塞。

7）火花塞

将具有一定能量的电火花引入汽缸内并点燃混合气。

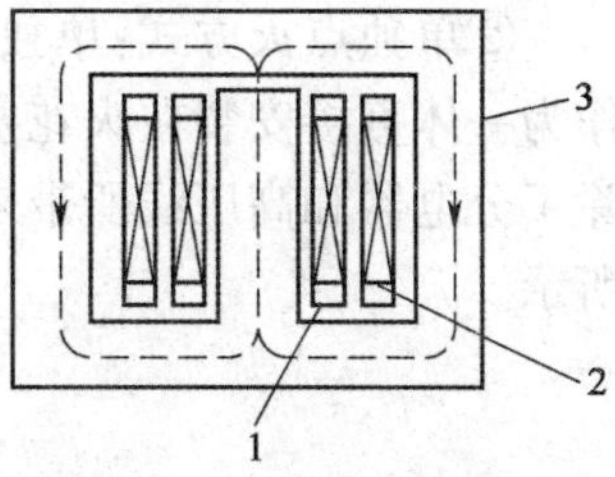

图 3-20　闭磁路点火线圈

1-初级绕组；2-次级绕组；3-铁芯

微机控制点火系统能在各种工况下，可自动获得最佳的点火提前角，使发动机的动力性、经济性、排放性及稳定性均处于最佳。而传统带机械式的真空、离心点火提前装置明显存在不足，即点火提前角的调整不能满足发动机最佳点火的实际需要，另外，发动机转速、负荷以外的其他因素改变时，点火提前角不能做出相应的调整。微机控制点火系统在整个工作过程中，均可对点火线圈初级电路的通电时间和电流进行控制，不仅提高了点火的可靠性，而且可有效地减少电能消耗，防止点火线圈烧损。

3. 微机控制点火系的分类

微机控制点火系统，按照是否保留传统的分电器（实质上指配电器），可分为有分电器点火系统和无分电器点火系统两大类。无分电器点火系统按照目前常见的形式又大致可分为同时点火和单独点火两种形式。

（1）有分电器点火系统（非直接点火系统）

仍保留分电器的微机控制点火系称为非直接点火系统。该系统中，点火线圈的高压电是经配电器进行分配的，即由分火头和分电器盖组成的配电器，依照点火顺序适时地将高压电分配至各汽缸，使各缸火花塞依次点火。

(2)无分电器点火系统(直接点火系统)

该系统中点火线圈上的高压线直接与火花塞相连，工作时，点火线圈产生的高压电直接送到各火花塞，由微机根据各传感器输入的信息，依照发动机的点火顺序，适时地控制各缸火花塞点火。

①同时点火方式：无分电器点火线圈的高压线直接与火花塞相连，一个点火线圈连接两个缸的火花塞。两缸火花塞串联，同时点火。配对缸工作相位相差360°，一缸处于压缩(做功缸)，另一缸处于排气(废火缸)。工作缸击穿电压高，损耗缸击穿电压低，点火能量大部分都分配于工作缸。同时点火方式点火控制系统如图3-21所示。

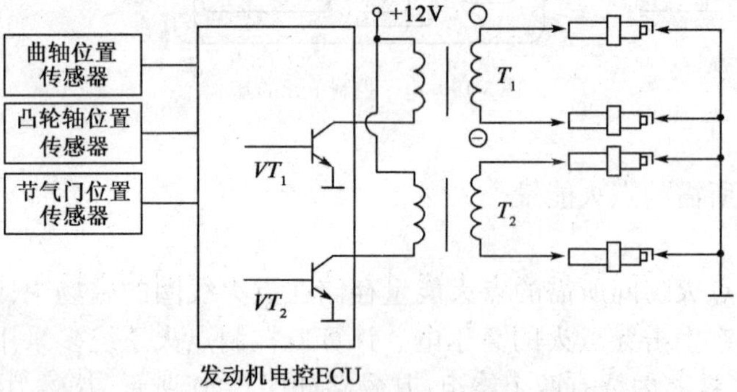

图3-21 同时点火方式点火控制系统

②单独点火方式：单独点火是指一个火花塞配一只点火线圈，将点火线圈及功率晶体管作为一体直接安装在火花塞顶上，这样不仅取消了分电器，而且也不用高压线，因此，彻底消除了分电器和高压线所带来的缺陷，点火性能最好，但结构和点火控制系统复杂，如图3-22所示。

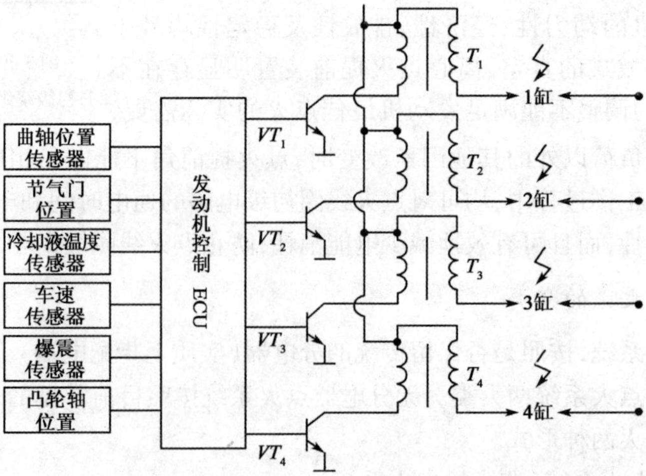

图3-22 单独点火方式点火控制系统

4. 微机控制点火系统的工作原理

1)最佳点火提前角的控制

(1)点火定时脉冲的产生:点火控制系统通过发动机转速与曲轴位置传感器产生点火定时脉冲(初始点火提前角),并在此点火提前角的基础上,通过控制基本点火提前角和对点火提前角的修正,实现最佳点火提前角控制。

(2)最佳点火提前角的确定:点火提前角对发动机的动力性、燃油消耗率、排气净化等性能产生直接影响,因此必须予以控制。但由于点火提前角的控制本身属于相当复杂的多元求解问题,因此难以找到精确地数学模型。但考虑影响发动机点火提前角的主要因素是转速和负荷,人们普遍采用了实验法,来获得发动机在不同转速、不同负荷时所对应的最佳点火提前角,以此找出三维控制模型图,再将其图转换成二维表。点火提前角控制模型如图3-23所示。

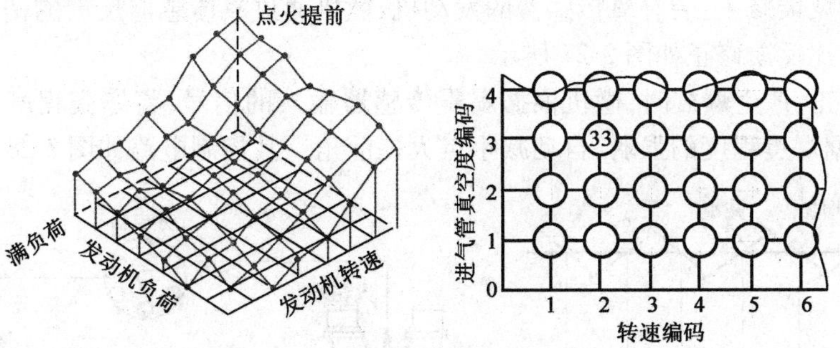

图3-23　点火提前角控制模型

①基本点火提前角确定:将发动机转速、负荷划分若干个小区,形成一个转速与负荷构成的点阵,各交叉点为发动机的特殊工况,通过实验确定其的最佳点火提前角,并将这些数据作为最佳点火提前角标准参数存入ROM中,点火控制系统工作时可通过查寻得到。

②修正点火提前角确定:发动机温度等点火提前角的修正系数或修正控制程序也是通过实验确定,并将其储存在ROM中,以供点火控制系统工作时对点火提前角进行修正。包括暖机修正、怠速稳定修正、过热修正等。

a. 暖机修正:当冷却液温度较低时,混合气的燃烧速度较慢,因此应适当的增大点火提前角,以促使发动机尽快暖机。但随着温度的升高点火提前角修正值应逐渐减小,如图3-24所示。

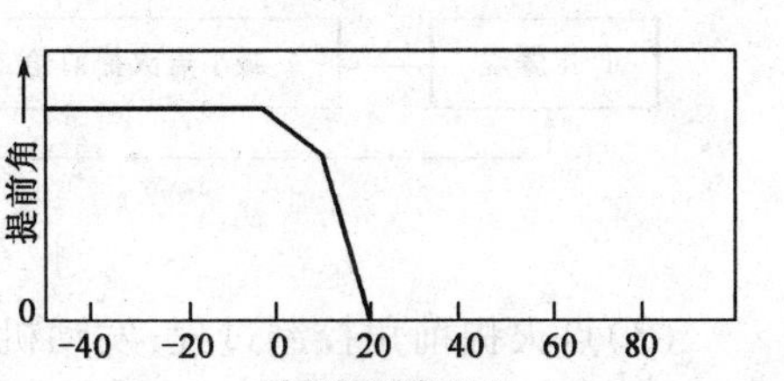

图3-24　暖机修正

b. 怠速稳定修正:发动机怠速时,由于负载的变化(例如空调、动力转向)会引起转速不稳。ECU根据转速差(实际转速－目标转速)动态修正点火提前角(图3-25)。若发动机的怠速转速低于目标转速时,控制系统将相应地增加点火提前角,以利于怠速的稳定。

c. 过热修正:若冷却液温度过高,为了避免爆震,应适当的减小点火提前角。但当发动机处于怠速稳定工况时,若冷却液温度过高,为了避免发动机长时间过热,则应增加点火提前角。水温过热修正如图 3-26 所示。

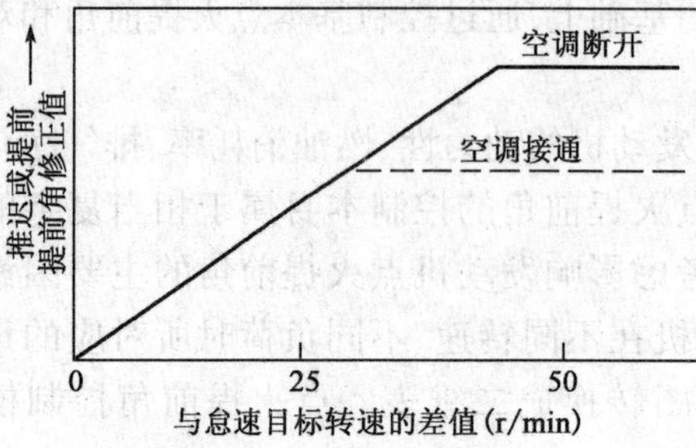

图 3-25 怠速稳定修正

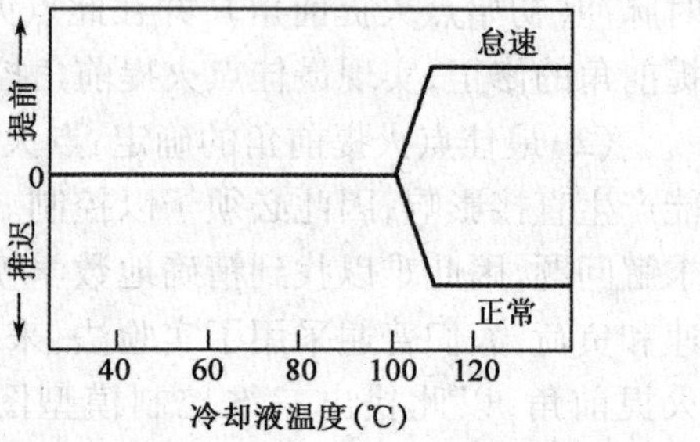

图 3-26 冷却液温度过热修正

d. 空燃比反馈修正:装有氧传感器的发动机,微机通过氧传感器反馈的信号对空燃比进行修正。空燃比反馈修正如图 3-27 所示。

e. 爆震修正:产生爆震时,微机根据爆震传感器输入的信号,将爆震程度分为强、中、弱三个级别,根据爆震程度的强弱,自动减小点火提前角。其控制电路如图 3-28 所示。

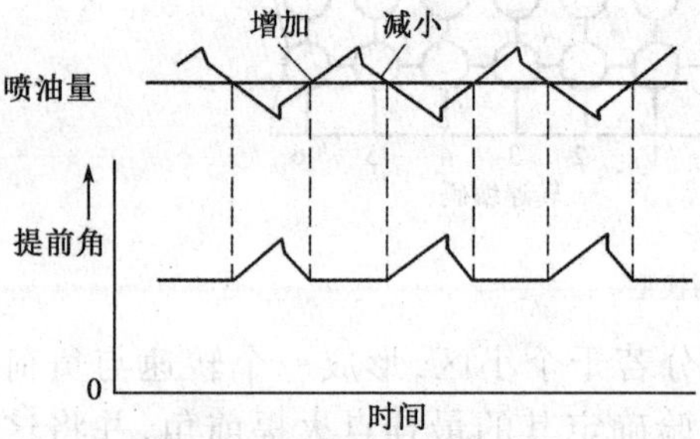

图 3-27 空燃比反馈修正

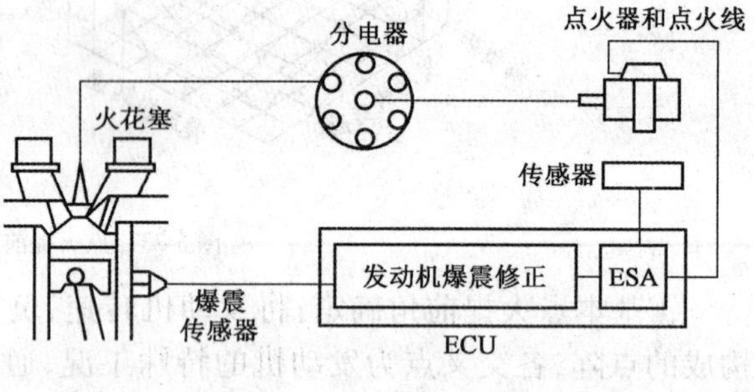

图 3-28 爆震控制电路框图

点火反馈是一种闭环控制,微机工作时,可根据发动机各传感器信号,从存储器中查出相应的点火提前角来控制点火,同时对控制结果通过特设的爆震传感器进行反馈,通过反馈信号再对点火提前角进行控制,如图 3-29 所示。

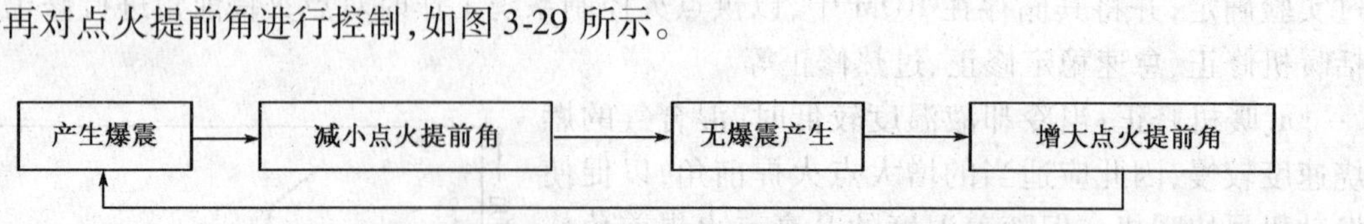

图 3-29 点火反馈闭环控制框图

(3)点火提前角控制过程:发动机的转速、空气流量(或进气管压力)、温度及其他传感器的电信号输入电子控制器,控制器内的 CPU 经查找(特殊工况)、计算(插值、修正)后得到当前工况和状态下的最佳点火提前角,并与当前的点火提前角进行比较。如果不一致,则输出调整后的点火控制脉冲信号;如果一致,说明当前已处于最佳点火状态,不对点火控制脉冲信号进行调整。

2)点火线圈通电时间控制

(1)点火线圈通电时间控制的作用:当电源电压变不同时,点火线圈初级电流上升速率也不同,这会使得点火线圈初级电流随电源电压波动而变。点火线圈通电时间控制的作用是:在电源(蓄电池)电压高、点火线圈初级电流上升较快时,减小通电时间,以限制点火线圈形成过大的初级电流,避免点火线圈温度过高而损坏;在蓄电池电压低时,则增加点火线圈初级通电时间,以保证能形成足够大的初级电流。

(2)点火线圈通电时间控制原理:在 ROM 存储器中,存有蓄电池电压与相应的通电时间的有关标准参数,工作时,ECU 根据蓄电池电压值从 ROM 寻得相应的通电时间,并控制点火线圈初级的通路时间,使得点火线圈初级电流在蓄电池电压变化较大的范围内能保持稳定的初级电流。

任务实施

一、技师询问李先生车辆信息

根据熄火现象,判断可能是燃油系统出现问题。

二、技师故障分析思路

从燃油系统的检测接头得知系统油压低于 0.2MPa(正常油压为 0.28 ~0.35MPa)。检查油压调节器和汽油滤清器无问题。拆下汽油泵,测量其输出压力为 0.3MPa(正常值为 0.55MPa),说明汽油泵有故障。更换汽油泵后,油压正常,怠速状态良好,但其他问题没有解决。

三、检查汽缸

发动机抖动的原因大多是由于汽缸缺火造成的,须检查各缸是否正常工作。

(1)拆下各缸的火花塞,发现 1、4 缸的火花塞发黑有油,从而证实 1、4 缸没有工作,导致发动机抖动。更换这两个缸的火花塞后,故障依旧,说明不是火花塞的问题。

(2)再检查高压线,发现 1、4 缸高压线连接火花塞端不跳火,而分电盘端的这两缸高压均跳火,从而断定这两缸的高压线断路。更换后,故障排除。

(3)急加速时,发动机反转,则一般说明点火顺序混乱。怠速状态工作正常,说明电脑没有问题。又检查各传感器均无问题,故障则可能是由于分配电器引起的。拆下分电盘,打开外壳后,发现固定分火头塑料绝缘座的一侧被电烧蚀,而且此塑料座的搭铁螺栓也被烧蚀,说明分火头对这个螺栓有放电现象。

(4)分析原因是出在 1、4 缸的高压线上,由于高压线断路,当分火头转到这两缸的任一缸时,无法通过高压电流传递出去,而且高压已经产生,能量很大,又距离固定分火头座的搭铁螺栓很近,因此高压电流将固定分火头的塑料座隔板击穿,对搭铁螺栓放电。当急加速时,由于点火线圈瞬间提供给分火头的高压能量很大,分火头则向搭铁螺栓放电,而分火头再对各缸点火时,使点火顺序混乱,导致发动机反转。更换分电盘后,发动机工作恢复正常。

知识拓展

点火系维护要点简介

一、汽车电子点火系统故障诊断注意事项

汽车电子点火系统的故障检查，与传统触点式点火系统有许多相同之处。除了对点火线圈、火花塞、高压线、点火正时等进行检查外，还应检查点火模块、点火传感器(信号发生器)以及连接导线等。但是，在故障检查时还应注意以下几点：

(1)在发动机起动和工作时，不要用手触摸点火线圈高压线和分电器等，以免受电击。

(2)在检查点火系统电路故障时，不要用刮火的方式来检查电路的通断，这种做法容易损坏电子元器件，电路通断与否应该用万用表电阻来进行检查判断。

(3)进行高压试火时，最好用绝缘的橡胶夹子夹住高压线来进行试验，直接用手接触高压线容易造成电击。另一避免电击的方法是：将高压导线插入一只备用火花塞，然后将火花塞外壳搭铁。从火花塞电极间隙观察是否跳火。

(4)在点火开关接通的情况下，不要做连接或切断线路的操作，以免烧坏控制器中的电子器件。

(5)在拆卸蓄电池时，必须确认点火开关和其他所有的用电设备及其开关都已关闭，才能进行拆卸。

(6)安装蓄电池时，一定要辨清正、负极搭铁。千万不能接错，蓄电池极性与线夹的连接一定要牢固，否则容易损坏电子设备。

(7)在检查点火信号发生器曲轴位置传感器时应注意以下几点：

①对于磁感应式的，在打开分电器盖时注意不要让垫圈、螺钉之类的金属物掉入其内。在检查导磁转子与定子之间的间隙时，要使用无磁性厚薄规，并注意不要强拉硬塞。

②对于光电式的，不要轻易打开分电器盖子，若确需打开检查时，要注意避免尘土对发光二极管、光敏元件和遮光转子的污损。

③在用干电池模拟点火信号检查电子点火控制时，测量动作要快，干电池连接的持续时间一般不要超过5s。

④霍尔效应式电子点火系统，在检查维修时可能会产生高压放电现象，造成对人身和点火系统本身的意外损害，所以必须注意以上几点。

进行全体检查和维修前，应切断电源后，再按要求进行；当使用外接电源供维修使用时，应严格限制其电压不大于16V。当电压达到16～16.5V时，接通时间不允许达到或超过1min；效应式电子点火系统的汽车被拖动时，应首先切断点火系统电源；点火线圈负接线柱不允许与电容相连；任何条件下，只允许使用阻值为1kΩ的分火头，防止电磁干扰的1kΩ阻尼电阻电缆不得用其他代替，火花塞插头电阻值应在1～5kΩ。

二、电子点火系统常见故障诊断

1.点火系统无高压火

(1)故障现象：接通点火开关，起动机能带动发动机曲轴运转，点火系统无高压火。

(2)故障原因:

①曲轴位置传感器连接电路短路或短路。

②曲轴位置传感器工作性能不良。

③点火控制模块性能失效或连接线束松脱、短路或断路。

④线圈的初级绕组断路。

⑤点火线圈的次级绕组断路。

⑥高压线断路。

⑦火花塞工作不良。

⑧故障诊断。起动发动机,检查警告灯是否常亮,应该读取故障码,并根据故障码的内容诊断低压电路的故障;警告灯正常,则应检查点火系统的高压电路。

关闭点火开关,拔下发动机转速传感器的插头,用万用表测量相应的插座端子之间的阻值,如果所测数值不符合规定,应更换发动机转速传感器。

2. 高压火花弱

(1)故障现象:跳火实验时高压火花弱,发动机起动困难,怠速不稳,排气冒黑烟,加速性及中、高速性较差。

(2)故障原因:点火模块点、火线圈不良,高压线电阻过大,火花塞漏电或积炭,点火系统供电电压不足火或搭铁不良等。

(3)故障诊断:检查点火模块和点火线圈工作状况是否良好,供电电压是否正常,各插接件及导线连接是否牢固,点火模块搭铁是否可靠;清除火花塞积炭,更换漏电的火花塞。

3. 点火正时失准

(1)故障现象:发动机不易起动,怠速不稳;发动机动力不足,冷却液温度偏高;发动机易爆易燃等。

(2)故障原因:初始点火提前角调整不当;曲轴转角与转速传感器不良或安装位置不正确。

(3)故障诊断:检查初始点火提前角并按规定予以调整。调整点火提前角的基本方法是转动分电器壳体。点火过早时应顺着分电器轴旋转方向转动分电器壳体,点火过迟时则反向转动分电器壳体。点火正时的调整有静态正时和动态正时。

①找记号。转动曲轴,将1缸活塞转到压缩冲程上止点附近(向火花塞孔塞棉丝或用手指感觉到有压力以验证),对准飞轮或皮带轮上的初始点火正时标记上。

②对分火头。检查分火头是否正对着分电器盖上的1缸高压线插孔,否则予以调整,松开分电器固定螺栓并适当转动,使分火头对准1缸高压线插孔位置。对准后初步固定。

③查跳火。检查分电器是否正处于恰好高压跳火位置(初级电流恰好切断位置),否则转动分电器外壳位置进行调整,然后固定分电器。

④对高压线次序。按点火次序,顺分火头转动方向,插上各缸高压线。直列4缸机为1→3→4→2(桑塔纳、奥迪、切诺基等)或1→2→4→3(BJ2021);直列6缸机一般是1→5→3→6→2→4。

路试检查:进行路试检查使发动机走热后,在平坦、坚硬路面上以最高挡最低稳定车速行驶。急加速时,若听到轻微的突爆声且瞬间消失(装有爆震限制器的发动机没有突爆声),车速迅速提高,则为点火正时;若突爆声强烈明显且长时间不消失,则为点火过早;若听不到突爆声,且加速缓慢,排气管有"突突"声,则为点火过迟。

影响发动机点火正时失准的主要零部件是发动机点火基准传感器和曲轴转角与转速传感器,因此要检查信号转子是否有变形、歪斜,信号采集与输出部分安装有无不当,装置的间隙是否合适。

4.点火性能随工况变化

(1)故障现象:低速工作正常,高速时失速;温度低时正常,温度高时不正常;刚起步时正常,工作一段时间后出现故障等。

(2)故障原因:点火基准传感器和曲轴转角与转速传感器等安装松动;电路连接器件接触不良;点火模块热稳定性差;点火线局部损坏或击穿,高压线电阻过大等。

(3)故障诊断:检查各有关部件安装有无松动,电路连接是否牢固、可靠,点火模块、点火线圈是否异常;检查或更换高压线、火花塞等。

不同车型的电子点火系线路结构不尽相同,但都可以按图3-30的检查方法和故障诊断程序准确、迅速地排除故障,关键是对具体的点火线路结构要熟悉。

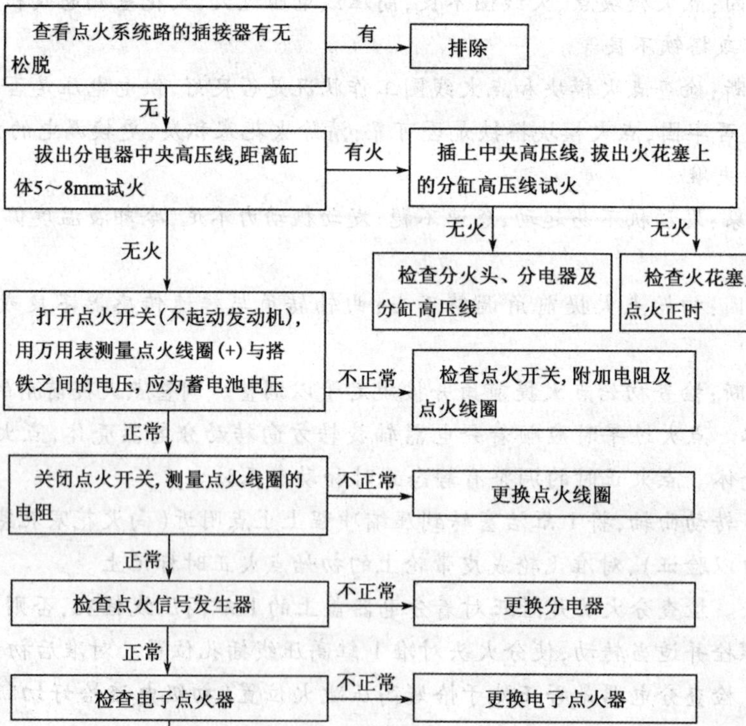

图3-30 电子点火系故障分析图

练一练

一、填空题

1. 传统点火系统主要由__________、__________、__________、__________、__________及__________等部件组成。

2. 点火线圈按其磁路结构形式的不同,可分为__________和__________两种。

3. 电子点火系统按点火信号发生器不同,可分为__________、__________、和__________等。

4. 无分电器式电子点火系统点火方式通常由__________和__________两种方式。

二、选择题

1. 随着电子技术的发展,现代发动机最理想的点火系统是(　　)点火系统。

A. 白金触点式　　B. 半导体晶体式　　C. 微计算机式

2. 在双缸同时点火的两个汽缸,若其中一缸处于压缩行程,则另一缸处在(　　)行程。

A. 进气　　B. 压缩　　C. 做功　　D. 排气

3. 无分电器式电子点火系统中,点火提前角由(　　)来确定。

A. 真空提前机构　　B. 离心提前机构

C. 发动机控制单元 ECU　　D. 点火模块

4. 霍尔传感器产生霍尔电压信号时、叶片(　　)空气隙。

A. 进入　　B. 离开　　C. 任何时候

5. 电子控制点火系统由(　　)来直接驱动点火线圈进行点火。

A. ECU　　B. 点火控制器

C. 分电器　　D. 点火线圈

三、简答题

1. 简述传统点火系统的组成和结构原理。

2. 简述对点火系统的基本要求。

3. 简述电子点火系统的类型及其各自特点。

4. 微机控制点火系统常用的传感器有哪些?并说明其作用。

做一做

两名同学一组,一名同学做工作任务内容时,另一名同学对其项目完成情况做出点评,说明其各步骤的表述是否清晰,对工作原理的理解是否有错,应当如何表述,之后对调进行同样的工作任务内容并评价。

任务评价

点火线圈的检测评价表如表 3-2 所示。

点火线圈的检测评价表 表 3-2

序号	内容及要求	评分	评分标准	自评	组评	师评	得分
1	准备	10	①汽车进入工位前,准备好相关的器材(4分); ②拉紧驻车制动器,把变速杆置于空挡或P挡位置(3分); ③套上三件套、粘贴翼子板布(3分)				
2	清洁	10	按要求清理工位				
3	检测初级绕组的电阻	20	检测点清晰,能够正确读数				
4	检测次级绕组的电阻	20	检测点清晰,能够正确读数				
5	检查绝缘电阻	15	检查方法正确				
6	检查点火线圈外壳是否破裂	15	检查思路清晰				
7	安全文明生产	10	①结束后清洁(5分); ②工量具归位(5分)				
指导教师总体评价 指导教师______ ____年___月___日							

教学提示

"汽车点火系统检测与维修"教学提示如表3-3所示。

"汽车点火系统检测与维修"教学提示 表 3-3

任务1	汽车点火系统检测与维修	学时	8
学习目标	1. 拆装点火系统; 2. 检测点火系统零部件; 3. 测试点火系统的性能; 4. 诊断、排除点火系统典型故障		
学习内容	教学方法与建议		
1. 点火系统的作用; 2. 点火系统的基本构造与工作原理; 3. 点火系的工作特性; 4. 点火系统控制系统工作原理; 5. 点火系统的拆装; 6. 点火系统使用注意事项; 7. 点火系统一般故障检测与维修	通过任务驱动教学法实施教学: 1. 点火系统教学过程由任务目标、任务导入、知识准备、任务实施、知识拓展、练一练、做一做、任务评价组成,在老师的指导下制订方案并实施,最终进行评价; 2. 学生通过典型工作任务的完成,将理论知识融入实际操作中; 3. 教学过程中体现以学生为主体,教师进行适当讲解,并进行引导、督促和评估; 4. 教师应提前准备好各种媒体资料、教学课件,并准备教学场地和设备		

续上表

教学媒体与设备	学生已有的知识、能力要求	教师执教的要求
1. 实训设备：工作台、点火系统总成等； 2. 通用、专用工具：扭力扳手、万用表、诊断仪等； 3. 多媒体教学设备； 4. 多媒体教学课件、软件； 5. 网络教学资源	1. 安全操作知识； 2. 使用各种工具的基本技能和经验； 3. 点火系统的构造、原理和拆装顺序	1. 能够根据教学方法合理设计教学情境； 2. 熟悉点火系统拆装的安全操作规程； 3. 能够完成点火系统的拆装工作； 4. 能够完成点火系统的诊断检测； 5. 具备协调各方、处理学生误操作的能力

项目小结

1. 对点火系有如下要求：能产生足以击穿火花塞间隙的高电压；电火花应有足够的能量；点火时间应与发动机工作情况相适应。

2. 点火线圈又称变压器，其作用是将12V的低压电变成能击穿火花塞间隙的15～30kV的高压电，是点火系中的核心部件。

3. 无触点普通电子点火系采用点火信号传感器和三极管取代了传统点火系的断电器。点火信号发生器的作用是产生对应于汽缸数及曲轴位置的电压信号，用以触发点火模块，使点火线圈产生高压电。常见的点火信号传感器有磁感应式、霍尔式和光电式三种。

4. 在发动机的电子集中控制系统中，点火系统由微机控制称为微机控制点火系统。现在生产的大部分轿车都采用微机控制点火系统。

5. 微机控制点火系统主要由传感器、电子控制器、点火控制器（点火模块）、点火线圈和火花塞等组成。

6. 无分电器单独点火系统适合在四气门发动机上配用，该系统每个汽缸的火花塞配用一个点火线圈，单独对本缸进行点火。点火线圈有较长通电时间，能在高达9000r/min的宽转速范围内提供足够的点火能量和高压电；初级线圈通电电流较小，不易发热；点火线圈体积小巧，一般压装在火花塞上。

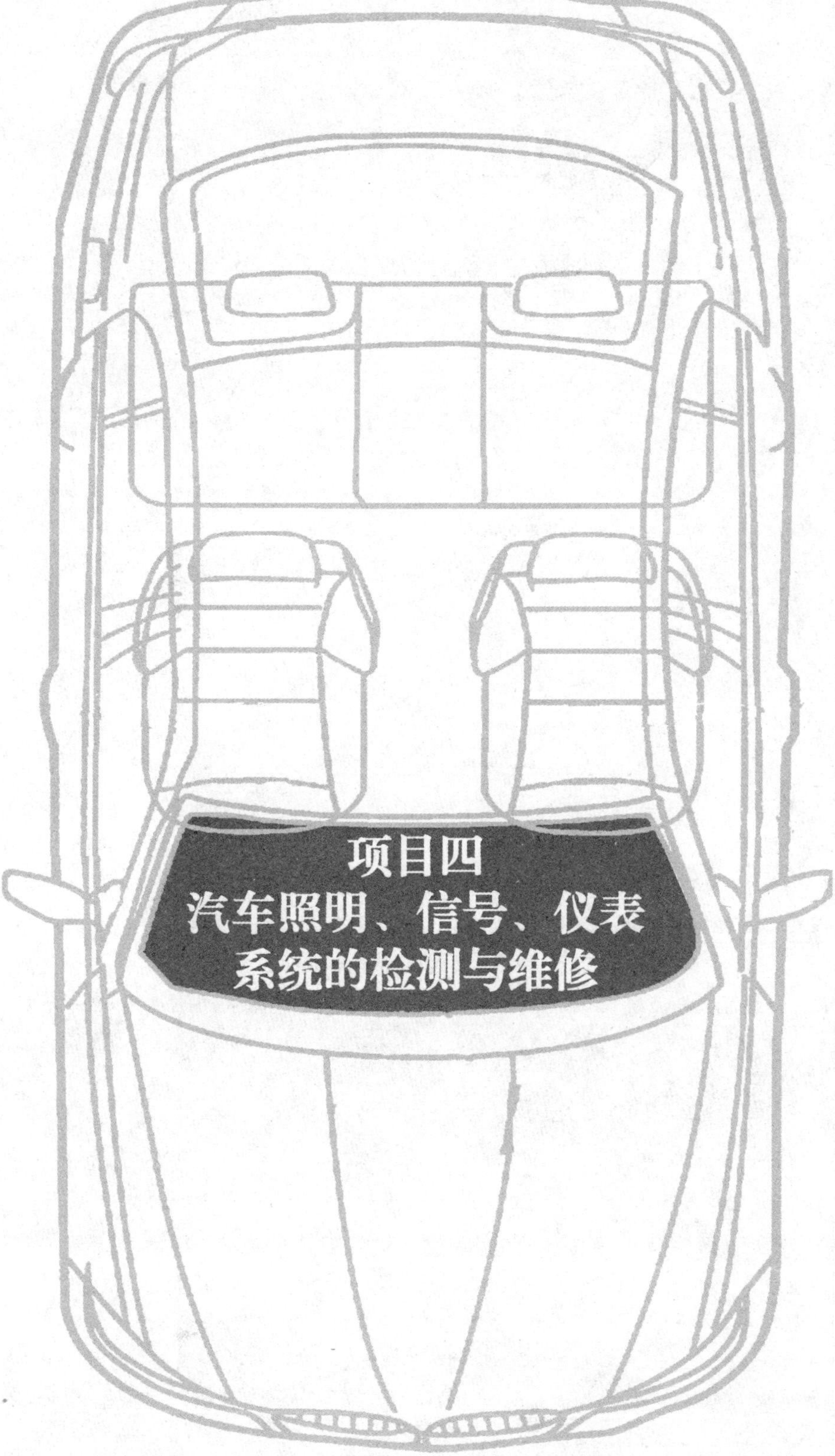

项目四 汽车照明、信号、仪表系统的检测与维修

项目描述

汽车照明、信号、仪表系的作用是保证汽车在各种条件下安全行驶，改善驾乘环境，汽车上装有各种照明、信号、仪表报警装置，其数量的多少和配置形式因车而异，除了美观、实用外，必须满足两个要求：一是保证行车安全，二是符合交通法规。

在所有车辆中前照灯、转向灯、危险警报灯、示宽灯、尾灯、雾灯、制动灯、倒车灯、牌照灯都为强制安装使用，其他灯光设备在一定条件下强制安装或选装。

照明、信号、仪表系容易出现的典型故障有照明灯不亮，喇叭不响，仪表无显示等。

任务1　汽车照明系统的检测与维修

任务目标

1. 能够检测汽车照明系统照明灯、灯光开关、继电器等零部件。
2. 学会连接汽车照明系统电路。
3. 能够检测与维修汽车照明系统典型故障。

任务导入

张先生驾驶上海大众桑塔纳汽车晚上行车时，发现左侧近光灯不亮。

任务知识

一、汽车照明系统的组成

1. 前照灯

前照灯又称前大灯，功率为40～60W。

装于汽车前部两侧，有两灯制和四灯制之分。由于直接影响夜间交通安全，因此各国交通主管部门多以法律形式规定其照明标准。

用途是夜间行车时，照亮车前的道路和物体，确保行车安全。同时也可以发出远光和近光交替变换的灯光信号，以便超车和夜间会车时使对方驾驶员眩目。

2. 后照灯

后照灯又称尾灯，功率为15～25W。安装于汽车尾部，用于夜间照明，它的灯光一般为红色。

3. 防雾灯

防雾灯又称雾灯，功率为35～55W。主要用途是在雾天、雪天、雨天行车时照明道路，它的扩散角大，配光稳定。

雾灯分为前雾灯和后雾灯，前雾灯一般为明亮的白色，后雾灯则为红色。后雾灯主要在能见度低的环境中，为使车辆后方其他道路交通参与者易于发现而安装在车辆尾部，发出光强度比尾灯更大的红色。后雾灯标志和前雾灯有一定区别，由于防雾灯亮度高、穿透力强，不会因雾气而产生漫反射，所以正确使用能够有效预防事故的发生。在有雾的天气，前后雾灯一起使用。

4. 倒车灯

功率约为28W。用于倒车时汽车后方照明，并警告其他车辆和行人。在汽车尾部，光色为白色。兼有灯光信号功能。

5. 牌照灯

功率为8～10W。用途是夜间照明车辆牌照，按照有关规定，夜间在车后20m处应能看清车辆牌照。不仅亮度好，而且要求光线均匀。一般为两盏。

6. 其他照明灯

其他照明灯有阅读灯、门灯、踏步灯、行李舱灯等。

二、前照灯的照明要求

（1）前照灯应保证车前有明亮而均匀的照明，使驾驶员能看清车前100m内路面上的障碍物。随着汽车行驶速度的提高，照明距离提高到200～250m。

（2）前照灯应能防止眩目，以免夜间两车相会时，使对方驾驶员眩目，而造成交通事故。

（3）光束横向应有一定的散射宽度，以便直行时能看清车身侧面运动物体及转弯时的照明需要。

（4）满载时，照明效果不应因车灯高度变化而下降。

三、前照灯的结构

汽车前照灯一般由光源（灯泡）、反射镜、配光镜（散光镜）三部分组成。

1. 灯泡

（1）普通白炽灯泡

如图4-1a）所示，灯丝用钨丝制成，玻璃泡内抽出空气，然后充以86%的氩气和约14%的氮气的混合惰性气体以减少钨丝受热蒸发，延长其使用寿命，灯丝制成紧密的螺旋状。灯泡在长期使用后发黑，表明灯丝的损耗依然存在，因此并不能阻止钨丝的蒸发。

（2）卤钨灯泡

如图4-1b）所示，它是在惰性气体中加入了一定量的卤族元素（如碘、溴），使得从灯丝上蒸发出来的气态钨与卤族元素反应生成了一种挥发性的卤化钨，在扩散到灯丝附近的高温区域后又受热分解，使钨重新回到灯丝上，如此循环防止了钨的蒸发和灯泡黑化的现象。卤素灯泡发光效率比白炽灯泡高20%以上。由于卤钨灯泡体积小、耐高温、发光强度高、使用寿命长，目前得到广泛的应用。

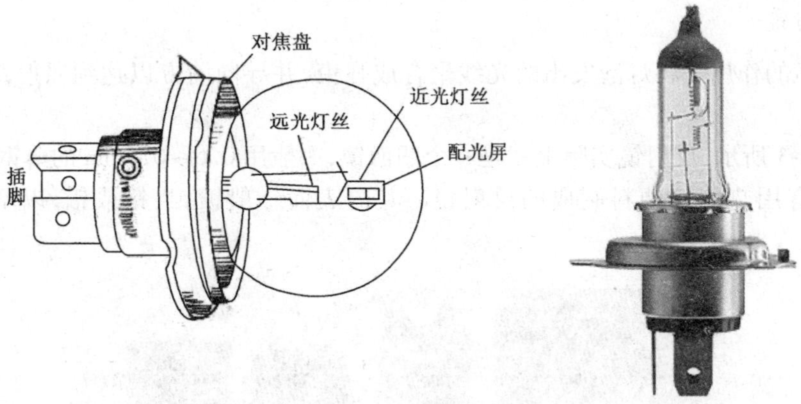

a)　　b)

图 4-1　前照灯灯泡

(3)氙气灯

氙气灯又称高强度气体放电灯，英文简称 HID，一般由如图 4-2 所示弧光灯组件、电子控制器(安定器、镇流器)和升压器(高压放电包)组成。汽车氙气灯仍由 12V 电系供电，瓦数多为 35W，少数 55W 的一般安装在远光灯上。

氙气灯的发光原理：它的灯泡里没有灯丝，取而代之的是装在石英管内的两个电极，如图 4-2 所示灯管内小小的玻璃球内灌满了氙气和少许稀有金属。通过安定器将 12V 或 24V 车载电压瞬间提升至 23000V 以上，以激活氙气与稀有金属进行化学反应，产生电弧，发出 4000～12000K 色温的强劲光芒。发光时 0.8s 的亮度是额定亮度的 20%，达到卤钨灯的亮度，4s 以内达到额定亮度的 80% 以上，在发光稳定后安定器向灯提供 80V 供电电压保持灯以恒定功率运转。

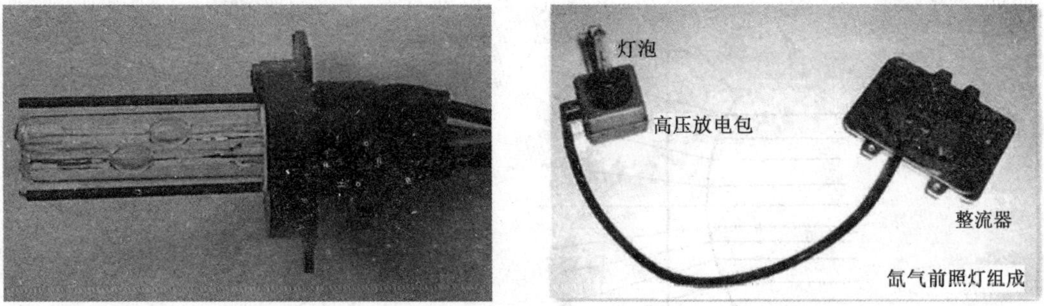

a)氙气灯实物　　b)氙气灯的组成

图 4-2　氙气灯

氙气灯的性能优点：节电性强，35W 氙气灯发出的是 55W 卤钨灯的 3.5 倍以上的光，电力损耗节省 40%；寿命长，约为 3000h，与汽车使用寿命相同；超亮度，色温高达 4200K 或更高，与太阳光相似，照得更高、更广、更远；不产生多余眩光，不会对迎面来车的驾驶者造成干扰；安全可靠，当汽车供电系统出现故障时，镇流器自动关闭停止工作，并且氙灯不是突然不亮，而是逐渐变暗，给驾驶者时间改变车辆行驶状态；安装方便，只需把氙气灯头插入原有灯孔,固定高压包,接上电源即可。

2. 反射镜

反射镜的作用是将灯泡发出的光线聚合成强束,并导向前方以达到照射距离远且明亮的作用。

如图4-3所示,反射镜实际上就是一个凹面镜,一般用0.6~0.8mm的薄钢板冲压而成,近年来已有用热固性塑料制成的反射镜。其内表面一般镀银、铬或铝,以增强反射光的强度。

图4-3 汽车灯反射镜

位于焦点上的灯丝发出的绝大部分光线,经反射镜反射后变成平行光束射向远方,使光度增强几百倍,甚至上千倍,从而使车前150m,甚至400m内的路面都照得足够清楚。

3. 配光镜

为弥补具有反射镜的前照灯因为光束太窄,照明范围不大的缺点,采用了配光镜。配光镜又称散光玻璃,这是用透光玻璃压制而成,是很多特殊棱镜和透镜的组合。其几何形状比较复杂,外形一般为圆形和矩形。配光镜的作用是将反射镜反射出的平行光束进行折射,如图4-4所示,水平方向散射和铅直方向下折射,使车前路面和路线都有良好而均匀的照明。

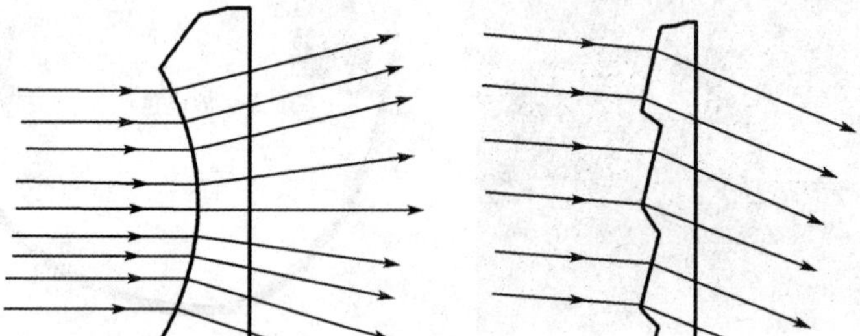

图4-4 配光镜作用

四、前照灯的分类

1. 按光学组件结构不同分类

(1)全封闭式,又叫真空灯。它的反射镜、配光镜用玻璃制成一体,形成灯泡,里面充以惰性气体。灯丝焊接在反射镜底座上，反射镜的反射面经真空镀铝，如图4-5所示。此种前照灯完全避免了反射镜被污染以及受大气的影响，照明效果好，使用寿命长，很快得到普及。但是，当灯丝烧断后，需要更换整个总成，成本高，限制了它的使用范围。

(2)可拆式。它是反射镜和配光镜分别安装而构成的组件，气密性差，反射镜易受湿气和尘埃污染而降低反射能力，严重降低照明效果，目前已很少采用。

(3)半封闭式。其配光镜靠卷曲反射镜边缘上的牙齿而紧固在反射镜上，二者之间垫有橡皮密封圈，灯泡只能从反射镜后端装入。当需要更换损坏的配光镜时，应撬开反射镜外缘的牙齿，安上新的配光镜后，再将牙齿复原。这种灯具减少了对光学组件的影响因素，维修方便，应用较广。

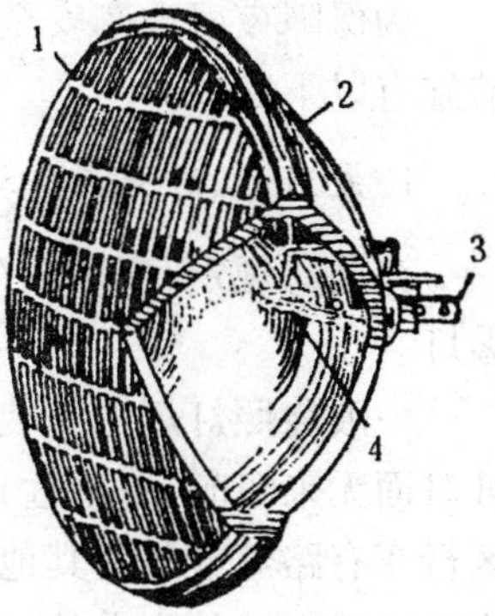

图4-5　封闭式前照灯

1-配光镜；2-反射镜；3-插头；4-灯丝

(4)投射式。投射式前照灯的反射镜近似于椭圆形状，如图4-6所示，它具有两个焦点。第一焦点处放置灯泡，第二焦点是由光线形成的，凸形配光镜聚成第二焦点，再通过配光镜将聚集的光投射到前方。第二焦点附近设有折光板，可遮挡上半部分光，形成明暗分明的配光。由于它的这种配光特性，因此也可用于雾灯。

投射式前照灯所采用的灯泡为卤钨灯泡，不过近年来高级车中的双氙气灯、LED灯为光源的前照灯纷纷设计成投射式。

2. 按安装数量不同分类

按安装数量不同可分为两灯制和四灯制。前者每只灯具有远、近光双光束；后者外侧一对灯为远近光束，内侧一对灯为远光单光束。

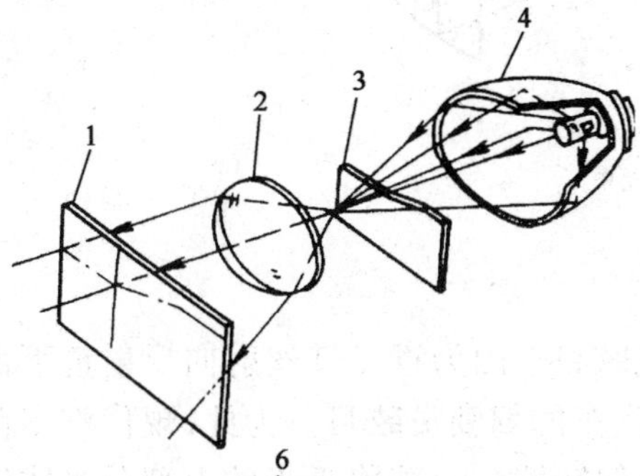

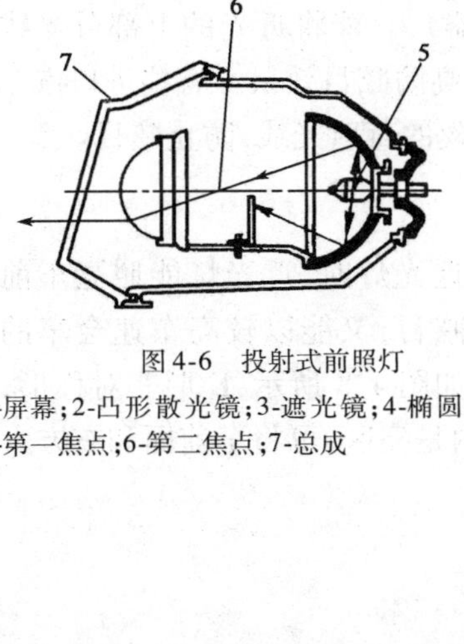

图4-6　投射式前照灯

1-屏幕；2-凸形散光镜；3-遮光镜；4-椭圆反射镜；5-第一焦点；6-第二焦点；7-总成

3. 按安装方式的不同分类

按安装方式的不同可分为外装式和内装式。前者整个灯具在汽车上外露安装；后者灯壳嵌装于汽车车身内，装饰圈、配光镜裸露在外。

4. 按前照灯的配光镜形状不同分类

按前照灯的配光镜形状不同可分为圆形、矩形和异形三类。所谓异形前照灯是根据汽车造型的美学观点，将前照灯的外形设计成与汽车整体造型相协调，并使汽车的风阻系数很小。运动型跑车为了更进一步减小前照灯部分的风阻系统，增强其照明效果，把前照灯设计成内隐式，白天行驶时看上去似乎没有前照灯，但在夜间行驶时能自动将前照灯打开同时点亮前照灯。

5. 按光源分类

按光源可分为普通前照灯、氙气前照灯、LED

前照灯。

五、前照灯的防眩目措施

为保障夜间会车安全,汽车前照灯必须具有良好的防眩目措施。目前国产汽车防眩目措施有以下四项。

1. 采用远、近光束变换

交通法规定,夜间会车,须在距离对面来车 150m 外关闭远光灯,改用近光灯,不准使用雾灯。

一般前照灯灯泡中装有远光与近光两根灯丝,由变光开关控制其电路。夜间公路行车且对面无来车时,使用远光灯,以增大照明距离,保证行车安全。夜间公路行车会车、夜间市区行车有路灯或尾随其他汽车行驶时,使用近光灯。如图 4-7 所示,远光灯丝装于呈旋转抛物面的反射镜的焦点处,远光灯丝的光线经反射镜聚光、反射后,沿光学轴线以平行光束射向远方,照亮车前方 150m 以上的路面。又由于配光镜的合理配光,使远光既能保证足够的照明距离,又有一定的光线覆盖面。近光灯丝装于反射镜焦点的上方或前上方,近光灯丝产生的光线经反射镜反射后,光束的大部分将倾斜向下射向车前的路面,所以可减轻对方驾驶员眩目。

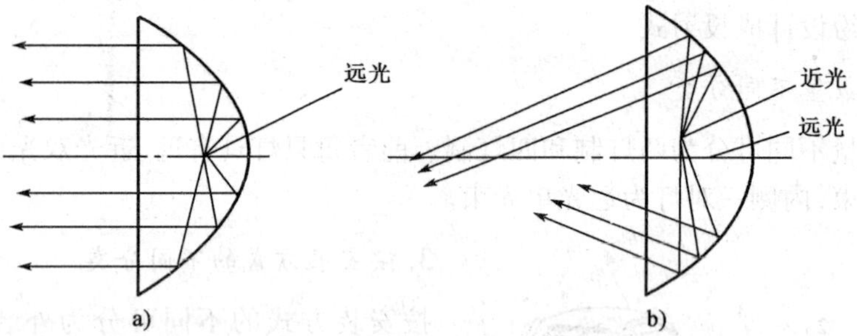

图 4-7 前照灯远、近光束

2. 近光灯丝加装遮光罩

上述防眩目措施只能减轻眩目,还不能彻底避免眩目。因为近光灯丝射向反射镜下部的光线经反射后,将倾斜向上照射,仍会使对面交会汽车的驾驶员眩目。为此,现代汽车前照灯的近光灯丝下方均装设遮光罩(又称护罩或光束偏转器),它能将近光的上部分光线经反射后照亮车前 30m 的路段,而下部分光线被完全遮住,提高防眩目效果。有些进口汽车的前照灯,还在近光灯丝的前方装设一个遮光罩,遮挡近光灯丝的直射光线,防止眩目。

3. 采用不对称光形

上述两项防眩目措施起到了防眩目作用,但会车使用近光灯时,近光灯能照亮车前方 30m 以内的路面,因而车速受到限制。为了达到既能防止眩目,又能以较高车速会车的目的,将配光屏安装时偏转一定角度,使其近光光形不对称。如图 4-8 所示,E 形非对称形,其光形有明显的明暗截止线,上方是暗区,下方及右上方 15°内是亮区,可将车前面和右方人行道照亮;Z 形非对称形更为优良,不仅可防止驾驶员眩目,还可以防止迎面而来的行为和非机动车使用者眩目。

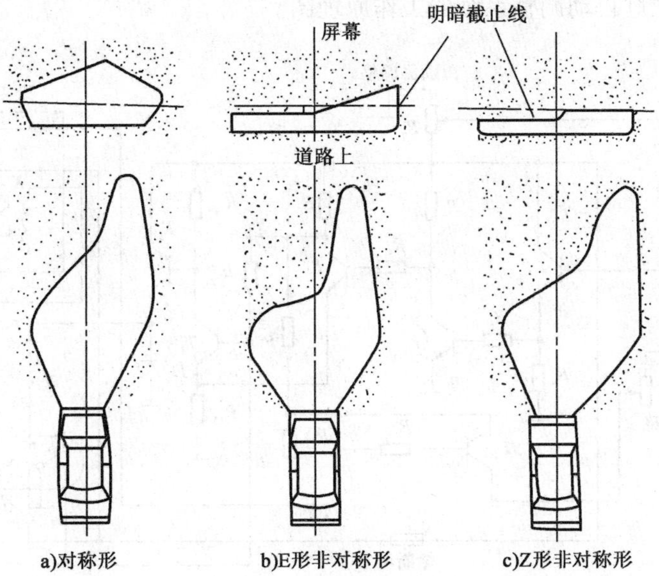

图 4-8　前照灯配光光形

六、前照灯的控制

为保证行车照明的安全与方便,减轻驾驶员的劳动强度,近年来,不少车采用了前照灯电子控制装置。

1. 汽车前照灯自动变光器

在夜间会车时,当相距 150 ~ 200m 时,对方的灯光照射到自动变光器上,立即自动变光为近光,有效防止远光给对方驾驶员带来的眩目,待两车相会后,又自动变近光为远光,汽车即可恢复原来的行驶速度。它不需要驾驶员操纵,而且体积小,性能稳定、灵敏度高。

它主要由电子电路晶体管 $T_1 \sim T_6$,二极管 D 及电阻 $R_2 \sim R_{15}$,光敏电阻 R 和继电器 D 等组成。为了防止电子电路出故障后影响夜间行驶,还保留脚踏变光开关。

如图 4-9 所示为远光灯工作,继电器 J 的作用是将电源正极与远光灯丝接线柱接通。对方车辆在 150 ~ 200m 处,其灯光照在光敏电阻 R 上,其阻值突然减小,获正向偏置电压导通,T_1、T_2 导通,T_3 截止,T_4、T_5 导通,继电器导通,近光接柱 2 通电,远光变近光。反之,会车线束、继电器断电,近光变远光。

如图 4-10 所示,远光灯工作时,若用脚踏下机械式变光开关 S 时,S 就由“1”位置转至“0”位置,此时继电器 J 通电,远光变近光。同时 T_4 基极搭铁,多谐振荡器停振。

2. 前照灯光束调整系统

前照灯的照明范围随汽车的负荷变化而变化,当汽车的负荷较大时,前照灯距地面变近,使照明范围变小,反之,虽使照明范围增大,但会造成对面来车驾驶员的眩目,这样都会造成安全事故。为了克服负荷对照明的影响，有些车上装设有前照灯状态自动调整系统。根据汽车负荷的不同自动调整前照灯前倾的角度，使照明范围保持不变。如图 4-11 所示为某公司生产的前照灯自动调整系统的工作原理图。

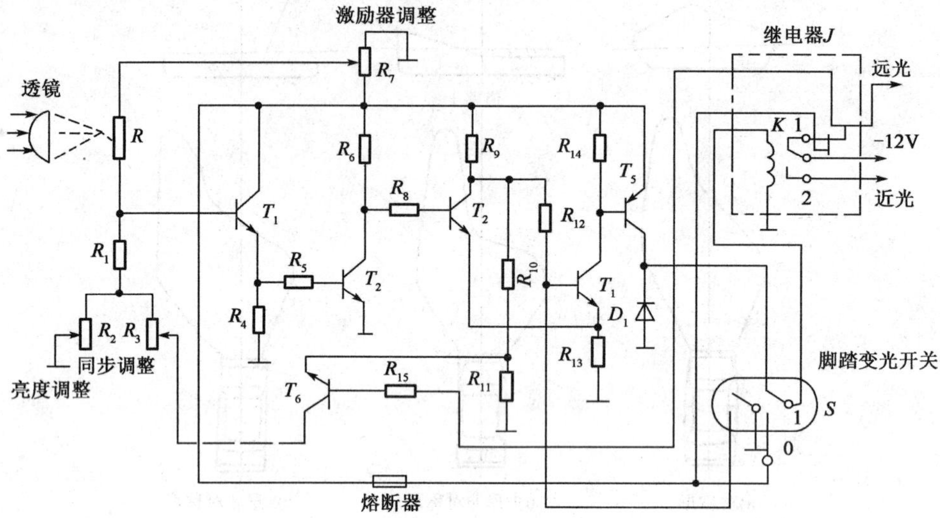

图 4-9　具有光敏电阻的自动变光器的电路

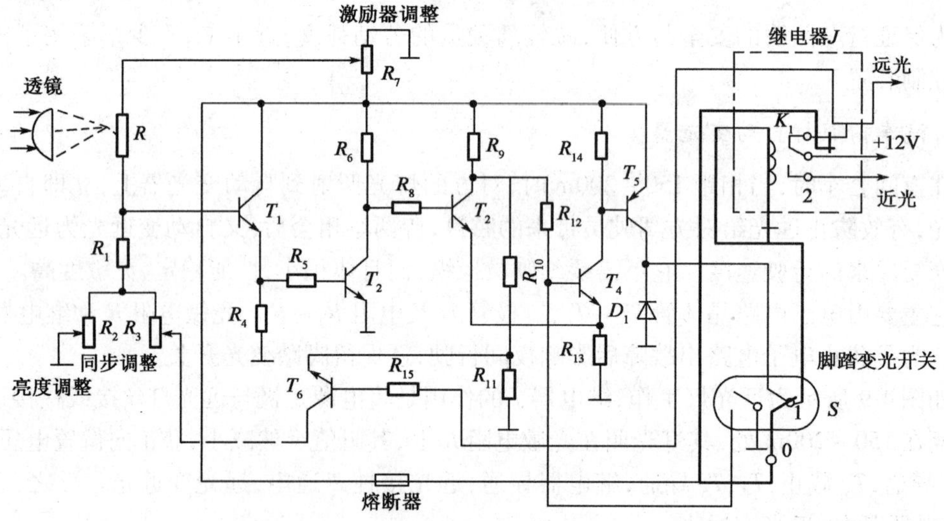

图 4-10　自动变光器的脚踏变光

此外，还有昏暗自动发光系统，在行驶中，当车前的自然光强度减低到一定程度，自动将前照灯的电路接通，以确保行车安全，同时还有延时关灯的作用。自动延时控制装置的作用是，当汽车夜间停车入库后，为驾驶员下车离开车库提供一段时间的照明，以免驾驶员摸黑走出造成事故。

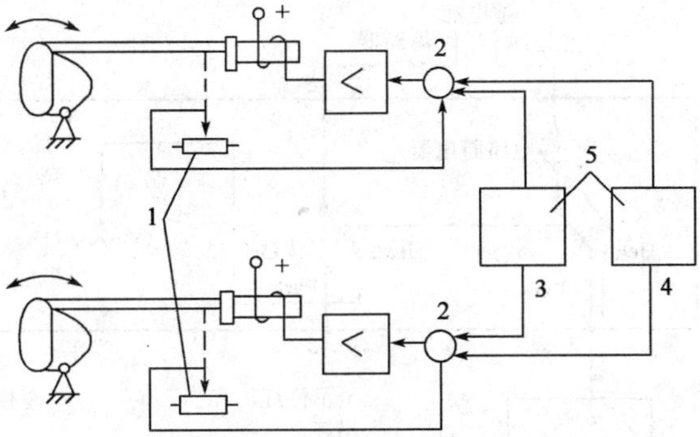

图 4-11　前照灯自动调整系统工作原理图

1-电感传感器;2-信号合成器;3-前桥;4-后桥;5-标准信号发生器

七、前照灯的基本电路

1. 开关

前照灯的开关有的安装在仪表板上,有的在转向柱管组合开关上,控制着汽车灯光。其形式有旋钮式、按钮式、转向柱管固定式。

如图 4-12 所示,灯光开关有关闭(Off)、驻车(Park)、前照灯挡(Head)。其中,示位灯挡分:控制示位灯、牌照灯和仪表灯。前照灯挡分:远光灯和近光灯。

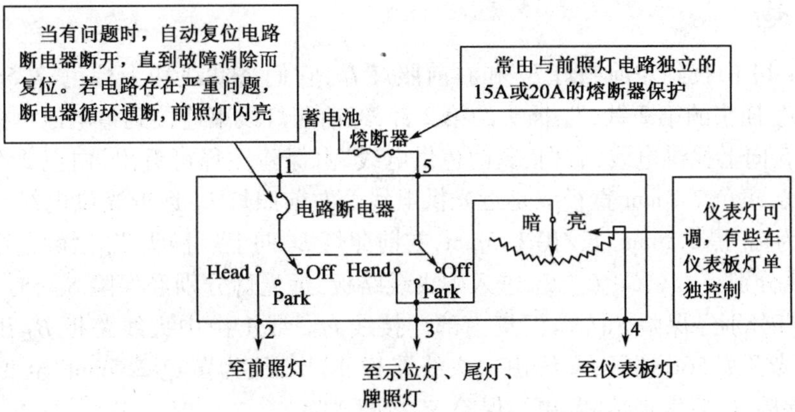

图 4-12　灯光开关结构原理

注:有些汽车对两侧的前照灯单独设置熔断丝,可单独控制。

电路特点:不受点火开关控制,双火线接柱(分别控制大灯和小灯电路),灯丝搭铁,所有灯都并联。

此外,还有变光开关,它串联在前照灯电路中,切换远近光,一般安装在转向柱上。它具有闪光通过功能,即:前照灯开关处于“Off”或“Park”位置,电路也会使远光灯点亮,但是闪亮。

2. 前照灯近光电路

近光灯基本电路如图 4-13 所示。

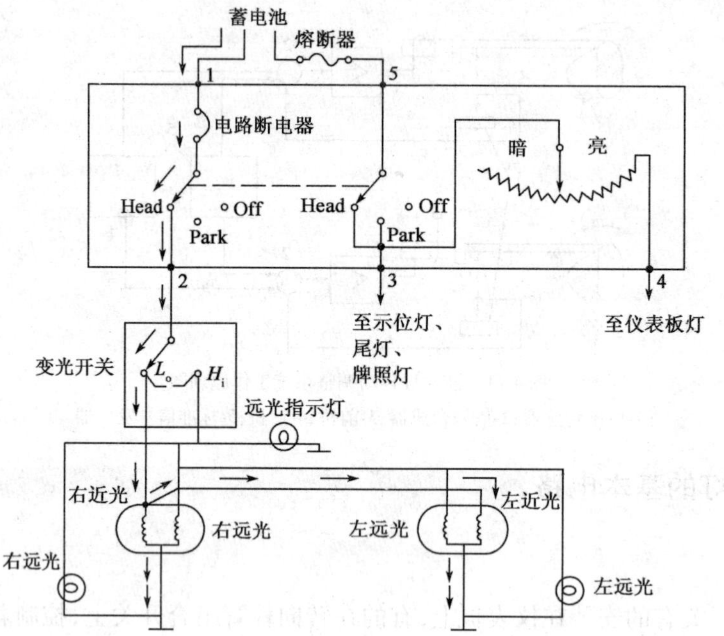

图 4-13 近光灯基本电路

L_o-近光开关;H_i-远光开关

任务实施

先在图 4-14 中找到左前照灯 L_1 和右前照灯 L_2,它们搭铁线均为棕色,2.5mm 直径线,又分别通过 T_{4e}插头的第 2 针,T_{4d}插头的第 2 针,经前照灯线束连接到蓄电池负极搭铁。

从图 4-15 向上找供电线,有白、黄两色供电线,由保险注释可看出,白色 2.5mm 直径线是远光供电线,黄色 2.5mm 直径线是近光供电线。左前照灯 L_1 远近光供电线,向上经插头 T_{4e}后分别变为白/黑 1.5mm、黄/黑 1.5mm,右前照灯 L_2 向上经插头 T_{4d}后颜色没变,线径为 1.5mm。四线分别经 C_{17}、C_5、C_6、C_{16}进入中央线路板,远光灯分别经保险 S_{10}、S_9 汇集内部连接线 1,近光灯分别经保险 S_{21}、S_{22}汇集内部连接线 m。线 1 由中央线路板 B_{22}出,线为白色 2.5mm,至变光开关 56a 端子;m 线由中央线路板 A_{21}出,线为黄色 2.5mm,至变光开关 56b 端子。检查保险 S_{21}后发现熔断,更换保险 S_{21}故障排除。

知识拓展

LED 灯与夜间行车灯光使用简介

一、LED 灯

LED 中文意思是发光二极管,它寿命长、光效高、无辐射与低能耗。大功率有 0.5W、1W、3W、5W 或更高,小功率的为 0.06W 左右。LED 灯具的基本组成如下:LED 芯片——发光;LED 透镜——改变光的方向,打出特殊的光学效果;灯板——LED 的载体;驱动——使 LED 发光(发动机);灯体壳——美观、防水防尘,散热;分控器——控制灯的变化方式。

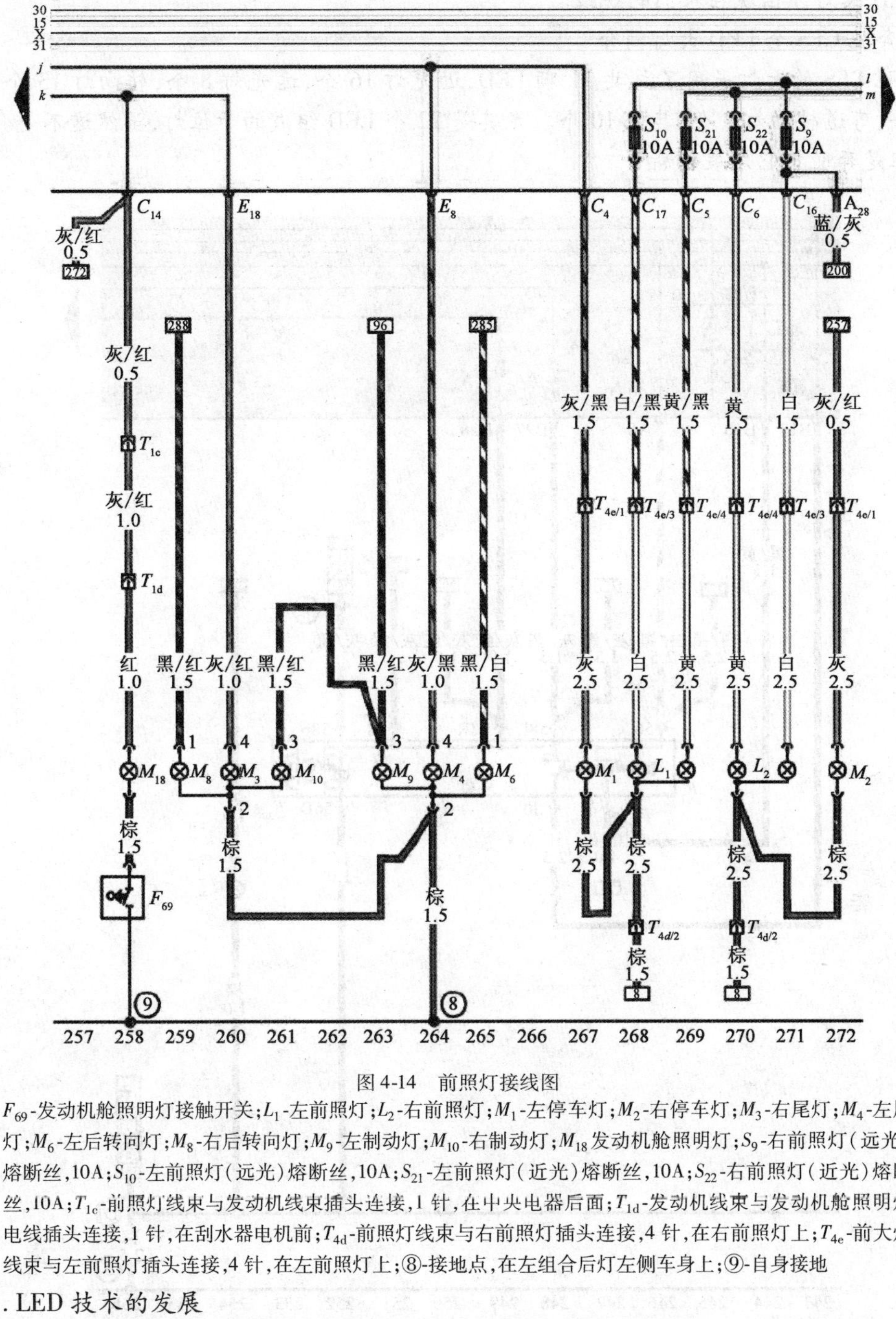

图 4-14 前照灯接线图

F_{69}-发动机舱照明灯接触开关；L_1-左前照灯；L_2-右前照灯；M_1-左停车灯；M_2-右停车灯；M_3-右尾灯；M_4-左尾灯；M_6-左后转向灯；M_8-右后转向灯；M_9-左制动灯；M_{10}-右制动灯；M_{18}发动机舱照明灯；S_9-右前照灯（远光）熔断丝，10A；S_{10}-左前照灯（远光）熔断丝，10A；S_{21}-左前照灯（近光）熔断丝，10A；S_{22}-右前照灯（近光）熔断丝，10A；T_{1c}-前照灯线束与发动机线束插头连接，1 针，在中央电器后面；T_{1d}-发动机线束与发动机舱照明灯电线插头连接，1 针，在刮水器电机前；T_{4d}-前照灯线束与右前照灯插头连接，4 针，在右前照灯上；T_{4e}-前大灯线束与左前照灯插头连接，4 针，在左前照灯上；⑧-接地点，在左组合后灯左侧车身上；⑨-自身接地

1. LED 技术的发展

现在大多数车仍然使用普通卤钨大灯，好一点的车型用氙气大灯。最多是在灯组的构造上做一些创新，利用透镜、反射灯光学原理来提高灯光的效率，但是灯组本身技术创新不足。

2008 年，奥迪首先在 A4 上使用了 LED 示位灯，首先开启了 LED 大灯时代。之后很多厂商都开始跟进，都开始采用 LED 示位灯，现在欧洲甚至开始立法规定，为了行驶安全，所有在售车型都必须装配 LED 示位灯。2010 年的奥迪 A8 及第二代奔驰 CLS 的推出，真正意义的 LED 大灯才出现在人们的视线。

2. 奔驰 CLS 全 LED 大灯简介

奔驰 CLS 的大灯采用了总共 71 颗 LED，近光灯 16 个，远光灯 8 个，转向灯 13 个，示位灯 22 个，弯道辅助灯 2 个，其他 10 个。尤其是 22 个 LED 组成的示位灯，虽然这不是奔驰首创的，但是奔驰把它发展创新了。

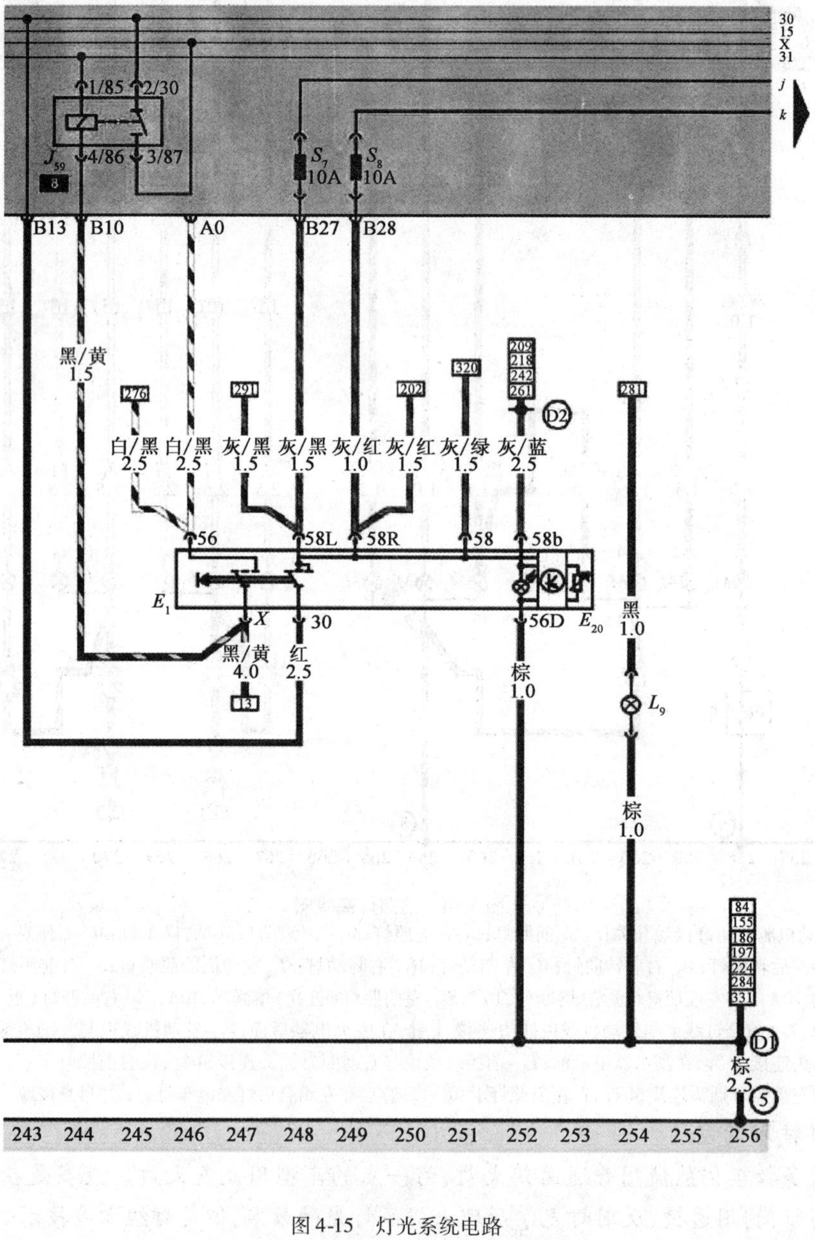

图 4-15　灯光系统电路

E_1-灯关开关；E_{20}-仪表板照明调节器；J_{59}-X-接触继电器；L_9-灯光开关照明灯；S_7-左尾灯、左前停车灯保险丝，10A；S_8-右尾灯、右前停车灯、发动机舱照明灯保险丝，10A；⑤-接地点、在中央电器左侧星形接地爪上；Ⓓ1-接地连接线，在仪表板线束内；Ⓓ2 连接线，在仪表板线束内

这款全LED大灯的色温在5400K左右，点亮效果更接近普通日光，照明效果看起来更自然。同时耗能要比普通氙灯要低，使用寿命能够达到终身免更换（当然，外力造成的破坏除外）。

全LED前照灯几乎所有的特性都超越了现有的氙气前照灯，而且成本更低（当然，现在这项技术还未普及，厂家肯定会拿这项技术作为卖点，虽然成本低，但价格肯定不便宜）。所以，全LED前照灯没有理由不取代传统的前照灯，这只是时间问题，相信不会太久。

二、机动车夜间行车灯光使用注意事项

（1）在没有中心隔离设施或者没有中心线的道路会车时，距相对方向来车150m内不能使用远光灯。

（2）在没有中心隔离设施或者没有中心线的窄桥、窄路会车时不能使用远光灯。

（3）机动车在夜间没有路灯、照明不良或者遇有雾、雨、雪、沙尘等低能见度情况下行驶时，同方向行驶的后车与前车近距离行驶时，不能使用远光灯。

（4）通过急弯、坡路、拱桥、人行横道或者没有交通信号灯控制的路口，应交替使用远近光灯示意。

练一练

一、填空题

1. 汽车前照灯由__________、__________、__________三部分组成。
2. 汽车灯光防眩目措施有____。

二、选择题

1. 汽车灯光中不属于照明系统灯光的是（　　）设备。

A. 前照灯　　B. 踏板灯

C. 尾灯　　D. 转向灯

2. 交通法规定，夜间会车，须在距对面来车（　　）外关闭远光灯，改用近光灯。

A. 100m　　B. 150m

C. 200m　　D. 250m

三、判断题

1. 汽车远近光变换具有防眩目作用。（　　）
2. 汽车通过人行横道时应打开远光灯提示行人注意。（　　）

做一做

两名同学一组，一名同学做工作任务内容时，另一名同学对其项目完成情况做出点评，说明其各步骤的表述是否清晰，对工作原理的理解是否有错，应当如何表述，之后对调进行同样的工作任务内容并评价。

任务评价

汽车照明系统检测与维修评价表如表4-1所示。

汽车照明系统检测与维修评价表　　表4-1

序号	内容及要求	评分	评分标准	自评	组评	师评	得分
1	准备	10	①汽车进入工位前，准备好相关的器材(4分)； ②拉紧驻车制动器，把变速杆置于空挡或P挡位置(3分)； ③套上三件套、粘贴翼子板布(3分)				
2	清洁	10	按要求清理工位				
3	前照灯的调整	10	调整方法正确				
4	前照灯线路的连接	20	连接方法正确				
5	前照灯线路分析	20	能正确拆画、分析前照灯电路				
6	排除故障	20	检测方法正确，检测结果准确				
7	安全文明生产	10	①结束后清洁(5分)； ②工量具归位(5分)				
指导教师总体评价 指导教师＿＿＿＿＿ ＿＿年＿＿月＿＿日							

教学提示

“汽车照明系统检测与维修”教学提示如表4-2所示。

“汽车照明系统检测与维修”教学提示　　表4-2

任务1	汽车照明系统检测与维修	学时	2
学习目标	1. 拆装照明系统装置； 2. 检测照明系统； 3. 检测、排除照明系统典型故障		
学习内容	教学方法与建议		
1. 照明系统的功用； 2. 照明系统的基本构造与工作原理； 3. 照明系统电路； 4. 照明系统总成的拆装； 5. 照明系统使用注意事项； 6. 照明系统一般检测与维修	通过任务驱动教学法实施教学： 1. 照明系统教学过程由任务目标、任务导入、知识准备、任务实施、知识拓展、练一练、做一做、任务评价组成，在老师的指导下制订方案并实施，最终进行评价； 2. 学生通过典型工作任务的完成，将理论知识融入实际操作中； 3. 教学过程中体现以学生为主体，教师进行适当讲解，并进行引导、督促和评估； 4. 教师应提前准备好各种媒体资料、教学课件，并准备教学场地和设备		

续上表

教学媒体与设备	学生已有的知识、能力要求	教师执教的要求
1. 实训设备：工作台、照明系统台架等； 2. 通用、专用工具：扭力扳手、万用表、诊断仪等； 3. 多媒体教学设备； 4. 多媒体教学课件、软件； 5. 网络教学资源	1. 安全操作知识； 2. 使用各种工具的基本技能和经验； 3. 照明系统的构造、原理和拆装顺序	1. 能够根据教学方法合理设计教学情境； 2. 熟悉照明系统总成拆装的安全操作规程； 3. 能够完成照明系统总成的拆装工作； 4. 能够完成照明系统的检测； 5. 具备协调各方、处理学生误操作的能力

任务2　汽车信号系统的检测与维修

任务目标

1. 能够检测汽车信号灯、喇叭、开关、继电器等零部件。
2. 学会连接汽车信号系统电路。
3. 能够检测与维修汽车信号系统典型故障。

任务导入

张先生驾驶上海大众桑塔纳汽车晚上行车时，发现制动灯不亮。

任务知识

一、汽车信号系统的组成

汽车上除了照明外，还需有一些信号装置，用以在汽车使用过程中指示其他车辆或行人，以引起其他车辆和行人的注意，提高车辆的安全性。

信号系统主要有转向信号、危险警报信号、制动信号、倒车信号、喇叭等。

1. 外部信号灯

(1)转向信号灯：功率约为20W。光色为黄色，要求前后白天100m可见，侧面30m可见。俗称转向灯，当汽车转向时，通过闪光器使左边或右边的前、后转向信号灯闪烁发光，提醒前后车辆、行人自己行驶的方向，在紧急遇险状态需其他车辆注意避让时，全部转向灯通过危险报警灯开关接通同时闪烁。

(2)示位灯：功率为8～10W。俗称小灯、示宽灯、位置灯，安装在汽车前面、后面和侧面，夜间行驶接通小灯开关时，示位灯与仪表照明灯、牌照灯同时发亮，以标识车辆的形位。

（3）停车灯：作用是夜间驻车时接通，标志车辆形位，电池耗电比示位灯小。安装在车头和车尾两侧。光色要求车前为白色、车尾为红色，要求从车前和车尾 150m 远处能确认灯光信号。

（4）制动灯：功率为 20～40W。用于汽车制动停车后减速行驶时，向车后发出灯光信号，警告尾随车辆或行人。制动灯又称制动信号灯，俗称“制动灯”，安装在汽车后面，多采用组合式灯具。制动灯法定为红色，其灯泡功率一般为 20～40W，制动灯开关与制动踏板相连，受制动开关的控制，只要制动，灯就会亮。高位制动灯在轿车后窗内，是为避免尾随大型车对轿车碰撞的危险。

（5）倒车灯：功率约为 20W。汽车倒车时，为了警告车后的行人和车辆驾驶员，在汽车的后部常装有倒车灯。当变速器挂倒挡时，自动发亮，光色为白色。

2. 内部信号灯

（1）转向指示灯：安装在仪表盘上，它是与转向信号灯并联并一同工作，标识汽车转向并指示转向灯工作情况的灯具，当转向灯系统有故障时，左右转向指示灯会快速闪烁，提醒驾驶员注意。

（2）报警灯和其他指示灯：一般都安装在仪表台上，如发动机故障灯、机油报警灯、冷却液温度报警灯；远近光指示灯、雾灯指示灯、停车指示灯、空调工作指示灯等。报警灯与其他指示灯如表 4-3 所示。

报警灯与其他指示灯　　表 4-3

图　形	名　称	图　形	名　称
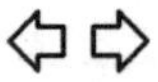	转向指示灯		制动灯或后示位灯失效报警灯
	驻车制动报警灯		洗涤器液面过低报警灯
	制动系统报警灯		安全气囊报警灯
	燃油过少报警灯	ABS	防抱死制动 失效报警灯
	安全带报警灯		发动机故障报警灯
	车门未关报警灯		

3. 警告装置

（1）喇叭：作用是警告行人和其他车辆，音量不超过 105dB。

(2)倒车警告装置:倒车时发出灯光和音响信号,警告路人和车辆。有些汽车在其后部还同时装有倒车蜂鸣器,均由倒车灯开关控制。

二、转向及危险报警灯信号电路组成

1. 转向开关

当向左或者向右打转向时,接通或断开转向触点使转向灯点亮。转向开关受点火开关控制,电源线经过警报灯开关。检查转向信号开关是否导通,按照表4-4检查开关在每个位置时各端子之间是否导通。

转向信号开关测试　　表4-4

开关挡位	测试端子	状　态
左转	1-2	导通
直行	1-2-3	不导通
右转	2-3	导通

如果不符合规定,则更换开关。

2. 危险报警灯开关

当汽车遇到紧急情况时打开开关请求其他车辆行人避让。危险报警灯开关不受点火开关控制。当报警灯开关失效后,转向开关不起作用,转向灯不亮。转向,危险报警熔断器各用一个。检查危险报警灯开关是否导通,按照表4-5检查开关动作时两端子之间是否导通。

危险报警灯开关测试　　表4-5

开关动作	测试端子	状　态
ON	1-2	导通
OFF	1-2	不导通

如果不符合规定,则更换开关。

3. 闪光继电器

闪光继电器是使转向及危险报警信号灯按一定时间间隔闪烁的元件。

在转向或者危险报警信号系统中,控制转向闪光灯的装置就是闪光继电器。汽车用闪光继电器有电热式、电容式、电子式。

电子闪光继电器具有性能稳定,可靠性高,寿命长的特点。

4. 转向及危险报警信号电路工作原理

图4-16为转向及危险报警信号电路工作原理图。当打开点火开关至ON时,向左或者向右拨动转向开关,电流经过转报警灯开关、闪光继电器、使左转向灯或者右转

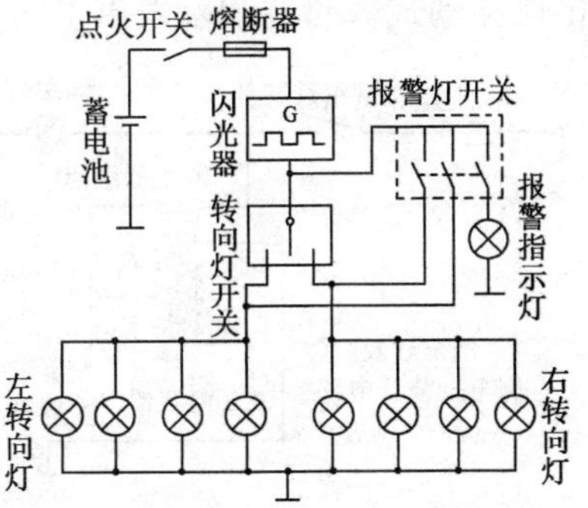

图4-16　危险警报灯指示灯电路

向灯点亮。

汽车在行驶中出现紧急情况或意外事故时，应使用危险报警信号灯。转向信号灯电路中通过危险报警开关控制。当接通危险报警开关后，全部转向信号灯同时闪烁，发出危险报警信号，危险警报灯指示灯由小灯供电。

三、倒车灯信号电路组成

1. 倒车开关

倒车信号开关安装在变速器壳体上，其结构与电路如图4-17所示。

平时钢球被顶起，当变速器挂入倒挡时，倒挡轴叉上的凹槽恰好对准钢球，钢球在弹簧的作用下带动膜片和接触盘下移，触点闭合，接通倒车信号电路。

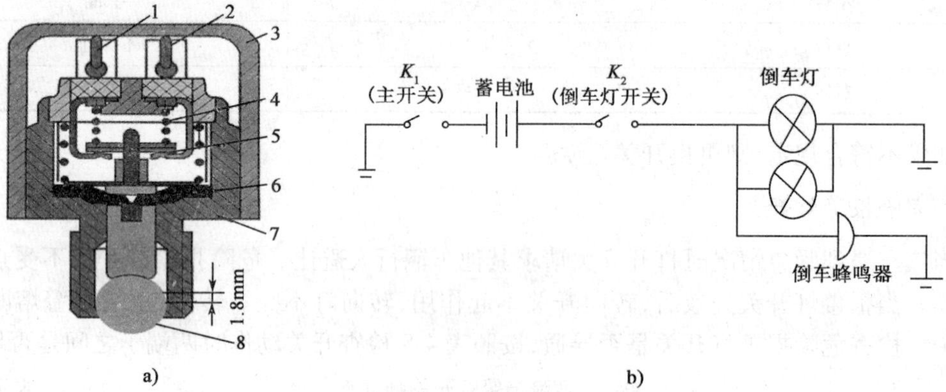

图4-17 倒车灯开关结构及电路

1-钢球；2-壳体；3-膜片；4-触点；5-弹簧；6-保护罩；7、8-导线

2. 倒车信号电路工作原理

倒车时，装在变速器上的倒车灯开关触点接通倒车信号灯电路，倒车信号灯亮。与此同时，倒车蜂鸣器间歇发声，以警告行人和其他车辆的驾驶员注意。

倒车蜂鸣器间歇发声控制器其结构原理与电容式闪光器相似，如图4-18所示。它利用电容的充电和放电，使线圈 L_1 和 L_2 的磁场时而同向、时而反向，使触点时合时开，从而控制电磁振动式蜂鸣器间歇发声。

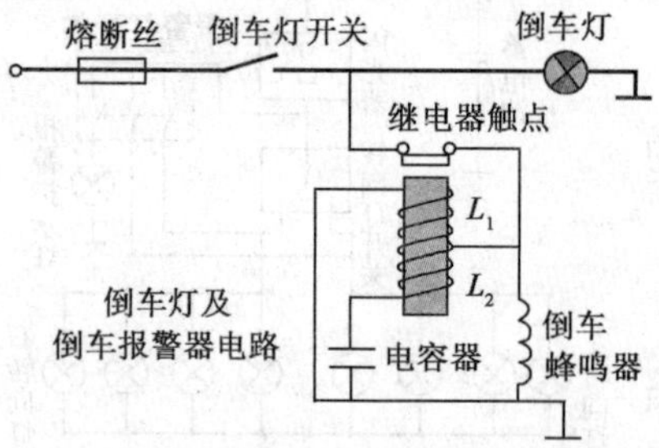

图4-18 倒车信号电路工作原理

接通倒车灯开关，倒车灯点亮的同时接通了倒车警报器电路，使警报器发出声响。

同时，电流还通过线圈 L_2，对电容进行充电。

由于流入线圈 L_1 和 L_2 的电流大小相等，方向相反，产生的电磁吸力互相抵消，使线圈不显磁性，因此继电器触点继续闭合。

随着电容两端的电压逐渐上升，使流入线圈的电流变小，即电磁吸力减小，但线圈 L_1 产生的电磁吸力保持不变，当线圈 L_1 和 L_2 产生的吸力差大于触点的弹簧拉力时，触点被吸开，警报器电路被切断而停止发出声响。

在继电器触点打开时，电容器又通过线圈 L_1 和 L_2 放电，使线圈产生磁力，触点仍继续打开。

当电容两端的电压下降到一定值时，线圈的电磁吸力减弱，继电器触点又重新闭合，报警器通电发出声响，电容又开始充电。如此反复，继电器触点不断开闭，倒车警报器发出断续的声响，以示倒车。

四、喇叭

1. 汽车喇叭的分类

气喇叭：利用气流使膜片振动而发出声音，多在配有气压制动的载货汽车上使用。

电喇叭：利用电磁力使膜片振动而发出声音，广泛用于各类汽车上。

2. 电喇叭结构

汽车电喇叭有筒形、螺旋形和盆形等不同结构形式。

3. 喇叭工作原理

图 4-19 为电喇叭结构原理示意图。当按下电喇叭按钮时，电喇叭电路通电，电流由蓄电池正极→线圈→触点→喇叭按钮→搭铁→蓄电池负极。当电流通过线圈时，产生磁场，吸引上铁芯，带动膜片中心下移，同时带动衔铁运动，压迫触点臂将触点打开，触点打开后，线圈电路被切断，其磁力消失，下铁芯、上铁芯及膜片又在触点臂和膜片自身弹力的作用下复位，触点闭合。

触点以一定的频率打开、闭合，膜片不断振动发出声响，通过共鸣板产生共鸣，从而产生音量适中，和谐悦耳的声音。

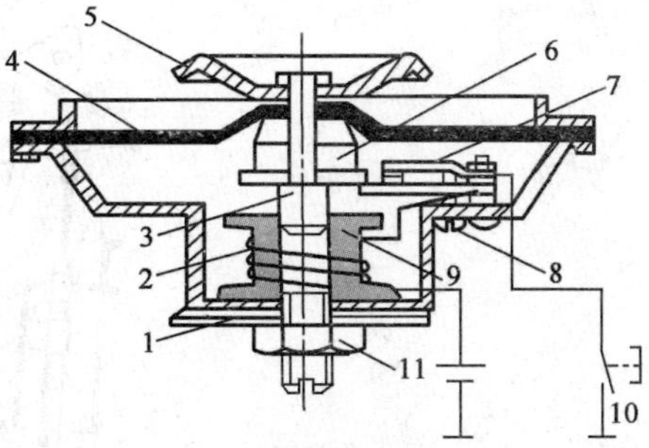

图 4-19　电喇叭的结构原理

1-底座；2-线圈；3-上铁芯；4-膜片；5-共鸣板；6-衔铁；7-触点；8-调整螺钉；9-铁芯；10-按钮；11-锁紧螺母

4. 电喇叭的调整

音量调整：通过改变流过喇叭线圈的电流来改变喇叭的音量。电流越大音量亦越大，反之，音量越小。

如图 4-20 所示，旋松锁紧螺母，将调整螺钉向上或向下调整，以增大或减小触点的接触压力，改变触点间的接触电阻的大小，从而改变通过线圈电流的大小。

音调调整：通过改变衔铁的振动频率来改变音调。减小衔铁与铁芯之间的间隙可以提高音调，反之则降低音调。

打开喇叭后盖，旋松锁紧螺母，将下铁芯向上或者向下即可改下衔铁与铁芯间隙大小，从而改变音调。

要求：调整结束后，拧紧锁紧螺母。

5. 电喇叭控制电路

由于电喇叭的工作电流比较大(15 ~ 20A),容易烧坏喇叭按钮,所以在电路中装有喇叭继电器。喇叭继电器的控制电路如图 4-21 所示。

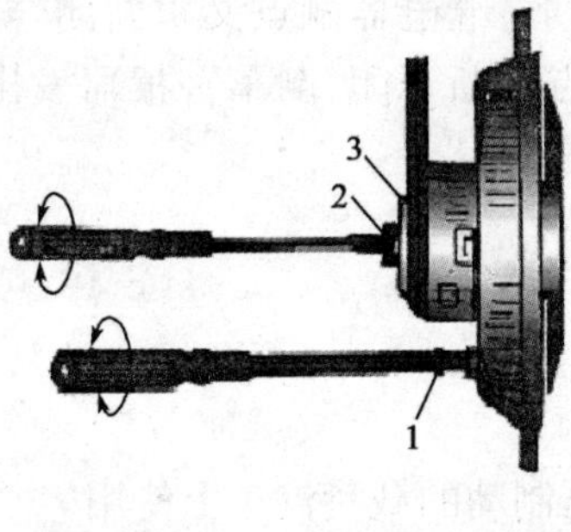

图 4-20 盆形电喇叭调整

1-音量调整螺钉;2-音调调整螺钉;3-锁紧螺母

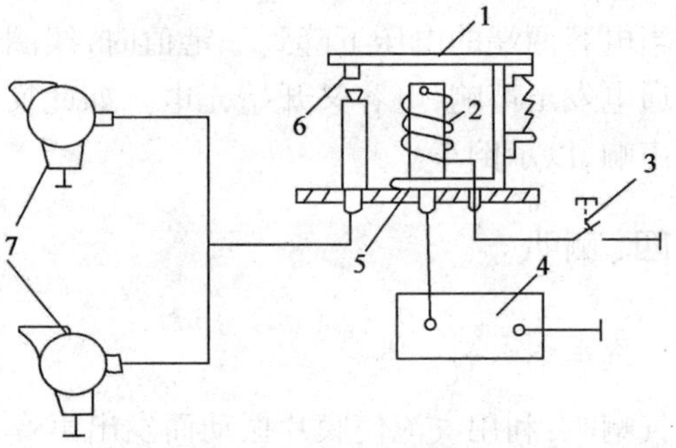

图 4-21 喇叭控制电路

1-触点臂;2-线圈;3-喇叭按钮;4-蓄电池;5-铁芯;6-触点;7-电喇叭

当按下喇叭按钮时,电流由蓄电池正极→铁芯→线圈→喇叭按钮→搭铁→蓄电池负极,此时由于电流通过继电器线圈,铁芯产生磁力,吸下触点臂使触点闭合,电喇叭电路接通。

当松开喇叭按钮开关时,继电器线圈断电,磁力消失,释放触点臂,使触点在弹簧力的作用下打开,喇叭断电停止发声。

五、制动灯电路组成

如图 4-22 所示,当踏下制动踏板时开关闭合,制动信号灯亮。

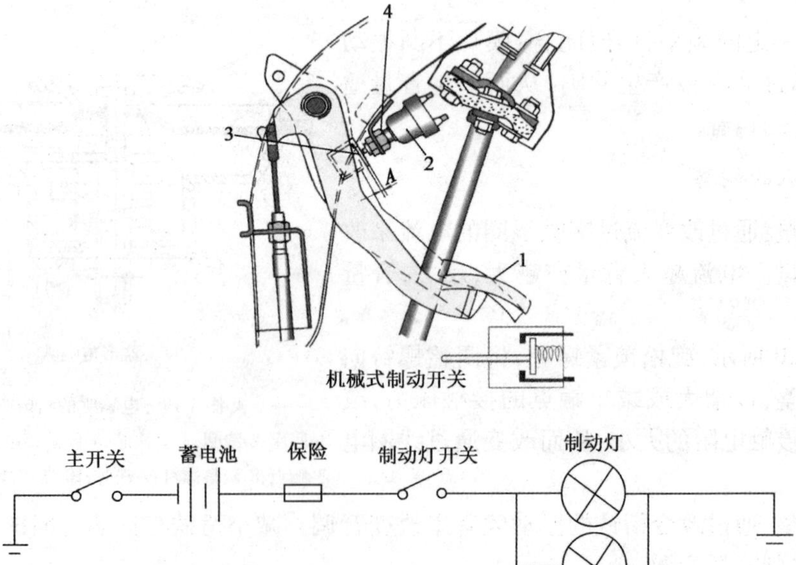

图 4-22 制动灯开关与电路简图

1-制动踏板;2-制动开关;3-制动踏板限制块;4-调整螺母

常见车型的制动灯，电源通过保险，然后到制动开关，踩下刹车，开关接通，电流经过两个制动灯和一个高位制动灯，通过负线与车体连接构成回路。一般还会有根线在制动信号送到发动机 ECU 或 ABS 控制器，用来触发制动时的防抱死等功能。

制动灯和行车灯是小灯，即一个灯泡，不过灯泡里面有两根不同电阻的灯丝，所以很多车制动灯的插头有三根线，一根是小灯和制动灯打铁的线，通常电线的颜色是黑色的。

制动灯开关是常闭的开关，装在制动踏板后面，平常被制动踏板压住断开，把制动踏板踩下一段距离，开关就弹出来接通。开关上有螺栓，调节开关到踏板的距离来决定踏板踩下多少灯亮。制动灯开关一般为两线，只有中高级车的才有四线。

任务实施

如图 4-23 所示，制动灯从 30 号线取电，可见其不受点火开关控制，经 S_2(10A)保险传至

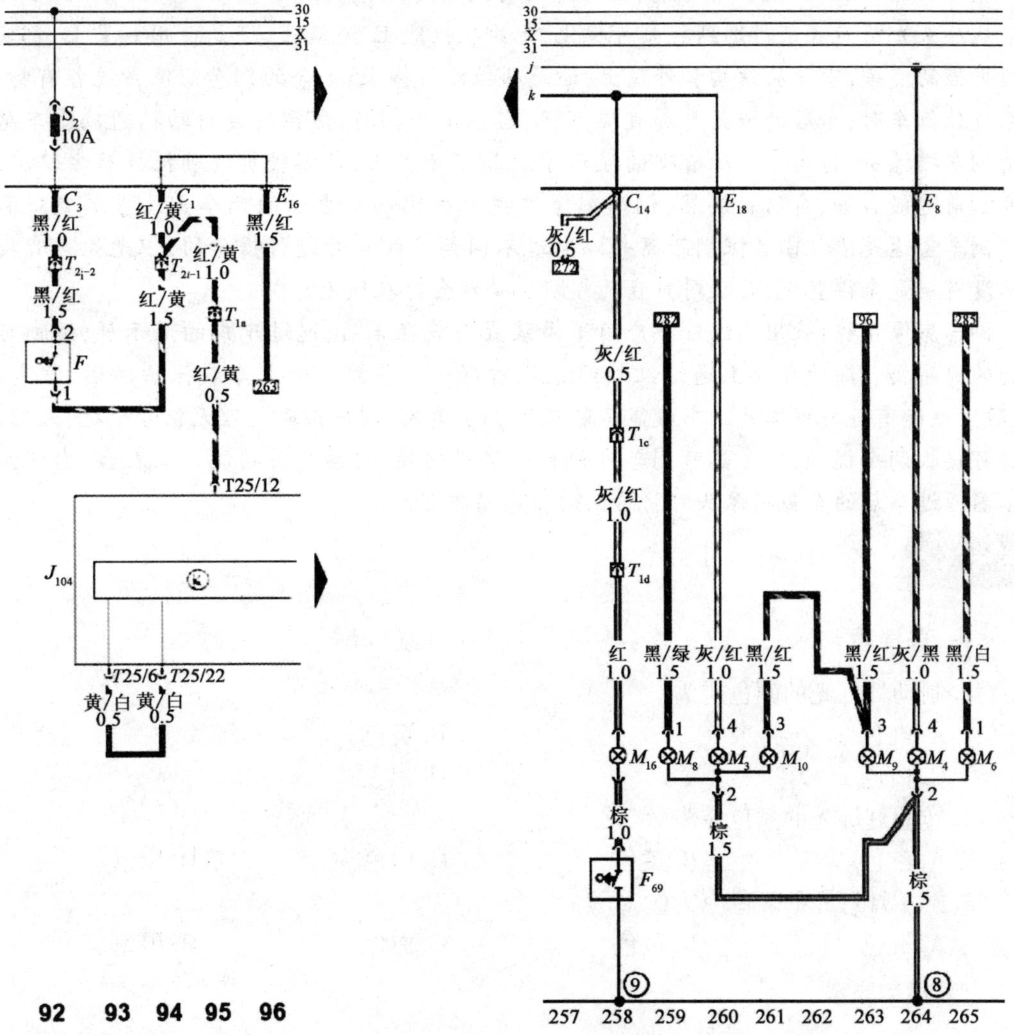

图 4-23　制动灯电路

M_{10}-右制动灯；⑧-搭铁点，在左组合后灯左侧车身上；S_2-制动灯熔断丝；F-制动灯开关；J_{104}-ABS 控制器；T_{2i}-前照灯线束与仪表板线束插头连接，2 针，在中央电器后面；T_{1a}-前照灯线束与 ABS 线束插头连接，1 针，在中央电器后面

连接器 C 的第 3 针，接黑/红色线到插头 T_{2i} 的第 2 针，仍是黑/红色线接到制动灯开关 F 上，出开关变红/黄线，至 T_{2i} 的第 1 针，线色不变，分两路：一路送信号到 ABS 控制器 J_{104}，一路通过 C 连接器的第 1 针进入中央线路板，从 E 连接器的第 16 针出，线变黑/红色，分别接到左右两个制动灯 M_9、M_{10} 经棕色线搭铁。经检查制动灯开关 F 失效导致制动灯不亮，更换制动灯开关故障排除。

请注意：开关在火线端。

知识拓展

倒车影像系统

倒车影像系统，经过多年的发展，从简单的倒车雷达系统到可视倒车影像系统，已经实现了从原来光听声音来辨别到视频可视化，无论从性能上、直观上，还是使用效果上，都实现了历史性的突破，不管从结构和外观上，还是从性能价格上，如今的倒车影像系统各有特点，该系统让倒车时，车后的状况更加直观可视，当挂倒车挡时，该系统会自动接通位于车尾的高清倒车摄像头，将车后状况清晰的显示于液晶显示屏上，让驾驶员准确把握后方路况，倒车亦如前进般自如、自信。显然，倒车影像监视系统比起全方位的倒车雷达更加直观和实用。倒车雷达是依靠回音探测距离并以通过不同频率的声音进行提示的，但光凭声音提示显然没有视觉来得直观，而且对声音的判断也必然会存在误差。

倒车影像系统，采用远红外线广角摄像装置安装在车后，通过车内的显示屏，清晰可见车后的障碍物。即使在晚上通过红外线也能看得一清二楚。专业车载探头防磁、防震、防水、防尘性能有进一步提升。车载显示器采用 TFT 真彩，经过防磁处理无信号干扰、无频闪。同时可接收两个视频，同时具有倒车可视自动水平转换，自动开关功能。仪表台、内视镜式显示器通过车后的车载摄像头可将后面的信息清晰显示。

练一练

一、选择题

1. 制动灯灯光的颜色应为(　　)。

A. 红色　　B. 黄色

C. 白色　　D. 黑色

2. 转向灯灯光的颜色应为(　　)。

A. 红色　　B. 黄色　　C. 白色　　D. 黑色

3. 倒车灯灯光的颜色应为(　　)。

A. 红色　　B. 黄色　　C. 白色　　D. 黑色

二、填空题

1. 汽车用闪光器常用结构有________式、________式、________式等形式。

2. 汽车电喇叭按外形分为________、________、________三类。

做一做

两名同学一组，一名同学做工作任务内容时，另一名同学对其项目完成情况做出点评，说明其各步骤的表述是否清晰，对工作原理的理解是否有错，应当如何表述，之后对调进行同样的工作任务内容并评价。

任务评价

汽车信号系统检测与维修评价表如表4-6所示。

汽车信号系统检测与维修评价表　　表4-6

序号	内容及要求	评分	评分标准	自评	组评	师评	得分
1	准备	10	①汽车进入工位前，准备好相关的器材(4分)； ②拉紧驻车制动器，把变速杆置于空挡或P挡位置(3分)； ③套上三件套、粘贴翼子板布(3分)				
2	清洁	10	按要求清理工位				
3	转向灯与危险报警灯线路的连接	10	连接方法正确				
4	转向灯与危险报警灯线路分析	30	能正确拆画、分析转向灯与危险报警灯电路				
5	排除故障	30	检测思路清晰20分				
			故障排除正确10分				
6	安全文明生产	10	①结束后清洁(5分)； ②工量具归位(5分)				
指导教师总体评价 指导教师＿＿＿＿ ＿＿年＿＿月＿＿日							

教学提示

“汽车信号系统检测与维修”教学提示如表4-7所示。

“汽车信号系统检测与维修”教学提示　　表4-7

任务2	汽车信号系统检测与维修	学时	2
学习目标	1. 拆装信号系统装置； 2. 检测信号系统装置； 3. 检测、排除信号系统装置典型故障		

续上表

学习内容	教学方法与建议	
1. 信号系统装置的功用； 2. 信号系统装置的基本构造与工作原理； 3. 信号系统装置电路； 4. 信号系统装置的拆装； 5. 信号系统装置使用注意事项； 6. 信号系统装置一般检测与维修	通过任务驱动教学法实施教学： 1. 信号系统教学过程由任务目标、任务导入、知识准备、任务实施、知识拓展、练一练、做一做、任务评价组成，在老师的指导下制订方案并实施，最终进行评价； 2. 学生通过典型工作任务的完成，将理论知识融入实际操作中； 3. 教学过程中体现以学生为主体，教师进行适当讲解，并进行引导、督促和评估； 4. 教师应提前准备好各种媒体资料、教学课件，并准备教学场地和设备	
教学媒体与设备	学生已有的知识、能力要求	教师执教的要求
1. 实训设备：工作台、信号系统装置系统总成等； 2. 通用、专用工具：扭力扳手、万用表、诊断仪等； 3. 多媒体教学设备； 4. 多媒体教学课件、软件； 5. 网络教学资源	1. 安全操作知识； 2. 使用各种工具的基本技能和经验； 3. 信号系统装置的构造、原理和拆装顺序	1. 能根据教学方法合理设计教学情境； 2. 熟悉信号系统装置拆装的安全操作规程； 3. 能够完成信号系统装置的拆装工作； 4. 能够完成信号系统装置的检测； 5. 具备协调各方、处理学生误操作的能力

任务3 汽车仪表系统的检测与维修

任务目标

1. 能够检测汽车仪表系统车速里程表、转速表、燃油表、冷却液温度表等零部件。
2. 学会连接汽车仪表系统电路。
3. 能够检测与维修汽车仪表系统典型故障。

任务导入

张先生驾驶上海大众桑塔纳汽车晚上行车时，发现冷却液温度表指针不指示。

任务知识

一、仪表

为了使驾驶员随时掌握车辆的各种状况，并及时发现和排除潜在的故障，保证汽车安全而可靠地行驶,汽车上在驾驶员座位前方的仪表板上装有各种测量仪表和报警装置。

常见仪表有车速里程表、发动机转速表、机油压力表、冷却液温度表、燃油表。

1. 常规仪表

(1)车速里程表

车速里程表是由车速表和里程表两部分组成,用于指示汽车行驶的速度和累计行驶的里程数。车速里程表按驱动方式可分为磁感应式和电子式。

磁感应式车速里程表由变速器(或分动器)内的蜗轮与蜗杆经软轴驱动。其基本结构如图4-24所示。车速表是由与主动轴紧固在一起的永久磁铁,带有轴及指针的铝碗,磁屏(护罩)和紧固在车速里程表外壳上的刻度盘等组成。里程表由蜗轮蜗杆机构和六位数字的十进位数字轮组成。

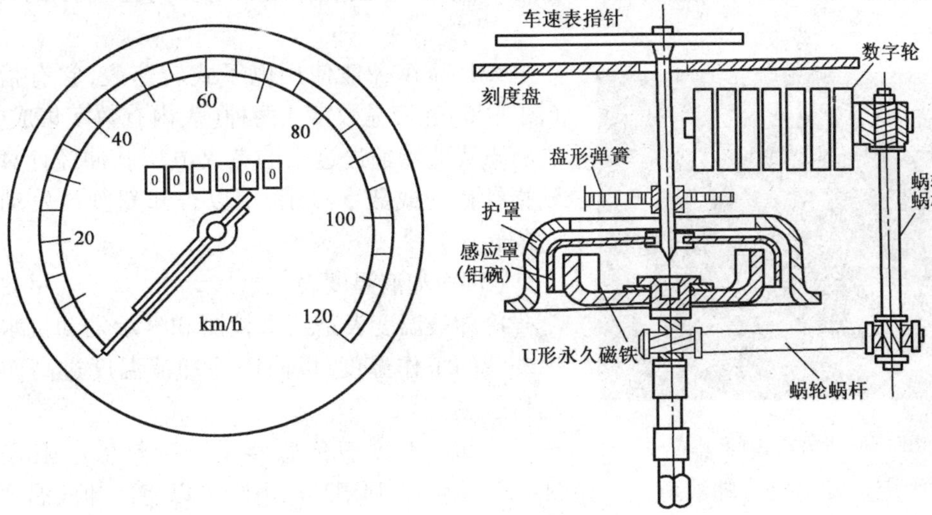

图4-24　磁感应式车速里程表结构

不工作时,铝碗在盘形弹簧的作用下,使指针指在刻度盘的零位。

当汽车行驶时,主动轴带着永久磁铁旋转,永久磁铁的磁力线穿过铝碗,在铝碗上感应出涡流,铝碗在电磁转矩作用下克服盘形弹簧的弹力,向永久磁铁转动的方向旋转,直至与盘形弹簧弹力相平衡。由于涡流的强弱与车速成正比,指针转过角度与车速成正比,指针便在刻度盘上指示出相应的车速。

图4-25　电子驱动式车速里程表

汽车行驶时,软轴带动主动轴,主动轴经三对蜗轮蜗杆(或一套蜗轮蜗杆和一套减速齿轮系)驱动里程表最右边的第一数字轮。第一数字轮上的数字为1/10 km,每两个相邻的数字轮之间的传动比为1∶10。即当第一数字轮转动一周,数字由 9 翻转到 0 时,便使相邻的左面第二数字轮转动 1/10 周,成十进位递增。这样汽车行驶时,就可累计出其行驶里程。

电子驱动式车速里程表如图 4-25 所示,是由变速器输出轴上的车速传感器、输出脉冲车速信号，通过导线输入车速里程表，由车速里程表内电子电路计算，显示行驶车速及累计里程数。电子驱动式车速里程表具有显示准确、工作可靠的特性，因此在现代汽车上得到广泛应用。小计里程表是记录车辆某一段短途行驶里程的仪表，多与里程表整合在一起，能够随时清零。它能帮助驾驶员掌握某段路程的长短以及计算油耗等。

(2)发动机转速表

发动机转速表能够直观地显示发动机在各个工况下的转速，驾驶员可以随时知道发动机的运转情况，配合相应的变速器的挡位和加速踏板位置，使之保持最佳的工作状态，可减少油耗，延长发动机的寿命。

汽油发动机转速表是接收点火线圈中初级电流断开时产生的脉冲信号，并将此信号转换为可显示的转速值。发动机转速越快，点火线圈产生的脉冲次数越多，表上显示的转速值就越大。

图 4-26　指针式电子转速表

现代轿车一般使用电子式转速表，它有指针式(图 4-26)和液晶数字式两种(表内有数字集成电路，它将点火线圈输送过来的点火电压脉冲经计算后驱动指针移动或数字显示，用以告知驾驶员发动机此时的转速)。

(3)冷却液温度表

冷却液温度表是用来检测和显示发动机水套中冷却液的工作温度，以防因冷却液温度过高而使发动机过热。

冷却液温度表传感器是一种热敏电阻式传感器，通常固定在发动机冷却液道上。如图 4-27所示，它利用热敏电阻可以将冷却液温度的变化转化成电阻值变化的原理，从而控制流经冷却液温度表线圈绕组中的电流大小，使冷却液温度表指针指出相应的温度。常用的有电热式和电磁式两种，其中电热式冷却液温度表与电热式机油压力表结构工作原理相似。

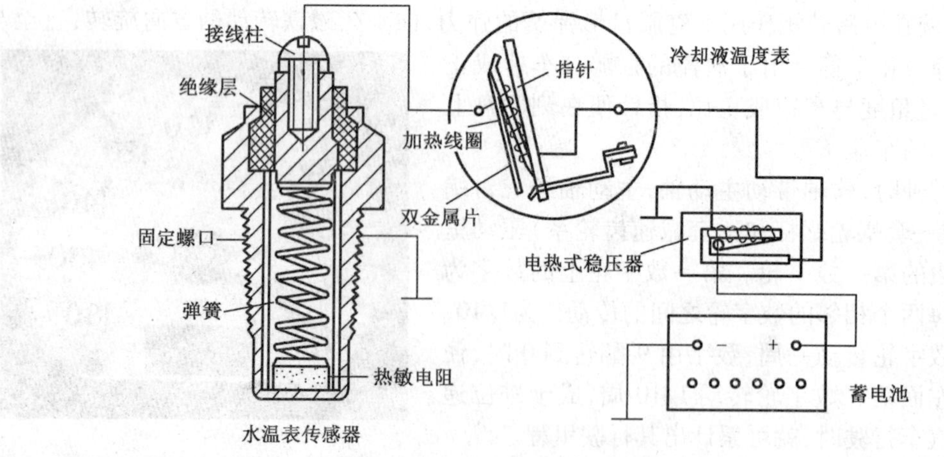

图 4-27　热敏电阻式冷却液温度表

(4)燃油表

燃油表是用来指示燃油箱内燃油的储存量的仪表,如图4-28所示。它由传感器和指示表组成。常用的有电热式、电磁式、电子式三种。传感器均为可变电阻式,一般来说,传感器的阻值在满油时最小,而在没油时最大。

其中,电热式燃油表的结构与原理与电热式机油压力表基本相同。

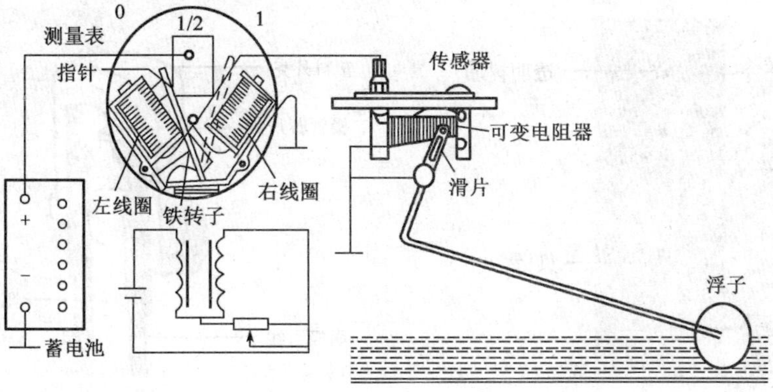

图4-28　燃油表原理图

如果燃油表指针移向"1"(或"F"),表示油箱内存满燃油;如果移向"0"(或"E"),则表示燃油存储不足。燃油表内有两个线圈,分别是在"1"与"0"一侧,燃油表传感器是一个由浮子高度控制的可变电阻,其阻值变化决定两个线圈的磁力线强弱,也就决定了指针的偏转方向;燃油指示灯亮表示燃油已将用完,应该尽快加油。

2. 报警灯

报警灯通常安装在仪表上,灯泡功率一般为1~4W,在灯泡前设有滤光片,使报警灯发红光或黄光,滤光片上通常有标准图形符号,常见的报警灯图形符号如图4-16所示。

3. 电子显示装置

仪表板因车型的不同其外观也不同。但其基本构却大同小异,包括转速表、车速表、里程表、燃油表等各种仪表和转向指示灯、故障指示灯等多种指示灯,如图4-29所示为广州本田雅阁轿车仪表板。

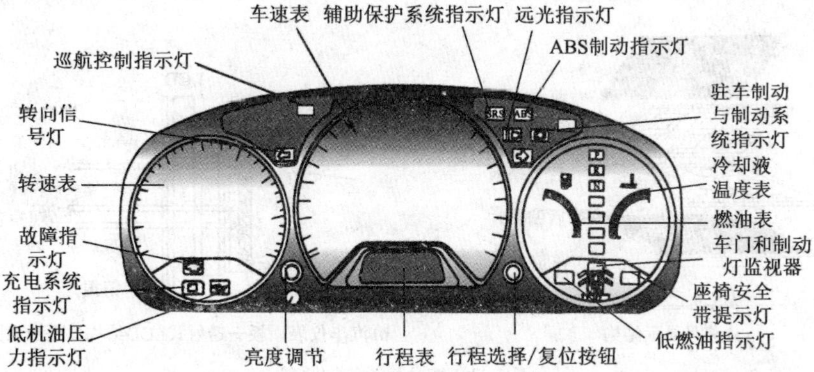

图4-29　广州本田雅阁轿车仪表板

二、显示装置

1. 发光二极管

发光二极管发光的颜色有红、绿、黄、橙，可单独使用，也可用来组成数字，实物和结构如图4-30所示。

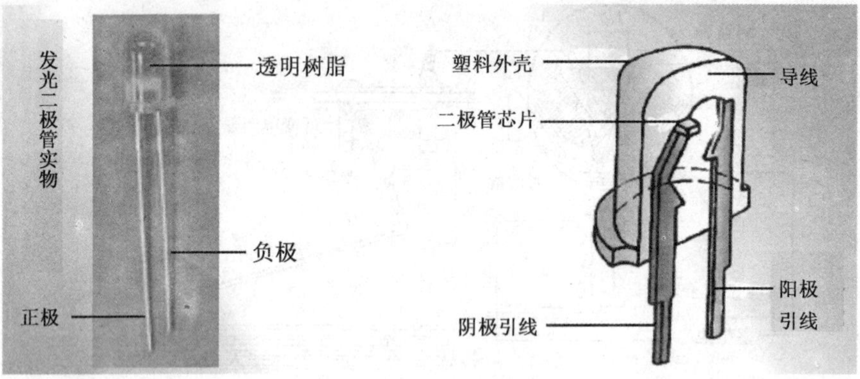

图4-30 发光二极管实物与结构图

如图4-31所示为用七只发光二极管组成的数码显示装置。

有些仪表则用发光二极管所组成的光点矩阵型显示器，如图4-32所示。

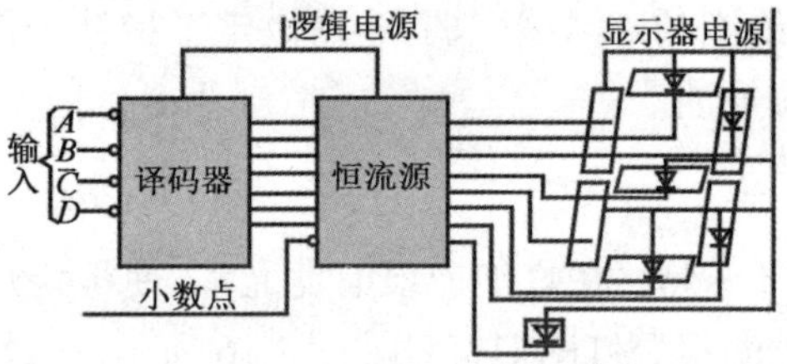

图4-31 发光二极管组成的数码显示装置

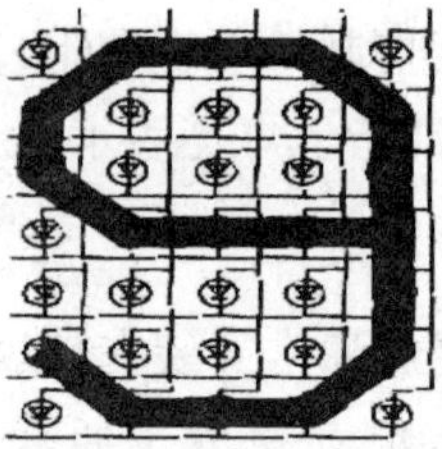

图4-32 发光二极管所组成的光点矩阵型显示器

2. 液晶显示器件

液晶显示（LCD）器件是一种新型的非发光型平板显示器件，其结构如图4-33a）所示。图4-33b）为反射—透射式LCD结构原理示意图。

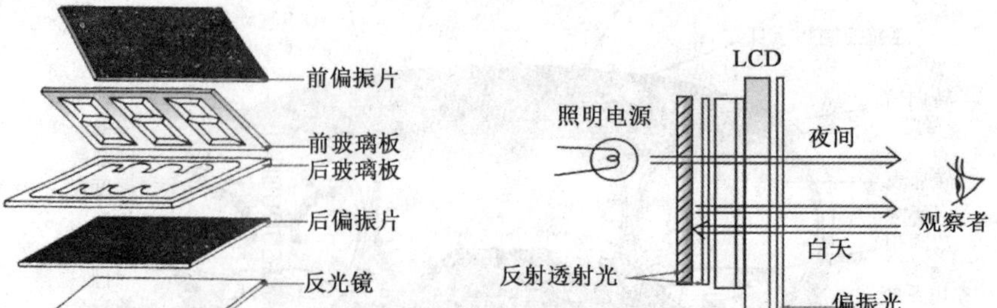

图4-33 液晶显示结构原理

3. 阴极射线显示器

阴极射线管(CRT)显示器亦称显像管或电子束管。其结构原理与电视显像管、微机显示系统相同。它有一个发射电子的阴极和一个吸收电子的阳极,电子轰击到屏幕上哪个点,哪个点便发亮,偏转板控制电子束的方向。阴极射线管显示器首次在汽车上应用,是在1986年的别克汽车上,阴极射线管显示器屏幕是触摸式的,通过触摸屏幕上的按钮(菜单)便能变更显示的内容。

任务实施

一、再现故障

起动发动机,冷却液温度表应该随发动机温度的升高指针逐渐向上移动。发现冷却液温度表指针不移动,故障原因分析如下:

(1)温度表损坏。

(2)冷却液温度传感器失效。

(3)温度表线路断路。

(4)稳压器损坏。

(5)发动机电脑损坏。

二、故障排除

(1)打开发动机舱盖,拔下冷却液温度传感器插头。检查冷却液温度传感器电阻是否正常;如正常,检查传感器信号至发动机电脑信号,发动机电脑至仪表信号。

(2)如果上述线路正常,接上组合仪表插头,打开点火开关,检查冷却液温度传感器插头的导线是否有10V电压。如果有电,则说明冷却液温度传感器损坏;如果无10V电压,则为冷却液温度表本身或稳压器故障。

(3)拆下仪表板,线束保持正常连接,将万用表连接在稳压器正极输出端和搭铁端之间测量电压,如果电压值高于10.5V或低于9.5V,则表明稳压器有故障。否则,为冷却液温度表本身故障。

知识拓展

汽车仪表

一、汽车仪表使用注意事项

(1)拆装注意事项。

①应先拆下蓄电池负极电缆,以免造成线路短路。

②拆装饰面板时,要仔细查找固定螺钉,防止损坏装饰面板。

③应注意仪表板后面的线束插接器及车速里程表软轴接头,一般都带有锁止机构,切忌强拆,安装时要确保到位。

④从电路板上拆下仪表表芯时，不要损坏印制电路。

(2)仪表与传感器必须配套使用。

(3)电热式机油压力传感器安装时有方向要求。

(4)仪表与传感器的接线、传感器的搭铁必须可靠。

(5)电磁式仪表的接线柱有极性之分，不得接错。

二、汽车仪表信息化

电子技术飞速发展、现代车用仪表新材料日新月异以及车用仪表精细加工技术日趋成熟的今天，传统汽车仪表的概念受到了新的、越来越强烈的冲击，汽车仪表无论是其内涵还是外延都在悄悄地发生着质的变化，大大拓展了人、车界面系统。同时，伴随汽车工业规模生产和规模经营的形成，以及对环保、安全保障、人机一体化等方面提出的更高要求和世界各国广泛开展智能车辆公路系统(IVHS)的研究及应用，越来越需要汽车仪表具有集感觉、识别、情况分析、信息库、适应和控制六个方面为一体的智能化系统功能。因此，汽车仪表正不断融入当今各学科、各领域的新技术、新材料成果，向功能多元化、机电一体化、系统工程化、高度集成化方向发展。随着虚拟技术(VT)在汽车业应用的日益广泛，特别是日臻成熟的智能车辆公路系统(IVHS)在应用中所必需的车载微机系统，必将促进虚拟仪器(VI)技术在汽车仪表中的应用。这不但能改善汽车仪表工业的现状，同时提高了硬件的利用率，从而降低了成本。虚拟仪器是随着计算机技术、现代测量技术、电子仪器技术的发展产生的一种新型仪器。虚拟仪器将计算机资源与仪器硬件、DSP技术结合，在系统内共享软硬件资源，既有普通仪器的功能，又有一般仪器所没有的特殊功能。利用虚拟仪器思想建立的测试系统提高了测量精度、测量速度，减少了开关、电缆，系统易扩充、易修改，使得测试系统体积小、灵活方便、成本低、效率高，成为现代测试系统发展的主流。虚拟仪器没有常规仪器的控制面板，而是利用计算机强大的图形环境，在计算机屏幕上建立图形化的软面板来替代常规的仪器控制面板。软面板上具有与实际仪器相似的旋钮、开关、指示灯及其他控制部件。在系统集成后，对被测对象进行数据采集、分析、存储、显示，组建自己所需要的仪器。用户不用编写测试程序，即可进行测试、测量，实现了测试的自动化、智能化。

练一练

一、填空题

1. 组合仪表由__________、__________、__________及__________等仪表组成。

2. 车速里程表由__________和__________组成。

3. 汽车燃油表主要由__________和__________组成。

二、选择题

1. 汽车仪表一般要求结构简单，显示数据精准。当电源的电压出现波动和环境温度发生变化时数据的显示变化应尽可能(　　)。

A. 保持不变　　B. 大　　C. 小　　D. 微小波动

2. 车速表指针偏转角度越大，则车速(　　)。

A. 不变　　B. 降低　　C. 越小　　D. 越大

3. 车速传感器一般安装在(　　)附近。

A. 变速器输出轴　B. 变速器输入轴　C. 车轮　D. 半轴

做一做

两名同学一组,一名同学做工作任务内容时,另一名同学对其项目完成情况做出点评,说明其各步骤的表述是否清晰,对工作原理的理解是否有错,应当如何表述,之后对调进行同样的工作任务内容并评价。

任务评价

汽车信号检测与维修评价表如表4-8所示。

汽车信号检测与维修评价表　表4-8

序号	内容及要求	评分	评分标准	自评	组评	师评	得分
1	准备	10	①汽车进入工位前,准备好相关的器材(4分); ②拉紧驻车制动器,把变速杆置于空挡或P挡位置(3分); ③套上三件套、粘贴翼子板布(3分)				
2	清洁	10	按要求清理工位				
3	仪表系统线路的连接	10	连接方法正确				
4	仪表系统线路分析	30	能正确拆画、分析仪表系统电路				
5	排除故障	30	检测思路清晰				
			故障排除正确				
6	安全文明生产	10	①结束后清洁(5分); ②工量具归位(5分)				
指导教师总体评价 指导教师______ ____年___月___日							

教学提示

“汽车仪表系统检测与维修”教学提示如表4-9所示。

“汽车仪表系统检测与维修”教学提示　表4-9

任务3	汽车仪表系统检测与维修	学时	2
学习目标	1. 拆装仪表系统; 2. 检测仪表系统; 3. 检测、排除仪表系统典型故障		

续上表

学习内容	教学方法与建议	
1. 仪表系统的功用； 2. 仪表系统的基本构造与工作原理； 3. 仪表系统电路； 4. 仪表系统总成的拆装； 5. 仪表系统使用注意事项； 6. 仪表系统一般检测与维修	通过任务驱动教学法实施教学： 1. 仪表系统教学过程由任务目标、任务导入、知识准备、任务实施、知识拓展、练一练、做一做、任务评价组成，在老师的指导下制订方案并实施，最终进行评价； 2. 学生通过典型工作任务的完成，将理论知识融入实际操作中； 3. 教学过程中体现以学生为主体，教师进行适当讲解，并进行引导、督促和评估； 4. 教师应提前准备好各种媒体资料、教学课件，并准备教学场地和设备	
教学媒体与设备	学生已有的知识、能力要求	教师执教的要求
1. 实训设备：工作台、仪表总成等； 2. 通用、专用工具：扭力扳手、万用表、诊断仪等； 3. 多媒体教学设备； 4. 多媒体教学课件、软件； 5. 网络教学资源	1. 安全操作知识； 2. 使用各种工具的基本技能和经验； 3. 仪表系统的构造、原理和拆装顺序	1. 能够根据教学方法合理设计教学情境； 2. 熟悉仪表系统总成拆装的安全操作规程； 3. 能够完成仪表系统总成的拆装工作； 4. 能够完成仪表系统的检测； 5. 具备协调各方、处理学生误操作的能力

项目小结

1. 前照灯是汽车上最主要的照明灯具。前照灯主要由光源(灯泡)、反射镜、配光镜三部分组成。前照灯的照明效果直接影响夜间行车驾驶的操作和交通安全。汽车前照灯采用继电器控制。

2. 转向信号灯表示汽车的运动趋向，提醒周围车辆和行人注意。当接通危险报警信号开关时，所有转向信号灯同时闪烁，表示车辆遇紧急情况，请求其他车辆避让。危险报警灯操纵装置不得受点火开关控制。

3. 倒车信号装置包括倒车灯和倒车报警器。它们均由装在变速器上的倒挡开关控制。当变速杆挂入倒挡时，在拨叉轴的作用下，倒挡开关接通倒车报警器和倒车灯电路，从而发出声、光倒车信号。

4. 螺旋形、盆形电喇叭调整一般有铁芯气隙调整和触点预压力调整两项，前者调整喇叭的音调，后者调整喇叭的音量。

5. 汽车仪表用来指示汽车运行与发动机的运转状况，以便及时发现问题、采取措施、避免事故，保证车辆正常运行，同时也是维修人员发现和排除故障的重要工具。

6. 现代汽车电气仪表一般包括机油压力表、冷却液温度表、燃油表和车速里程表等，有的汽车还装有发动机转速表。汽车电气仪表均集中安装在驾驶室转向盘仪表板上。

7. 现代机动车辆安装有各种报警装置。报警装置一般由传感器和红色报警灯组成。报警信号系统通常由报警灯和报警自动开关组成，当被监测的系统不正常时，开关自动接通，指示灯自动发亮,提醒驾驶员注意。常见的报警装置有机油压力过高或过低报警、制动液压力不足报警、真空度过低报警、冷却液温度过高报警、燃油不足报警等。

8. 汽车上广泛应用的电子显示器件大致分为发光型和非发光型两大类。发光型的显示器件有发光二极管、真空荧光管、阴极射线管、等离子显示器件和电致发光显示器件等;非发光型的显示器件有液晶显示器件和电致变色显示器件等。

9. 汽车电子仪表比通常的机械式模拟仪表更精确,模拟仪表显示的是传感器检测值的平均值,而电子仪表刷新速度较快,显示的是即时值。汽车电子仪表采用的数字显示仪表,通常都能提供英制单位或米制单位值的显示,并能一表多用,驾驶员可通过按钮选择仪表显示的内容,并且大多数汽车电子仪表都有自诊断功能。

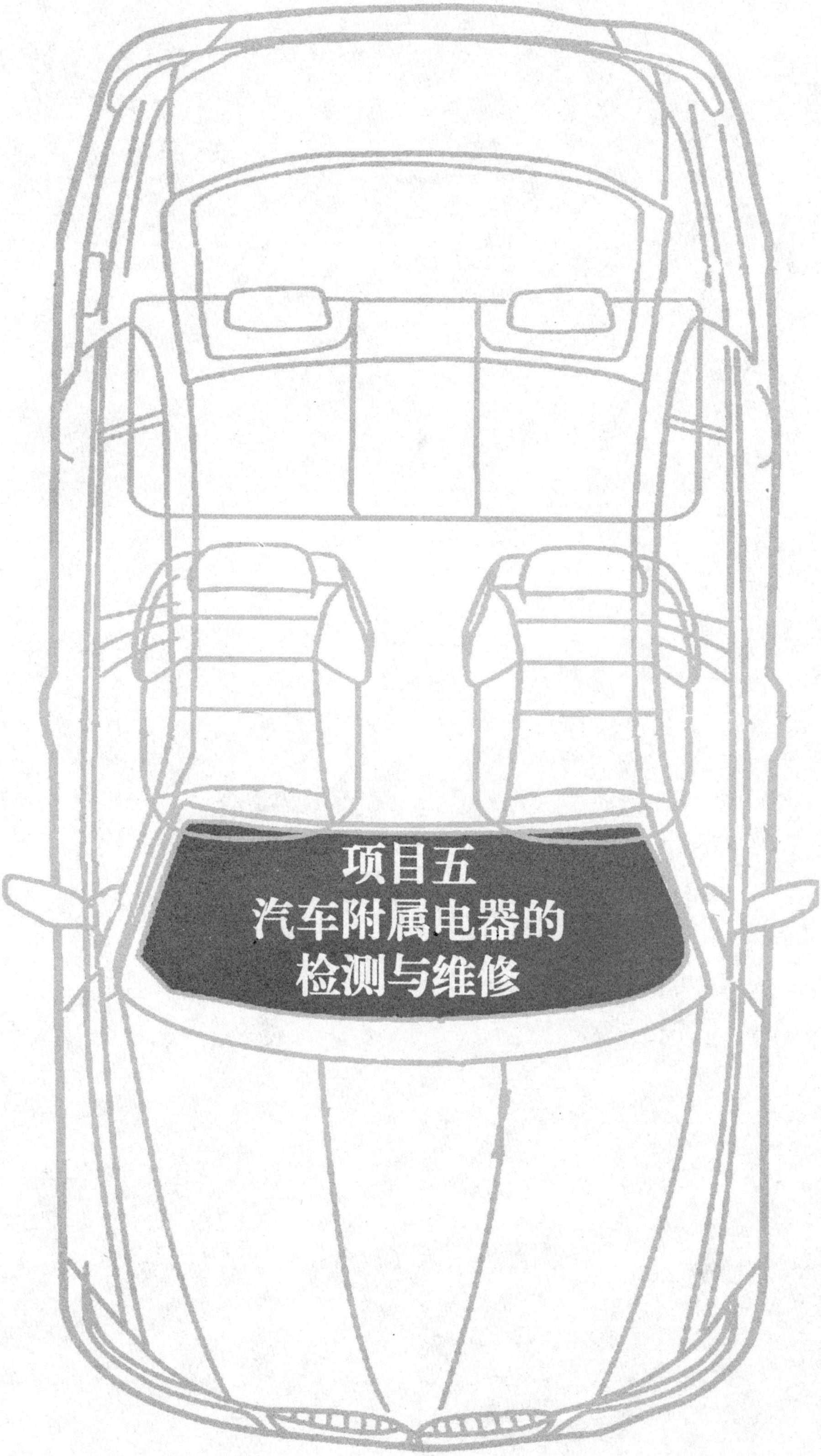

项目五
汽车附属电器的检测与维修

项目描述

汽车附属电器的功能是改善汽车驾驶员的工作条件，确保行车安全。

常用汽车附属电器包括前风窗玻璃刮水器及清洗装置、电动车窗玻璃升降器，汽车门锁与防盗、音响系统等。汽车附属电器系统容易出现的典型故障有风窗刮水器电机故障、洗涤电机故障、玻璃升降器电机故障、汽车门锁故障以及音响系统故障等。

任务1　前风窗玻璃刮水器的检测与维修

任务目标

1. 能够找到前风窗玻璃刮水器电机总成的位置。
2. 能够找到前风窗玻璃刮水器开关位置。
3. 能够对照结构图认知零部件。
4. 能够了解刮雨系统的基本工作原理。
5. 能够解决前风窗玻璃刮水器相关的一般故障问题。

任务导入

王先生驾驶一辆2007款凯美瑞240G豪华版轿车，汽车可以起动运行，但打开刮雨器雨刷不动。

任务知识

驾驶员在行车时，遇有雨天、雪天、雾天或扬沙天气时，会造成视线不良，给驾驶员的安全行车带来隐患。为了保证在上述不良天气时驾驶员仍具有良好的视线，汽车上都安装有刮水器。两箱汽车上还装有后风窗刮水器。

一、电动刮水器

为了提高汽车在雨天和雪天行驶时驾驶员的能见度，专门设置了风窗玻璃刮水器。刮水器有真空式、气动式和电动式三种。目前真空式和气动式已被淘汰，电动式刮水器则应用较广，因此下面重点介绍电动式刮水器。

1. 电动式刮水器构造和工作原理

电动式刮水器由电动机和一套传动机构组成，如图5-1所示。刮水器电动机旋转时，通过蜗杆蜗轮减速，使与蜗轮上的曲柄相连的拉杆做往复运动，通过和拉杆相连的左、右刮水器臂做往复摆动运动，带动刮水器橡胶片刷去风窗玻璃上的雨水、雪或灰尘。

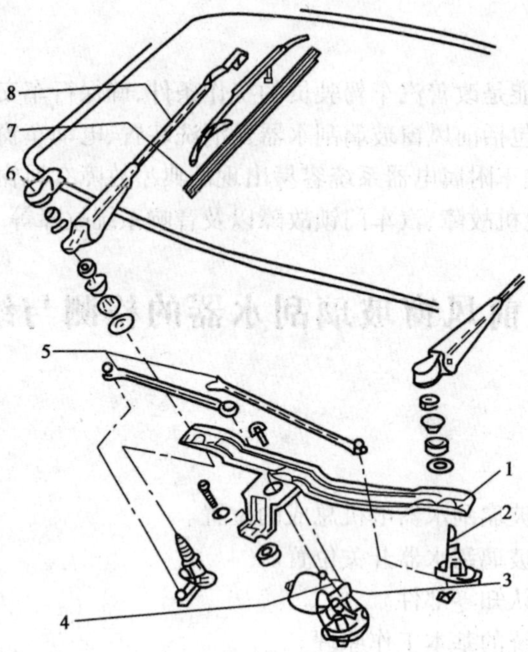

图 5-1　电动式刮水器基本构成

1-刮水器支架;2-刮水器轴颈;3-刮水器电动机;4-曲柄;5-拉杆;6-防护盖;7-刮水器橡胶片;8-刮水器臂

(1)刮水器电动机结构

刮水器电动机现多用永磁式电动机(图 5-2),它的磁极为铁氧体永久磁铁。铁氧体具有陶瓷的脆性、硬性和不耐冲击的特点,但它不易退磁并且价廉,所以在汽车上得到广泛使用。

(2)变速原理

刮水器的变速原理是利用直流电动机的变速原理实现的,由直流电动机电压平衡方程式可得转速公式为:

$$n=\frac{U-I_aR_a}{KZ\Phi} \tag{5-1}$$

式中:n——电动机转速(r/min);

U——电动机端电压(V);

I_a——过电枢绕组中的电流(A);

R_a——电枢绕组的电阻(Ω);

K——常数;

Z——正、负电刷间串联的导体数;

Φ——磁极磁通(Wb)。

双速刮水器电动机通常采用改变两电刷间串联的导体数的方法,对其进行调速,如图 5-3所示。

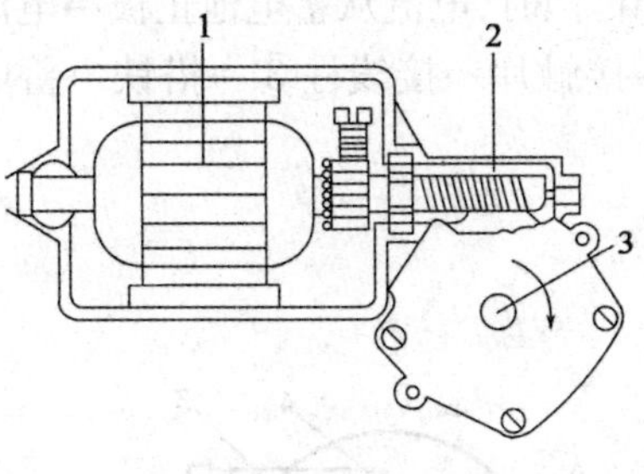

图 5-2　刮水器电动机总成安装位置及简图

1-永磁直流电动机;2-蜗轮蜗杆减速器;3-刮水器电动机输出轴

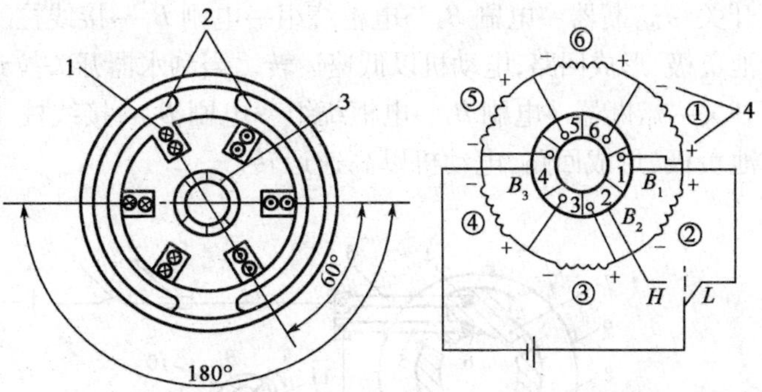

a)结构原理　　b)电路原理

图 5-3　双速刮水器电动机的工作原理

1-电枢绕组;2-永久磁铁;3-换向器;4-反电动势

电刷 B_3 为高低速公用电刷。电刷 B_1 用于低速,电刷 B_2 用于高速,B_2 与 B_1 相差 60°。电枢采用对称叠绕式。永磁式三刷电动机是利用 3 个电刷来改变正、负电刷之间串联的线圈数实现变速的。当直流电动机工作时,在电枢内同时产生反电动势 e,其方向与电枢电流的方向相反。如要使用电枢旋转,外加电压必须克服反电动势 e 的作用,即 $U>e$,当电枢转速上升时,反电动势也相应上升,只有当外加电压 U 几乎等于反电动势 e 时,电枢的转速才趋于稳定。

三刷式电动机旋转时,电枢绕组所产生的反电动势如图 5-3b)所示。当开关拨向 L 时,电源电压已加在电刷 B_1 和 B_2 之间。在电刷 B_1、B_3 之间有两条并联支路,一条是由线圈①、⑥、⑤串联起来的支路,另一条是线圈②、③、④串联起来的支路,即在电刷 B_1、B_3 间有两条支路,各 3 个线圈。这三个线圈产生的全部反电动势与电源电压平衡后,电动机便稳定旋转。由于有 3 个线圈串联的反电动势 e 与电源电压 U 平衡,故转速较低。

当开关拨向 H 时,电源电压加在电刷 B_2 和 B_3 之间,从图 5-3b)可见。电枢绕组一条由 4 个线圈②、①、⑥、⑤串联,另一条由 2 个线圈③、④串联。其中线圈②的反电动势与线圈①、⑥、⑤的反电动势方向相反,互相抵消后,变为只有两个线圈的反电动势与电源电压平衡,因而只有转速升高使反电动势增大,才能得到新的平衡,故此时转速较高。可见,两个电刷间的导体数减少,就会使电动机的转速升高,这就是永磁三刷电动机变速的原理。

2. 刮水电动机的自动复位装置

当刮水器停止工作时,为了避免刮水片停在风窗玻璃中间,影响驾驶员的视线,要求刮水器橡胶片能够自动复位,不管在什么时候切断电源,刮水器橡胶片都能自动停止在风窗玻璃的下部。图 5-4 为刮水器橡胶片自动复位装置的示意图。

在减速蜗轮(由尼龙制成)上嵌有铜环,其中较大的一片铜环与电动机外壳相连接而搭铁,触点臂用磷铜片制成(有弹性),其一端分别铆有触点与蜗轮端面或铜片接触。

当电源开关接通,把刮水器开关拉到“I”挡(低速挡)时,电流从蓄电池正极→电源开关→熔断器→电刷 B_3→电枢绕组→电刷 B_1→接线柱②→接触片→接线柱③→搭铁→蓄电池负极，形成回路，电动机以低速运转。当刮水器开关拉到"II"挡时，电流从蓄电池正极→电源开关→熔断器→电刷 B_3→电枢绕组→电刷 B_2→接线柱④→接触片→接线柱③→搭铁→蓄电池负极，形成回路，电动机以高速运转。

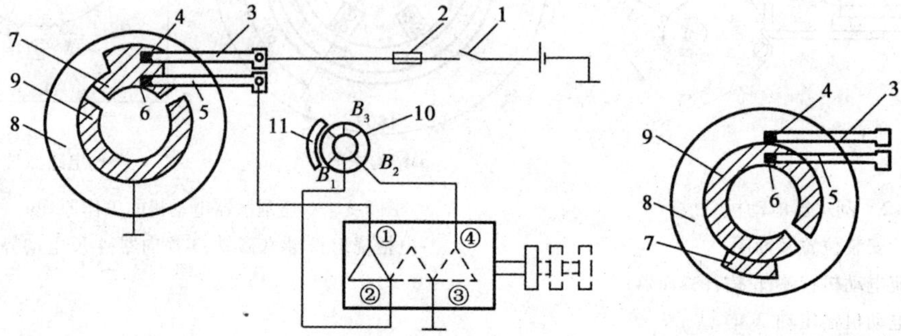

a)电枢短路制动　　　b)刮水器电动机继续转动

图 5-4　自动复位装置

1-电源开关；2-熔断器；3、5-触点臂；4、6-触点；7、9-铜环；8-蜗轮；10-电枢；11-永久磁铁

当刮水器开关推到"0"挡（停止）时，如果刮水器橡胶片没有停到规定位置时，由于触点与铜环接触，则电流继续流入电枢，其电路为蓄电池正极→开关→熔断器→电刷 B_2→电枢绕组→电刷 B_1→接线柱②→接触片→接线柱①→触点臂→铜环 9→搭铁→蓄电池负极，形成的回路如图 5-4b）所示，电动机以低速运转直至蜗轮旋转到图 5-4a）所示的特定位置，电路中断。由于电枢的惯性，电动机不可能立即停止转动，电动机以发电机方式运行，因为此时电枢绕组通过触点臂，与铜环 7 接通而短路，电枢绕组产生很大的反电动势，产生制动力矩，电动机迅速停止转动，使橡胶片复位到风窗玻璃的下部。

二、电动刮水器间歇控制

间歇式电动刮水器是普通电动刮水器的改进型刮水器，汽车在毛毛细雨或雾天、小雪天气中行驶时，如按前述的刮水器速度（哪怕是低速）进行刮拭，风窗玻璃上的微量水分和灰尘就会形成发黏的覆盖层。因此，不仅不能将风窗玻璃刮拭干净，反而会使玻璃模糊不清，留下污斑，影响驾驶员的视线。因此，现代汽车上一般都增设了电子间歇控制系统（图 5-5）。在遇到上述情况时，开动间歇开关，使刮水器按一定周期自动停止和刮拭，即每刮一次停止 2～12s，这样，可使驾驶员获得良好的视野。下面介绍几种实用电路。

1. 无稳态方波发生器

图 5-5 为 VT_1、VT_2 组成的无稳态多谐振荡器，其工作原理与闪光器相同。R_1、C_1 决定继电器 K 通电吸合时间，R_2、C_2 决定 K 的断电时间。当刮水器开关在"0"挡位置时，刮水器电动机电枢被电刷 B_3、B_2 和自停触点［即图 5-4a）中的 4、6］和 K 的常闭触点短路，电动机不转动。此时，若接通间歇开关，则 VT_1 导通，VT_2 截止，K 通电动作，常开触

点闭合，此时刮水器电动机低速运转。当 C_1 充电到一定值后，VT_2 导通，VT_1 迅速截止，K 断电，常闭触点闭合。但此时自停触点通过铜环搭铁，刮水器电动机继续运转，直到刮水器臂到达风窗玻璃下部，自停触点上部闭合（图 5-5），电枢短路制动而停止。当 C_2 充电到 VT_1 导通电压时，VT_1 导通，VT_2 截止，K 动作，常开触点闭合，又重复上述过程。由上述可知，只要 VT_1 导通时间足够长（1～2s），刮水器电动机转过自停位置后，即使 VT_1 截止，刮水器电动机也会继续转动，使刮水器橡胶片刮拭一次，调整 R_2、C_2 的值，则可调间歇时间。

2. 互补间歇振动电路

当刮水器开关置于断开位置（“0”挡），间歇开关置于接通位置时，电源便向 C 充电（图 5-6）。当 C 两端电压增加到一定值时，VT_1 导通，VT_2 也随之导通，继电器 K 通电，常闭触点断开，常开触点闭合，刮水器电动机运转。此时的电路为蓄电池正极→电刷 B_3→电刷 B_1→刮水器开关→K 的常开触点→搭铁→蓄电池负极。

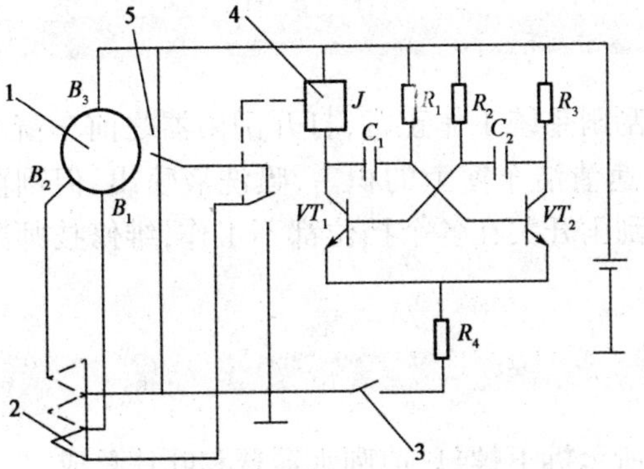

图 5-5　电子间歇控制系统

1-刮水器电动机；2-刮水器开关；3-间歇刮水开关；4-继电器；5-自停开关

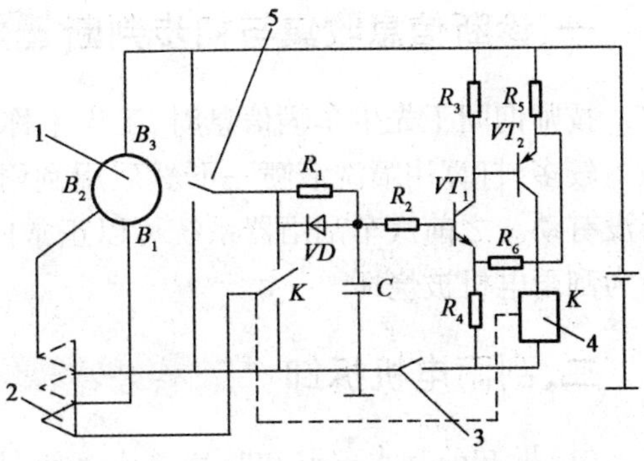

图 5-6　互补间歇振荡器

1-刮水器电动机；2-刮水器开关；3-间歇刮水器开关；4-继电器；5-自停开关

当刮水器电动机转动使自停触点与下边接触时[图 5-4b)]，C 便通过 VD 迅速放电，此时刮水器电动机仍继续运转。C 放电，使 VT_1 的基极电位降低，从而使 VT_1、VT_2 转为截止状态，K 中的电流中断，常闭触点闭合。但由于这时自停触点与 VT_1 接触，因此刮水器电动机仍继续转动，直到刮水器橡胶片摆回原位，自停触点接通为止，电动机才因电枢短路而停止。接着电源又通过自停触点向 C 充电，重复上述过程，使刮水器橡胶片间歇动作。其停歇时间长短取决于 R_1、C 的充电时间常数。并且由上述工作原理可知，这种电路保证每个停歇周期内刮水器只摆动一次。

3. 集成电路电子间歇振荡电路

图 5-7 是用 NE555 集成电路接成的振荡器，充电时间为 R_1C_1，放电时间为 R_2C_1。当间歇开关闭合时，电路输出高电位，继电器 K 通电，常开触点闭合，刮水器电动机运转。经过一定时间后，电路翻转，3 端子输出低电位，继电器 K 断电，常开触点断开，常闭触点闭合，此时，刮水器电动机继续运转，直至自停开关闭合，刮水器橡胶片停在原始位置。

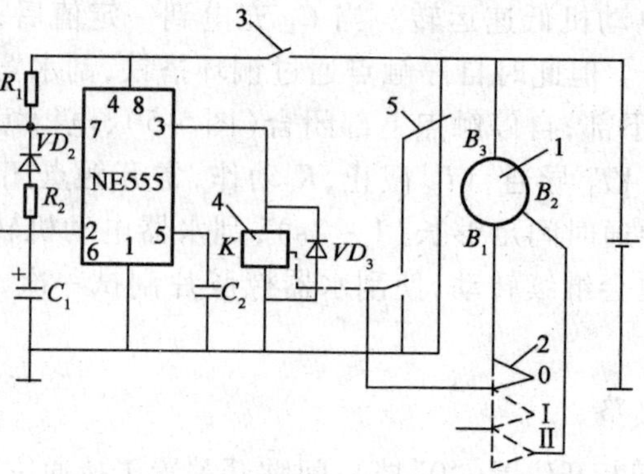

图 5-7 集成电路间歇振荡器

1-刮水器电动机；2-刮水器开关；3-间歇刮水器开关；4-继电器；5-自停开关

任务实施

一、诊断信息收集与初步判断

技师询问王先生车辆信息时，王先生称之前刮雨系统工作正常，打开刮雨器之前车窗前积雪较多，打算用喷洗液喷一下然后用刮雨器快速清洁车窗上的积雪，喷洗液喷出，但刮雨器没有动。之前汽车刮雨器系统可以正常使用，刮雨开关在各个挡位都不工作，维修技师判断为刮雨电机被烧坏。

二、刮雨电机拆卸

(1)拆卸前刮水器臂和叶片总成。如图 5-8 所示拆下螺母、前刮水器臂和叶片总成。

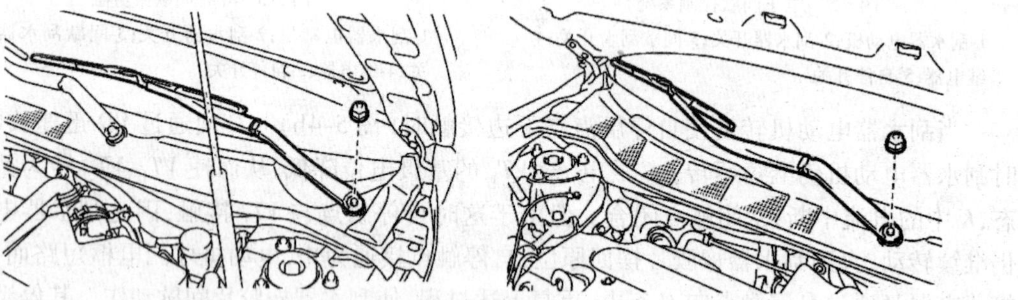

图 5-8 刮雨电机螺母位置示意图

(2)拆卸前翼子板至车颈侧密封件。脱开图 5-9 中定位爪并拆下前翼子板至车颈侧密封件。

(3)拆卸车颈上部通风器隔栅分总成。如图 5-10 所示拆下两个卡扣，脱开 4 个定位爪并拆下车颈上部通风器隔栅分总成。

(4)拆卸前风窗玻璃刮水器电机和连杆总成。如图 5-11 所示断开连接器。参考图5-12 拆下 4 个螺栓和前风窗玻璃刮水器电机和连杆总成。

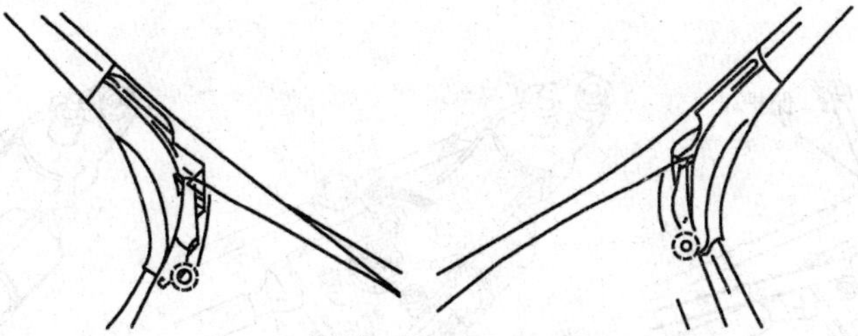

图 5-9　密封与卡子位置示意图

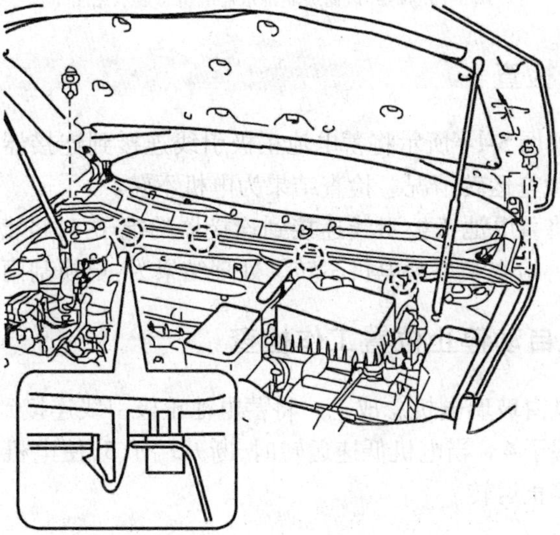

图 5-10　车颈上部通风器隔栅分总成拆卸示意图

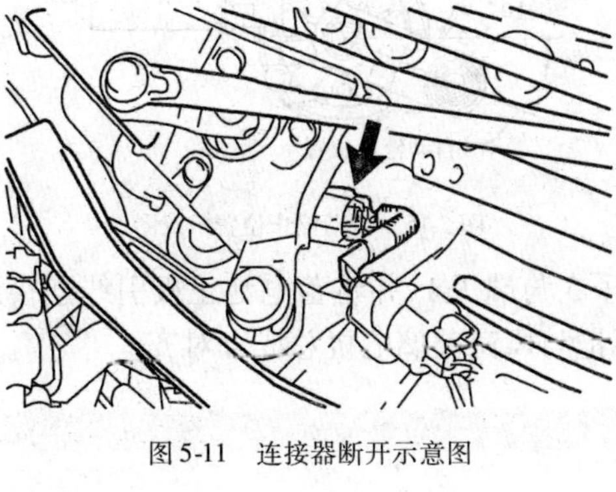

图 5-11　连接器断开示意图

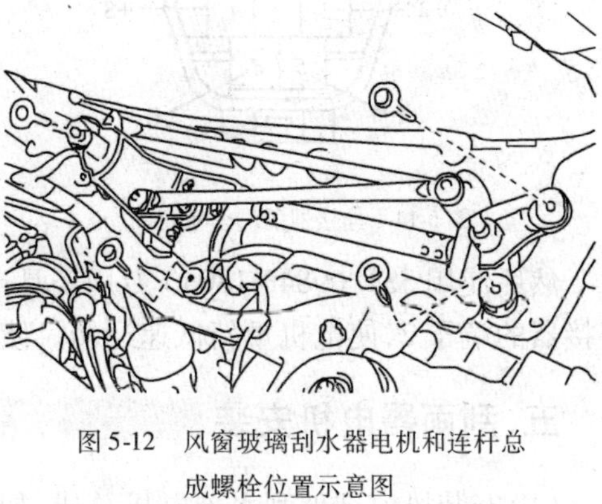

图 5-12　风窗玻璃刮水器电机和连杆总成螺栓位置示意图

(5)拆卸前风窗玻璃刮水器电机总成。如图 5-13 所示，使用端部缠上胶带的螺丝刀从前刮水器电机总成的曲轴臂转轴上分离 2 号前风窗玻璃刮水器连杆；如图 5-13 中箭头所示方向移动曲轴臂；从前风窗玻璃刮水器连杆总成上拆下 3 个螺栓和前风窗玻璃刮水器电机总成。

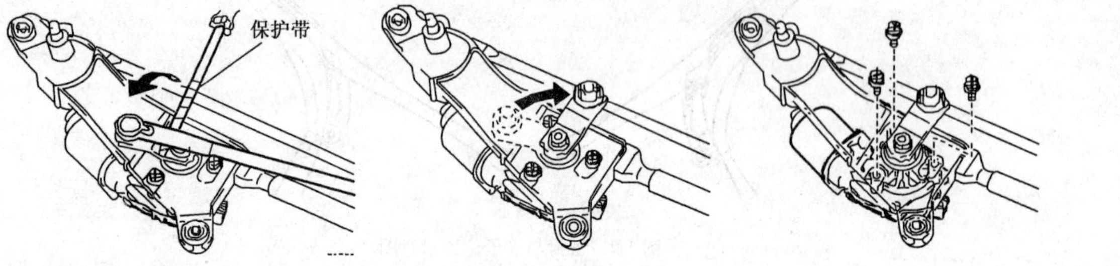

图 5-13　拆卸风窗玻璃刮水器电机总成示意图

三、刮雨器电机检查

（1）低速挡检查：如图 5-14 所示将蓄电池正极引线连接到连接器的端子 5，将蓄电池负极引线连接到端子 4，检查运转情况。检查结果为电机不转。

（2）高速挡检查：将蓄电池正极引线连接到连接器的端子 3，将蓄电池负极引线连接到端子 4，检查运转情况。检查结果为电机不转。处理结果为：更换刮雨器电机总成。

四、刮雨器电机自动停止位置工作检查

将装配标记置于风窗玻璃电机总成上。将蓄电池正极引线连接到连接器的端子 5，将蓄电池负极引线连接到端子 4。当电机低速运转时，断开端子 5，使电机在如图 5-15 所示装配标记以外的任何位置停止运转。

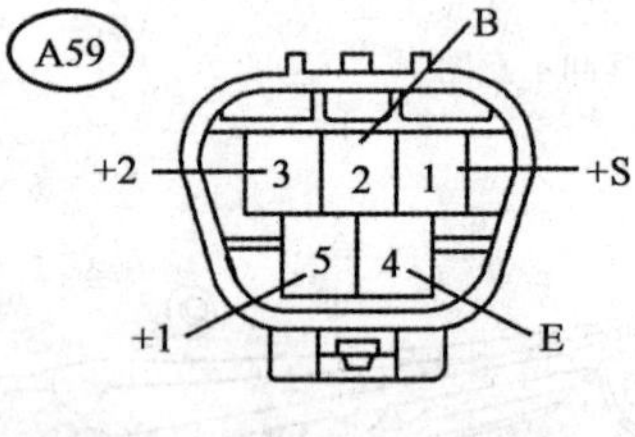

图 5-14　连接器的端子示意图

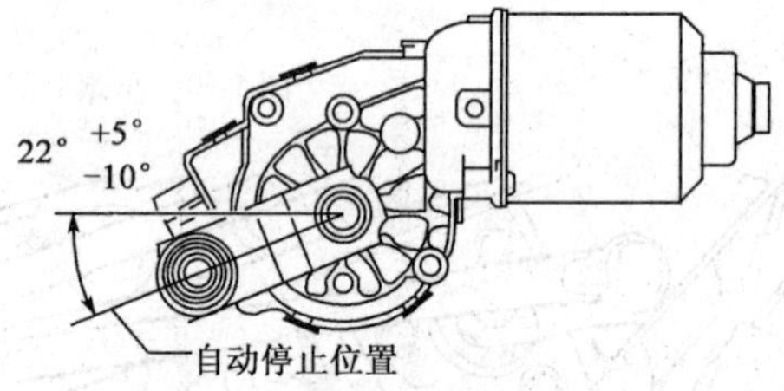

图 5-15　自动停止位置示意图

然后使用 SST 09843-18040 专用工具连接端子 5 与端子 1，并将蓄电池正极引线连接到连接器的端子 2，使电机重新低速运转。使装配标记与风窗玻璃电机总成上对齐。

五、刮雨器电机安装

（1）安装风窗玻璃刮水器电机总成：如图 5-16 所示用 3 个螺栓安装前风窗玻璃刮水器电机总成，力矩为 5.4N · m；移动曲轴臂；将通用润滑脂涂抹到刮水器电机总成的曲柄臂枢轴上；将前风窗玻璃刮水器连杆装到前风窗玻璃刮水器电机总成的曲轴臂转轴上。

（2）安装前风窗玻璃刮水器电机和连杆总成。按照如图 5-17 所示顺序用 4 个螺栓安装前风窗玻璃刮水器电机和连杆总成，力矩为 5.5N · m。接上连接器。

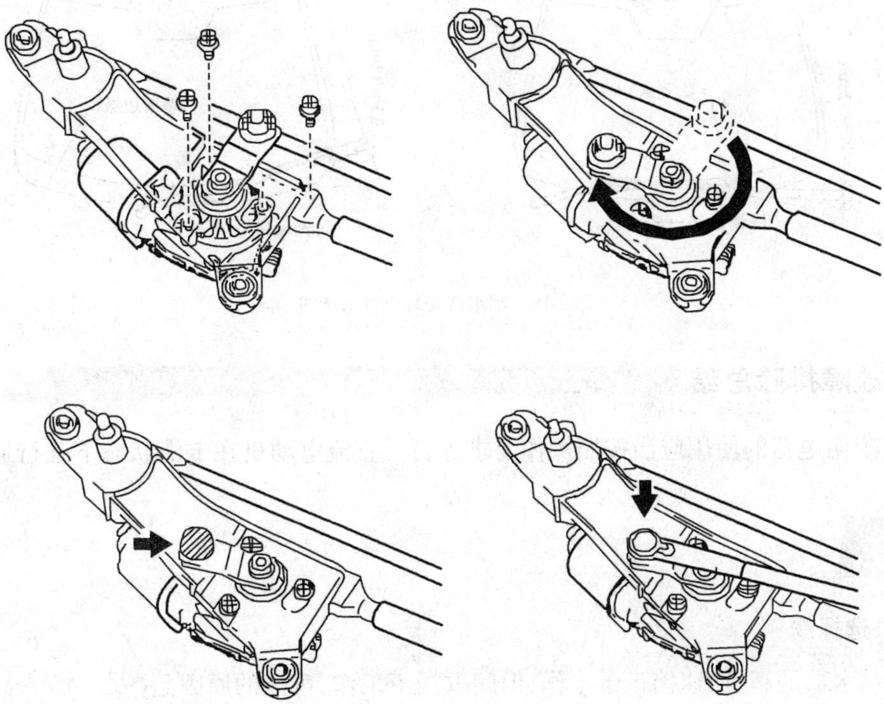

图 5-16　风窗玻璃刮水器电机总成安装示意图

(3)安装前围板上通风栅板分总成:啮合卡爪,安装前围板上通风栅板分总成。安装卡子和卡爪。

(4)安装前翼子板至前围侧密封:啮合卡爪和卡子,再安装前翼子板至前围侧密封。

(5)安装左侧风窗玻璃刮水器臂和刮水片总成:使刮水器工作,然后使刮水器电机停止在如图 5-15 所示的自动停止位置。如图 5-18 所示清洁刮水器臂齿面,用钢丝刷清洁刮水器枢轴齿面。

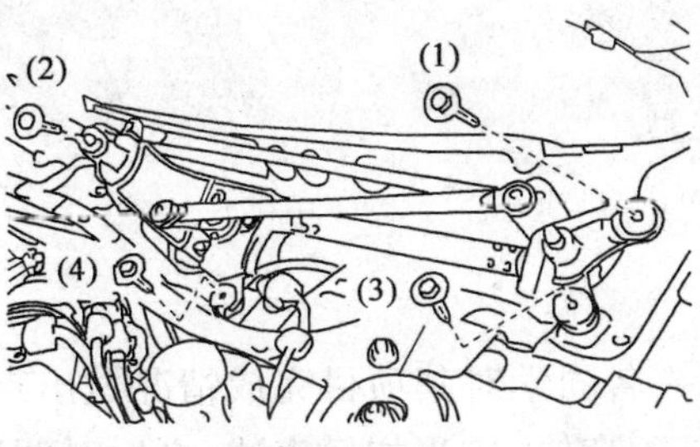

图 5-17　前风窗玻璃刮水器电机和连杆总成安装示意图

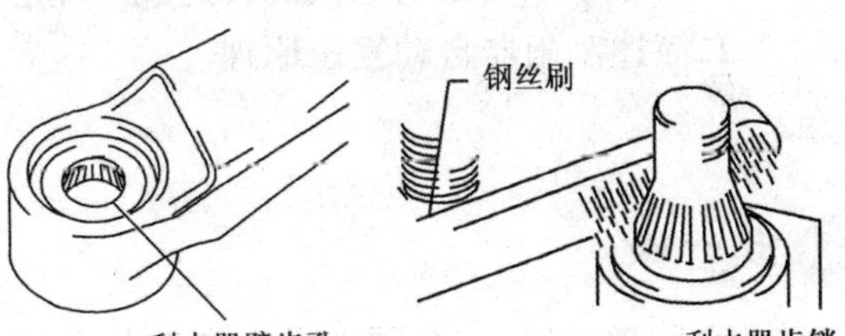

图 5-18　清洁刮水器臂与枢轴清洁示意图

用螺母安装左刮水器和刮水片总成(用手握住臂铰链来紧固螺母),安装位置如图 5-19 所示。力矩为 21N · m。在向风窗玻璃喷水时或清洗液时,运行刮水器,确保刮水器工作正常。

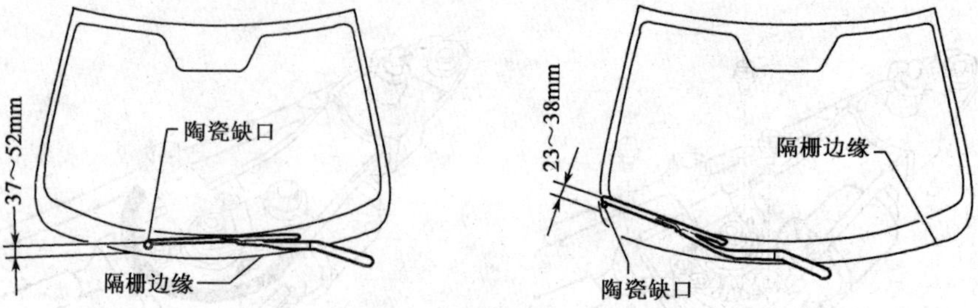

图 5-19　刮水器安装位置示意图

六、故障排除总结

汽车附属电器的使用应当按照操作要求进行。直流电动机在卡滞状态下强行通电很容易烧坏。

练一练

一、选择题

1. 刮水器的高、低速挡正常工作，但间歇挡不工作，可能的原因是(　　)。
   A. 雨刮继电器间歇控制模块失效
   B. 洗涤电机失效
   C. 雨刮电机失效
2. 关于刮雨器下列说法是正确的是(　　)。
   A. 汽车刮雨器全是永磁式的
   B. 汽车刮雨器全是绕线式的
   C. 不同的车采用不同的形式

二、简答题

1. 简述永磁式刮雨电机的转速调节原理。
2. 简述刮雨器自动复位原理。

做一做

两名同学一组，一名同学做工作任务内容时，另一名同学对其项目完成情况做出点评，说明其各步骤的表述是否清晰，对工作原理的理解是否有错，应当如何表述，之后对调进行同样的工作任务内容并评价。

任务评价

风窗玻璃刮水装置检测与维修评价表如表 5-1 所示。

风窗玻璃刮水装置检测与维修评价表　　表 5-1

序号	内容及要求	评分	评分标准	自评	组评	师评	得分
1	准备	10	①汽车进入工位前，准备好相关的器材（4 分）； ②拉紧驻车制动器，把变速杆置于空挡或 P 挡位置（3 分）； ③套上三件套、粘贴翼子板布（3 分）				
2	清洁	10	按要求清理工位				
3	前风窗玻璃刮雨电机的拆卸	20	严格按照要求拆卸，不野蛮操作				
4	刮雨电机总成的检测	10	按照要求进行检测，检测结果正确				
5	前风窗玻璃刮雨电机的安装	20	严格按照要求安装，紧固力矩正确，在正确位置涂抹润滑脂				
6	排除故障	20	能够排除故障				
7	安全文明生产	10	①结束后清洁（5 分）； ②工量具归位（5 分）				
指导教师总体评价 指导教师 ______ ______年___月___日							

教学提示

"风窗玻璃刮水装置检测与维修"教学提示如表 5-2 所示。

"风窗玻璃刮水装置检测与维修"教学提示　　表 5-2

任务 1	风窗玻璃刮水装置检测与维修	学时	2
学习目标	1. 拆装风窗玻璃刮水器； 2. 检测刮水电机； 3. 检测、排除风窗玻璃刮水系统典型故障		
学习内容	教学方法与建议		
1. 风窗刮水系统的功用； 2. 风窗刮水系统的基本构造与工作原理； 3. 刮水器的调速与自动复位原理； 4. 风窗刮水系统电路； 5. 风窗刮水系统的拆装； 6. 风窗刮水系统使用注意事项； 7. 风窗刮水系统一般检测与维修	通过任务驱动教学法实施教学： 1. 起动系教学过程由任务目标、任务导入、知识准备、任务实施、练一练、做一做、任务评价组成，在老师的指导下制订方案并实施，最终进行评价； 2. 学生通过典型工作任务的完成，将理论知识融入实际操作中； 3. 教学过程中体现以学生为主体，教师进行适当讲解，并进行引导、督促和评估； 4. 教师应提前准备好各种媒体资料、教学课件，并准备教学场地和设备		

续上表

教学媒体与设备	学生已有的知识、能力要求	教师执教的要求
1. 实训设备:工作台、风窗刮水系统总成等; 2. 通用、专用工具:扭力扳手、游标卡尺、万用表、诊断仪; 3. 多媒体教学设备; 4. 多媒体教学课件、软件; 5. 网络教学资源	1. 安全操作知识; 2. 使用各种工具的基本技能和经验; 3. 起动机的构造、原理和拆装顺序	1. 能够根据教学方法合理设计教学情境; 2. 熟悉风窗玻璃刮水装置拆装的安全操作规程; 3. 能够完成风窗玻璃刮水装置的拆装工作; 4. 能够完成风窗玻璃刮水装置的检测; 5. 具备协调各方、处理学生误操作的能力

任务2 风窗清洗装置的检测与维修

任务目标

1. 能够找到前风窗清洗装置部件的位置。
2. 能够找到前风窗清洗系统开关位置。
3. 能够对照结构图认知零部件。
4. 能够了前风窗清洗系统的基本工作原理。
5. 能够解决一般前风窗清洗系统相关的故障问题。

任务导入

李先生驾驶一辆2007款凯美瑞200E精英版轿车,汽车可以起动运行,准备清洗车窗时,发现喷洗液不喷,刮雨器雨刷可以工作。之后加入玻璃清洗液,仍然不喷喷洗液,驱车来服务站。

任务知识

为了消除附在风窗玻璃上的灰尘污物,现代汽车上增设了风窗玻璃洗涤器,并与刮水器配合工作,可以使汽车风窗玻璃更好地完成刮水工作,并获得更好的刮水效果,保持驾驶员的良好视野。

一、风窗玻璃洗涤装置的组成

风窗玻璃洗涤器如图5-20所示,它由洗涤液罐、洗涤液泵、聚氯乙烯软管、刮水器开关、三通、喷嘴等组成。

电动泵由永磁直流电动机和离心式叶片泵组成一体(图5-21),喷射压力为70~88kPa。喷嘴安装在风窗玻璃下面,其喷嘴方向可以调整,使洗涤液喷射在风窗玻璃的适当位置。捷达轿车喷嘴的喷射位置按图5-22中数值进行调整。

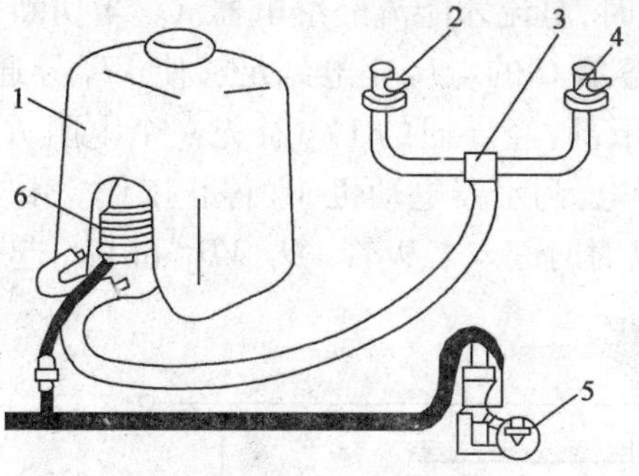

图5-20　风窗玻璃洗涤器

1-洗涤液罐;2、4-喷嘴;3-三通;5-刮水器;6-洗涤液泵

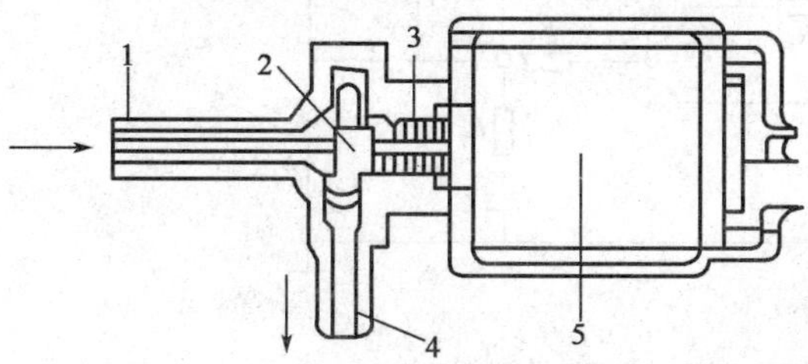

图5-21　洗涤器电动机与洗涤液泵总成

1-进液口;2-叶轮;3-泵体;4-出液口;5-永磁直流电动机

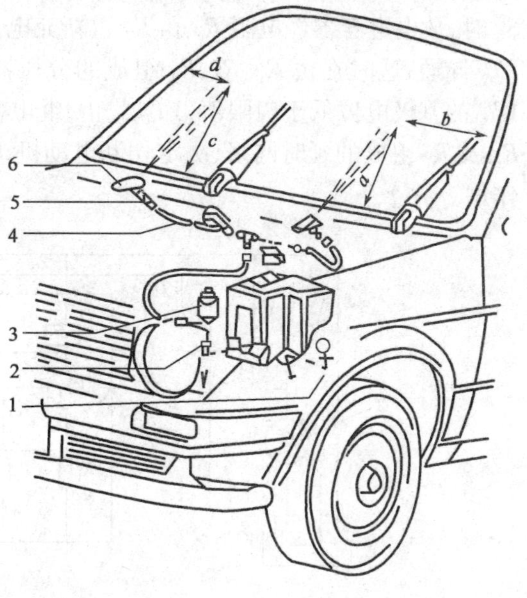

图5-22　风窗清洗装置构成及喷嘴调整

1-储液罐;2-密封圈;3-洗涤泵;4-软管;5-软管护套;6-喷嘴;

$a=345$mm;$b=300$mm;$c=320$mm;$d=420$mm

二、风窗玻璃洗涤装置的正确使用

洗涤泵喷嘴安装在风窗玻璃的下面,其喷嘴方向可以根据使用情况调整,喷水直径一般为0.8~1.0mm,能够使洗涤液喷射在风窗玻璃的适当位置。洗涤泵的连续工作时间不应超过1min,对于刮水和洗涤分别控制的汽车,而且应先开洗涤泵再接通刮水器。喷水停止后,刮水器应继续刮动3~5次,以便达到良好的清洁效果。

常用的洗涤液是清水。为了能刮掉风窗玻璃上的油、蜡等物,可在水中添加少量的去垢剂和防锈剂。强效洗涤液的去垢效果好,但会使风窗密封条和刮水胶条变质,还会引起车身喷漆变色以及储液罐、喷嘴等塑料件的开裂。冬季使用洗涤器时,为了防止洗涤液冻结,应添加甲醇、异丙醇、甘醇等防冻剂,再加少量的去垢剂和防锈剂,即成为低温洗涤液,可使结冰温度下降到-20℃以下。如冬季不用洗涤器时,应将洗涤管中的水倒掉。

三、风窗玻璃洗涤装置的控制电路

图5-23为日本"丰田—日冕"汽车风窗玻璃洗涤器和刮水器配合使用电路。当关闭刮水器电源时,开关S_3在位置"0"挡,刮水器的复位开关S_2和继电器K的常闭触点使M_2电枢短路,这时电容器C经继电器线圈,VD_3、R_6、R_7充电。风窗玻璃洗涤器开关S_1接通,洗涤液

泵 M_1 起动，开始向风窗玻璃喷水。C 经电阻 R_7 和 S_1 放电。当接通 S_1 时，继电器 K 的绕组经二极管 VD_4 和 S_1 搭铁形成回路，继电器 J 动作，常开触点闭合。当打开刮水器开关时，S_3 处于 I 挡。继电器 K，绕组的电感引起一定的延时，电流流经继电器闭合触点和电阻 R_4、R_3、R_2 组成的分压器，使 VT_1 导通，所以只有在 S_1 关闭时，电流才能流经继电器 K。当切断开关 S_1 时，放电电容器经电阻 R_6 和 R_7 重新充电，当电容器 C 的电压充电到足够使 VT_2 导通时，VT_2 导通，这时在由 R_1、R_3、R_2 组成的分压器网络下部，经导通的 VT_2 补充一个电阻 R_1，使 VT_1 的基极电位低于门限值，VT_1 截止，继电器 K 断电，刮水器电动机 M_2 停止工作。由 C 和 R_6 及 R_7 组成的延时网络，决定切断电动机 M_2 的延时时间。二极管 VD_1、VD_2 和 VD_3 起保护作用。

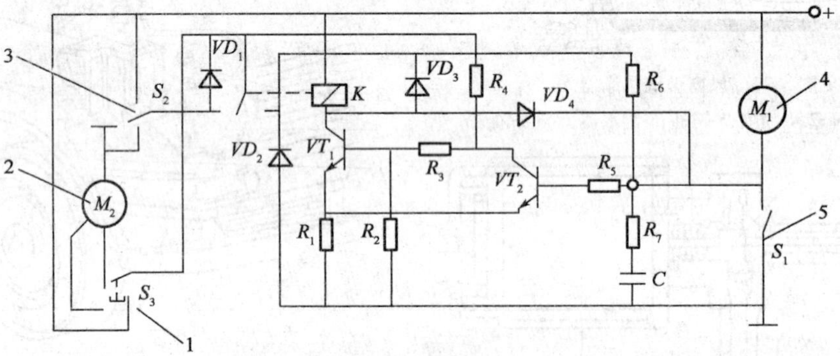

图 5-23 “丰田—日冕”风窗玻璃洗涤器和电子刮水器电路
1-刮水器开关;2-刮水器电机;3-复位开关;4-洗涤泵;5-洗涤器开关

任务实施

一、诊断信息收集与初步判断

服务顾问通过问询，得知李先生的汽车行驶 8.6 万 km，检查发现喷洗液不喷，刮雨器雨刷可以工作。之前汽车刮雨器系统可以正常使用，维修技师判断为李先生在喷洗液空时，操作清洗装置喷洗时间过长，导致洗涤液泵电机烧坏。维修技师准备检查系统。

二、拆卸风窗玻璃清洗液罐和泵总成

图 5-24 为风窗玻璃清洗液罐和泵总成外观示意图。

(1)拆卸前准备：先拆去冷气进气管密封，拆卸散热器格栅，拆去左右前翼子板外接衬块、发动机底罩、前保险杠总成、左前侧大灯总成，拆下发动机舱 ECU 进气风管。

(2)将转向盘转动到最左侧位置，拆下两个螺栓，分离左前翼子板内衬前部，将左前翼子板内衬打开到可以更换风窗玻璃清洗液罐和泵总成的程度即可。拆下螺栓和发动机舱 ECU 进气风管。

(3)排空清洗液。如图 5-25 所示从前风窗玻璃喷洗器电机和泵总成上断开喷洗器软管，并排空清洗液。

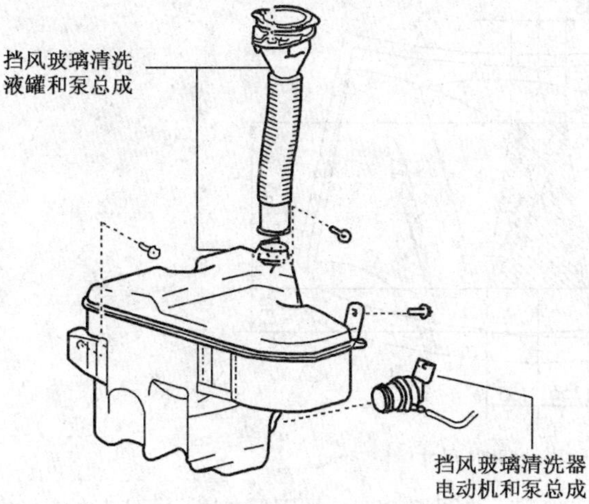

图 5-24 风窗玻璃清洗液罐和泵总成外观示意图

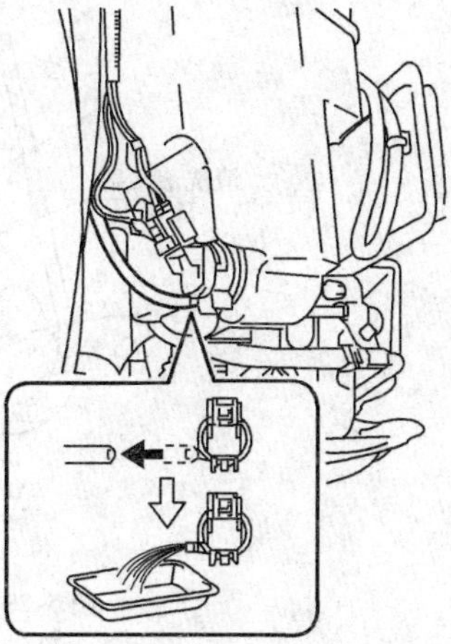

图 5-25 电机和泵上拆下清洗器软管拆卸示意图

(4)拆卸前风窗玻璃喷洗器电机和泵总成。如图 5-26 所示断开连接器;拆下前风窗玻璃喷洗器电机和泵总成。

三、检查风窗玻璃清洗器电机和泵总成

将清洗液罐加满清洗液,如图 5-27 所示将蓄电池正极引线连接到清洗器电机和泵的端子 1 上,将电池负极引线连接到端子 2 上,检查并确认清洗液从清洗液罐中流出。

检测结果:清洗液不流出,电机应被烧坏,需更换总成。

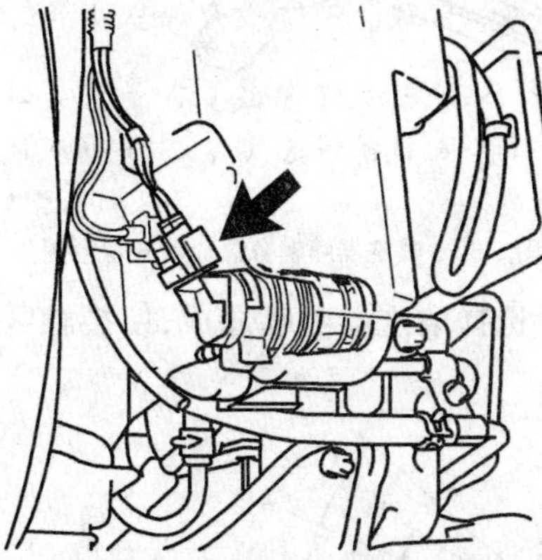

图 5-26 清洗液罐和泵拆卸示意图

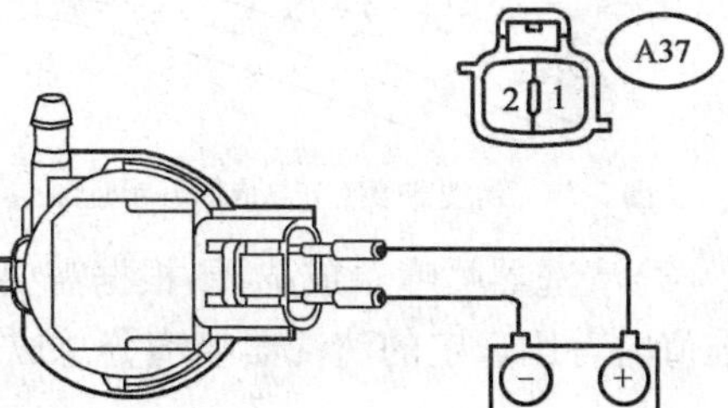

图 5-27 端子连接示意图

四、风窗玻璃清洗器电机和泵总成安装

安装过程为拆卸过程的逆过程,需要注意的是螺栓的紧固力矩为 5.5N·m。

五、喷洗液喷洗位置检查

(1)喷嘴检查:发动机运转,操作开关,检查清洗液喷射在风窗玻璃上的中心流在如图 5-28所示的预定范围内。

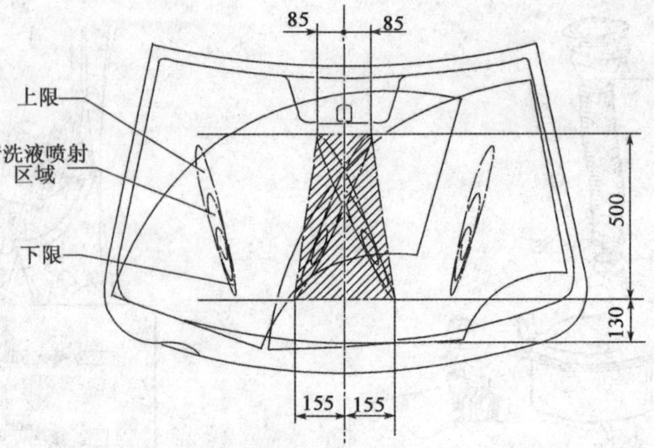

图 5-28　清洗液喷射位置示意图(尺寸单位:mm)

(2)调整喷嘴:如果位置不合适应当调整喷嘴,如图 5-29 所示用胶布缠上刀头的螺丝刀脱开两个卡爪和清洗器喷嘴分总成;从清洗器软管上(图 5-30)拆下清洗器喷嘴分总成(不可重复使用)。选择喷洗器喷嘴分总成使清洗液喷洒在如图 5-28 所示标准区域内。

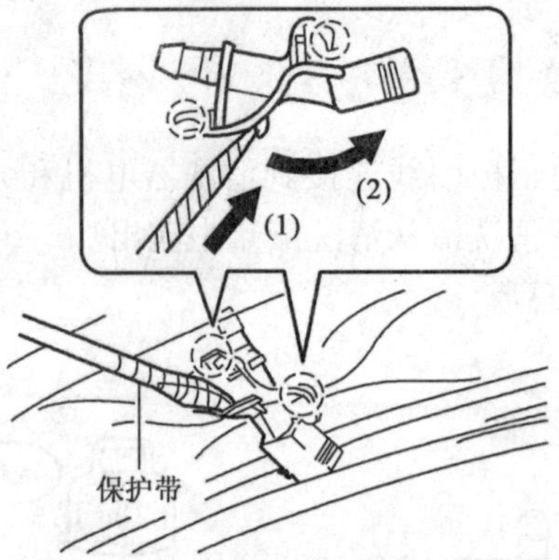

图 5-29　清洗器喷嘴分总成断开示意图

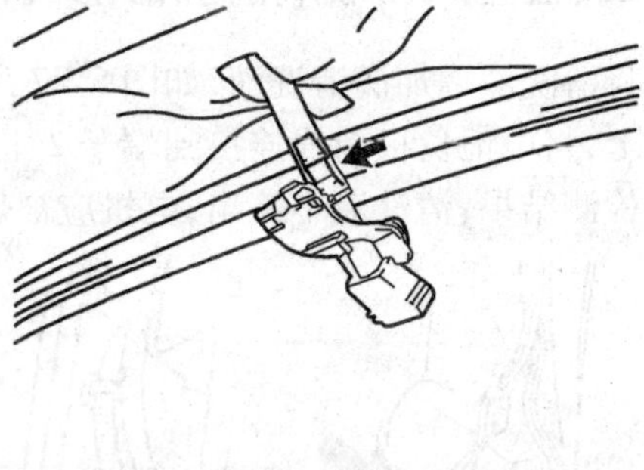

图 5-30　喷洗器喷嘴分总成断开示意图

(3)清洗器喷嘴总成选择:根据需要如图 5-31 所示选择清洗器喷嘴总成,使接触区域在标准值内。用选定的清洗器喷嘴分总成进行更换。

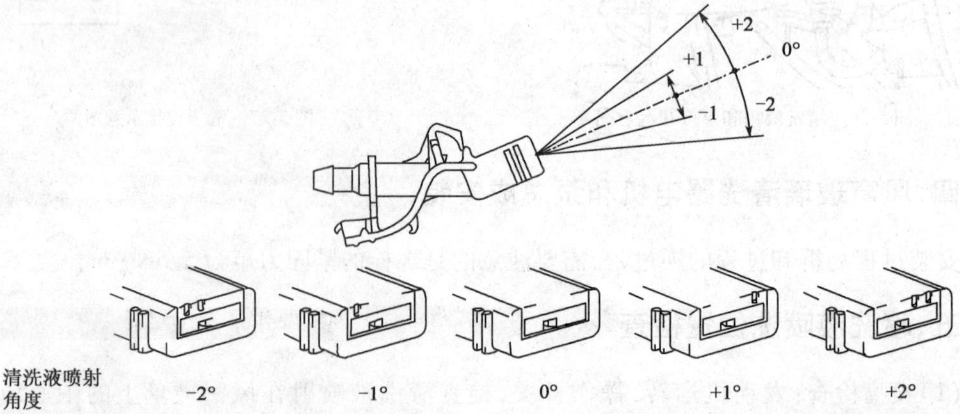

图 5-31　不同喷施位置的喷嘴

六、故障排除总结

汽车附属电器的使用应当按照操作要求进行。风窗玻璃清洗器电机工作时靠清洗液带走热量，直流电动机在无清洗液冷却时长时间通电很容易烧坏。

知识拓展

雨滴感知型刮水器

电动式刮水器虽然能够实现间歇控制，但不能随雨量的变化及时调整刮水频率。雨滴感知型刮水器能根据雨量的大小自动调节刮水器的刮水频率，使驾驶员始终保持良好的视线。

一、雨滴感知型刮水装置的组成

雨滴感知型刮水器主要由雨滴传感器、间歇刮水放大器、刮水器电动机三部分组成，如图5-32所示。雨滴传感器的作用是将雨量的大小转变为与之相对应的电信号，其结构如图5-33所示。

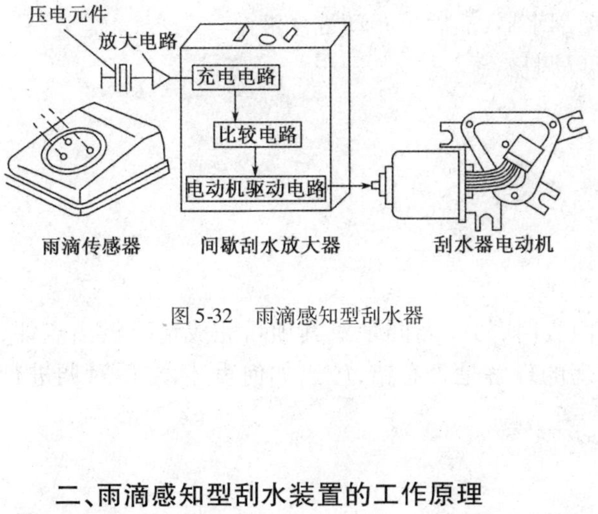

图5-32　雨滴感知型刮水器

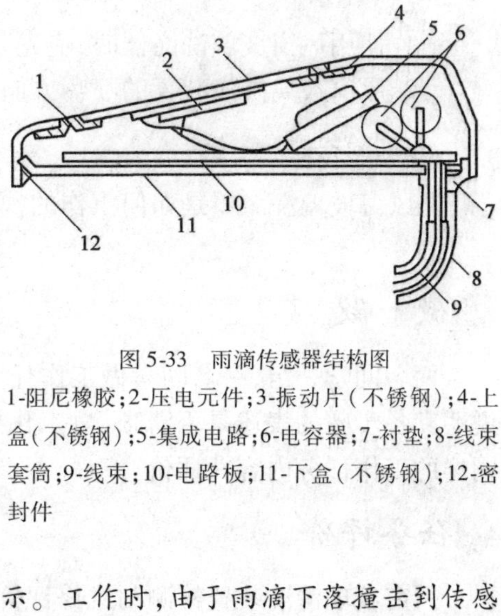

图5-33　雨滴传感器结构图

1-阻尼橡胶；2-压电元件；3-振动片（不锈钢）；4-上盒（不锈钢）；5-集成电路；6-电容器；7-衬垫；8-线束套筒；9-线束；10-电路板；11-下盒（不锈钢）；12-密封件

二、雨滴感知型刮水装置的工作原理

雨滴感知型刮水器控制系统原理图如图5-34所示。工作时，由于雨滴下落撞击到传感器的振动片上，振动片将振动能量传给压电元件。压电元件受压而产生电压信号，电压值与撞击振动片的雨滴的撞击能量成正比。电压信号经过放大后送入电动式刮水器电路，对刮水器的充电电路进行20s的定时充电，电容器电压上升。该电压输入比较电路，比较电路将其与基准电压 U_0 比较。当电容器电压达到 U_0 时，比较电路向刮水器电动机发出信号，使其工作一次。当雨量大时，压电元件产生的电信号强，充电电路电压达到基准电压值 U_0 所需时间短，刮水器工作间歇时间短；反之，雨量小时压电元件产生的电压小，充电电路电压达到基准电压 U_0 所需时间长，刮水器的工作间歇时间就长。当雨量很小，雨滴传感器没有电压信号输出时，只有定电流电路对充电电路进行充电，20s后充电电路的输出电压达到基准电压 U_0，刮水器动作一次。这样，雨滴感知型刮水器就把刮水器的间歇时间控制在0～20s范

围内，以适应不同雨量的需要。

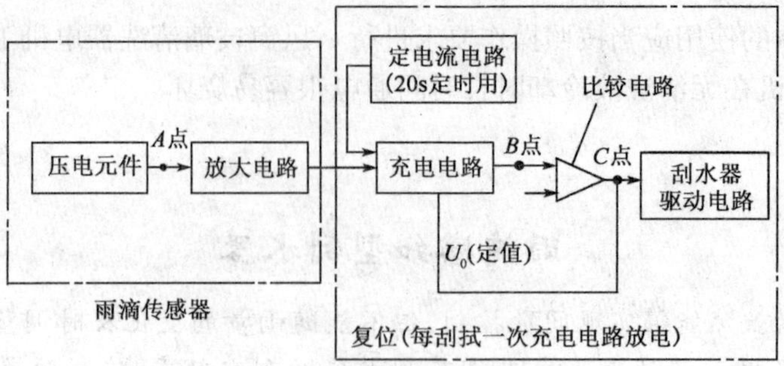

图 5-34 雨滴感知型刮水器控制系统原理图

练一练

一、判断题

1. 使用风窗玻璃洗涤器时，应先开动刮水器，然后再开动洗涤液泵。 ( )
2. 风窗玻璃洗涤装置的喷嘴方向可以调整。 ( )

二、简答题

风窗玻璃洗涤器是如何工作的？

做一做

两名同学一组，一名同学做工作任务内容时，另一名同学对其项目完成情况做出点评，说明其各步骤的表述是否清晰，对工作原理的理解是否有错，应当如何表述，之后对调进行同样的工作任务内容并评价。

任务评价

风窗玻璃清洗装置检测与维修评价表如表 5-3 所示。

风窗玻璃清洗装置检测与维修评价表 表 5-3

序号	内容及要求	评分	评 分 标 准	自评	组评	师评	得分
1	准备	10	①汽车进入工位前，准备好相关的器材(4 分)； ②拉紧驻车制动器，把变速杆置于空挡或 P 挡位置(3 分)； ③套上三件套、粘贴翼子板布(3 分)				
2	清洁	10	按要求清理工位				
3	风窗玻璃清洗总成的拆卸	20	严格按照技术要求拆卸，不野蛮操作				

续上表

序号	内容及要求	评分	评　分　标　准	自评	组评	师评	得分
4	风窗玻璃清洗总成的检测	10	按照要求进行检测,检测结果正确				
5	风窗玻璃清洗总成的安装	20	严格按照技术要求安装,紧固力矩正确				
6	排除故障	20	能够排除故障				
7	安全文明生产	10	①结束后清洁(5分); ②工量具归位(5分)				
指导教师总体评价 指导教师＿＿＿＿ ＿＿年＿＿月＿＿日							

教学提示

“风窗玻璃清洗装置检测与维修”教学提示如表5-4所示。

“风窗玻璃清洗装置检测与维修”教学提示　　表5-4

任务2	风窗玻璃清洗装置检测与维修		学时	2
学习目标	1. 拆装风窗玻璃清洗装置; 2. 检测风窗玻璃清洗装置; 3. 检测、排除风窗玻璃清洗装置典型故障			
学习内容	教学方法与建议			
1. 风窗玻璃清洗装置的功能; 2. 风窗刮水系统的基本构造与工作原理; 3. 风窗玻璃清洗装置系统电路; 4. 风窗玻璃清洗装置的拆装; 5. 风窗玻璃清洗装置使用注意事项; 6. 风窗玻璃清洗装置一般故障检测与维修	通过任务驱动教学法实施教学: 1. 起动系教学过程由任务目标、任务导入、知识准备、任务实施、知识拓展、练一练、做一做、任务评价组成,在老师的指导下制订方案并实施,最终进行评价; 2. 学生通过典型工作任务的完成,将理论知识融入实际操作中; 3. 教学过程中体现以学生为主体,教师进行适当讲解,并进行引导、督促和评估; 4. 教师应提前准备好各种媒体资料、教学课件,并准备教学场地和设备			
教学媒体与设备	学生已有的知识、能力要求	教师执教的要求		
1. 实训设备:工作台、风窗玻璃清洗总成等; 2. 通用、专用工具:扭力扳手、游标卡尺、万用表、诊断仪; 3. 多媒体教学设备; 4. 多媒体教学课件、软件; 5. 网络教学资源	1. 安全操作知识; 2. 使用各种工具的基本技能和经验; 3. 风窗玻璃清洗装置的构造、原理和拆装顺序	1. 能够根据教学方法合理设计教学情境; 2. 熟悉风窗玻璃清洗装置拆装的安全操作规程; 3. 能够完成风窗玻璃清洗装置的拆装工作; 4. 能够完成风窗玻璃清洗装置的检测; 5. 具备协调各方、处理学生误操作的能力		

任务3 车窗玻璃升降器的检测与维修

任务目标

1. 能够找到车窗玻璃升降器的位置。
2. 能够找到车窗玻璃升降器系统开关位置。
3. 能够对照结构图认知零部件。
4. 能够了解车窗玻璃升降器系统的基本工作原理。
5. 能够解决一般车窗玻璃升降器系统相关的故障问题。

任务导入

李先生驾驶一辆2010款锐志2.5S轿车,汽车可以起动运行,左前电动车窗无法关上,其他车窗操作正常,驾车到服务站进行检测与维修。

任务知识

电动车窗玻璃升降器也叫自动车窗,是指以电为动力使车窗玻璃自动升降的车窗。目前,轿车普遍装有电动车窗。它可以使驾驶员更加集中精力驾车,方便驾驶员及乘客的操作,现在轿车普遍安装有这种装置。电动车窗系统装有两套控制开关,一套装在驾驶员侧门扶手上,为总开关,驾驶员可利用控制开关使全部车窗玻璃自动升降,另一套分别装在每个车窗中部扶手上,可由乘员分别进行操作。

一、电动车窗的组成

电动车窗是由驾驶员或乘员操纵开关接通车窗升降电动机电路,电动机产生动力,通过一系列的机械传动,使车窗玻璃按要求进行升降。其优点是操作简便,有利于行车安全。

电动车窗主要由车窗、车窗升降器、电动机、继电器、开关等组成。

1. 电动机

电动机是用来为车窗的升降提供动力的装置。车窗升降电动机采用双向转动的电动机。它有永磁型和双绕组型两种。永磁型的电动机是外搭铁,双绕组型的电动机则是各绕组搭铁。这两种电动机都是通过改变电流方向来改变转向以实现车窗的升或降。

2. 车窗玻璃升降器

车窗玻璃升降器有两种形式:一种是齿扇式,另一种是齿条式。齿扇式升降器如图5-35a)所示。齿扇上连有螺旋弹簧,当车窗下降时螺旋弹簧收缩,吸收能量;当车窗上升时螺旋弹簧伸展,释放能量,以减轻电动机的负荷。无论车窗上升或下降,电动机的负荷基本相同。

当电动机转动时，通过蜗轮蜗杆减速并改变旋转方向，使齿扇转动，带着车窗进行升降。

齿条式升降器的结构如图 5-35b）所示。车窗升降器采用柔性齿条和小齿轮。当电动机转动时，通过蜗轮蜗杆减速机构将动力传给小齿轮，小齿轮又使齿条移动，齿条通过拉绳带着车窗进行升降。

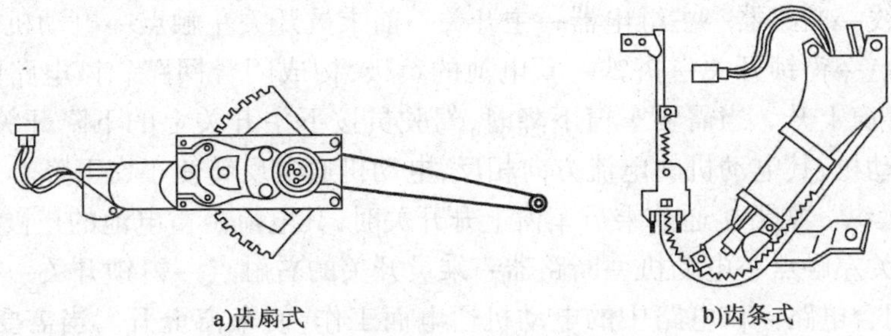

图 5-35　车窗升降器

二、工作原理

如图 5-36 所示，当点火开关转至点火挡时，电动车窗主继电器工作，触点闭合，给电动车窗电路提供了电源，此时，电源指示灯点亮。如将主开关上的窗锁开关闭合，所有车窗都可随时进入工作状态，乘员车窗的指示灯点亮。

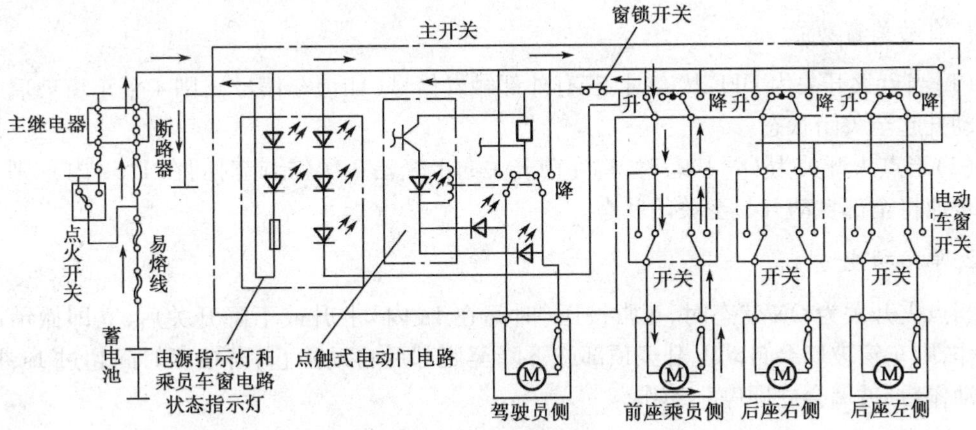

图 5-36　电动车窗的控制电路

1. 驾驶员侧的车窗升降

若主开关上的窗锁开关断开，则只有驾驶员侧的车窗具备工作条件。另外，驾驶员侧的车窗开关由点触式电路控制。车窗在下降过程中，如果要使其停止在某一位置，只要再点触一下开关即可。当驾驶员侧的车窗需要下降时，可按下主开关上的下降按钮，其电流由蓄电池的正极→断路器→电动机→驾驶员侧开关的另一触点→窗锁开关→蓄电池的负极，构成闭合电路。与此同时，触点式开关的电路也同时接通，下降指示灯点亮，继电器线圈也通电而产生吸力，保持开关处于下降工作状态，直至下降到极限位置。在下降过程中，如果要使车窗停在某一位置，驾驶员可再点触一下开关，则继电器线圈断路，车窗下降停止。

2. 前右侧车窗升降

所有乘员侧车窗的升降均有两种方式，即驾驶员操纵和乘员操纵。

(1)驾驶员操纵。当驾驶员按下主开关相应的前乘员车窗上升开关时，其电流由蓄电池的正极→易熔线→断路器→主继电器→主开关→前乘员开关左触点→电动机→断路器→乘员开关的右触点→窗锁开关→搭铁→蓄电池的负极，构成闭合回路。该电路中的电动机通电而工作，使车窗上升。当需要车窗下降时，驾驶员按下主开关上的下降开关，因为电动机是永磁双向电动机，其电动机的电流方向相反，电动机通电反转使车窗下降。

(2)乘员操纵。乘员接通前乘员车窗上升开关时，其电流由蓄电池的正极→易熔线→断路器→乘员开关左触点→电动机→断路器→乘员开关的右触点→窗锁开关→搭铁→蓄电池的负极，构成闭合电路。该电路中的电动机通电而工作，使车窗上升。当需要车窗下降时，乘员按下开关上的下降开关，其电动机的电流方向相反，电动机通电反转使车窗下降。

其他后座乘员左右车窗的升降操纵与前乘员侧的操纵方法相同，不再赘述。

三、智能型电动车窗

目前，部分中高级车辆开始装有智能型电动车窗，即车窗有微机和集成电路控制系统，具有自动关窗、点按自动升降、防夹、障碍识别等功能，其特点是针对开关的不同动作设定，车窗 ECU 做出自动识别，并输出控制指令，控制车窗电动机的动作。

1. 自动关窗功能

(1)当点火开关为 OFF 状态时，若有外部触发信号(如锁车信号)，则 4 个车窗玻璃将全部自动升起至关闭状态。

(2)当点火开关为 ON 状态时，将左前开关向上轻抬 3 次(抬起时间在 1.5s 内)，则 4 个车窗玻璃将全部自动升起至关闭状态。

2. 单按功能

当点火开关为 ON 状态时，正常按压(时间在 1s 内)上升或下降开关后，立即撤销该开关动作，则车窗玻璃会自动上升至顶部或下降至底部后自动停止；若按压时间超过 1s，撤销按压动作后，玻璃会立即停止动作。

3. 障碍物识别功能

汽车 4 个车窗玻璃在上升过程中，如遭遇障碍物均会自动停止上升，并自动下降 10mm。

任务实施

一、诊断信息收集与初步判断

技师询问李先生的车辆信息，车辆为 2010 款锐志 2.5S 轿车，行驶里程为 3.2 万 km，车况良好，定期进行维护。技师进行车窗升降操作，无反应，询问李先生之前有无异常，反应过去有人在等红灯时派送洗车卡等传单，李先生嫌麻烦，就将车窗关闭，派送员有时会将广告塞在车窗上。技师怀疑传单卡滞车窗，操作车窗时造成电机烧坏。准备拆卸升降电机进行检查。

二、拆卸车窗玻璃升降电机

(1)拆卸前门下门框支架装饰条：如图5-37所示松开两个卡子，拆下前门下门框支架装饰条。拆卸前门内把手框插销：使用缠有保护性胶带的螺丝刀，分离3个卡爪，拆下前车门内把手框插销。

(2)拆卸多路网络主开关总成：如图5-38所示使用螺丝刀分离3个卡爪和卡子，使用螺丝刀前，应在螺丝刀头部缠上胶带，断开连接器，拆下多路网络主开关总成。

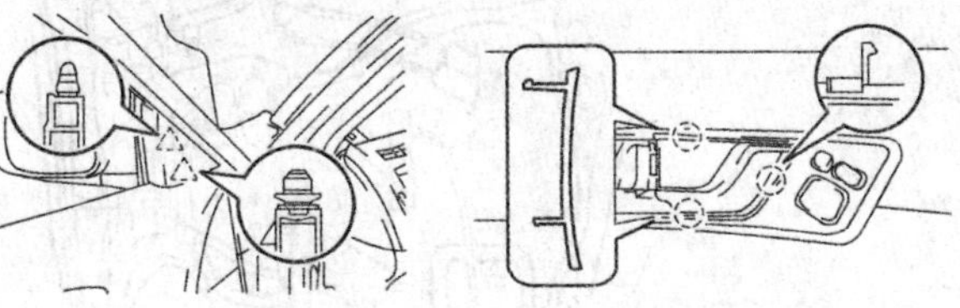

图5-37　卡子与饰条位置示意图

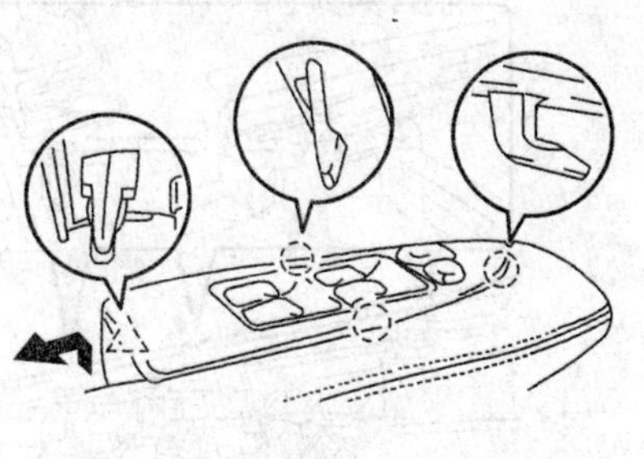

图5-38　多路网络主开关总成拆卸位置示意图

(3)拆卸辅助拉手罩：如图5-39所示分离6个卡爪，拆下辅助拉手盖。拆卸车门辅助拉手总成：拆下两个螺钉和车门辅助拉手总成。

(4)拆卸门控灯总成：如图5-40所示使用螺丝刀分离卡爪，拆下门控灯总成，使用螺丝刀前，应在螺丝刀头部缠上胶带，断开连接器。

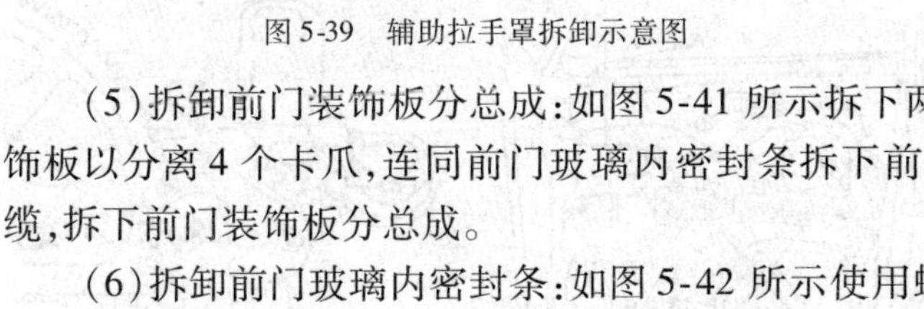

图5-39　辅助拉手罩拆卸示意图

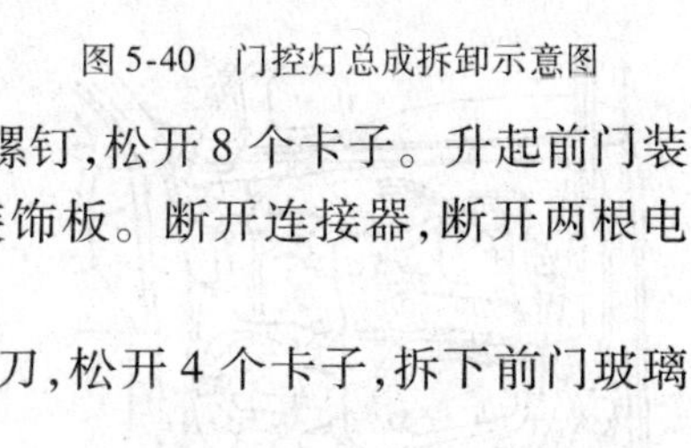

图5-40　门控灯总成拆卸示意图

(5)拆卸前门装饰板分总成：如图5-41所示拆下两个螺钉，松开8个卡子。升起前门装饰板以分离4个卡爪，连同前门玻璃内密封条拆下前门装饰板。断开连接器，断开两根电缆，拆下前门装饰板分总成。

(6)拆卸前门玻璃内密封条：如图5-42所示使用螺丝刀，松开4个卡子，拆下前门玻璃内密封条。

(7)拆卸前门检测与维修孔盖：如图5-43所示断开各连接器，拆下前门检测与维修孔盖，注意清除车门侧残余的胶带。

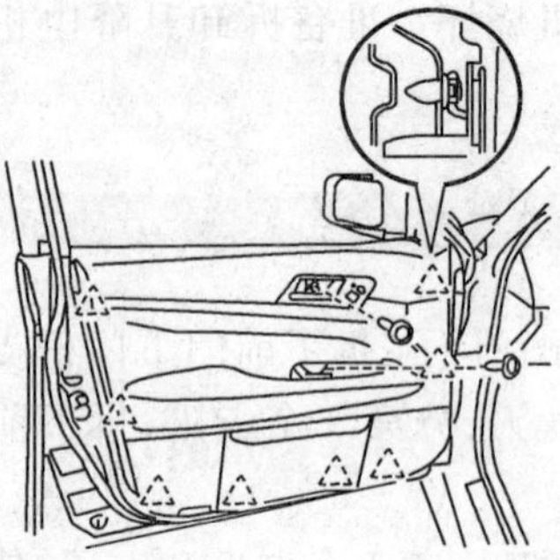

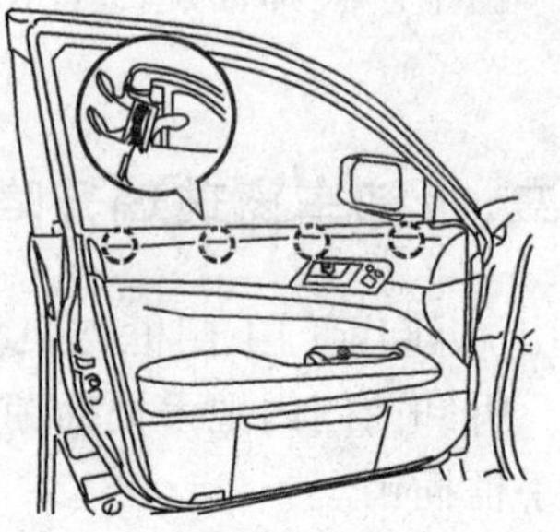

图 5-41 前门装饰板分总成拆卸示意图

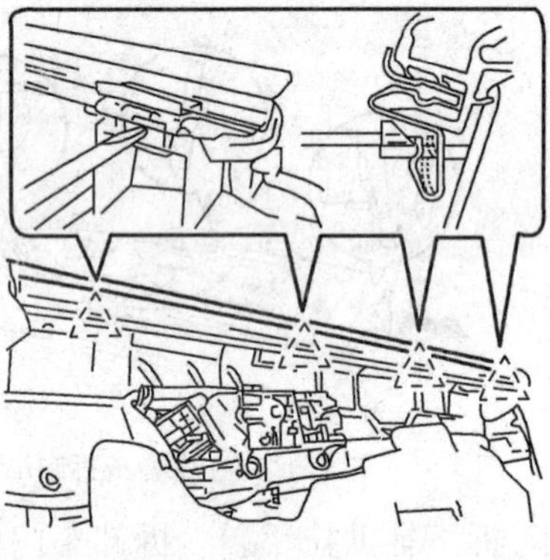

图 5-42 前门玻璃内密封条拆卸示意图

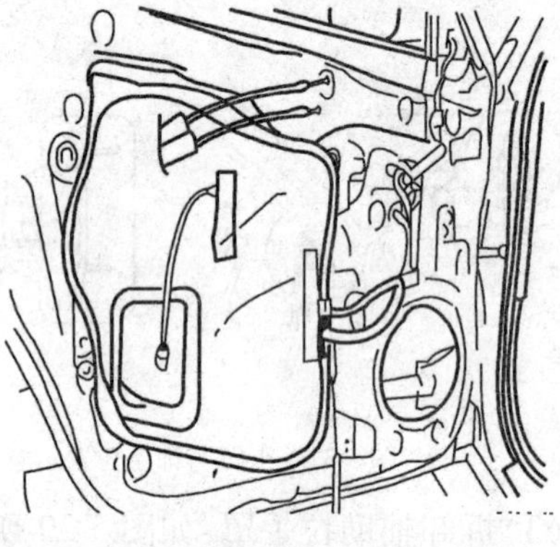

图 5-43 前门检测与维修孔盖拆卸示意图

(8)拆卸前门玻璃分总成:连接电动车窗升降器主开关,操作开关总成,移动前门玻璃分总成,以保证可以看见车门玻璃螺栓。如图 5-44 所示拆下两个螺栓和前门玻璃分总成。注意拆下螺栓后,车门玻璃有可能会掉落或变形,注意不要损坏车门玻璃。断开电动车窗升降器主开关总成。

(9)拆卸前门车窗升降器分总成:断开连接器,松开临时螺栓。临时螺栓被拆下时防止车窗升降器掉落或变形。如图 5-45 所示拆下 5 个螺栓,将前门车窗升降器分总成好前门电动车窗升降器电机总成作为一个整体拆下,从前门车窗升降器分总成上拆下临时螺栓。

(10)拆卸前电动车窗升降器电动机:如图 5-46 所示使用"Torx"螺丝刀(T25)拆下 3 个螺钉和前电动车窗升降器电动机。

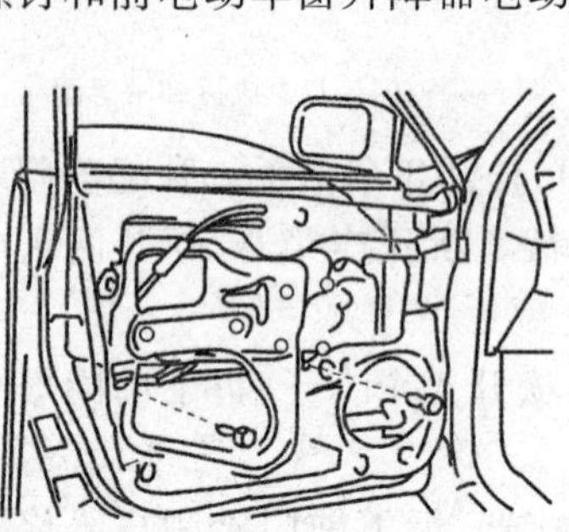

图 5-44 前门玻璃分总成拆卸示意图

图 5-45 前门车窗升降器分总成拆卸示意图

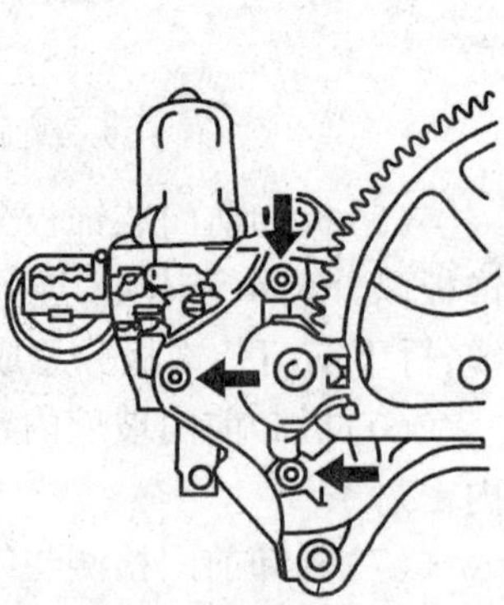

图 5-46 升降器电动机拆卸示意图

三、检查电动车窗升降器电机

拆下电动车窗升降器电机，根据表5-5，如图5-47所示电动机连接器端子施加蓄电池电压。注意不要对除端子1和2之外的任何端子施加蓄电池电压。

电动车窗升降器电机连接器施加电压标准表　　表5-5

测量条件	规定状态
蓄电池正极(+)→端子1(*D*)	电动机齿轮顺时针旋转
蓄电池负极(-)→端子2(*U*)	
蓄电池正极(+)→端子2(*U*)	电动机齿轮逆时针旋转
蓄电池负极(-)→端子1(*D*)	

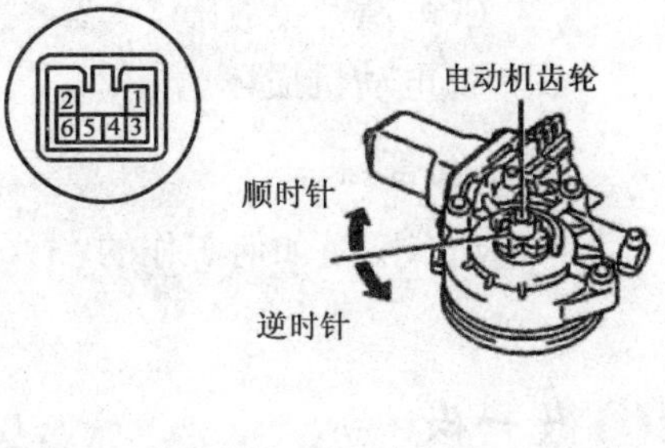

图5-47　电动机连接器端子示意图

检测结果为电机正反向都不转动，表明电机由于卡滞造成了电机被烧坏。

注意：车窗玻璃处容易造成纸片等物塞入导致卡死，很容易烧坏玻璃升降直流电机。

四、安装电动车窗升降器电机

安装过程为拆卸过程的逆过程。

安装前电动车窗升降器电机：需要注意的是安装前电动车窗升降器电机时，升降器臂必须低于中间位置。升降器电机安装的3个螺钉的紧固力矩为5.4N·m。新车窗升降器分总成采用自攻丝方式，自攻螺钉插入时，升降器的安装位置被刻上螺纹。

安装前门车窗升降器分总成(6个螺栓紧固力矩为11N·m)；安装前门玻璃分总成。安装前门检测与维修孔盖。安装前门玻璃内密封条。安装前门装饰板分总成；安装门控灯总成；安装多路网络主开关总成。

五、装复后检查

装复后，左前车门车窗升降正常。故障排除。

服务顾问向李先生告知：车窗玻璃处容易造成纸片等物塞入导致卡死，很容易烧坏玻璃升降直流电机，如果出现卡滞现象不要长时间按动升降开关，应当及时送修车辆，防止造成电动被烧坏。

练一练

一、判断题

电动车窗的电动机是双向电动机。　　(　　)

二、选择题

如果在开启车窗时，某个车窗不能升降，则可能是(　　)。

A. 熔断器短路

B. 电源电压过低

C. 电源开关故障

D. 电动机损坏

三、简答题

电动车窗是如何工作的？

做一做

两名同学一组，一名同学做工作任务内容时，另一名同学对其项目完成情况做出点评，说明其各步骤的表述是否清晰，对工作原理的理解是否有错，应当如何表述，之后对调进行同样的工作任务内容并评价。

任务评价

电动玻璃升降器检测与维修评价表如表5-6所示。

电动玻璃升降器检测与维修评价表　　表5-6

序号	内容及要求	评分	评分标准	自评	组评	师评	得分
1	准备	10	①汽车进入工位前，准备好相关的器材(4分)； ②拉紧驻车制动器，把变速杆置于空挡或P挡位置(3分)； ③套上三件套、粘贴翼子板布(3分)				
2	清洁	10	按要求清理工位				
3	轿车电动玻璃升降电机的拆卸	30	严格按照技术要求拆卸，不野蛮操作				
4	电动玻璃升降电机总成的检测	10	按照要求进行检测，检测结果正确				
5	电动玻璃升降电机总成的安装	15	严格按照技术要求安装，紧固力矩正确，在正确位置涂抹润滑脂				
6	排除故障	15	能够排除故障				
7	安全文明生产	10	①结束后清洁(5分)； ②工量具归位(5分)				
指导教师总体评价 指导教师＿＿＿＿ ＿＿＿年＿＿月＿＿日							

教学提示

"电动玻璃升降器检测与维修"教学提示如表 5-7 所示。

"电动玻璃升降器检测与维修"教学提示　　表 5-7

<table>
<tr><td>任务 3</td><td colspan="2">电动玻璃升降器检测与维修</td><td>学时</td><td>2</td></tr>
<tr><td>学习目标</td><td colspan="4">1. 拆装电动玻璃升降器；
2. 检测电动玻璃升降器系统；
3. 检测、排除电动玻璃升降器典型故障</td></tr>
<tr><td>学习内容</td><td colspan="4">教学方法与建议</td></tr>
<tr><td>1. 电动玻璃升降器的功能；
2. 电动玻璃升降器的基本构造与工作原理；
3. 电动玻璃升降器系统电路；
4. 电动玻璃升降器的拆装；
5. 电动玻璃升降器使用注意事项；
6. 电动玻璃升降器一般故障检测与维修</td><td colspan="4">通过任务驱动教学法实施教学：
1. 电动玻璃升降器教学过程由任务目标、任务导入、知识准备、任务实施、练一练、做一做、任务评价组成，在老师的指导下制订方案并实施，最终进行评价；
2. 学生通过典型工作任务的完成，将理论知识融入实际操作中；
3. 教学过程中体现以学生为主体，教师进行适当讲解，并进行引导、督促和评估；
4. 教师应提前准备好各种媒体资料、教学课件，并准备教学场地和设备</td></tr>
<tr><td>教学媒体与设备</td><td>学生已有的知识、能力要求</td><td colspan="3">教师执教的要求</td></tr>
<tr><td>1. 实训设备：工作台、电动玻璃升降器总成等；
2. 通用、专用工具：扭力扳手、游标卡尺、万用表、诊断仪；
3. 多媒体教学设备；
4. 多媒体教学课件、软件；
5. 网络教学资源</td><td>1. 安全操作知识；
2. 使用各种工具的基本技能和经验；
3. 电动玻璃升降器的构造、原理和拆装顺序</td><td colspan="3">1. 能够根据教学方法合理设计教学情境；
2. 熟悉电动玻璃升降器拆装的安全操作规程；
3. 能够完成电动玻璃升降器的拆装工作；
4. 能够完成电动玻璃升降器的检测；
5. 具备协调各方、处理学生误操作的能力</td></tr>
</table>

任务 4　门锁系统的检测与维修

任务目标

1. 能够找到门锁、防盗系统组成部件的位置。
2. 能够对照结构图认知零部件。
3. 能够了解门锁、防盗系统的基本工作原理。
4. 能够解决一般门锁、防盗系统相关的故障问题。

任务导入

张先生驾驶一辆2006款丰田凯美瑞轿车，汽车可以起动运行，近期出现了无法上锁的故障，驾车到服务站进行检测与维修。

任务知识

一、中央门锁的功能

汽车装备中央门锁后可实现下列功能：

(1)将驾驶员车门锁扣按下时，其他几个车门及行李舱门都能自动锁定；如用钥匙锁门，也可同时锁好其他车门和行李舱门。

(2)将驾驶员车门锁扣拉起时，其他几个车门及行李舱门锁扣都能同时打开；用钥匙开门，也可实现该动作。

(3)在车内个别车门需打开时，可分别拉开各自的锁扣。

(4)配合防盗系统，实现防盗。

二、中央门锁的构造与组成

中央门锁主要由控制电路和执行机构等组成(图5-48)。控制电路主要由门锁控制开关、钥匙操纵开关、门锁总成、行李舱门锁、门锁控制器、定时装置和继电器等组成。

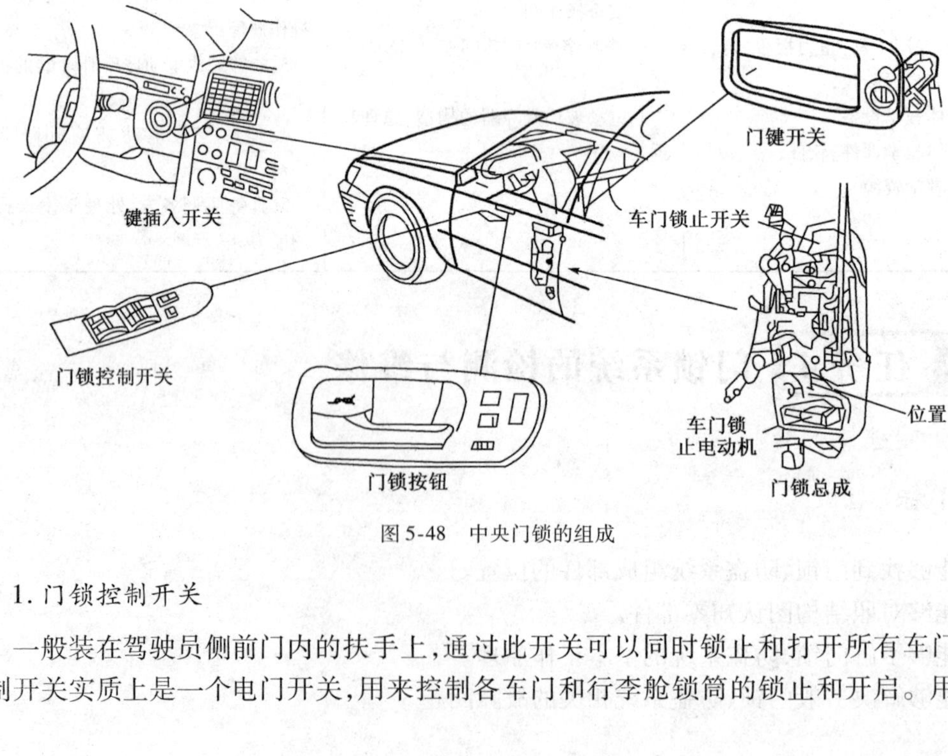

图5-48 中央门锁的组成

1. 门锁控制开关

一般装在驾驶员侧前门内的扶手上，通过此开关可以同时锁止和打开所有车门。门锁控制开关实质上是一个电门开关，用来控制各车门和行李舱锁筒的锁止和开启。用钥匙来拨动门锁锁心并使其转过一定的角度，即可接通门锁执行机构的电路，使电磁线圈产生吸力将门锁锁止或开启。

2. 门锁总成

由门锁传动机构、门锁位置开关、外壳等组成，如图 5-49 所示。

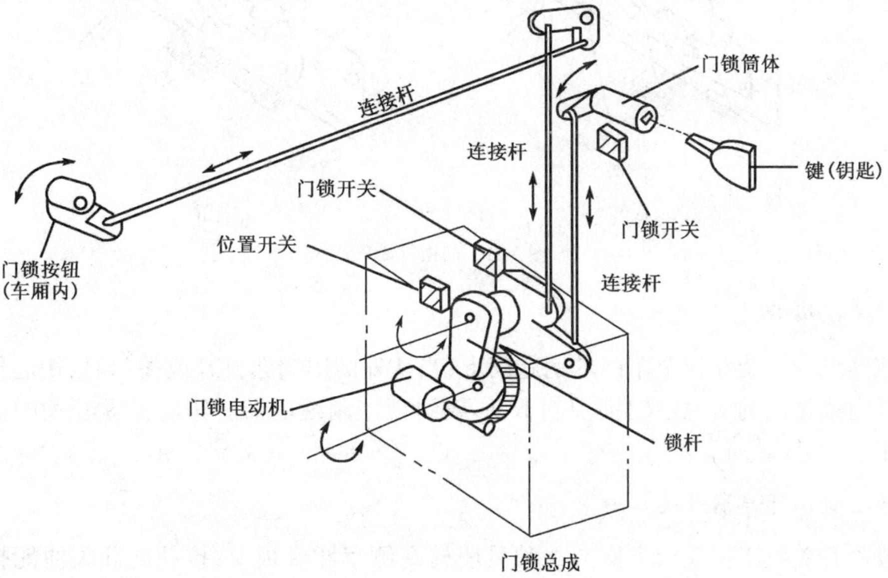

图 5-49　门锁总成

门锁传动机构主要由门锁电动机、齿轮和位置开关等组成，如图 5-50 所示。门锁电动机是门锁执行器，当门锁电动机转动时，蜗杆带动涡轮转动，涡轮推动锁杆，车门被锁上或打开，然后涡轮在复位弹簧的作用下返回原位置，防止操纵门锁钮时电动机工作。

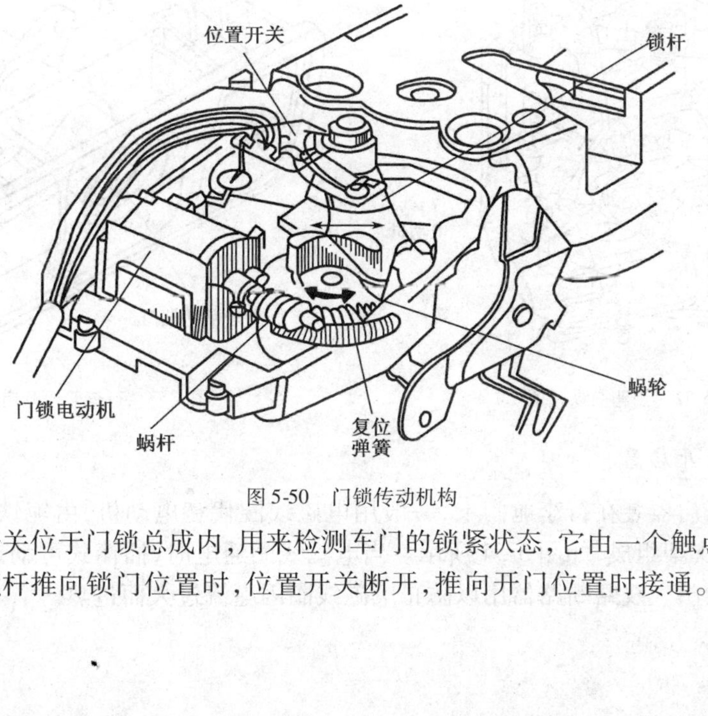

图 5-50　门锁传动机构

门锁位置开关位于门锁总成内，用来检测车门的锁紧状态，它由一个触点片和一个开关底座组成。当锁杆推向锁门位置时，位置开关断开，推向开门位置时接通。即当车门关闭时,此开关断开,当车门打开时此开关接通。如图 5-51 所示为门锁位置开关在车门锁紧和打开时的状态。

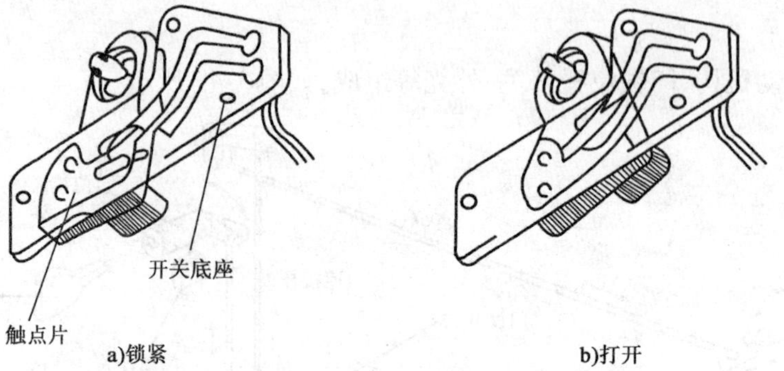

图 5-51　门锁位置开关

3. 钥匙操纵开关

钥匙操纵开关装在每个车门的钥匙门上,当从外面用钥匙打开或关门时,钥匙控制开关便发出开门或锁门的信号给门锁控制 ECU 或门锁控制继电器。钥匙操纵开关的位置如图 5-52 所示。

4. 行李舱门开启器开关

一般该开关位于仪表板下面或驾驶员座椅左侧车厢底板上,拉动此开关便能打开行李舱门,如图 5-53 所示。行李舱的钥匙门靠近其开启器,推压钥匙门,断开行李舱内主开关,此时再拉开开启器开关也不能打开行李舱门。将钥匙插进钥匙门内顺时针旋转打开钥匙门,主开关接通,这样便可用行李舱门开启器打开行李舱。

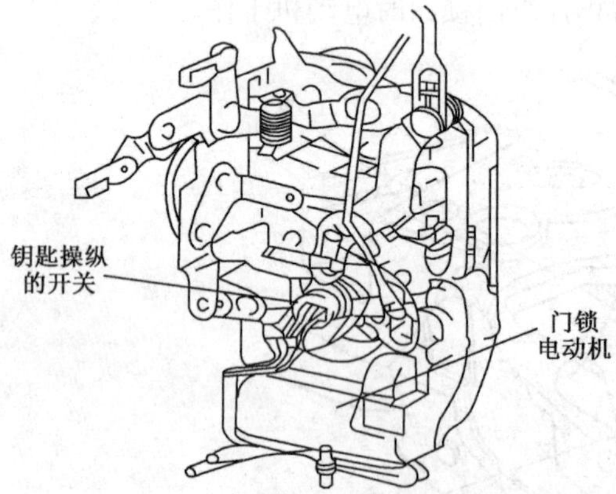

图 5-52　钥匙操纵开关

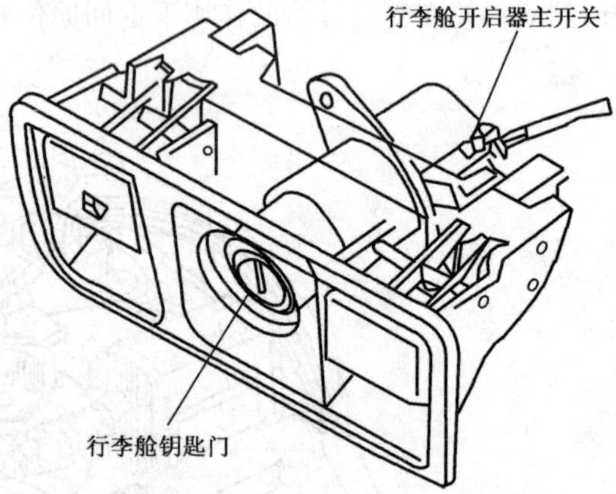

图 5-53　行李舱门开启器开关

5. 行李舱门开启器

行李舱门开启器装在行李舱门上,一般用电磁线圈代替电动机,由轭铁、插棒式可动铁芯、电磁线圈和支架组成,如图 5-54 所示。当电磁线圈通电时,插棒式可动铁芯将锁芯轴拉入并打开行李舱门。线路断路器用以防止电磁线圈因电流过大而过热。

6. 定时装置

基本原理是利用电容器的充放电特性，来控制执行机构的通电时间，使执行机构锁止或开启，电容器的电恰好放完，继电器的电流中断，从而丧失吸力使触点断开。

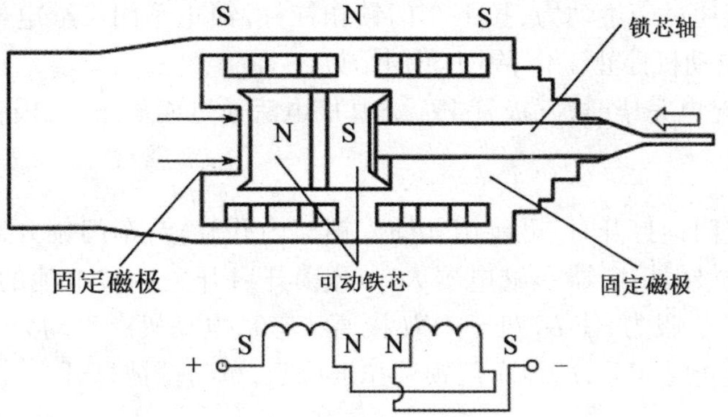

图 5-54　行李舱门开启器

7. 中央门锁执行机构

作用是执行驾驶员的指令，将门锁锁止或开启。门锁执行机构常见的有电磁线圈式、电动机式和永磁型电动机式。

三、中央门锁的工作原理

典型中央门锁的控制电路图如图 5-55 所示，其工作过程如下：

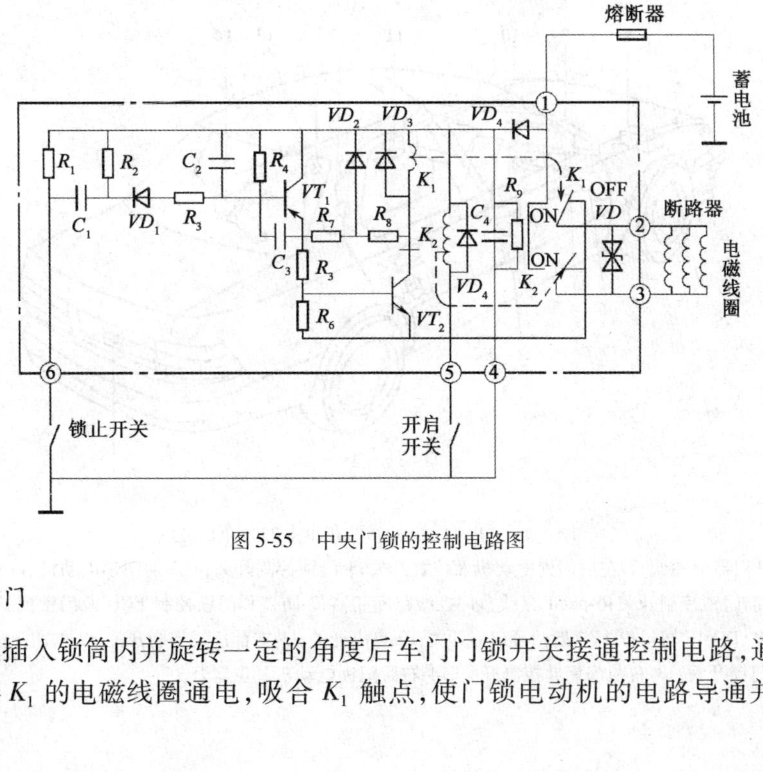

图 5-55　中央门锁的控制电路图

1. 锁止车门

当将钥匙插入锁筒内并旋转一定的角度后车门门锁开关接通控制电路，通过一系列的控制使继电器 K_1 的电磁线圈通电，吸合 K_1 触点，使门锁电动机的电路导通并构成闭合回路，电动机转动将门锁锁扣锁止。其电路为：蓄电池的正极→熔断器→二极管 VD_5→三极管 VT_1 发射极→电阻 R_3→二极管 VD_1→电容器 C_1→锁止开关→蓄电池的负极。C_1 充电瞬间，VT_1、VT_2 导通，继电器 K_1 线圈有电流通过而产生吸力，将 K_1 触点吸到 ON 的位置。这时的电流由蓄电池的正极→熔断器→继电器 K_1→执行机构（电动机）→继电器 K_2→蓄电池的负极。电动机有电流通过产生动力，拉下车门锁扣杠杆，锁止车门。继电器线圈 K_1 失电而吸力消失，K_1 断开，电动机停止工作，锁止车门结束。

当电容器 C_1 充电完毕时，三极管 VT_1 无基极电流通过而截止，三极管 VT_2 也随之截止。

2. 打开车门

当驾驶员需将门锁打开时，可将钥匙插入锁筒内并旋转，车门锁开启开关闭合。这时，蓄电池的电流由正极→熔断器→继电器 K_2→开锁开启开关→蓄电池的负极。由于继电器 K_2 的线圈通电而产生吸力，使 K_2 处于 ON（接通状态），电动机产生动力，由于通过电动机的电流方向与车门锁止时相反，所以车门锁锁扣被拉起，车门锁被打开。

四、电控中央门锁

电控中央门锁由信号输入装置、ECU 和执行器三部分组成。信号输入装置由门锁控制开关、钥匙开锁报警开关、钥匙控制开关、行李舱门开关、门控开关、门锁开关等组成。中央门锁 ECU 由输入器、存储器、鉴别器、编码器、驱动极、抗干扰电路、显示装置、保险装置和电源等部分组成。

电控中央门锁各器件在车上分布位置如图 5-56 所示。电控中央门锁具有锁门控制、开门控制、防止钥匙遗忘、行李舱门开启器控制等多种功能。

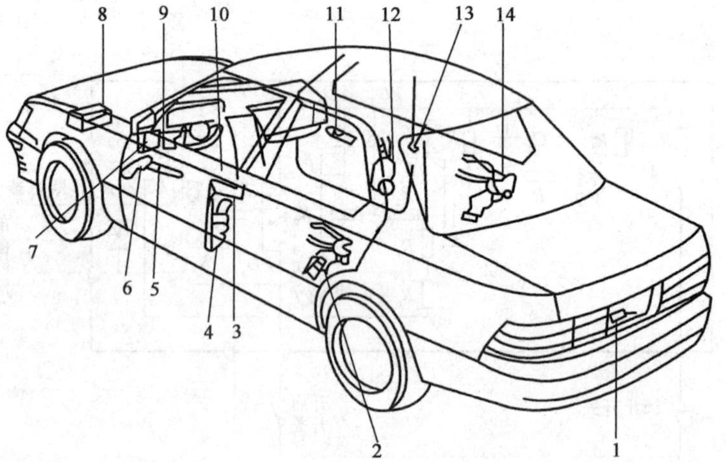

图 5-56 中央门锁各器件在车上的分布位置

1-行李舱门开启器电磁阀；2-左后门锁电动机及位置开关；3-门锁控制开关；4-左前门锁电动机、位置开关及门锁开关；5-左前门锁控制开关；6-No. 1 接线盒门控线路断路器；7-防盗和门锁控制 ECU 及门锁控制继电器；8-No. 2 接线盒、DOME 熔丝；9-行李舱门开启器开关；10-点火开关；11-右前门锁控制开关；12-右前门锁电动机、位置开关和门锁开关；13-右前门钥匙控制开关；14-右后门锁电动机及位置开关

五、遥控门锁

遥控门锁不用钥匙插入门锁，可实现远距离开锁和闭锁，即使在夜间或黑暗中使用也非常方便。遥控门锁系统主要由发射机、分配器、接收机及保险装置等组成，其原理如图5-57所示。

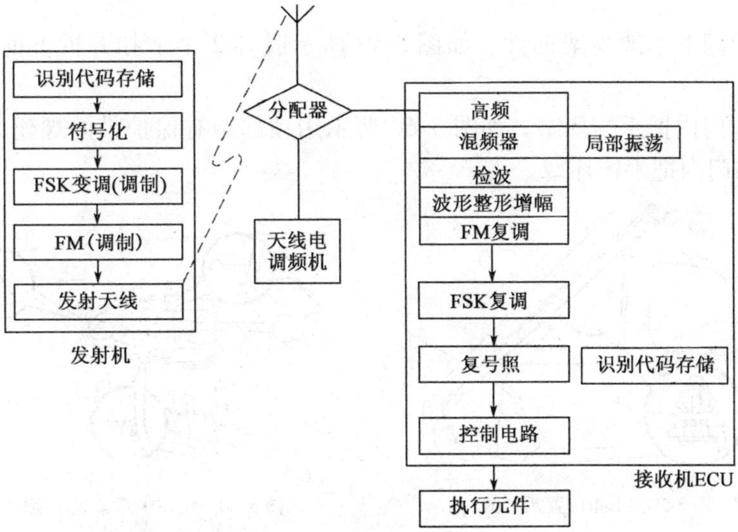

图5-57　遥控门锁电路

发射机将次载波的频率按照数字识别代码信号进行频率偏移调制(FSK)，再进行FM调制和发射，而不受外来杂波的干扰。FM波由汽车无线电调频机的FM天线进行接收，通过分配器进入接收机ECU的高频增幅处理器进行处理，与存储的识别代码进行比较。如果正确，则输入控制电路，控制执行元件工作。

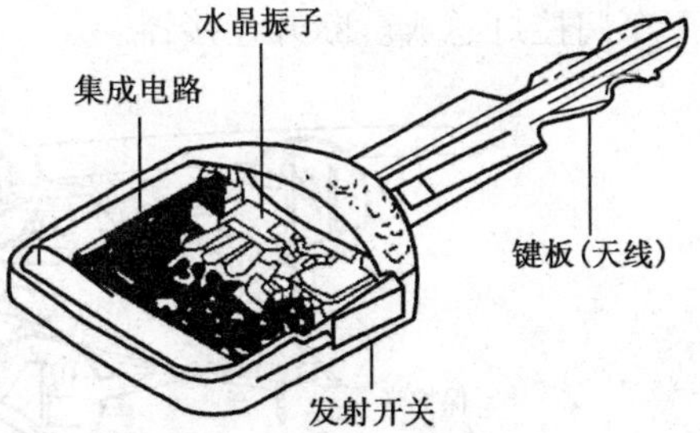

图5-58　无线电遥控器(发射机)

发射机在键板上与通信电路组成一体，如图5-58所示。从识别代码存储回路到FSK回路，由于采用单芯片集成电路而使体积小型化，集成电路的背面为锂电池。发射开关每按一次，接收器便接收一次上锁或解锁命令。

任务实施

一、诊断信息收集与初步判断

技师询问张先生车辆信息，得知车辆为2006款丰田凯美瑞轿车，近期出现了无法上锁的故障，技师进行操作，防盗系统不报警，显示接受遥控信号，但无法锁止车门。经了解，张先生为某工程项目的监理，工作环境较差，两个月前在小修理厂更换过左前门的喇叭，技师检查了车门，发下修理工对前门玻璃内侧密封条处理得比较粗糙，起不到密封作用，初步判定为门锁执行机构被油泥卡滞造成执行机构不动作，准备拆卸门锁总成进行下一步检查。

二、门锁总成拆卸

(1)拆卸前门下车架支架饰件。如图 5-59 所示脱开 2 个卡扣并拆下前门下车架支架饰件。

(2)拆卸前门内把手饰环塞。如图 5-60 所示用顶部缠有保护带的螺丝刀，脱开 3 个定位爪，并拆下前门内把手饰环塞。

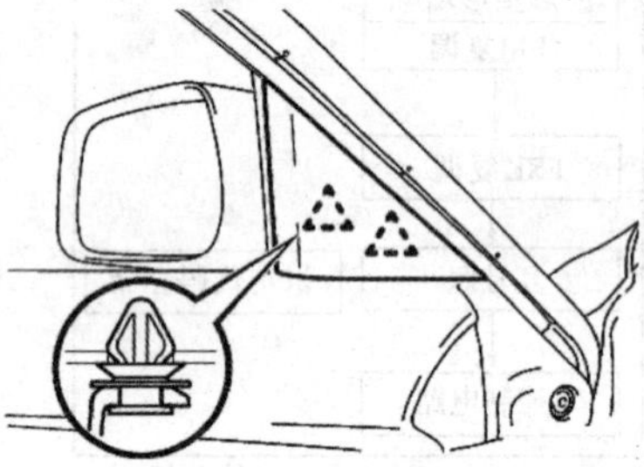

图 5-59　卡扣位置示意图

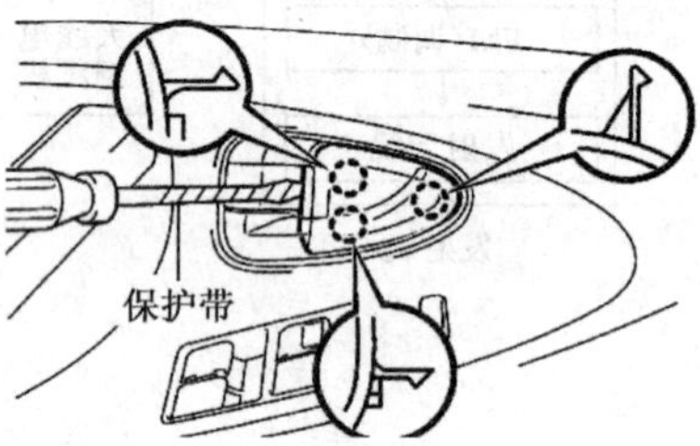

图 5-60　定位卡爪位置示意图

(3)拆卸辅助把手盖。如图 5-61 所示用顶部缠有保护带的螺丝刀，脱开 6 个定位爪，并拆下辅助把手盖。

(4)拆卸车门控灯总成。如图 5-62 所示用顶部缠有保护带的螺丝刀，脱开定位爪，并拆下车门控灯总成。断开连接器。

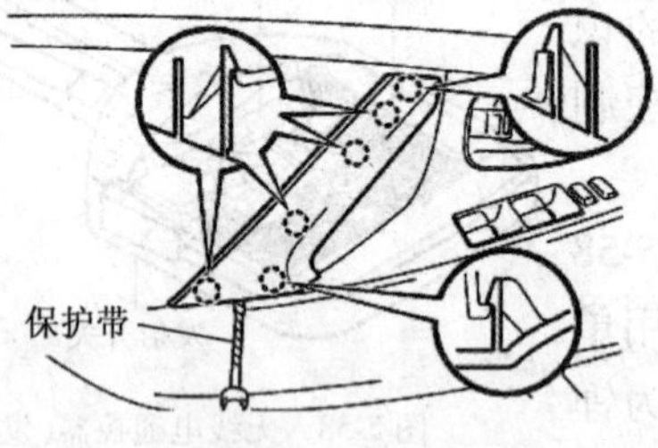

图 5-61　定位卡爪位置示意图

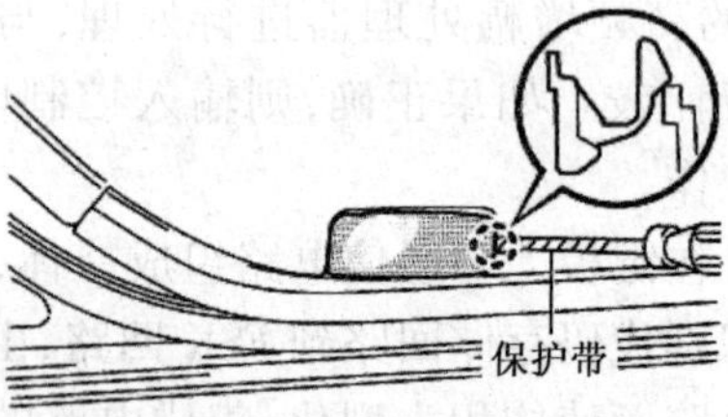

图 5-62　车门控灯总成拆卸示意图

(5)拆卸前门饰板分总成。如图 5-63 所示拆卸 3 个螺钉和卡扣(A)。用卡扣拆卸工具脱开 9 个卡扣。按箭头所指方向拉出前门饰板。从前门板上脱开基准凸起物。抬起前门饰板，脱开 4 个定位爪并拆下和前门玻璃内侧密封条在一起的前门饰板。脱开两个定位爪并断开前门内把手分总成。

(6)拆卸前门玻璃内侧密封条。如图 5-64 所示断开连接器。拆下 3 个螺钉和电动窗调节器主开关总成。

(7)拆卸前门内把手分总成。如图 5-65 所示脱开夹箍并拆下两个螺钉和前门导线。

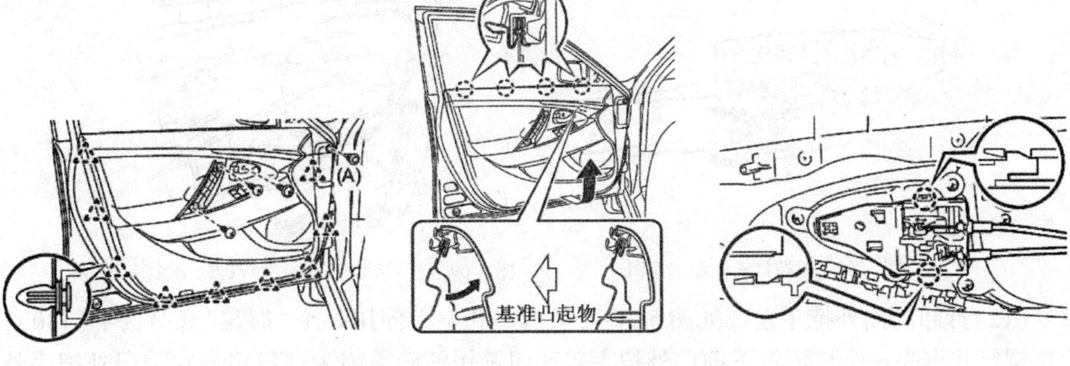

图 5-63　卡爪位置及内把手分总成拆卸示意图

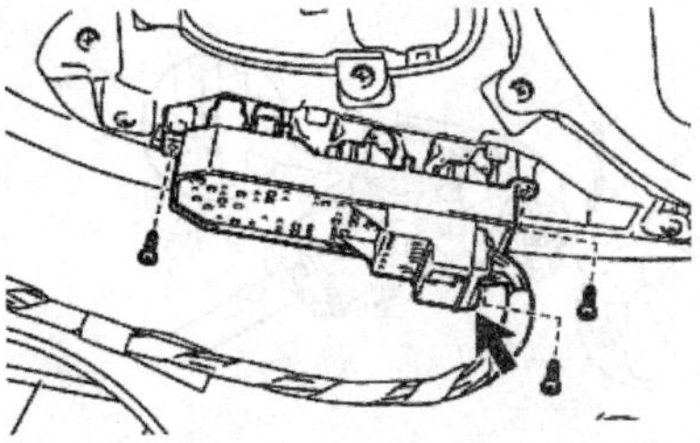

图 5-64　电动窗调节器主开关总成拆卸示意图

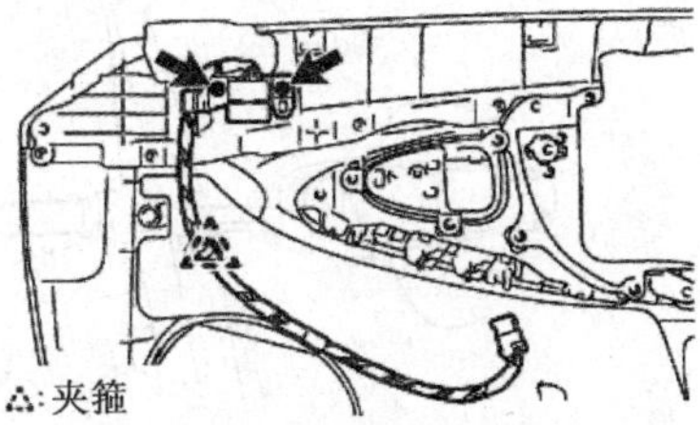

图 5-65　前门内把手分总成拆卸示意图

(8)拆卸前 1 号扬声器总成。如图 5-66 所示用螺丝刀脱开 4 个卡扣,并从前门饰板上拆下前门玻璃内侧密封条。

(9)拆卸前门维修孔盖。如图 5-67 所示拆下 7 个螺钉。脱开 4 个定位爪并拆下前扶手上底板。

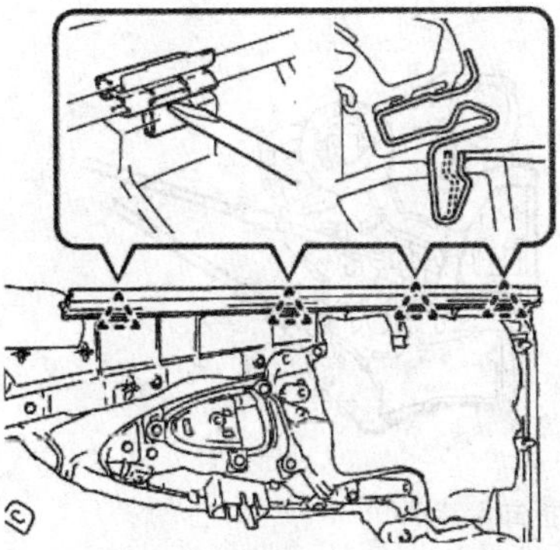

图 5-66　密封条拆卸示意图

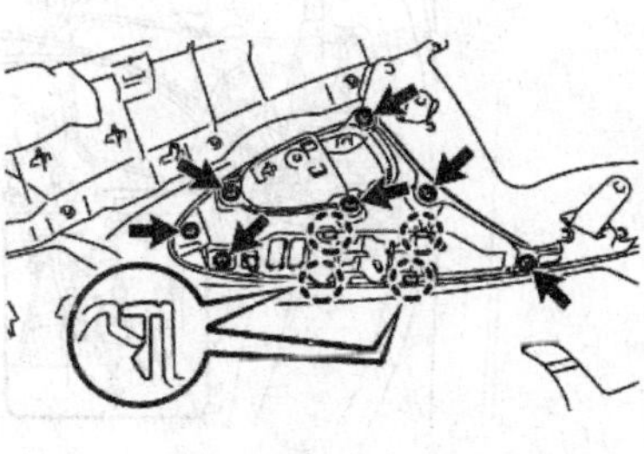

图 5-67　前门维修孔盖拆卸示意图

(10)拆卸前门玻璃分总成。如图 5-68 所示,断开前门锁遥控拉索和前门内侧锁止拉索并拆下前门内把手分总成。

(11)拆卸前门后下车架分总成。如图 5-69 所示,拆下螺栓和前门后下车架分总成。

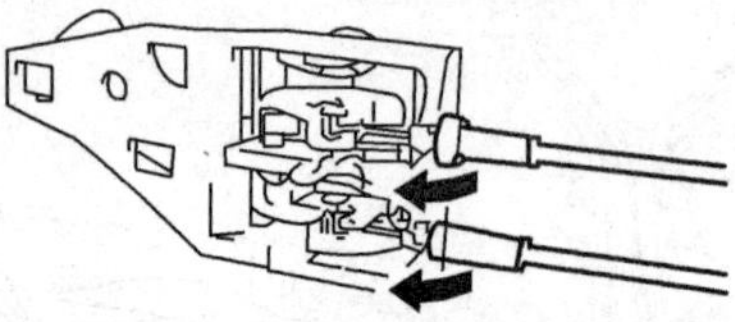

图 5-68 遥控拉索拆卸示意图

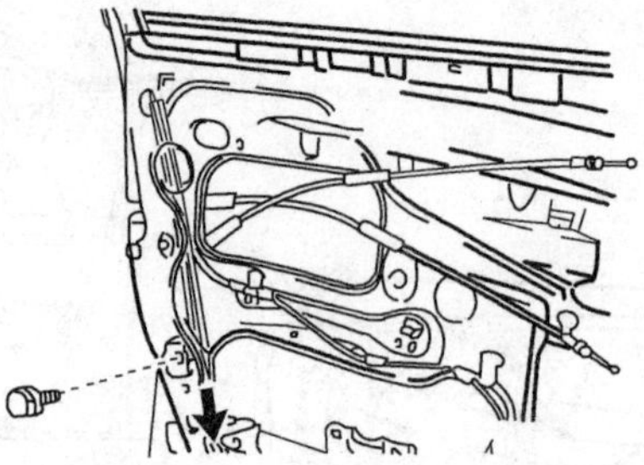

图 5-69 前门后下车架分总成拆卸示意图

(12)拆卸前门外把手盖。如图 5-70 所示拆卸孔塞。使用一个“梅花”套筒扳手(T30),拧松螺钉并作为一个整体拆下前门外把手盖和门锁钥匙筒。因为螺钉集成在前门外把手外壳分总成中,所以不能拆下它。用螺丝刀脱开两个定位爪并拆下前门外把手盖。

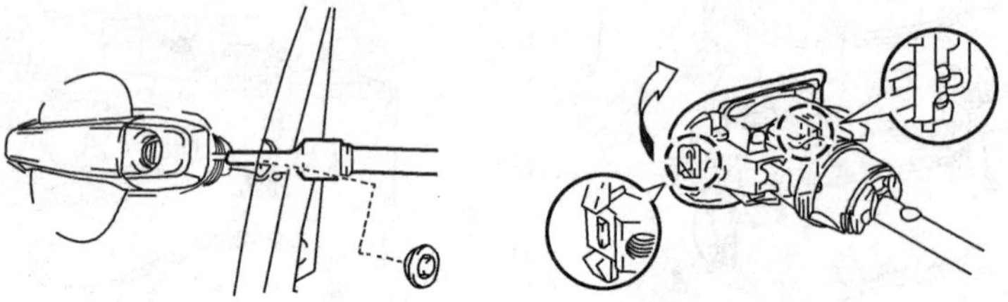

图 5-70 前门外把手盖拆卸示意图

(13)拆卸前门锁总成。断开连接器。如图 5-71 所示用“梅花”套筒扳手(T30)拆下 3 个螺钉。向下滑动前门锁总成,将前门锁开启杆从外把手外壳中拔出。将前门锁总成和拉索作为一个整体拆下。从前门锁总成上拆下前门锁开启杆。并从前门锁总成上拆下前门锁线束密封件。拆下前门锁遥控拉索总成。使用刀头缠上胶带的螺丝刀,脱开 3 个定位爪。拆下前门内侧锁止拉索总成。

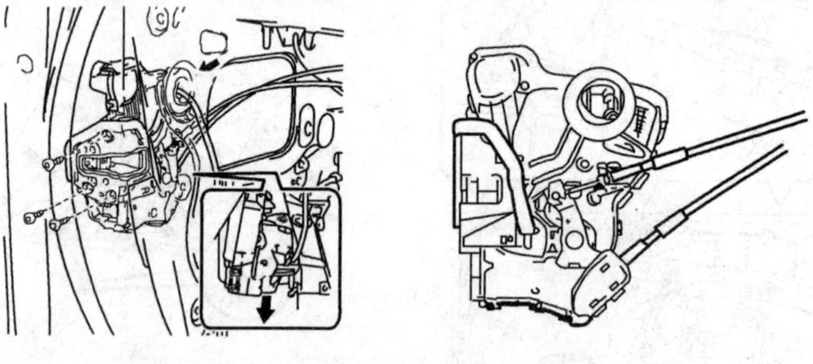

图 5-71 前门锁总成拆卸示意图

拆卸后发现门锁机械部分油泥堵塞严重。

三、门锁总成检查

(1)检查前门锁总成:拆下前门锁总成。检查门锁电机的运行情况。

根据表 5-8 施加图 5-72 中端子蓄电池电压并检查门锁电机的运行。通电后听到门锁电机的加电后的动作声音，但由于油泥卡滞造成的不动作。清洗后动作正常。

门锁电机加电状态表　　表 5-8

测量条件	规定条件
蓄电池正极（+）→端子 4	锁止
蓄电池负极（-）→端子 1	
蓄电池正极（+）→端子 1	开锁
蓄电池负极（-）→端子 4	

检查车门钥匙上锁和开锁开关的运行情况。

（2）根据表 5-9 中的参考值按图 5-73 中端子测量电阻。

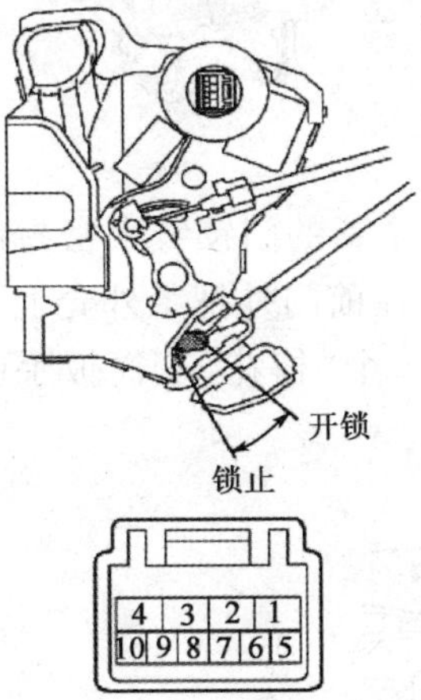

图 5-72　门锁总成及端子示意图

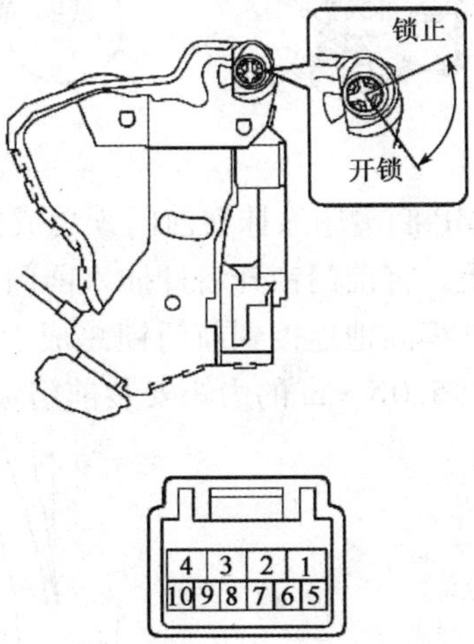

图 5-73　端子及车门钥匙上锁和开锁开关的运行情况示意图

测试仪测试门锁端子标准电阻值表　　表 5-9

测试仪连接	条件	规定条件
7－8	ON［门锁置于锁止（LOCK）位置］	低于 1Ω
7－10	ON［门锁置于开锁（UNLOCK）位置］	低于 1Ω

（3）检查车门开锁检测开关的运行情况。根据表 5-10 中的参考值按图 5-73 端子测量电阻。

测试仪测试门锁端子标准电阻值表　　表 5-10

测试仪连接	条件	车门锁止条件	规定条件
7－9	蓄电池正极（+）→端子 4 蓄电池负极（-）→端子 1	锁止	10kΩ 或更高
7－8	蓄电池正极（+）→端子 1 蓄电池负极（-）→端子 4	开锁	低于 1Ω

四、门锁总成安装

注意：重新使用门锁线束密封件或使用损坏的门锁线束密封件可能导致连接器进水，进而导致前门锁总成故障。因此重新使用拆下的前门锁总成时，应将连接器上的门锁线束密封件换成新的。不要让油脂或灰尘黏附在连接器的门锁线束密封面。

(1)安装前门内侧锁止拉索总成。如图5-74所示接合3个定位爪。安装前门锁遥控拉索总成。

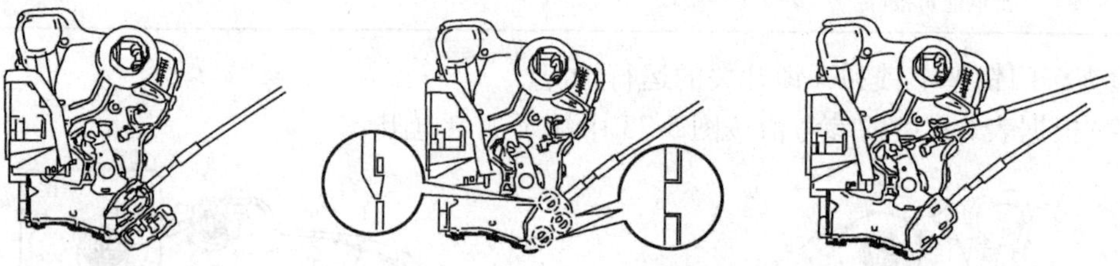

图5-74　拉索总成安装示意图

将MP润滑脂涂抹在前门锁总成的滑动零件上。将一个新的门锁线束密封件装到前门锁总成上。将前门锁开启杆插入前门锁总成并将总成安装在前门外把手外壳上。确保前门锁开启杆牢固地连接到前门锁总成上。如图5-75所示用一个“梅花”套筒扳手(T30)，用3个螺钉以5.0N·m的力矩安装前门锁总成。接上连接器。

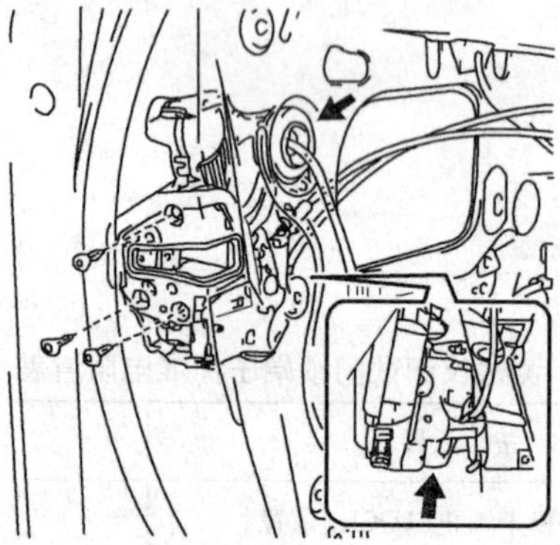

图5-75　前门锁总成安装示意图

(2)安装前门外把手盖。如图5-76所示接合两个定位爪以将前门外把手盖装到前车门钥匙筒上。安装前车门钥匙筒。确保前车门钥匙筒杆插入前门锁总成中。使用一个“梅花”套筒扳手(T30)，用螺钉以4.0N·m的力矩安装前车门钥匙筒。安装孔塞。

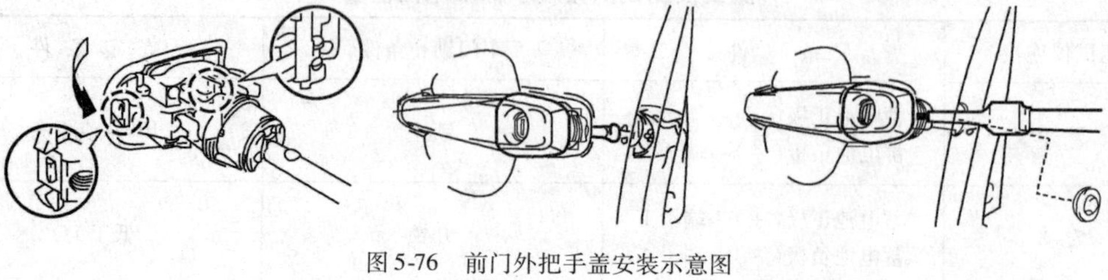

图5-76　前门外把手盖安装示意图

(3)安装前门后下车架分总成。如图 5-77 所示用螺栓安装前门后下车架分总成。

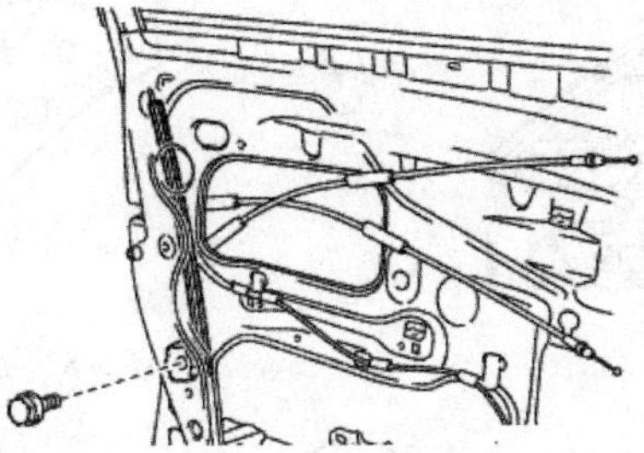

图 5-77　前门后下车架分总成安装示意图

(4)安装前门玻璃分总成。按照图 5-78 中箭头指示顺序,沿前门玻璃导槽将前门玻璃分总成插入前门板。用两个螺栓以 5.5N · m 的力矩安装前门玻璃分总成。

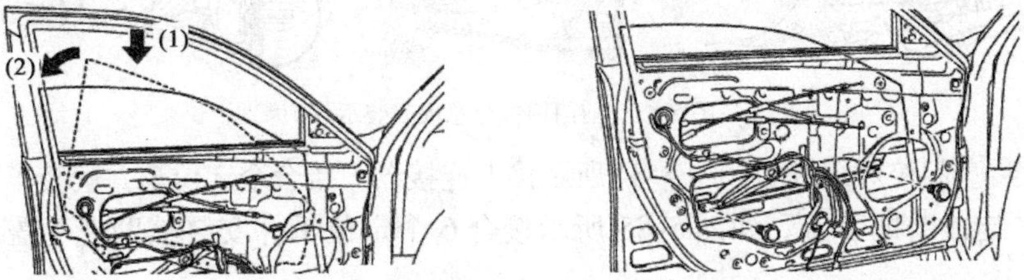

图 5-78　前门玻璃分总成安装示意图

(5)安装前门维修孔盖。如图 5-79 所示在前门板上使用丁基胶带。将前门锁遥控拉索和后门内侧锁止拉索从新的前门维修孔盖中穿过。安装新的维修孔盖。牢固地安装前门维修孔盖,避免弄皱和产生气泡。连接每个连接器和每个夹箍。

(6)安装前 1 号扬声器总成。如图 5-80 所示用 4 个螺栓安装前 1 号扬声器总成。接上连接器。

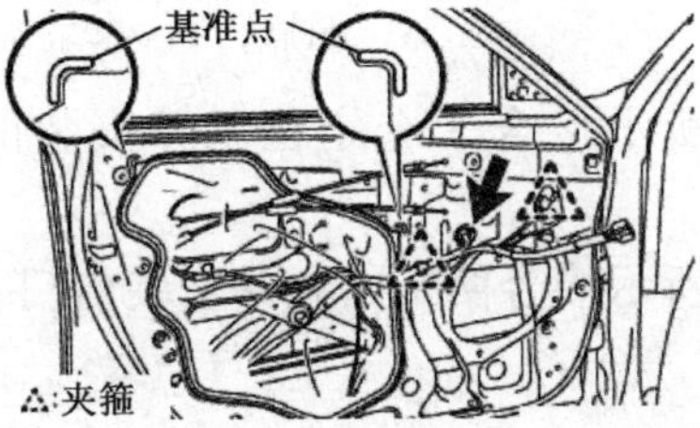

图 5-79　前门维修孔盖安装示意图

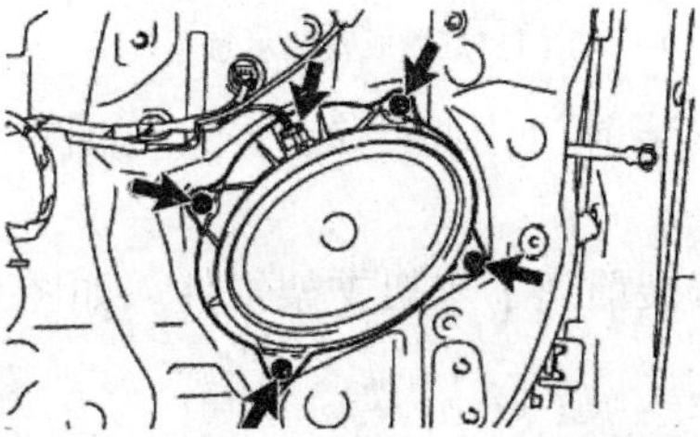

图 5-80　前 1 号扬声器总成安装示意图

(7)安装前门玻璃内侧密封条。如图 5-81 所示接合 4 个定位爪并安装前门内侧玻璃密封条。

(8)安装前门内把手分总成。如图 5-82 所示将前门锁遥控拉索和前门内侧锁止拉索连接到前门内把手分总成。

(9)安装前门饰板分总成。如图 5-83 所示连接每个连接器。用前门玻璃内侧密封条的 4 个卡扣接合前门饰板。接合 9 个卡扣并将前门饰板装到前门板上。安装 3 个螺钉和卡扣(A)。

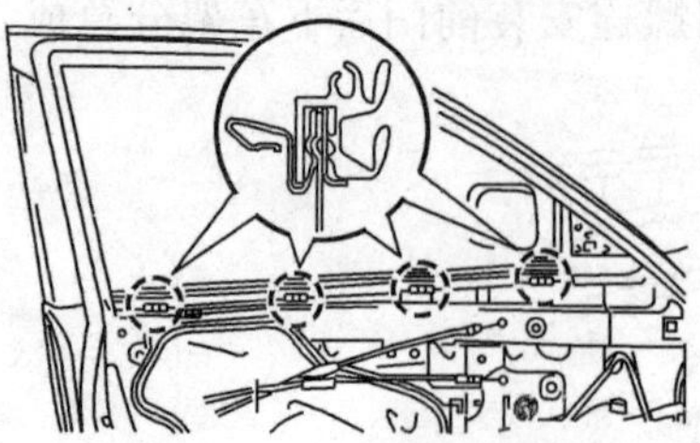

图 5-81　定位卡抓位置示意图

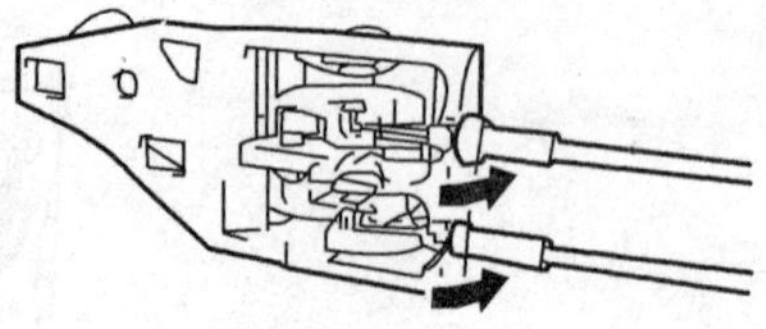

图 5-82　前门内把手分总成安装示意图

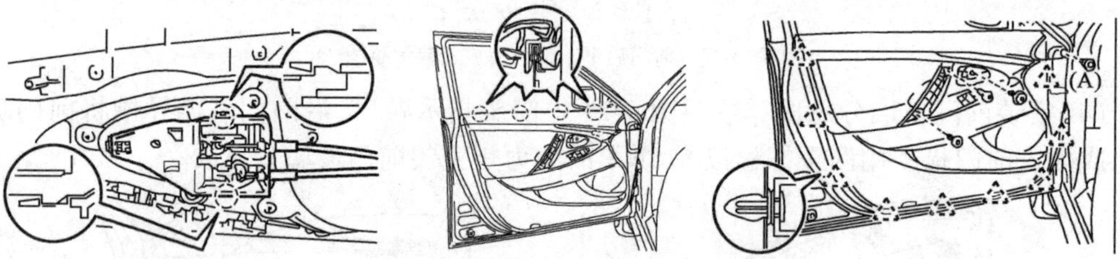

图 5-83　前门饰板分总成安装示意图

(10)安装车门控灯总成。如图 5-84 所示接上连接器。接合个定位爪并安装车门控灯总成。

(11)安装辅助把手盖。如图 5-85 所示接合 6 个定位爪并安装辅助把手盖。

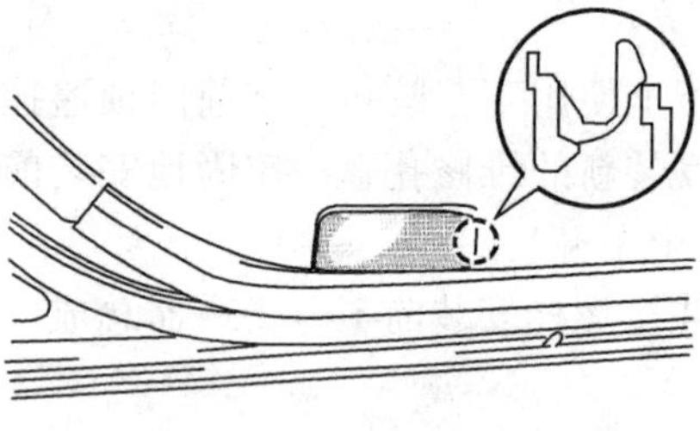

图 5-84　车门控灯总成安装示意图

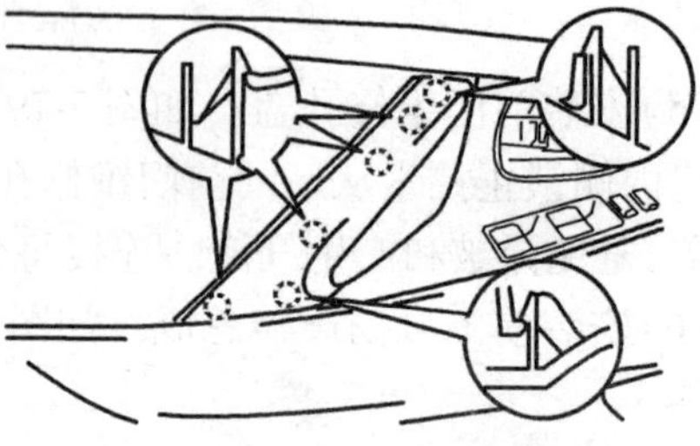

图 5-85　辅助把手盖安装示意图

(12)安装前门内把手饰环塞。如图 5-86 所示接合 3 个定位爪并安装前门内把手饰环塞。

(13)安装前门下车架支架饰件。如图 5-87 所示接合两个卡扣并安装前门下车架支架饰件。

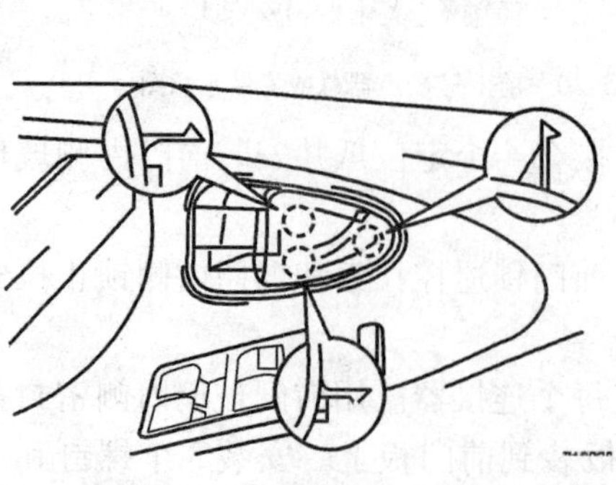

图 5-86　定位卡抓位置示意图

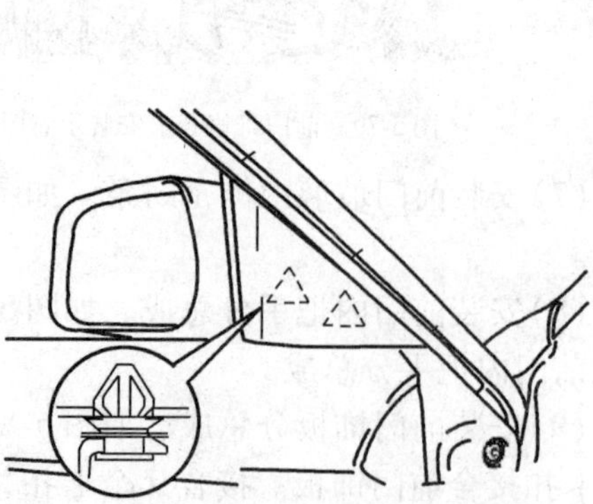

图 5-87　前门下车架支架饰件安装示意图

五、装复后检查

装复后进行门锁遥控测试，响应灵敏，故障排除。服务顾问告知张先生故障原因为更换喇叭时密封处理得不好，导致门锁卡滞，建议张先生车辆出现故障时选择正规的维修点进行维修。

知识拓展

防盗系统

一、汽车防盗系统的功用与种类

汽车防盗系统的功能是防止盗窃者非法进入或非法移动车辆。

常见的汽车防盗系统有机械式、电子式、网络式。

1. 机械式防盗系统

机械式防盗系统利用机械的方法对油路、变速杆、转向盘、制动器等进行控制，如变速杆锁是锁住变速杆使其不能移动，转向盘锁也叫拐杖锁，挂在转向盘和离合器踏板之间等。这些办法虽然费用低，但使用不便、安全性差，已经逐渐被淘汰。

2. 电子式防盗系统

当前广泛采用的是电子式防盗系统。当电子防盗系统起动后，如果非法移动车辆、划破玻璃、破坏点火开关锁芯、拆卸轮胎和音响、打开车门、打开燃油箱加注盖、打开行李舱门等，防盗器会立刻报警。

电子式防盗器按功能又可分为以下三类：

(1)防止非法进入车辆的防盗系统。防盗系统起动后，通过监视是否有移动物体进入车内达到防盗的目的。

(2)防止破坏或非法搬运车辆的防盗系统。系统起动后，通过超声波传感器、振动传感器或倾斜传感器监测是否有人破坏或搬运车辆。

(3)防止车辆被非法开走的防盗系统。此类防盗系统多采用带密码锁的遥控系统，通过校验密码，确定是否容许接通起动机、点火电路等，防止车辆被非法开走。

现代防盗系统采用电子应答的方法来判断使用的钥匙是否合法，并以此确定是否容许发动机 ECU 工作。水平较高的防盗器还具备遥控器报警、遥控起动等功能。

3. 网络式防盗系统

网络式汽车防盗系统利用 GPS 卫星定位系统，对汽车进行监控，以达到防盗目的。该防盗系统不但可以锁定汽车点火或起动，还可以通过 GPS 卫星定位系统(或其他网络系统)，将报警信息和报警汽车所在的位置传送到报警中心。GPS 汽车防盗报警器目前用在有特殊网络的车辆(如运钞车和高级出租车)或高级轿车上。

二、汽车防盗系统的组成及工作原理

电子防盗系统的组成有三部分：开关和传感器、防盗 ECU 以及执行机构。防盗系统的组成如图 5-88 所示。

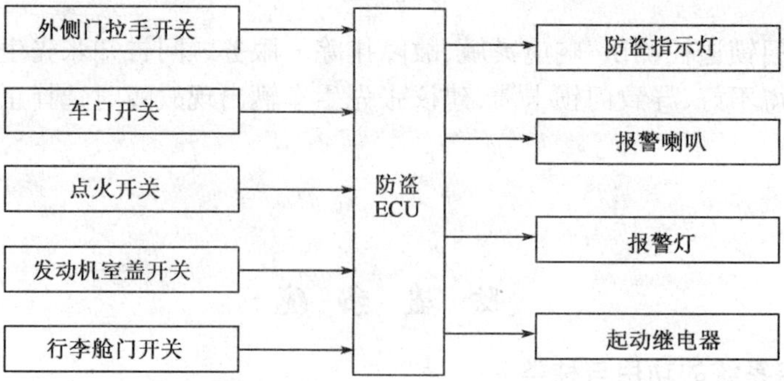

图 5-88 防盗系统的组成

点火开关、车门开关(开门和锁门)、发动机舱盖开关以及行李舱门开关向防盗 ECU 输入各开关的状态信号。防盗 ECU 的作用是根据各开关输入的信号判断车门是正常打开还是非法打开,从而向防盗执行器(防盗指示灯、报警喇叭、报警灯以及起动继电器等)发出控制命令。防盗指示灯用于指示防盗系统的工作状态。报警喇叭的作用是当汽车被盗时发出报警声响。报警灯的作用是当汽车被盗时开始闪烁。起动继电器的作用是当汽车被盗时切断起动机的工作电路,使发动机不能起动。

防盗 ECU 通常由报警状态设置、防盗检测、定时报警和解除报警状态等几个控制模块组成,当锁好所有车门时,该系统进行约 30s 定时检测,随后指示器开始断续闪光,表明系统处于预警状态。当防盗与门锁控制 ECU 根据各开关(点火开关、行李舱门开关等)信号判断车门正常开启时,汽车不报警;判断为非法开启车门时,便控制各执行器动作,使防盗喇叭和汽车喇叭响起来,前灯、尾灯和防盗指示灯闪烁,同时切断发动机起动线路,使起动机不能工作,发动机不能发动。

练一练

一、判断题

1. 中央门锁系统中需要定时装置。 ( )
2. 汽车门锁的执行机构是电磁铁。 ( )

二、简答题

1. 简述中央门锁的电路及工作电路。
2. 简述汽车防盗系统的组成及工作原理。

做一做

两名同学一组,一名同学做工作任务内容时,另一名同学对其项目完成情况做出点评,说明其各步骤的表述是否清晰,对工作原理的理解是否有错,应当如何表述,之后对调进行同样的工作任务内容并评价。

任务评价

门锁与防盗系统检测与维修评价表如表 5-11 所示。

门锁与防盗系统检测与维修评价表　　表 5-11

序号	内容及要求	评分	评分标准	自评	组评	师评	得分
1	准备	10	①汽车进入工位前，准备好相关的器材(4 分)； ②拉紧驻车制动器，把变速杆置于空挡或 P 挡位置(3 分)； ③套上三件套、粘贴翼子板布(3 分)				
2	清洁	10	按要求清理工位				
3	轿车门锁总成的拆卸	30	严格按照技术要求拆卸，不野蛮操作				
4	轿车门锁总成的检测	10	按照要求进行检测，检测结果正确				
5	轿车门锁总成的安装	15	严格按照技术要求安装，线束连接正确到位，紧固力矩正确，在正确位置涂抹润滑脂				
6	排除故障	15	能够排除故障				
7	安全文明生产	10	①结束后清洁(5 分)； ②工量具归位(5 分)				
指导教师总体评价 指导教师 ________ ____年___月___日							

教学提示

“门锁与防盗系统检测与维修”教学提示如表 5-12 所示。

“门锁与防盗系统检测与维修”教学提示　　表 5-12

任务 4	门锁与防盗系统检测与维修	学时	2
学习目标	1. 拆装门锁总成； 2. 检测门锁与防盗系统； 3. 检测、排除门锁与防盗系统典型故障		
学习内容	教学方法与建议		
1. 门锁与防盗系统的功用； 2. 门锁与防盗系统的基本构造与工作原理； 3. 门锁与防盗系统电路； 4. 门锁的拆装； 5. 门锁与防盗系统使用注意事项； 6. 门锁与防盗系统一般故障检测与维修	通过任务驱动教学法实施教学： 1. 门锁与防盗系统教学过程由任务目标、任务导入、知识准备、任务实施、知识拓展、练一练、做一做、任务评价组成，在老师的指导下制订方案并实施，最终进行评价； 2. 学生通过典型工作任务的完成，将理论知识融入实际操作中； 3. 教学过程中体现以学生为主体，教师进行适当讲解，并进行引导、督促和评估； 4. 教师应提前准备好各种媒体资料、教学课件，并准备教学场地和设备		

续上表

教学媒体与设备	学生已有的知识、能力要求	教师执教的要求
1. 实训设备：工作台、门锁与防盗系统总成等； 2. 通用、专用工具：扭力扳手、游标卡尺、万用表、诊断仪； 3. 多媒体教学设备； 4. 多媒体教学课件、软件； 5. 网络教学资源	1. 安全操作知识； 2. 使用各种工具的基本技能和经验； 3. 门锁与防盗系统的构造、原理和拆装顺序	1. 能够根据教学方法合理设计教学情境； 2. 熟悉门锁拆装的安全操作规程； 3. 能够完成门锁的拆装工作； 能够完成门锁与防盗系统的检测； 4. 具备协调各方、处理学生误操作的能力

任务5 音响系统的检测与维修

任务目标

1. 能够找到音响系统组成部件的位置。
2. 能够对照结构图认知零部件。
3. 能够了解音响系统的基本工作原理。
4. 能够解决一般音响系统相关的故障问题。

任务导入

李先生驾驶一辆2006款丰田凯美瑞轿车，收音机收音时噪声很大，各个频道都不清晰，驾车到服务站进行检测与维修。

任务知识

一、汽车音响系统概述

随着社会的发展，人门对车载娱乐系统的要求越来越高，汽车音响系统已从最早的收音机发展到多功能、数字化、大功率输出的立体声音响系统。

汽车上最早使用的是声像系统式调幅（AM）收音机，后来是调幅/调频（AM/FM）收音机、磁带放音机，再后来发展到CD放音机，兼容DCC、DAT数码音响，VCD及DVD等。随着人们对音响系统的要求越来越高，汽车制造商也日益重视起汽车的声像设备，并把它作为评价汽车舒适性的重要因素。现在汽车的声像系统，无论是在音色、操作还是在防振性能等方面均达到了较高的标准，能够应付汽车在崎岖道路上的颠簸，保证性能的稳定和音质的完美。

二、汽车声像系统的类型

汽车声像系统的类型主要有收音机、碟片机等。

汽车收音机是车内信息和娱乐的传统来源之一。自从问世至今，已经经历了深刻的变革。收音机所接收到的广播内容十分丰富，除家用收音机能收到的内容外，还可通过调谐旋钮接收道路管理部门专门提供给驾驶员关于道路气象等方面的情报。交通情报每天定时播放，广播多次，对驾驶员来说十分重要。另外，作为高速公路交通管理的一环，汽车收音机也是车上不可或缺的重要部件，经常在高速公路上驾驶的驾驶员，特别关心高速公路干道上的事故、阻塞、绕行、停止通行等情报内容。这些情报内容均是通过无线电广播传递的。当汽车行驶在高速公路上时，驾驶员应打开收音机，以便及时地收听高速公路管理机构发出的情报，避免交通事故的发生。

碟片机使用的音源有 CD、MP3、VCD、DVD 等，使用的是数字技术。CD 唱机是基础产品，较高级的汽车 CD 唱机可以兼容 MP3。VCD 是 CD 和 DVD 之间的一个过渡产品，一般来说 VCD 的音质不如 CD，而整体又和 DVD 相差太大，品牌机中 VCD 产品不多。然而 VCD 和 CD 比，可以播放图像，又比 DVD 价格低。因此，在改装汽车音响时常要做的一项工作就是将 CD 改为 VCD。DVD 属于汽车音响中的高端产品，它由一系列设备和系统组成，主要有控制主机及显示器、多碟背包（换片器）、音视频信号处理系统及电视机接收系统等，有些 DVD 还有电子地图、可视倒车雷达系统。

三、汽车声像系统的组成

汽车声像系统组成如图 5-89 所示。

1. 主机（信号源）

主机（信号源）是汽车视听系统的节目源，它包括汽车收音机（调谐器）、磁带放音机、CD 唱机、车用 VCD 影碟机或 DVD 影碟机等。目前，普通中低级车用视听系统的信号源主要是车用收放音机、VCD 影碟机，高级汽车视听系统的信号源主要是收音机、车用 DVD 影碟机，还可以选择 MP3 和 CD。由于 VCD 和 DVD 兼容 CD 功能，所以有 VCD 或 DVD 的系统就取消 CD 唱机。

2. 功率放大器

功率放大器简称功放，它为各信号源所共用，主要作用是将来自音源的节目信号或前级弱信号进行电压放大，然后推动扬声器还原出声音。

按功能不同，功放可包括前置放大器、功率放大器和环绕声放大器 3 部分。

按使用元器件的不同，可分为“胆机”（电子管功率放大器）、“石机”（晶体管功率放大器）和“IC 功放”（集成电路功率放大器）3 种类型。

（1）前置放大器

前置放大器又称前级放大器，它连接信号源及控制信号的开关，并对各种节目进行必要的处理和电压放大。前置放大器与信号源之间还要设置各种均衡电路，用于实现前、后级的阻抗匹配和频率补偿。

(2)功率放大器

功率放大器主要对前置放大器送来的电信号进行不失真的电流和电压放大,形成强有力的信号去推动扬声器发声。功率放大器主要包括以下几部分。

①等响度控制电路。它的作用是对小信号中低频和高频部分进行补偿,以弥补人耳的不足;而在大信号重放时,等响度控制电路不起作用。

②音量控制。用以调节重放音量的大小。调节方法有手动电位器、电子音量控制和伺服电动机等,带动音量旋钮控制音量。

③功率放大。把前置放大器送来信号进行电流和电压放大,以推动扬声器发出声音。

④保护电路。由于功率放大器工作在大电流和高电压状态,重放中可能会出现过电流、过电压和过热等,此保护电路可自动进行断电,以保护放大电路和扬声器不受损坏。

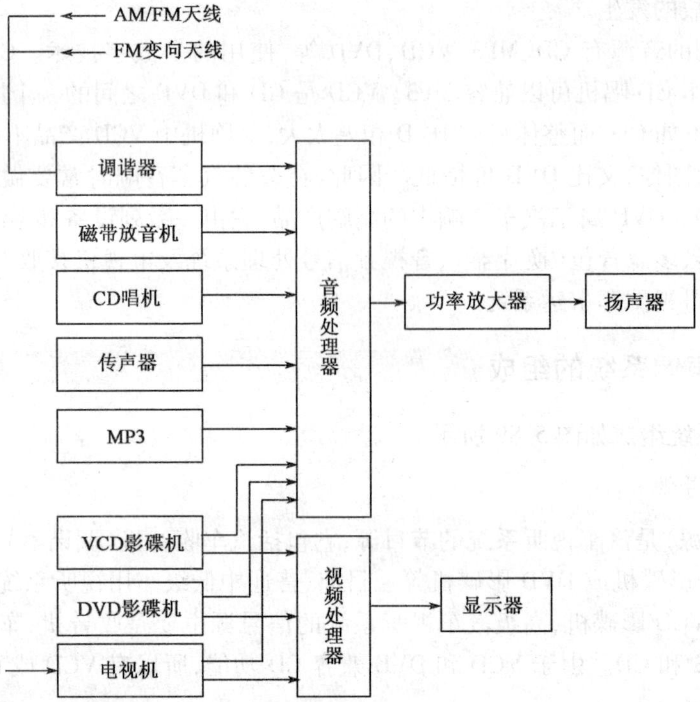

图 5-89　汽车音响的基本组成

(3)环绕声放大器

环绕声能使听众更具有临场感,使人在欣赏音乐时有被声音围绕的感觉。环绕声放大器主要包括环绕声处理电路和环绕声放大器两部分。

3. 扬声器

扬声器是把电信号转换成声音的电—声转换器件,是汽车音响的终端元件,汽车上一般有 2 ~ 6 个,通常布置在仪表台内的左前、右前和两前门护板内的左中、右中以及后行李舱内的左后、右后位置。一般所说的扬声器主要指主扬声器、环绕扬声器等,主扬声器通常由低音扬声器、中音扬声器、高音扬声器和分频网络组成。一般环绕声只播放 7kHz 以下的反射声,故环绕扬声器只需一只中低音扬声器即可。

汽车音响一般采用电动式、外磁式圆形或椭圆形扬声器，大多采用4Ω扬声器。

高级轿车的汽车音响安装有音箱，音箱是将音频信号转换为声音的一种设备。通过音箱主机箱体或低音炮箱体内自带的功率放大器，将音频信号进行放大处理，然后由音箱本身还原出声音来。

4. 显示器

车载显示器是视听系统必不可少的组成之一，目前轿车VCD或DVD影碟机使用的显示器一般均为液晶超薄显示器，而大型客车一般使用的是电视机。

GPS电子地图主要用于导航、定位等。目前主流GPS系统电子地图的显示均与视频系统集成在一起。

5. 其他设备及附件

汽车音响声音处理设备主要有均衡器、声音处理器和电子分频器等，其他的附件有电源分配器、熔断器、线材和插接器等。

四、汽车音响的检测与维修

1. 音响检测与维修注意的事项

(1)确定所修汽车音响使用的电源电压。目前大多数汽车音响都使用12V直流电压供电，但也有众多的柴油车汽车音响使用24V直流电压供电。

(2)确定汽车音响外引线。多数汽车音响外引线一般有4根，黑的是搭铁线，红的是正电源线，其余两根分别是左、右声道扬声器引线，这类机型为立体声汽车音响。但也有少数机型只有一路输出，用一只扬声器。还有少数机型有4根引线，这类机型也为立体声的，但其功放电路部分为两路BTL连接方式，扬声器的两端了应接在BTL的输出端，故共有4根引线。检测与维修时应注意上述各种连接线的区别。

(3)了解汽车音响的故障率分布。汽车音响的故障90%左右是功放集成电路损坏，前置均衡放大器损坏较少，收音部分故障率较低。

(4)临时外接线要绝缘。

(5)注意紧固螺钉的位置。

(6)及时掌握整机电流大小。开机时，最好在电源回路串入电流表，以便及时掌握电流是否正常，避免造成元件损坏。

(7)切忌随便更换熔丝。更换的熔丝绝不可超过原来的规格。否则，重新通电后就有可能烧坏其他的元件。

(8)切忌带电焊接。

(9)不要随便调整可调元件。在没有准确判断出故障之前，若随便调整机内电感线圈、半可变电容、半可调电阻，将会使本来无故障的电路失调而导致故障的进一步扩大，或给判断故障增加难度。因为在无仪器的情况下，有些器件是很难调准的。非调整不可时，可先记下原来的位置再调整，调整无效时，应及时恢复到原来的位置。

(10)按正确顺序进行检测。对同时存在多种故障的汽车音响，应首先检查整机的供电电路,再逐步检测与维修功放电路,待功放电路正常后,再根据故障现象,采取有针对性的修理措施。检测与维修顺序一般为:电源电路→功放电路→收音或放音电路。

(11)不要让导电物落入机内。

(12)拆卸组件注意事项。拆卸修理时,事先留心并记下所拆构件的位置和拆卸顺序,并注意避免损坏构件,以保证还原后能恢复其原有的装配精度。

(13)查找假焊元件时应注意的问题。当怀疑元件的接点有假焊时,只能轻轻晃动,不能用力过猛,以免晃断元件和损坏外印制电路板。

(14)烙铁不要在印制电路板的某点停留时间过长。

(15)更换大功率元件时应注意的问题。更换功放集成电路或某些大功率元件时,要按原安装情况放置垫圈和绝缘垫片等,不得随意减少,以防发生击穿和影响散热效果。更换发热的大功率电阻时(例如指示灯限流电阻等),要按原样进行安装,不得随意贴近印制电路板或靠近其他元器件。

(16)元器件端子的处理。更换上的元器件,在焊入印制电路板之前,必须将其端子刮净后镀上锡。有的元器件出厂时已镀过锡,但因长期存放氧化,故应重新镀锡。

(17)更换大功率晶体管功率模块时,要装上散热片。如果大功率晶体管对底板不是绝缘的,切记装上绝缘片。

(18)对于应修理与代换的元器件,要注意图纸上标有"!"符号的元件参数,对其主要参数应充分留有余量。

(19)维修过程中,一般不要轻易改动原机电路,避免给以后的维修工作带来不便。对于一些没有代换元件的集成电路和功率放大模块等,如果采用外贴元件修复或分立元件代换,则要经过反复试验,确保其能正常工作,且稳定可靠。

(20)采用临时性措施修复故障时,要首先向用户声明,并在电路中做好明显的记号,等条件成熟后要及时复原。

2. 音响元件故障的特点与原因

(1)电位器开关故障的特点。电位器开关故障主要有:音量控制电阻片太脏、开关触点烧断、同轴内塑料环碎裂。汽车收音机中的电位器是较容易损坏的元件之一,特别是带开关的音量及音调电位器。此故障的主要表现是接触不良、转轴断裂等。电位器内部接触不良,可先滴入少量润滑油并旋动几次试一试,如果仍接触不良,则为膜片与触点磨损太多,应换新件。

(2)微型动力电动机故障的特点。汽车音响微型动力电动机在日常维修中的实际应用不仅有正反转之分,而且还存在稳速方式不同的区别,如机械稳速电动机和电子电路控制稳速电动机。电子电路控制稳速电动机有时会因稳速电路上元件损坏而造成放音变调,而机械稳速电动机却没有这种现象,因此,机械稳速电动机较优于电子电路控制稳速电动机,但多数音响安装的基本都是电子电路控制稳速电动机。

(3)选台调谐器故障特点。选台调谐器应用在普通型汽车音响中,基本有两种类型:调容型和调感型。

虽然汽车音响选台有上述两种类型,但其共同存在拉绳围绕刻度盘整周传动的过程,这主要是为指针能够在选台指定具体位置设置。正是由于拉绳走向的改变及受力的不同等缘故,日常维修才会经常遇到拉绳挣断现象,这时调容和调感选台调谐器表现出不相同的一面,一般调容选台调谐器在拉绳挣断以后便失去选台能力,而调感选台调谐器在拉绳挣断以后还可通过直感继续完成选台。

任务实施

一、诊断信息收集与初步判断

技师询问李先生车辆信息,车辆为2006款丰田凯美瑞轿车,收音机收音时噪声很大,各个频道都不清晰。经技师操作检查,发现各个频道噪声都很大,无法正常收听,但CD播放正常。经询问,李先生前段时间曾经在汽车装潢店安装过据说可以增强手机信号的接收器,曾经拆卸过收音机,之后出现故障。技师初步判定为收音机的接收天线可能受到干扰,准备拆卸收音机进行下一步检查。

二、收音机拆卸

(1)拆卸换挡杆扶手分总成。如图5-90所示逆时针转动换挡杆扶手并拆下换挡杆扶手分总成。

(2)拆卸中央控制台上板前饰件。如图5-91a)所示在此区域使用保护带。用嵌条拆卸工具,如图5-91b)所示脱开3个定位爪。用嵌条拆卸工具,如图5-91c)所示脱开3个定位爪并拆下前中央控制台上板饰件。断开每个连接器。

(3)拆卸中央控制台上板分总成。如图5-92a)所示在此区域使用保护带。用嵌条拆卸工具,如图5-92b)脱开两个定位爪。如图5-92c)所示在此区域使用保护带。用嵌条拆卸工具,如图5-92d)所示脱开两个定位爪。如图5-92e)所示,脱开6个定位爪,并拆下中央控制台上板分总成。

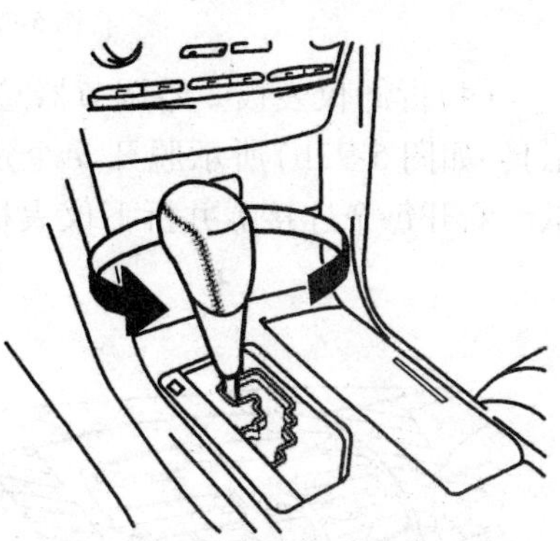

图5-90　换挡杆扶手分总成拆卸示意图

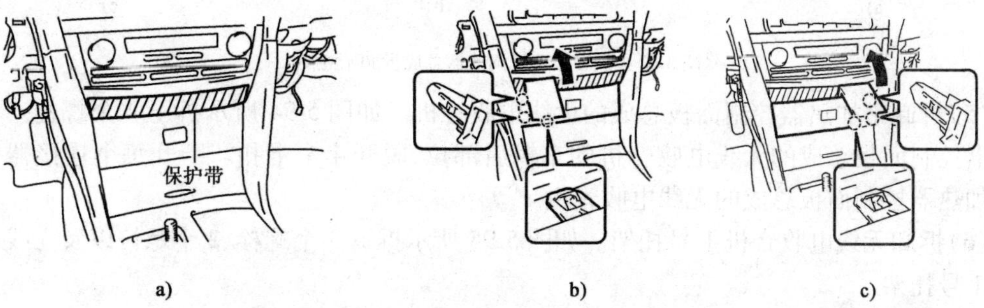

图5-91　中央控制台上板前饰件拆卸示意图

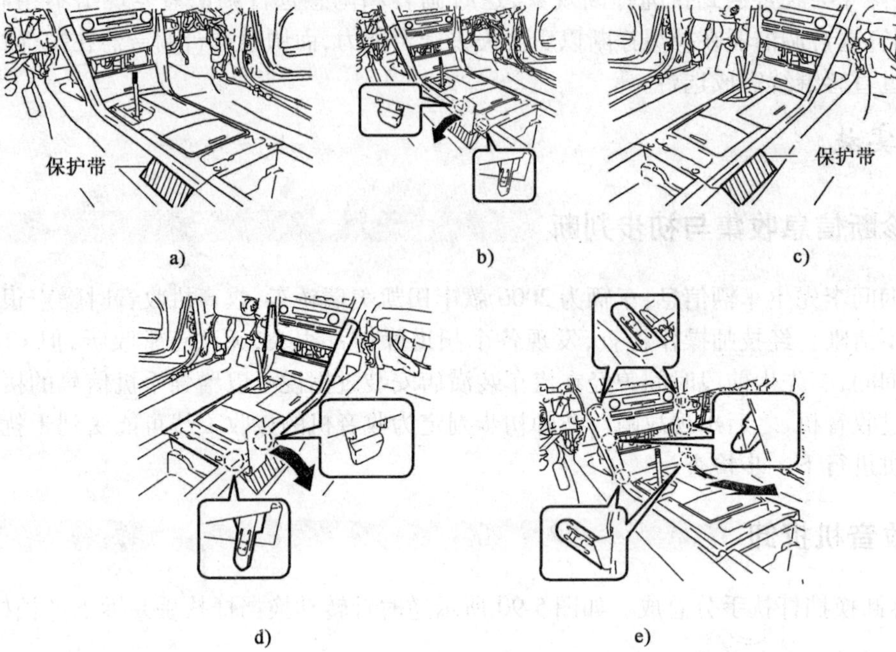

图 5-92 中央控制台上板分总成拆卸示意图

(4)拆卸仪表板 2 号调节器总成。如图 5-93a)所示在此区域使用保护带。用嵌条拆卸工具,如图 5-93b)所示脱开 5 个定位爪。用嵌条拆卸工具,如图 5-93c)所示脱开 6 个定位爪。断开每个连接器并拆下仪表板 2 号调节器总成。

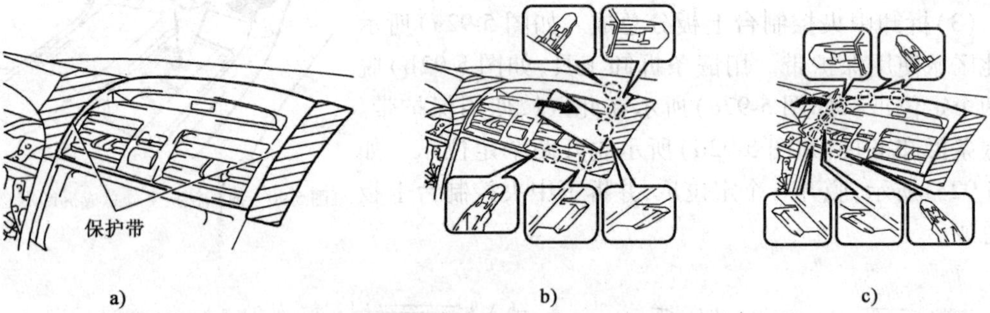

图 5-93 仪表板 2 号调节器总成拆卸示意图

(5)拆卸带加热器控制面板总成的无线电收音机。如图 5-94 所示拆下 4 个螺栓。将带加热器控制面板总成的无线电收音机朝车辆后部拉,脱开 4 个卡扣。断开每个连接器并拆卸带加热器控制面板总成的无线电收音机。

(6)拆卸无线电收音机 1 号托架。如图 5-95 所示拆下 3 个螺栓、2 个螺钉以及无线电收音机 1 号托架。

(7)拆卸无线电收音机 2 号托架。如图 5-96 所示拆下 3 个螺栓、2 个螺钉以及无线电收音机 2 号托架。

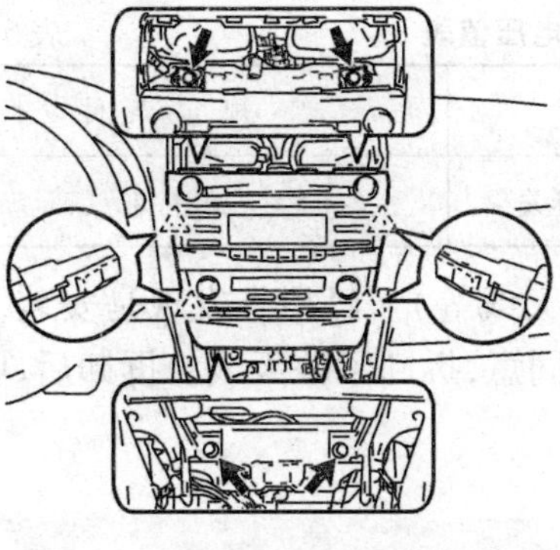

图 5-94　无线电收音机拆卸示意图

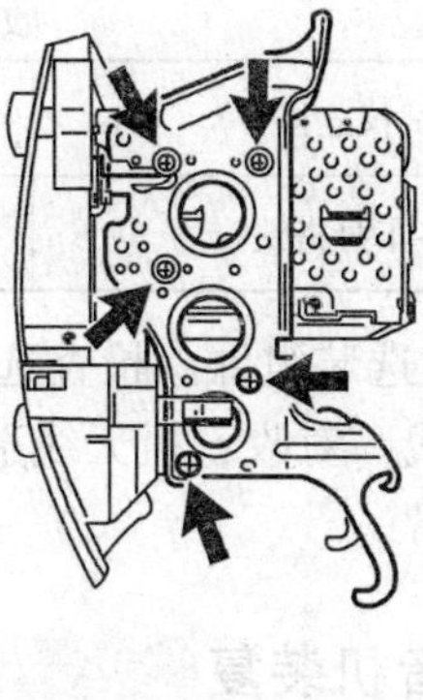

图 5-95　收音机 1 号托架拆卸示意图

(8)拆卸无线电收音机总成。如图 5-97 所示,拆下无线电收音机总成。

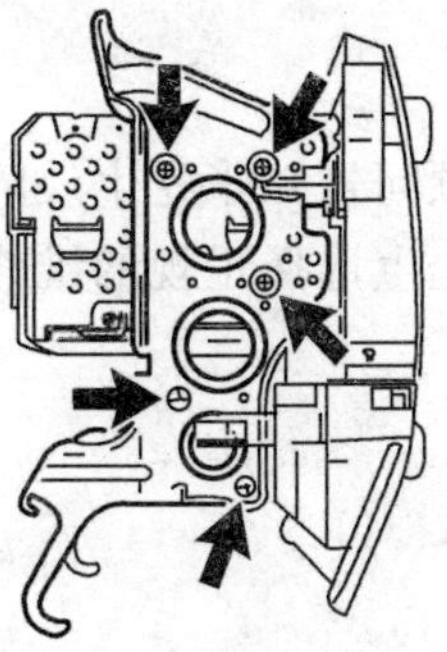

图 5-96　收音机 2 号托架拆卸示意图

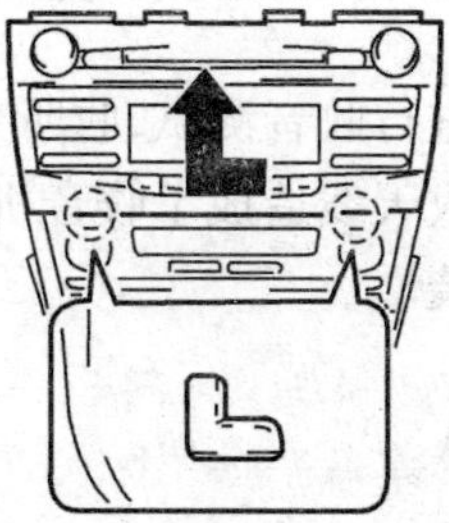

图 5-97　收音机总成拆卸示意图

三、收音机收音效果检查

(1)检查电收音机的自动搜台功能。通过激活无线电收音机的自动搜台功能来检查该功能。噪声太大,自动搜台功能无法运行。

(2)如图 5-98 所示断开无线电收音机连接器。

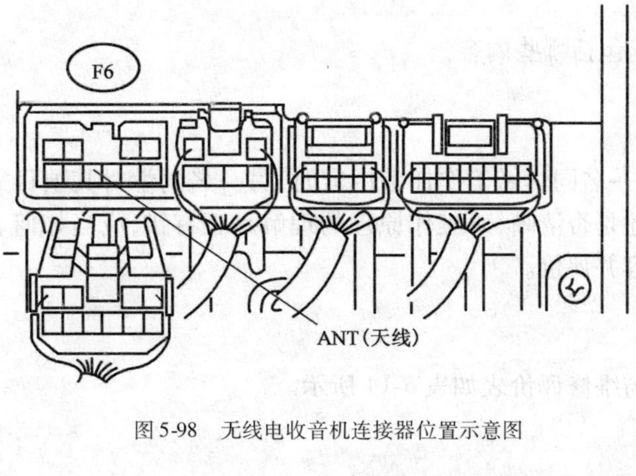

图 5-98　无线电收音机连接器位置示意图

根据表5-13中的值测量电压。

收音机天线与车身之间标准电压值表　　表5-13

测试仪连接	条　　件	规定条件
ANT-车身搭铁	点火开关ON(IG)收音机开关	10～14V

(3)检查选装组件。检查选装组件(防晒膜、电话天线等)。经检查发现是安装了不合格的电话天线。对收音机天线造成了干扰。征得客户同意,拆卸了该天线。拆卸后,收音机收听效果正常。

四、收音机装复

收音机的安装过程为拆卸的逆过程,注意连接器的连接与卡扣的安装。

五、装复后检查

装复后进行收音测试,收听效果良好,故障排除。服务顾问告知张先生故障原因为安装不合格的接收天线造成了收音机天线接收的干扰。建议张先生选择正规的维修点进行维修或个性化改装。

练一练

一、选择题

1. (　　)是影响车厢内音响性能的重要部件。

A. 控制电路　B. 扬声器　C. 天线　D. 接收装置

2. 碟片机使用的MP3音源采用的是(　　)技术。

A. 模拟　B. 数字　C. 模拟和数字　D. 都不是

3. (　　)是汽车音响的终端元件。

A. 功率放大器　B. 扬声器　C. 显示器　D. 伺服电路

二、简答题

汽车声像系统包括哪些内容?

做一做

两名同学一组,一名同学做工作任务内容时,另一名同学对其项目完成情况做出点评,说明其各步骤的表述是否清晰,对工作原理的理解是否有错,应当如何表述,之后对调进行同样的工作任务内容并评价。

任务评价

音响系统检测与维修评价表如表5-14所示。

音响系统检测与维修评价表　　表 5-14

序号	内容及要求	评分	评 分 标 准	自评	组评	师评	得分
1	准备	10	①汽车进入工位前,准备好相关的器材(4分); ②拉紧驻车制动器,把变速杆置于空挡或P挡位置(3分); ③套上三件套、粘贴翼子板布(3分)				
2	清洁	10	按要求清理工位				
3	汽车收音机的拆卸	30	严格按照操作要求拆卸,不野蛮操作				
4	汽车收音机的检测	10	按照要求进行检测,检测结果正确				
5	汽车收音机的安装	15	严格按照操作要求安装,正确连接连接器与卡扣				
6	排除故障	15	能够排除故障				
7	安全文明生产	10	①结束后清洁(5分); ②工量具归位(5分)				
指导教师总体评价 指导教师______ ______年____月____日							

教学提示

"音响系统检测与维修"教学提示如表 5-15 所示。

"音响系统检测与维修"教学提示　　表 5-15

任务5	音响系统检测与维修	学时	2
学习目标	1. 拆装音响系统; 2. 检测音响系统; 3. 检测、排除音响系统典型故障		
学习内容	教学方法与建议		
1. 音响系统的功能; 2. 音响系统的基本构造与工作原理; 3. 音响系统电路; 4. 音响系统的拆装; 5. 音响系统使用注意事项; 6. 音响系统一般故障检测与维修	通过任务驱动教学法实施教学: 1. 音响系统教学过程由任务目标、任务导入、知识准备、任务实施、练一练、做一做、任务评价组成,在老师的指导下制订方案并实施,最终进行评价; 2. 学生通过典型工作任务的完成,将理论知识融入实际操作; 3. 教学过程中体现以学生为主体,教师进行适当讲解,并进行引导、督促和评估; 4. 教师应提前准备好各种媒体资料、教学课件,并准备教学场地和设备		

续上表

教学媒体与设备	学生已有的知识、能力要求	教师执教的要求
1. 实训设备：工作台、音响系统总成等； 2. 通用、专用工具：扭力扳手、游标卡尺、万用表、诊断仪； 3. 多媒体教学设备； 4. 多媒体教学课件、软件； 5. 网络教学资源	1. 安全操作知识； 2. 使用各种工具的基本技能和经验； 3. 音响系统的构造、原理和拆装顺序	1. 能够根据教学方法合理设计教学情境； 2. 熟悉音响的安全操作规程； 3. 能够完成音响的拆装工作； 4. 能够完成音响系统的检测； 5. 具备协调各方、处理学生误操作的能力

项目小结

1. 电动刮水器由直流电动机、传动机构、刮臂和刮片组成，电动机的旋转运动，经减速和传动机构的作用使挂片摆动，利用直流电动机的变速来实现刮水器的变速，有自动复位功能和间歇控制功能。

2. 风窗玻璃洗涤器主要由储液罐、洗涤泵、软管、三通、喷嘴等组成；除霜装置可利用暖风或电热丝除霜。

3. 电动车窗系统主要由双向直流电动机、车窗玻璃升降器、控制开关、继电器、断路器等组成，通过开关控制电动机的电流或磁场方向，使车窗玻璃上升或下降。车窗玻璃升降器有绳轮式和软轴式两种。

4. 汽车声像系统主要由主机、功率放大器、扬声器、显示器、其他设备及附件组成。汽车车载多媒体主要包括：汽车 VCD/DVD 视频播放机、车载电视。车载电话主要由天线、无线机（移动机）和手持电话机等组成。汽车导航系统的组成通常包括安装在汽车内部的一台微型计算机、方位监测器和显示器。

5. 中控门锁系统一般由门锁控制开关、钥匙开锁、钥匙控制开关、门锁总成、行李箱门开启器及门控开关和执行元件等组成。直流电动机利用电动机的正反电流方向，使电动机正反转来完成门锁的开、关动作。汽车防盗系统的任务是阻止偷盗者偷盗汽车的企图，并在偷盗时使汽车发出声响、灯光等持续时间约为 1min 的报警信号，同时使发动机起动电路断开，直到车主用钥匙打开汽车门锁之前都始终处于断开状态。

项目六
汽车空调系统的检测与维修

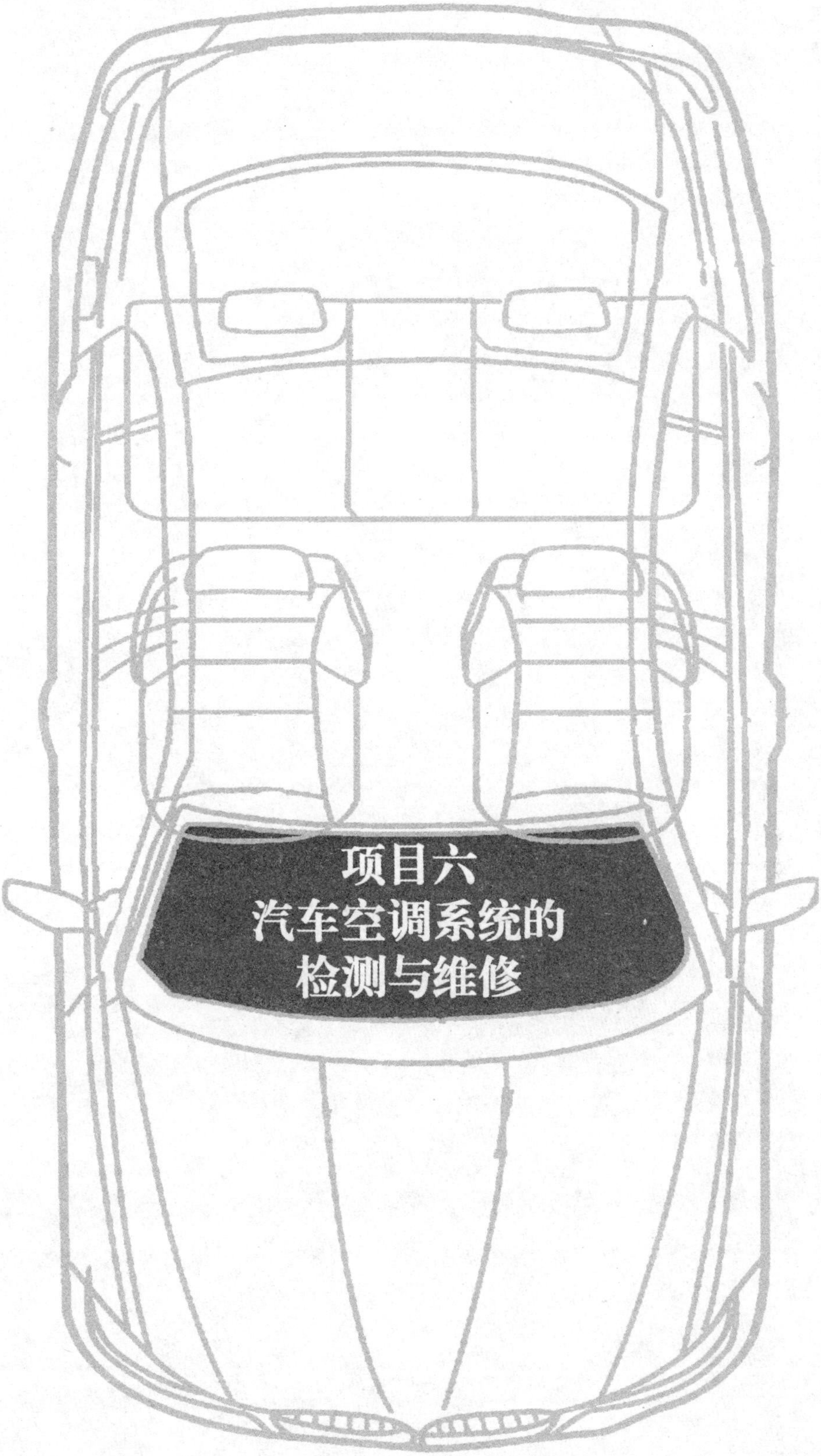

项目描述

汽车的空气调节系统(简称汽车空调),就是人为的对驾驶室及车厢内的空气温度、空气湿度、空气流动速度和空气洁净度等全部或部分地进行调节,将其控制在合适范围内,从而创造一个舒适的工作及乘坐环境。对于高级车辆,还要求上述功能自动实现,需要一套高级的自动控制与调节设备。目前汽车上常用的空调分为普通手动空调和自动空调。

汽车空调系统主要是由通风系统、采暖系统、制冷系统、空气净化装置等组成。不同地区、不同气候条件下可采用单一采暖或单一制冷功能的汽车。在一般的客、货车上,通常只安装制冷系统和采暖系统;汽车采暖系统主要由暖风散热器、风机、操纵系统及送风管路等总成组成。汽车空调制冷系统主要由压缩机、冷凝器、蒸发器、储液干燥器、孔管或膨胀阀、高低压管路、鼓风机和控制电路等组成。汽车空调系统容易出现的典型故障有不制冷、制冷不足、不供暖、供暖不足等。

任务1 汽车暖风系统的检测与维修

任务目标

1. 了解汽车暖风系统的功能及分类。
2. 熟悉汽车暖风系统的组成及各部件的功能。
3. 熟练地拆装汽车暖风系统主要零部件。
4. 能够对汽车暖风系统进行维护及常见故障进行维修。

任务导入

在一个寒冷冬天,张先生早上准备驾驶桑塔纳2000型轿车上班,在汽车运行一段时间后,张先生打开暖风,无热风吹出。打电话给4S店请求帮助,服务顾问通过问询,得知张先生之前汽车空调系统可以正常使用,本次是今年冬天第一次使用汽车暖风系统。该车因此到维修厂进行维修。

任务知识

一、汽车空调系统的功能和控制方法

1. 汽车空调系统的组成及功能

(1)制冷系统:对车内空气或由外部进入车内的新鲜空气进行冷却或除湿,使车内空气变得凉爽舒适。

(2)暖风装置:主要用于取暖,对车内空气或由外部进入车内的新鲜空气进行加热,达到取暖、除湿的目的。

(3)通风装置:将外部新鲜空气吸进车内,起通风和换气作用。同时,通风对防止风窗玻璃起雾也起着良好作用。

(4)空气净化装置:除去车内空气中的尘埃、臭味、烟气及有毒气体,使车内变得清洁。

(5)控制系统:控制空调系统的工作。

将上述装置全部或部分组合在一起,按照一定的布置形式安装在汽车上,便组成了汽车空调系统。在一般的客、货车上,通常只安装制冷系统和采暖系统;在一些高级轿车和高级大、中型客车上,还安装加湿装置、空气净化装置以及强制通风装置。

2. 汽车空调系统的控制方法

汽车空调系统的控制方法有手动控制和电控自动控制两种。

(1)手动控制。手动控制空调系统的鼓风机转速、出风温度及送风方式等功能均由驾驶员操纵和调节,车内通风温度由仪表板上的空气控制杆、温度控制杆、进气杆和风扇开关等操纵通风管道上的各种风门实现。但手动控制空调系统无法根据日光辐射强度、发动机和排气管热辐射及人体辐射等影响的变化及时对车内空气状况进行调节。随着电子技术的发展,越来越多的汽车上采用了电控自动控制空调系统。

(2)电控自动控制。电控自动控制空调系统利用传感器随时检测车内温度和车外温度的变化,并将检测到的信号送给空调 ECU。空调 ECU 按预先编制的程序对信号进行处理,并通过执行元件及时对鼓风机转速、出风温度、送风方式及压缩机工作状态等进行调节,从而使车内温度、空气湿度及流动状况始终保持在驾驶员设定的水平。

二、汽车空调系统的分类

1. 按空调的功能分类

按空调的功能可分为单一功能型、冷暖一体型两种。

(1)单一功能型空调。将制冷系统、采暖系统、通风系统各自安装,单独操作,互不干涉,多用于大型客车、载货汽车和加装冷气装置的轿车上。

(2)冷暖一体型。制冷、采暖和通风共用一台风机及一个风道,冷风、暖风和通风在同一控制板上进行控制。工作时又可分为冷暖风分别工作的组合式及冷暖风可同时工作的混合调湿式两种。混合调湿式结构紧凑,易调温,操作方便,多用于轿车上。

2. 按驱动方式分类

按驱动方式可分为独立式空调、非独立式空调两类。

(1)独立式空调。用一台专用空调发动机来驱动制冷压缩机,制冷量大,工作稳定,但成本高,体积及质量增大,为此多用于大、中型客车。

(2)非独立式空调。由汽车发动机直接驱动制冷压缩机,制冷性能受汽车发动机工作的影响,工作稳定性较差,低速时制冷量不足,高速时制冷量过量,影响汽车发动机的动力性,为此多用于小型客车和轿车上。

三、汽车空调技术的发展历程

汽车空调技术是随汽车的普及而发展起来的,其发展史可以概括为5个阶段。

1. 单一采暖阶段

1925年在美国首先出现了利用汽车冷却液通过加热器采暖的方法。1927年发展到集合加热器、风机和空气滤清器的比较完整的采暖系统。目前在寒冷的北欧、亚洲北部地区仍在使用此系统。

2. 单一冷气阶段

1939年美国首先在轿车上安装了机械制冷降温空调器,1950年美国南部的炎热天气使单一降温的汽车空调得以迅速发展,单一降温的方法目前仍然在热带、亚热带地区使用。

3. 冷暖一体化阶段

1954年通用汽车公司率先在轿车上安装了冷暖一体化空调器,汽车空调才基本具有调节控制车内温度、湿度的功能。目前的冷暖一体化空调具有调温、除湿、通风、过滤、除霜等功能,因此得到广泛的使用。

4. 电控自动控制阶段

冷暖一体化汽车空调需要人工操纵,既增加了驾驶员的劳动强度,控制质量又不高。1964年通用汽车公司率先在轿车上安装了电控自动控制的汽车空调,只要预先调好温度设置,空调就能自动地在调定的温度范围内工作。目前,大部分的中、高级轿车、高级大型客车都使用此类空调。

5. 微机控制阶段

1973年美国和日本联合研究微机控制的汽车空调系统,并于1977年安装在汽车上,将汽车空调技术提高到了一个新的高度,使汽车空调功能增多,显示数字化,冷暖、通风一体化、微调化,实现了空调运行与汽车运行的相互统一,提高了汽车的整体性能和舒适性。目前在高级汽车上已经得到了普遍使用。

四、汽车空调采暖系统

1. 供暖系统的主要作用

汽车空调供暖系统的作用,是将新鲜空气送入热交换器,吸收汽车热源的热量,从而提高空气的温度,并将热空气送入车内的装置。

(1)加热器和蒸发器一起将冷热空气调节到人所需要的舒适温度。现代汽车空调已经发展到冷暖一体化的水平,可以全年地对车厢内的空气温度进行调节。

(2)冬季供暖。冬天由于天气寒冷,人在运动的汽车内会感到更寒冷。这时,汽车空调可以向车内提供暖气,以提高车厢内的温度,使乘员感觉到舒适。

(3)车上玻璃除霜。冬季或者春秋季,室内外温差较大,车上玻璃会结霜或起雾,影响驾驶员和乘客的视线，这样不利于行车安全，这时可以用热风除霜和除雾。

2. 汽车空调供暖系统的分类

(1)根据热源不同，汽车暖风装置可分为如下几种形式：

①水暖式暖风装置。利用发动机冷却液的热量，称为水暖式暖风装置，这种形式多用于轿车、大型货车及采暖要求不高的大客车上。

②气暖式暖风装置。利用发动机排气系统的热量，称为气暖式暖风装置，这种形式多用于风冷式发动机汽车和有特殊要求的汽车上。

③独立燃烧式暖风装置。装有专门燃烧的机构，称为独立燃烧式暖风装置，这种形式多用在大客车上。

④综合预热式暖风装置。既利用发动机冷却液的热量，又装有燃烧预热器的综合加热装置，称为综合预热式暖风装置，这种形式多用于豪华大客车。

(2)根据空气循环方式，汽车供暖系统又可分为以下几种形式：

①内循环式。是指利用车内空气循环，将车厢内部空气作为载热体，让其通过热交换器升温，使升温后的空气再进入车厢内取暖。这种方式消耗热源少，升温快，但从卫生标准看，是最不理想的。

②外循环式。是指利用车外空气循环，全部使用车外新鲜空气作为载热体，让其通过热交换器升温，使升温后的空气再进入车厢内取暖。从卫生标准看，外气式是最理想的，但消耗热源也最大，初始升温慢，经济性较差。

③内外混合式。是指既引进车外新鲜空气，又利用部分车内的原有余气，以新旧空气的混合体作为载热体，通过热交换器，向车厢里供暖。从卫生标准和热源消耗看，正好介于内气式和外气式之间，但此种方式控制比较复杂，多应用在高级轿车自动空调系统中。

不论是利用何种热源，热量都是通过热交换装置传递给空气，并通过风机把热空气送入车厢的。

3. 水暖式暖风装置

水暖式暖风装置一般以水冷式发动机冷却系统中的冷却液作为热源，将冷却液引入车辆内的热交换器中，使鼓风机送来的车厢内空气(内气式)或外部空气(外气式)与热交换器中的冷却液进行热交换，鼓风机将加热后的空气送入车厢内。

轿车、载货车和中小型客车，需要的热量较少，可以用发动机冷却液的余热来直接供暖。余热供暖设备简单，使用安全，运行经济。但其缺点是热量较小，受汽车运行工况的影响，发动机停止运行时，即没有暖气提供。

(1)水暖式加热系统工作原理

水暖式加热系统工作原理如图 6-1 所示。从发动机出来的冷却液经过节温器，在温度达到 80℃时，节温器开启，让发动机冷却液流到供暖系统的加热器，在节温器和加热器之间设置了一个热水开关，用来控制热水的流动，冷却液的另一部分流到散热器。冷却液在加热器散热，加热周围的空气，然后再用风扇送到车内；冷却液从加热器出来，在水泵的泵吸下，又重新进入发动机的散热器内，冷却发动机，完成一次供暖循环。

如图 6-2 所示为独立式水暖暖风装置的结构，它由暖风热交换器、风机及外壳组成一个完整的总成。壳体上有吹向脚部、前部的出风口及吹向车窗起除霜作用的出风口。此种结构通常用于普通轿车、货车和小型客车。

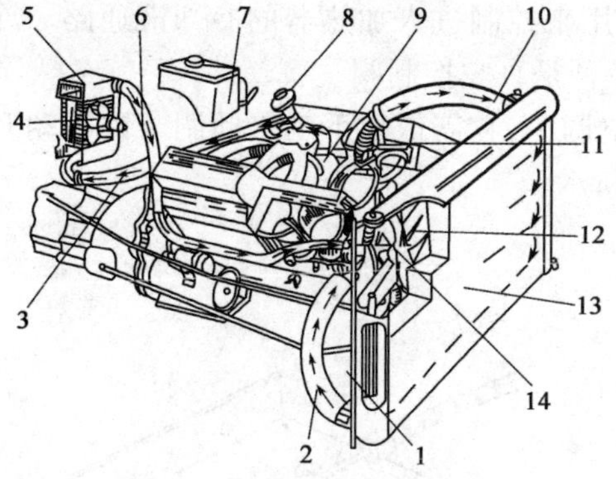

图 6-1　水暖系统工作原理

1-溢流管；2-回液管；3-加热器送水管；4-风扇；5-加热器芯；6-加热器出水管；7-溢流罐（副水箱）；8-热水开关；9-发动机；10-出液管；11-节温器；12-风扇；13-散热器；14-水泵

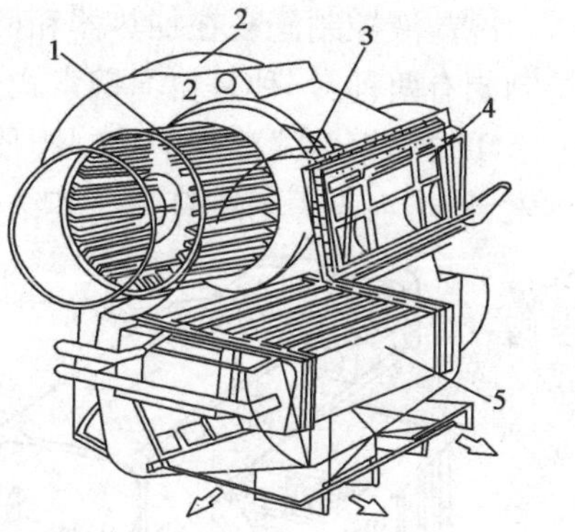

图 6-2　独立式水暖暖风装置结构

1-风机叶轮；2-壳体；3-电动机；4-暖风加热器；5-调节风门

暖风加热器的结构形式目前主要有管片式和管带式两种。管带式的加热器散热效率高、体积小、重量轻，但其制造工艺要复杂些；现在用得最多的还是管片式加热器，可以采取减小管壁、在散热翅片上开槽等措施，以提高其传热效率。

如图 6-3 所示为水暖式内外混合循环暖风装置。由外部空气吸入口吸进新鲜空气，内部空气吸入口吸入内部空气，它们在混合室混合后，由风机送入热交换器空气侧，热交换器管内侧由发动机循环水提供热源，混合气体被加热后被送往前座脚下，通过前窗、侧窗除霜的连接管输送到前窗除霜或除雾。这种结构的暖风装置效果较好，一般用在中、高级轿车上。

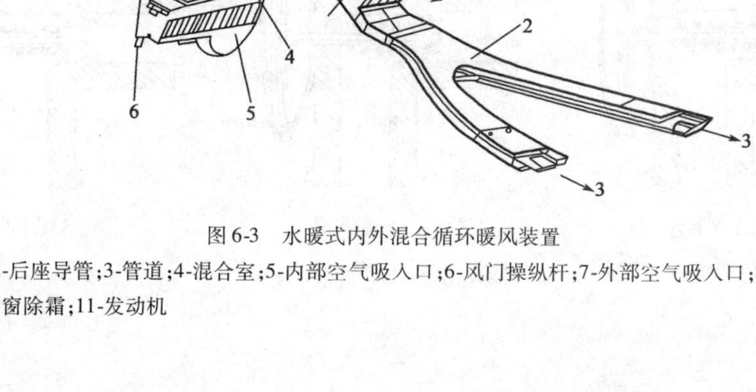

图 6-3　水暖式内外混合循环暖风装置

1-热交换器；2-后座导管；3-管道；4-混合室；5-内部空气吸入口；6-风门操纵杆；7-外部空气吸入口；8-鼓风机；9-前窗除霜；10-侧窗除霜；11-发动机

另一种结构形式见图 6-4,它是将加热器和蒸发器组装在一个箱体内,共用一个风机和壳体,可以实现全功能空调,大多数高级豪华轿车采用这种结构形式。

(2)冷却液控制阀(热水开关)

冷却液控制阀装在加热器和回水管之间,用来控制进入加热器的冷却液通路。冷却液控制阀有两种:一种是拉绳钢索式控制阀,另一种是真空控制阀。

①拉绳钢索式冷却液控制阀使用在手动空调中,它需依靠手工移动调节键带动开关的钢索,使热水阀关闭或打开。其结构如图 6-5 所示。

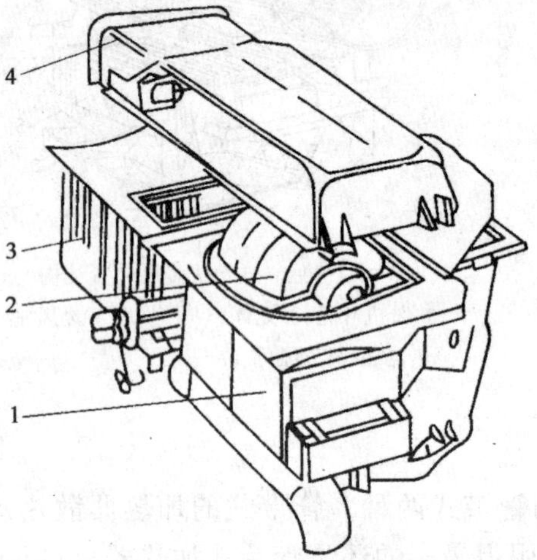

图 6-4 整体式空调器

1-加热器芯;2-风机;3-蒸发器;4-进风口

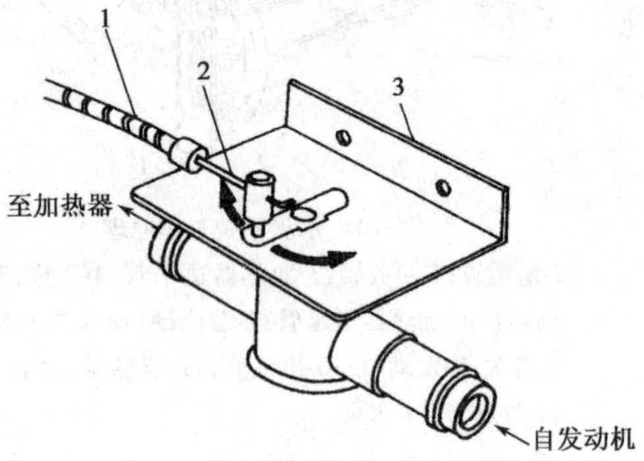

图 6-5 钢索控制的热水阀

1-护套;2-钢索;3-固定支架

②真空冷却液控制阀:真空冷却液控制阀的构造如图 6-6 所示。阀门的开启与关闭受一个封闭的真空膜盒控制,真空由发动机的进气歧管或真空罐引来。

供暖时,真空膜盒的右空腔与真空源导通,在两端压差作用下,膜片克服弹簧力,带动活塞一起右移,活塞将冷却液通路开启,这时发动机冷却液便流向加热器,系统处于供暖状态,见图 6-6c)。若真空膜片盒的真空源断开,则弹簧压力通过膜片带动活塞左移,此时冷却液的通路被关闭,加热器不会发热,见图 6-6a)。当处于半真空时,冷却液的流量则会适当减少,见图 6-6b)。这种真空控制阀可以用在手动空调上,也可用在自动空调上。

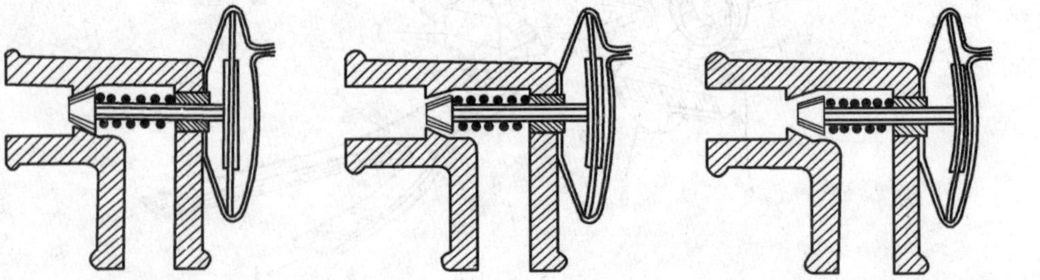

a)真空源断开　　b)半真空　　c)真空度最大

图 6-6 真空冷却液控制阀

4. 气暖式加热装置

余热水暖式暖风装置的优点是供热可靠，不另需燃料，只要发动机工作温度升高，热水即可产生出来，另外使用较安全。其缺点是采暖必须在发动机冷却液温度上升到大循环时才能供暖，在寒冷季节供暖量显得有些不足，甚至导致发动机过冷，严重时会影响其正常工作。对于一些大型客车仅依靠水暖式暖风装置难以满足取暖要求，因此必须采取其他取暖方法。

气暖式供暖系统是利用发动机的排气余热进行车厢采暖。在汽油机中，发动机排气带走的热量约占36%，在柴油发动机中，则占有30%左右。气暖式供暖系统是最早采用的空调形式之一，它是让排气管通过驾驶室直接供暖，例如早期的北京吉普车，以及北方寒冷地带的长途客车。但这种装置受车速变化的影响大，供暖温度不稳定，对热交换器的密封性、可靠性要求高。气暖式暖风系统有以下两种类型。

(1)气暖肋片式

通常采用的方法是将换热器铸成带散热翅片的管子，装在发动机排气管上，一方面内腔作排气管用，外侧加热空气并将此汇集起来，送到车内作供暖用。热交换器的结构如图6-7所示。

气暖式暖风装置见图6-8。它是在发动机的排气管上安装一个热交换器用于加热空气。工作时，将通往消声器的阀门关闭，汽车废气就进入热交换器内，用于加热交换器外的冷空气，冷空气通过热交换器吸收热量后温度升高，由风机吹入车厢内用于采暖和除霜。

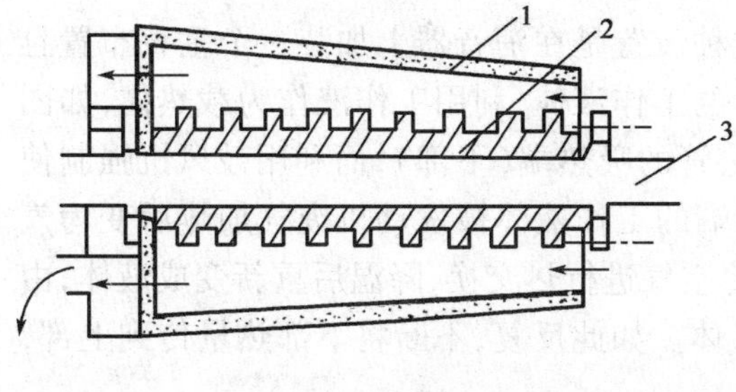

图6-7　气暖式热交换器

1-空气保温管；2-热变换管；3-排气管

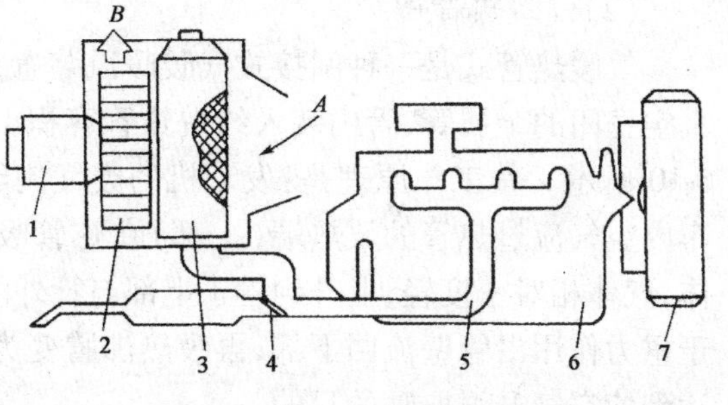

图6-8　气暖式暖风装置示意图

1-鼓风机电动机；2-暖风鼓风机；3-热交换器；4-废气阀门；5-发动机排气管；6-发动机；7-发动机散热器；A-新鲜空气；B 暖风

如图6-9所示为轿车空调余热气暖式暖风装置布置。热交换器接在发动机后，由进气管将混合气引入热交换器加热，加热的空气通过热排风管，由鼓风机将加热的空气送入车厢内采暖。

控制板在仪表板上，它可改变风门位置使部分热风进入除霜器，对车前窗玻璃除霜。若需要，可通过专用排气管对后窗玻璃、侧位玻璃、脚下等部位供暖。夏季空调制冷时，从蒸发器吹出的冷风温差较大，会使人感到不舒服，这时可通过其与热风泄出阀吹出的热风相混合，混合比例可根据舒适度要求由风门控制冷热风量，这样就可以得到舒适的凉风。截止阀是用来关闭热风的。

由于发动机的废气含热量较高，能够提供足够暖气来调节车内的温度，所以特别适合于北方寒冷地方解决车内供暖问题。但它的供热效果受车速、发动机工况的影响，供暖温度不稳定。其次，由于废气中含腐蚀性气体以及有毒气体和微粒，这种取暖器必须采用耐腐蚀材料，连接的密封性必须可靠，否则一旦穿孔，后果不堪设想。另外，在排气管道中加装的换热装置使排气阻力加大，对发动机工况有一定的影响。而且，这种装置的结构比较复杂，体积较大，在一定程度上限制了它的应用。

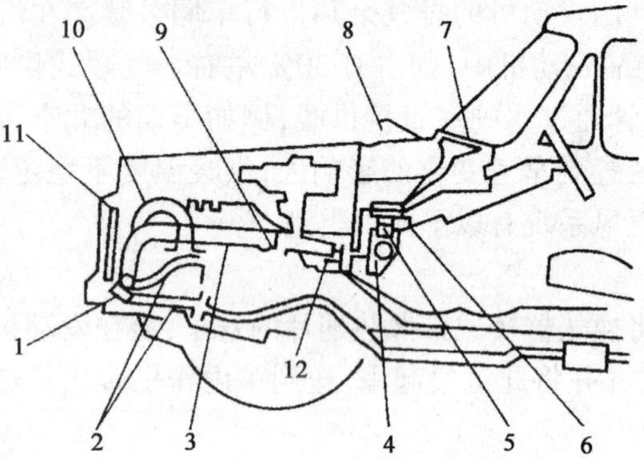

图 6-9　轿车空调余热气暖式暖风装置布置

1-热交换器；2-专用排气管；3-排热风管；4-转换阀；5-鼓风机；6-电动机；7-除霜器；8-通风口；9-夏季用热风泄出阀；10-进气管；11-挡风栅；12-截止阀

(2)气暖热管式

气暖热管式是一种间接式气暖暖风装置，这种装置是在消音器上加装一个垂直布置且真空密闭的金属管，管内装入约占热管容积 1/3 的工作液体，利用工作液作为载热体，如图 6-10 所示。其工作原理是：发动机的废气流经热管的吸热端（下部），而利用鼓风机强制使车内空气流过热管的放热端（上部）在热管吸热端的工作液体被发动机废气加热后变为气体，气体相对密度轻，上升到管子上部与管外的冷空气进行热交换，降温后重新变成液体，由于重力作用沿管壁流回下部，再吸热沸腾变为气体。如此反复，不断将下部热量传到上部，达到使空气升温取暖的目的。

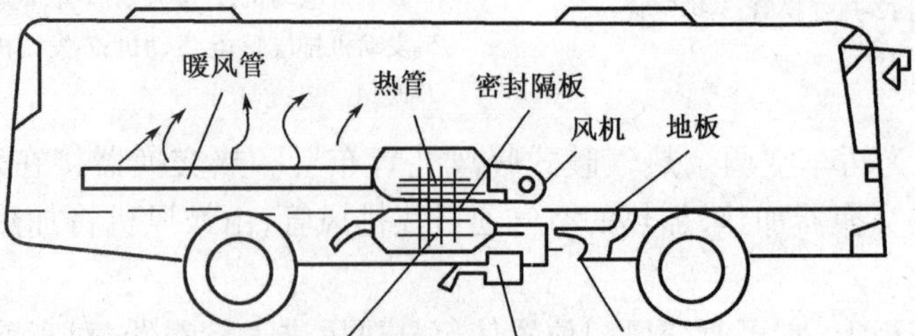

图 6-10　气暖热管式暖风装置

这种装置优点是结构简单、起动（发动机）快、换热系数高、换热效果好、不需外加动力也无需运动部件、维护方便，且发动机排出的废气和进入车内供暖用的空气互不泄漏，工作安全。

五、汽车空调的配气方式

如图 6-11 所示，是汽车空调配气系统的基本结构，它通常由三部分构成：第一部分为空气进口段，主要由用来控制新鲜空气和室内循环空气的风门叶片和伺服器组成；第二部分为空气混合段，主要由加热器和蒸发器组成，用来提供所需温度的空气；第三部分为空气分配段，使空气吹向面部、脚部和风窗玻璃上。它们是通过手动控制钢索（手动空调）、气动真空装置（半自动空调）或者电控气动（全自动空调）与仪表板空调控制键连接动作，执行配气工作的。

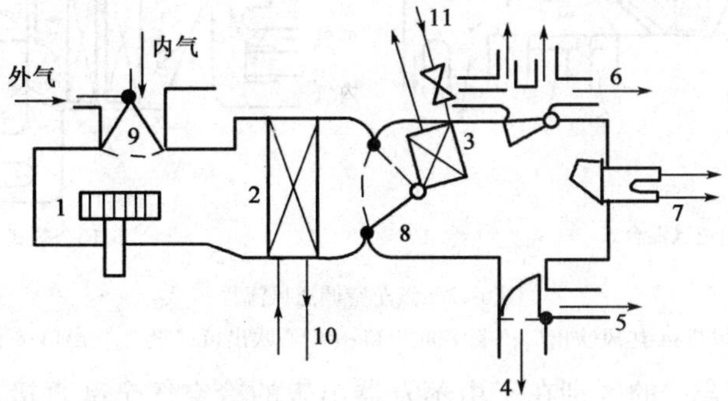

图 6-11　汽车空调送风系统

1-风机；2-蒸发器；3-加热器；4-脚部吹风口；5-面部吹风口；6-除霜风口；7-侧吹风口；8-加热器旁通风门；9-空气进口风门叶片；10-制冷系统进液出气管；11-水阀调节进出水管

空调送风系统的工作过程如下：新鲜空气 + 车内循环空气→进入风机→空气进入蒸发器冷却→由风门调节进入加热器的空气→进入各吹风口。

空气进口段的风门叶片主要控制新鲜空气和室内循环空气的比例，当夏季室外空气气温较高、冬季室外温度较低的情况下，尽量开小风门叶片，以减少冷热气量的损耗。当车内空气品质下降，汽车长时间运行或者室内外温差不大时，应定期开大风门叶片。一般汽车空调空气进口段风门叶片的开启比例为 15% ~30%。

加热器旁通风门叶片主要用于调节通过加热器的空气量。顺时针旋转风门叶片，开大旁通风门，通过加热器空气量少，由风口 4、5、7 吹出冷风；反之，逆时针旋转风门叶片，关小旁通风门，这时由风口 4、5、6、7 吹出热风供采暖和玻璃除霜用。

汽车空调配气方式有以下几种：

1. 空气混合式配气系统

如图 6-12a）所示为空气混合式配气流程图。从图中可看出其工作过程为：车外空气 + 车内空气→进入风机→混合空气进入蒸发器冷却→由风门调节进入加热器加热→进入各吹风口 4、5、7。进入蒸发器后再进入加热器的空气量可用风门进行调节。若进入加热器的风量少，也就是冷风量相对较多，这时冷风由冷气吹出口 7 吹出；反之，则吹出的热风较多，热风由除霜吹出口 5 或热风（脚部）吹出口 4 吹出。

空气混合式配气系统的优点是能节省部分冷气量，缺点是冷暖风不能均匀混合，空气处理后的参数不能完全满足要求，亦即被处理的空气参数精度较差一些。

2. 全热式配气系统

如图6-12b）所示为全热式配气流程图。从图中可看出其工作过程为：车外空气＋车内空气→进入风机→混合空气进入蒸发器冷却→出来后的空气全部进入加热器→加热后的空气由各风门调节风量分别进入4、5、6、8、9各吹风口。

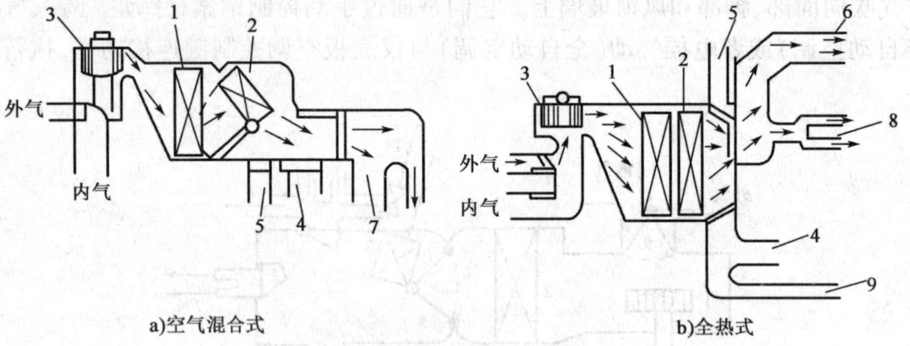

图6-12　汽车空调送风流程

1-蒸发器；2-加热器；3-风机；4-热风吹出口；5-除霜吹出口；6-中心吹出口；7-冷气吹出口；8-侧吹出口；9-尾部吹出口

全热式与空气混合式的区别在于由蒸发器出来的冷空气全部直接进入加热器，两者之间不设风门进行冷热空气的风量调节，而是冷空气全部进入加热器再加热。

全热式配气系统的优点是被处理后的空气参数精度较高，缺点是浪费一部分冷气，亦即为了达到较高的空气参数精度而不惜浪费少量冷气。这种配气方式只用在一些高级豪华汽车空调上。

3. 加热与冷却并进混合式配气系统

如图6-13所示为加热与冷却并进式配气工作原理图。

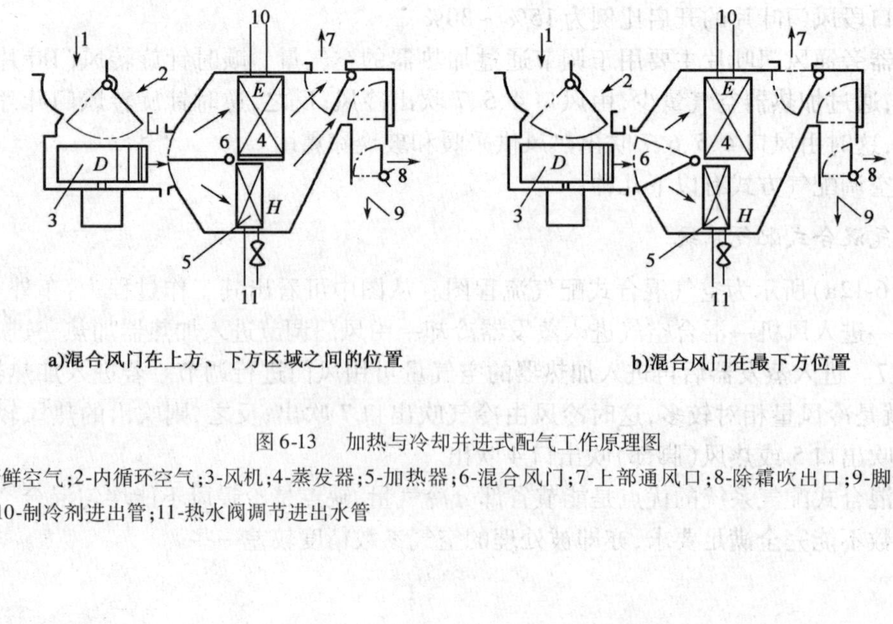

图6-13　加热与冷却并进式配气工作原理图

1-新鲜空气；2-内循环空气；3-风机；4-蒸发器；5-加热器；6-混合风门；7-上部通风口；8-除霜吹出口；9-脚部吹出口；10-制冷剂进出管；11-热水阀调节进出水管

该配气系统工作时,混合风门可以在最上方与最下方区域之间的任何位置开启或停留,见图6-13a)。当空气由风机 D 吹出后,将由调风门调节进入并联的蒸发器 E 和加热器 H,蒸发器的冷风从上面吹出,对着人身上部,而热空气对着脚下和除霜处。由于风量和温度多种多样,则由风门调节空气流量的大小分别进入蒸发器和加热器,以满足不同温度、不同风量的要求,其工作模式见图6-14。

当混合风门处在最上方,这时混合风门将通往蒸发器的通道口关闭;或者当混合风门处在最下方,这时混合风门将通往加热器的通道口关闭了,见图6-13b)。这样在 E 或 H 不用时,单纯暖气或冷气不经混合直接送至各出风口。若两者都不运行,送入车内的便是自然风。

4. 半空调配气系统

新鲜空气和车室内循环空气经风门调节后,先经过风机吹进蒸发器进行冷却,然后由混合风门调节,一部分空气进入加热器,冷气出口不再进行调节。其模式见图6-15。

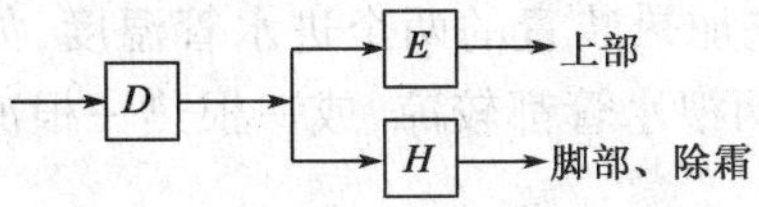

图6-14　加热与冷却并进混合式工作模式

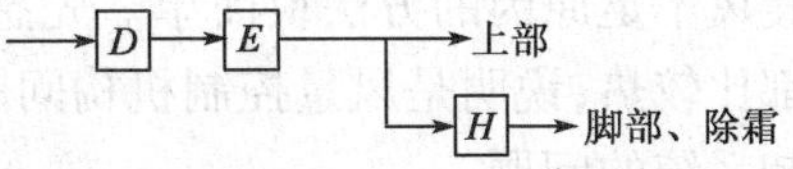

图6-15　半空调工作模式

同样,由风门来调节其送入车内的空气温度。若蒸发器 E 不工作,将空气全部引到加热器 H,则送出的是暖风;若加热器 H 不工作,则送出来的全部是冷风;若两者都不工作,则送出来的是自然风。其系统结构见图6-16。

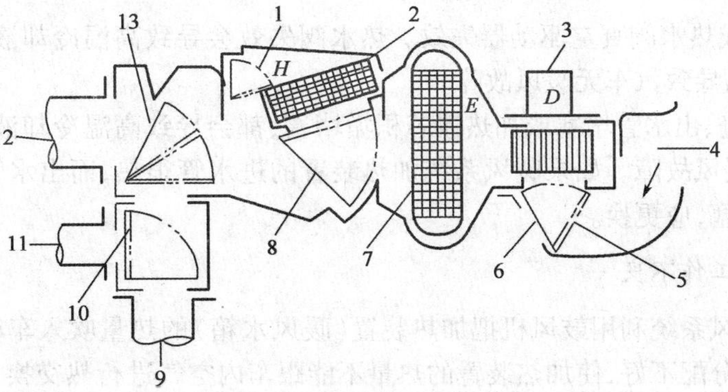

图6-16　半空调配气系统

1-限流风门;2-加热器芯;3-风机电动机;4-新鲜空气入口;5-新鲜/再循环空气风门;6-再循环空气风口;7-蒸发器芯;8-混合风门;9-至面板风口;10-A/C 除霜风门;11-至除霜器风口;12-至底板出口;13-加热除霜口

从目前汽车空调的配气方式来看,空气混合式使用得最多。它是将空气经过蒸发器进行降温除湿处理后,用调节风门将一部分空气送到加热器加热,出来的热气和冷气再混合,可以调节人们所需要的各种温度的空气,而且除霜的热风可直接从加热器引到除霜风口,直接吹向风窗玻璃。它的最大特点是效率高,节能显著。

任务实施

一、接车检查

车辆进入维修厂，维修技师接车后问了一些基本情况，然后起动（发动机）发动机。当冷却液温度升到90°C时，打开暖风开关，出风口出冷风。检查暖风加热器的进水管和出水管，发现进水管特别热，出水管与进水管温差很大，初步判断为暖风加热器故障，接下来维修技师对车辆进行进一步检测。

二、汽车空调暖风系统故障原因分析

汽车暖风不足可以分为两方面的原因。一是暖风机构工作不良导致汽车暖风不足，二是发动机冷却系统造成汽车暖风不足。

在维修时，要先判定是哪一方面原因引起汽车暖气不足。再进行相应的维修，判别造成汽车暖风不足原因的方法很简单。先感觉较暖风系统加热装置的两个进水管温度，如果两根管都比较热，说明是风量控制机构问题；反之，如果两根水管都较凉，或一根热一根凉说明是冷却系统的问题。

1. 冷却系统故障

（1）水泵叶轮破损或运作不良，使流经暖风系统加热装置的冷却液量不够，导致温度不高。

（2）发动机节温器失效，发动机冷却系统没有大循环，造成暖风系统中无高温冷却液通过，从而造成无暖风故障。这种原因造成的无暖风故障，一般伴随出现发动机冷却液温度过高现象。

（3）热水阀或热水阀真空驱动器失效。热水阀失效会导致高温冷却液无法正常进入暖风加热器芯，进而导致汽车无暖风故障。

（4）加热器进、出水管堵塞或加热器芯积垢堵塞，都会导致高温冷却液无法正常在系统中流动，造成无暖风故障。如果暖风系统加热装置的进水管很热，而出水管较凉，应是加热装置暖风存在堵塞，应更换。

2. 暖风机构工作不良

汽车空调暖风系统利用鼓风机把加热装置（暖风水箱）的热量吹入车厢，如果鼓风机风量不够或冷暖风分配不好，使加热装置的热量不能跟车内空气进行热交换，也会造成暖风温度不高。这时应先检查空调滤清器是否存在脏污堵塞，如有，应立即进行反吹处理，必要时及时更换；再检查鼓风机的各挡位运转情况，每个挡位都要达到足够的转速。如果旋钮调整到暖风位置，风量够大，风向也正常，但吹出的是冷风，应检查暖风箱冷热风的控制翻板拉线是否脱落，暖财轮是否损坏，翻版是否脱落等。

三、暖风系统检测

维修技师接车后先试车，发现当冷却液温度升到90°C时，打开暖风开关，出风口出冷风。

1. 暖风机构检测

(1)把风速调到最大挡位,用风速仪检测正面各出风口出风量,均符合维修手册规定的值。由此判断各出风口无堵塞。

(2)把鼓风机风速依次调节到各挡位,用风速仪检测正面右侧出风口出风量,均符合维修手册规定的值,由此判断鼓风机各挡位正常。

(3)把调节暖风各个送风模式,用风速仪检测各出风口出风量,均符合维修手册规定的值。由此判断暖风控制模式开关正常。

2. 发动机冷却系统检测

(1)用红外线温度检测仪检测,测量发动机散热水箱进水口温度,进水口温度为90°C,符合维修手册规定的值。由此判断发动机冷却系统大循环正常。

(2)用红外线温度检测仪测量热水阀两端进、出水管温度,进水管温度为90°C,出水管温度为90°C,由此判断热水阀正常。

(3)用红外线温度检测仪检测暖风系统加热装置的进水管、回水管温度,发现进水管温度为90°C,回水管温度为20°C,回水管与进水管温差很大,由此得出结论,暖风水箱有堵塞现象。

四、暖风系统加热装置拆装

1. 暖风系统加热装置的拆卸

(1)拆卸副驾驶员侧储物箱。

(2)拆卸仪表板。

(3)拆下左侧风道及中央风道。

(4)如图6-17所示,松开两处胶管喉箍(按图中箭头所示),拔下胶管。

(5)如图6-18所示,按图中箭头所示方向转动勾环,并从安全气囊控制单元上拉出线束连接插头。

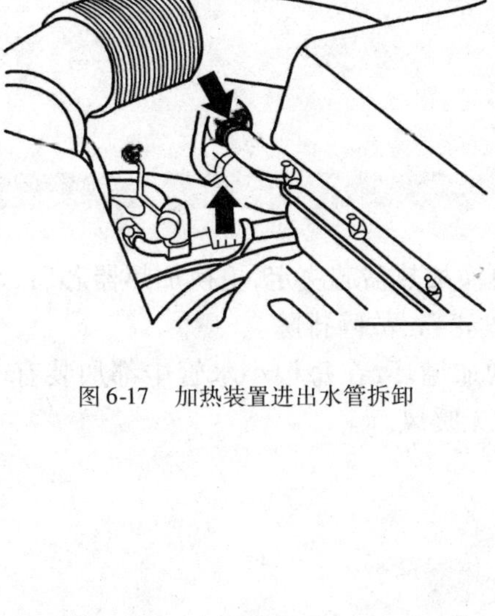

图6-17　加热装置进出水管拆卸

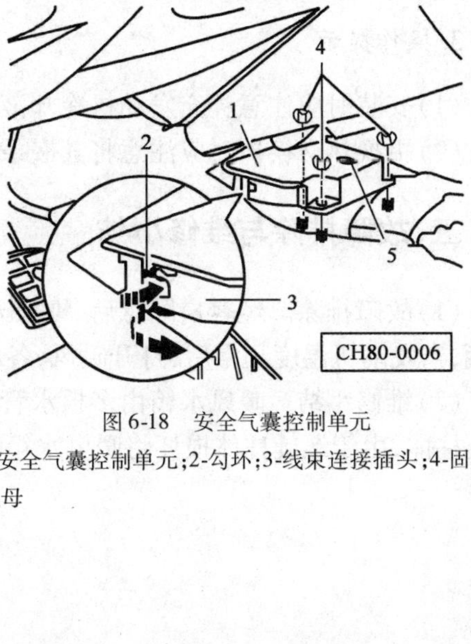

图6-18　安全气囊控制单元

1-安全气囊控制单元;2-勾环;3-线束连接插头;4-固定螺母

(6)拧下固定螺母,拆下安全气囊控制单元。

(7)如图6-19所示,按图中箭头 *A* 所示方向松开固定夹扣,沿箭头 *B* 所示方向,水平地拆下暖风箱。

(8)如图6-20所示,按图中箭头所示方向旋出螺栓,松开冷却液管固定支架。

(9)如图6-21所示,按图中箭头所示方向小心地用起子撬开暖风箱总成罩盖,并从暖风箱中拆下热交换器。

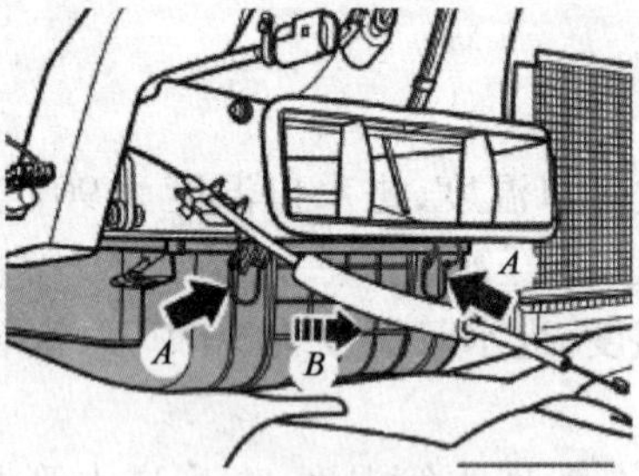

图6-19 暖风箱总成

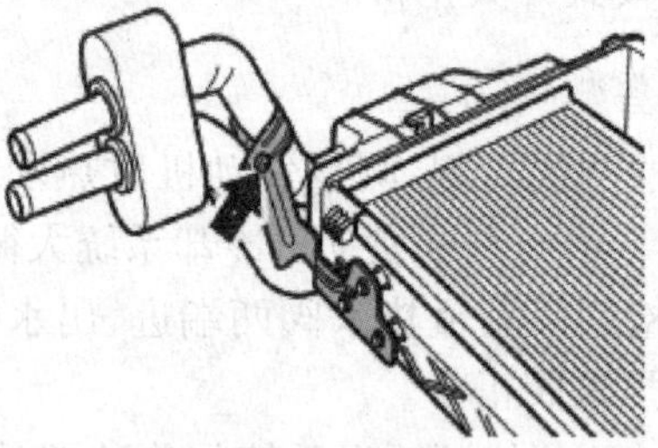

图6-20 冷却液管固定支架

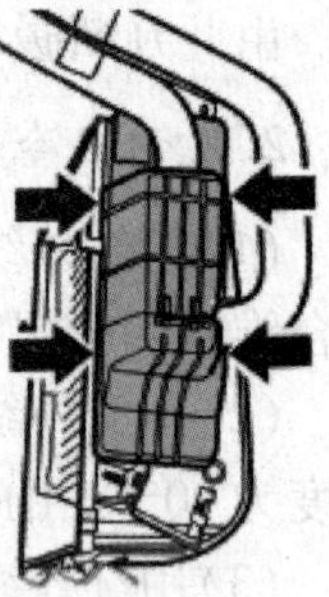

图6-21 热交换器罩盖

2. 暖风系统加热装置的安装

(1)把热交换器装入暖风箱总成中,装上暖风箱总成罩盖,并用力按到位。

(2)按规定力矩旋紧冷却液管固定支架螺栓,紧固好冷却液管固定支架。

(3)水平地装入暖风箱总成,并卡好暖风水箱固定夹扣。

(4)装入安全气囊控制单元,并用固定螺母按规定力矩固定牢固。

(5)小心插上安全气囊控制单元线束连接插头,并固定好锁止。

(6)装上加热装置进出水管,并用管箍紧固。

(7)装上左侧风道及中央风道。

(8)装上仪表板。

(9)装上副驾驶员侧储物箱。

3. 操作提示

(1)安装时应注意补充发动机冷却液。

(2)更换热交换器时应注意将其嵌条密封好。

五、故障排除与维修小结

(1)故障排除。经客户同意后,维修人员做出更换加热器芯决定,更换加热器芯后,起动车辆,当发动机温度正常后,打开暖风,各出风口温度正常,故障排除。

(2)维修小结。暖风水箱由多根水管组成,为增加循环,在每根小水管中都加装有一根螺旋柱体,由于螺旋柱体损坏将暖风水箱堵塞,导致无暖风。

知识拓展

独立热源式采暖系统

大型豪华旅游车、客车以及寒冷地区使用的汽车等，常常采用独立热源式采暖系统。

独立热源式采暖系统同样也分为独立热源气暖式暖风装置和独立热源水暖式暖风装置。它们都是在燃烧器内燃烧汽油、煤油、柴油等燃料，产生的热量加热空气或水，并将它们输送到车厢内提高其温度，燃烧后的气体在热交换后被排出车外。

一、独立热源气暖式暖风装置

1. 结构

这种采暖装置利用燃料在双层燃烧筒体内燃烧所产生的热量来加热空气。其燃料通常采用轻柴油。加热空气可采用外部空气或车内空气循环。该类采暖装置的特点是发热量大，见效迅速，单机控制而不受发动机工况影响，且易于自动控制。

独立热源气暖式暖风装置如图6-22所示。由燃烧室、热交换器、燃料供给系统、空气供应系统和控制系统几部分组成。

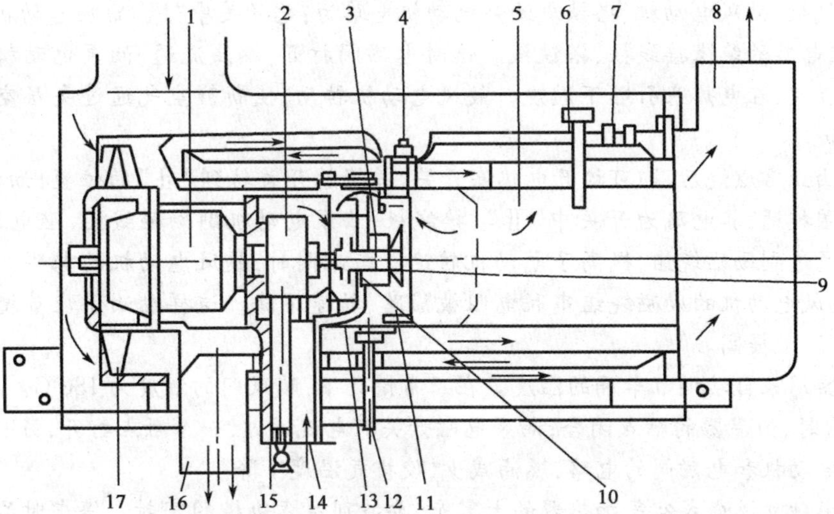

图6-22　独立热源气暖式暖风装置结构

1-电动机；2-燃料泵；3-燃料分布器；4-火花塞；5-燃烧室；6-燃烧指示器；7-热熔断丝；8-暖风排出口；9-分布器帽；10-油分布器管；11-燃烧环；12-排气管；13-燃烧空气送风机；14-燃烧室空气吸入管；15-燃料吸入管；16-排气管；17-暖风送风机

燃烧室由燃料管、火花塞和环形雾化器、燃料分布器等组成，环形雾化器直接装在风扇电动机的轴上，依靠离心力和空气的切向力将油混合和雾化，在电火花塞点火引燃下，在燃烧器的上部燃烧。燃烧室温度达800℃。热交换器紧靠在燃烧室后端，由双层腔室构成。中心是燃烧室，包围燃烧室的第一层空腔通加热的空气，再包围一层空腔通燃烧气体，然后引到排气腔，外面再包围一层空腔通加热空气。燃烧热量通过金属隔板加热空气，加热后的空气集中到暖气室，然后送到车内。

燃烧室内空气供应和燃料泵都是由风扇电动机来驱动的。燃料泵将燃油从油箱中抽取,经过滤器、吸入管到油泵,送入环形雾化器后和空气混合燃烧。空气是依靠鼓风机吹向加热器夹层的。

控制系统用来控制各种电动机、电磁阀、点火模块、过热保护器、定时继电器的工作。当加热器的暖风出口温度超过设定值(180℃)时,过热保护器动作,使继电器自动切断油泵电磁阀的电源,油泵停止供油,加热器停止燃烧。由于燃烧室的温度非常高,为了不使燃烧室被烧坏,停机时应先关油泵,停止燃烧器燃烧,而通风机仍继续运转,带走燃烧室中的热量,直到其温度降至正常,才可关闭通风机。

2. 工作原理

取暖时,首先打开燃油箱开关,然后将钥匙插入采暖通风装置总开关的"0"位置;按下电热塞开关,指示灯亮,此时电热塞的加热电路接通。其电路由蓄电池正极,经总开关、按钮、接线板、电阻、电热塞的电阻丝、搭铁线,完成一个闭合回路,电热塞有电流通过而逐渐变热。

按下电热塞开关约30s,再按下油泵电动机开关,再将总开关转到"1"位置,此时鼓风电动机、油泵电动机和电磁阀的电路接通,两个指示灯同时亮。鼓风电动机的电路为:总开关中"I"、接线板、鼓风电动机、搭铁。油泵电动机电路为:总开关中"I"、油泵电动机开关、油泵电动机、继电器的绝缘接线柱、搭铁线。这时电磁阀打开,燃油流通,油泵电动机转动,将燃油打入燃烧室,在电热塞引燃下燃烧。鼓风电动机转动,使新鲜空气通过夹层空腔加热,送入车内取暖。

当燃油正常燃烧后,即可松开电热塞开关,并将总开关转到"Ⅱ"的位置,油泵电动机的副励磁线圈接通,其电路为开关中"Ⅱ"、接线板、油泵电动机副励磁线圈、继电器、再搭铁。由于电流通过副励磁绕组,提高了电动机转速。与此同时,鼓风电动机的电磁开关通电、触点闭合、鼓风电动机的励磁绕组串联电阻被短路,转速下降。这样燃油供应量增大,采暖空气量减少,温度提高。

恒温器用来自动调节车厢的温度。在正常情况下,暖风门的温度为180℃。排气口温度超过180℃时,恒温器的触点闭合,油泵电磁开关有电流通过,一个触点打开,另一触点闭合,切断油泵电动机和电磁阀的电路,燃油减少,使排气温度下降。

对装用独立燃烧式空气加热器的大客车,要特别注意地板的密封。停车时尽量不使用,以免空气流通不好,使燃烧废气进入车内,且增加蓄电池的耗电量。使用时确认点火和正常燃烧程序,通过仪表和指示灯监视电流和燃烧工作情况。

二、独立热源水暖式暖风装置

1. 结构

独立热源水暖式暖风装置结构与气暖式的相近。特别是燃烧室、燃料供给系统和控制系统,如图6-23所示,燃烧室由喷油嘴和高压电弧点火模块组成,或由多孔陶瓷蒸发器和电热塞组成;加热器的燃料供给系统由电动机、油泵、助燃风扇、水泵组成;控制系统由冷却液温度控制器(恒温器)、冷却液温度过热保护器、定时器等组成。

水暖装置的加热器是管带式或管翅式结构,与气暖式不同。管子内部流通待加热的水,而管外的翅片增加热空气的接触,增加换热能力。水暖装置的换热系数大于气暖装置。独立热源水暖式暖风装置的暖风主要采用内循环式，灰尘少，所以暖气比较柔和而不干燥。人体感觉较舒适，不像空气加热器那样高温干热。

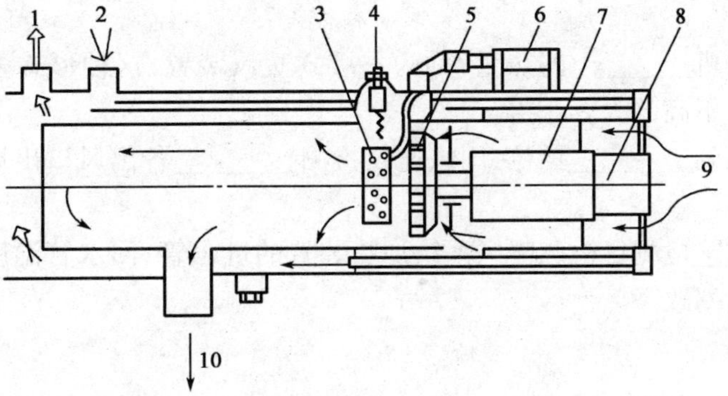

图6-23　独立热源水暖式暖风装置结构

1-出水口；2-进水口；3-多孔陶瓷蒸发器；4-电热塞；5-助燃风扇；6-油泵；7-电动机；8-水泵；9-助燃空气；10-废气

2. 工作原理

独立热源水暖式暖风装置的工作原理与气暖式基本相同，其加热工质不是空气而是水，用水泵代替了风扇。水暖式的最大优点是不仅可作为车厢采暖用，而且可预热发动机、润滑油，以利于冬季发动机起动，待发动机起动后，再将被加热的水通向车厢内的水散热器。水散热器一般是管带式或管片式结构，管子内部流入已加热的热水，而管外则流过待加热的车厢内空气，管外的铝带或铝翅片是为了增加其散热能力。

水加热器的最大优点是不仅可作为车厢取暖之用，而且可以预热发动机，预热润滑油和蓄电池，便于冬季发动机起动和很快转入稳定状况。待发动机工况稳定后，再将被加热的水引向车厢内的加热器作取暖用。如果水加热器和发动机冷却液管相通，在发动机冷却液低于80℃时，水加热器的热水首先供应预热发动机。到冷却液温度高于80℃时，由于石蜡式恒温器的控制作用，会将发动机的冷却液引进暖气加热器；当冷却液温度在95℃时，会自动切断燃烧器的油泵的电源，停止供油，节省燃料。而加热器中的水泵继续工作，以保证水加热器零件不因过热而损坏和保持继续供应暖气。但水加热器也存在一些缺点，长期运行后，水管容易积水垢，影响热交换器的换热效率。使用中还要经常清洗水垢，清除水垢时，需将加热器中的水全部放尽，然后注入浓度为10%（质量百分数）的稀盐酸在加热器内循环，直至管内水垢全部清除为止。

为了避免寒冷冬天水加热器被冻坏，每天晚上停车前须放尽水箱和水加热器中的水，或者在冷却液中加防冻防锈液，防冻防锈液主要由乙二醇溶液、水、防锈剂、防氧化消泡剂等组成。

综上所述，采暖装置是高级客车的必备总成，成为衡量客车档次的一个指标。在这类客车上，大多采用独立燃烧式加热器，而液体加热器又比空气加热器更有发展前途。使用中要加强车身密封和保温，改善车内通风条件，使其指标符合有关要求，从而提高采暖装置的可靠性、操纵方便性和安全性。

练一练

一、填空题

1. 利用发动机________的热量，称为水暖式暖风装置，这种形式多用于轿车、大型货车及采暖要求不高的大客车上。

2. 把风速调到________挡位，用风速仪检测________各出风口出风量，可以判断各出风口有无堵塞。

3. 用________检测仪检测暖风系统加热装置的进水管、回水管温度，可以判断暖风加热装置有无堵塞故障。

二、选择题

1. 把风速调到最大挡位，用(　　)检测正面各出风口出风量，可以判断各出风口有无堵塞。

A. 风速仪　　B. 温度仪　　C. 湿度仪　　D. 空调诊断仪

2. 用红外线温度检测仪检测，测量发动机散热水箱(　　)温度，可以判断动机冷却系统大循环是否正常。

A. 出水口　　B. 进水口　　C. 箱体　　D. 以上都可以

3. 把鼓风机风速依次调节到(　　)，用风速仪检测正面右侧出风口出风量，可以判断鼓风机是否正常。

A. 最大挡位　　B. 最小挡位　　C. 所有挡位　　D. 以上答案都对

三、判断题

1. 汽车空调系统的控制方法有手动控制和电控自动控制两种。(　　)

2. 汽车空调供暖系统的作用，是将新鲜空气送入热交换器，吸收汽车热源的热量，从而提高空气的温度，并将热空气送入车内的装置。(　　)

3. 利用发动机排气系统的热量，称为水暖式暖风装置。(　　)

4. 调节暖风各送风模式，用风速仪检测各出风口出风量，判断鼓风机是否正常。(　　)

四、问答题

1. 简述汽车空调暖风系统的类型和基本原理。

2. 简述如何对暖风机构进行检测。

3. 如何正确拆装和检测与维修暖风系统加热器总成？

做一做

两名同学一组，一名同学做工作任务内容时，另一名同学对其项目完成情况做出点评，说明其各步骤的表述是否清晰，对工作原理的理解是否有错，应当如何表述，之后对调进行同样的工作任务内容并评价。

任务评价

汽车暖风系统检测与维修评价表如表6-1所示。

汽车暖风系统检测与维修评价表　　表6-1

序号	内容及要求	评分	评分标准	自评	组评	师评	得分
1	准备	10	①汽车进入工位前，准备好相关的器材（4分）； ②拉紧驻车制动器，把变速杆置于空挡或P挡位置（3分）； ③套上三件套、粘贴翼子板布（3分）				
2	清洁	10	按要求清理工位				
3	专用设备与工具准备	10	风速仪，红外线温度仪等				
4	暖风机构检测	25	检测位置正确，工具操作规范，检测流程规范				
5	冷却系统检测	25	检测位置正确，工具操作规范，检测流程规范				
6	结论	10	检测结果正确，能够说明原因				
7	安全文明生产	10	①结束后清洁（5分）； ②工量具归位（5分）				
指导教师总体评价 指导教师＿＿＿＿ ＿＿年＿＿月＿＿日							

教学提示

“汽车暖风系统检测与维修”教学提示如表6-2所示。

“汽车暖风系统检测与维修”教学提示　　表6-2

任务1	汽车暖风系统检测与维修	学时	2
学习目标	1. 拆装暖风系统总成； 2. 检测暖风系统； 3. 检测、排除暖风系统典型故障		
学习内容	教学方法与建议		
1. 暖风系统的功能； 2. 暖风系统的基本构造与工作原理； 3. 暖风系统电路； 4. 暖风系统的拆装； 5. 暖风系统使用注意事项； 6. 暖风系统一般故障检测与维修	通过任务驱动教学法实施教学： 1. 暖风系统教学过程由任务目标、任务导入、知识准备、任务实施、知识拓展、练一练、做一做、任务评价组成，在老师的指导下制订方案并实施，最终进行评价； 2. 学生通过典型工作任务的完成，将理论知识融入实际操作中； 3. 教学过程中体现以学生为主体，教师进行适当讲解，并进行引导、督促和评估； 4. 教师应提前准备好各种媒体资料、教学课件，并准备教学场地和设备		

续上表

教学媒体与设备	学生已有的知识、能力要求	教师执教的要求
1. 实训设备：工作台、暖风系统总成等； 2. 通用、专用工具：扭力扳手、风速仪、测温仪、万用表、诊断仪等； 3. 多媒体教学设备； 4. 多媒体教学课件、软件； 5. 网络教学资源	1. 安全操作知识； 2. 使用各种工具的基本技能和经验； 3. 暖风系统的构造、原理和拆装顺序	1. 能够根据教学方法合理设计教学情境； 2. 熟悉暖风系统拆装的安全操作规程； 3. 能够完成暖风系统的拆装工作； 4. 能够完成暖风系统的检测； 5. 具备协调各方、处理学生误操作的能力

任务2 汽车空调制冷系统的检测与维修

任务目标

1. 了解汽车空调制冷系统的功能及分类。
2. 熟悉汽车空调制冷系统的组成及各部件的功能。
3. 熟练地拆装汽车制冷系统主要零部件。
4. 能够对汽车制冷系统进行维护及常见故障进行维修。

任务导入

在炎热的夏天，王女士早上准备驾驶桑塔纳2000型轿车上班，在汽车运行一段时间，发动机达到正常温度后，王女士打开空调，无冷风吹出。打电话给4S店请求帮助，服务顾问通过问询，得知王女士之前汽车空调系统可以正常使用，本次是今年夏天第一次使用汽车空调系统。该车因此到维修厂进行检修。

任务知识

一、汽车空调制冷系统

1. 汽车空调制冷系统的基本组成

汽车空调制冷系统主要由压缩机、冷凝器、蒸发器、储液干燥器、孔管或膨胀阀、高低压管路、鼓风机和控制电路等组成。

如图6-24所示是装有膨胀阀的汽车空调制冷系统。压缩机是制冷系统的心脏，连接蒸发器和冷凝器；膨胀阀总是装在液体管路上的蒸发器进口处，而使用储液干燥器的系统必须

把储液干燥器放在冷凝器和膨胀阀之间。制冷系统由下列 3 种管路连成:

(1)高压软管,用于连接压缩机和冷凝器。

(2)液体管路,用于连接冷凝器和蒸发器。

(3)回气管路,用于连接蒸发器和压缩机。

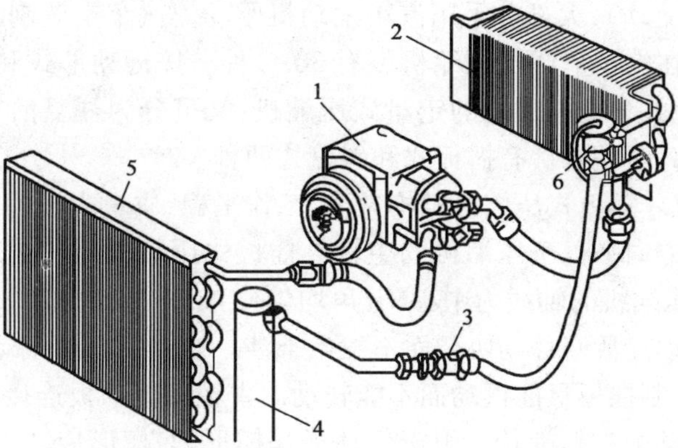

图 6-24　汽车空调制冷系统

1-压缩机;2-蒸发器;3-观察窗;4-储液干燥器;5-冷凝器;6-膨胀阀

2. 汽车空调制冷系统的分类

汽车空调制冷系统分为两类:一类是循环离合器系统,有使用膨胀阀和孔管两种形式;另一类是蒸发器压力控制系统,有使用先导阀操纵的绝对压力阀和阀罐两种形式。目前汽车上多使用的是蒸发器压力控制空调制冷系统。

3. 汽车空调制冷系统的基本工作原理

汽车空调制冷系统工作时,制冷剂以不同的状态在密闭系统内循环流动,每一循环包括 4 个基本过程。

(1)压缩过程。当发动机带动压缩机运转时,压缩机吸入蒸发器出口处低温(0℃)低压。(0.147MPa)的制冷剂气体,将其压缩成高温(70 ~ 80℃)、高压(1.470MPa)的气体排出压缩机。

(2)冷凝放热过程。高温高压的过热制冷剂气体进入冷凝器,压力和温度降低。当气体的温度降至 40 ~ 50℃时,制冷剂气体变为液体,同时放出大量的热量。

(3)节流膨胀过程。液态制冷剂流到储液干燥器后,在储液干燥器中除去水分和杂质,由管道流入膨胀阀。温度和压力较高的制冷剂液体通过膨胀阀装置后体积变大,压力和温度急剧下降,以雾状(细小液滴)排出膨胀装置。

(4)蒸发吸热过程。低温低压的雾状制冷剂进入蒸发器后,通过蒸发器的壁面吸收蒸发器表面周围空气的热量而沸腾汽化,从而可降低车内空气温度。在鼓风机的作用下,车内的冷、热空气加速对流,提高了空调制冷效果。在蒸发器内吸热汽化后的制冷剂蒸气再次被压缩机吸入,然后重复上述过程。由此可知,汽车空调制冷系统实际上是一个传热系统,通过制冷剂把车内的热量传送到车外,使车内温度降低。

4. 汽车空调制冷系统主要组成部件的结构

(1)压缩机

压缩机吸入蒸发器中低温低压的气态制冷剂，将气态制冷剂压缩成高温高压状态并输入冷凝器。汽车空调制冷压缩机主要采用容积式压缩机，除了有些大型客车采用独立发动机驱动外(副发动机驱动)，大部分采用汽车发动机驱动。汽车空调制冷容积式压缩机种类很多，目前正式使用在汽车空调的压缩机就有30多种。按运动形式和主要零件形状，压缩机可按定量式和变量式分类。常用的定量式压缩机，又可分为往复活塞式和旋转活塞式两种。常用的轴向活塞式压缩机，有摇板式和斜盘式两种。

①摇板式压缩机。摇板式压缩机结构紧凑、工作平稳、质量小。各汽缸以压缩机轴线为中心布置，活塞运动方向平行于压缩机的主轴。摇板式压缩机的工作原理示意图可以参照图6-25。各汽缸以压缩机的轴线为中心，五角均匀分布，连杆连接活塞和摇板，两头用球形万向节，使摇板的摆动和活塞移动协调而不发生干涉。摇板中心用钢球作为支承中心，并用一对固定圆锥齿轮限制摇板只能摆动而不能转动。主轴和传动板连接固定在一起。压缩机工作时，主轴带动传动板一起旋转。由于传动板是楔形的，楔形传动板的转动，迫使摇板做以钢球为中心的左右摇摆运动。摆板和传动板之间的摩擦力，使摇板具有转动势，但被固定的一对圆锥齿轮限制，所以摇板只能来回左右摆动，带动活塞在汽缸内作往复运动，完成吸气、排气过程。如果一个摆板上有5个活塞，主轴转动一周就有5次吸、排气过程。

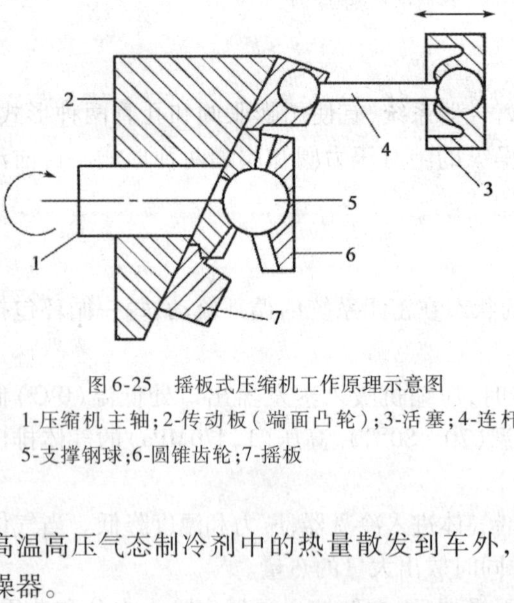

图6-25 摇板式压缩机工作原理示意图

1-压缩机主轴;2-传动板(端面凸轮);3-活塞;4-连杆;5-支撑钢球;6-圆锥齿轮;7-摇板

②斜盘式压缩机。斜盘式压缩机结构紧凑、效率高、性能可靠，采用往复式双头活塞。其主要零件是一根主轴，斜盘用花键和主轴固定在一起。当主轴转动时，带动斜盘转动，依靠斜盘的旋转运动驱动活塞做轴向往复运动。图6-26为斜盘式压缩机的结构。

(2)冷凝器

冷凝器的功能是将空调压缩机送来的高温高压气态制冷剂中的热量散发到车外，使制冷剂冷凝成高温高压液体再进入储液干燥器。

汽车空调制冷系统冷凝器的结构形式主要有管片式、管带式两种。

管片式是汽车空调系统中早期常采用的一种冷凝器，制造工艺简单，如图6-27所示，由0.2mm厚的铝翅片用胀孔法将翅片和管贴合传热，管的两头用弯管焊接起来。这种冷凝器散热效果较差，一般用在大、中型客车的制冷装置上。

管带式是由扁管弯成蛇管形，并在其中安置散热带后焊接而成，如图6-28所示。管带式可以轧制成多孔式，这样能增大蒸气和环境的热交换面积。目前，国外普遍使用36孔，有的使用42孔，我国一般使用24孔的管带。管带式的热交换效率比管片式的大15%～20%。但其工艺复杂，焊接难度大，且材料要求高，一般用在小型轿车的制冷装置上。

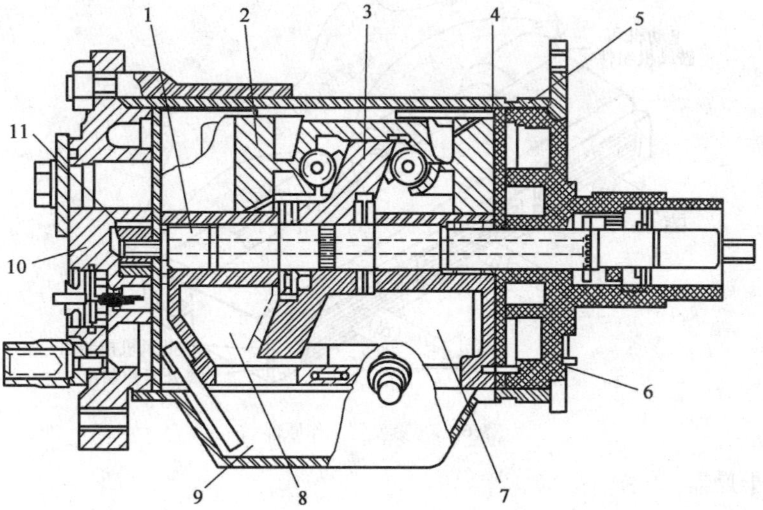

图6-26　斜盘式压缩机结构

1-主轴;2-活塞;3-斜盘;4-吸气阀;5-前排气阀;6-前盖;7-前缸半部;8-后缸半部;9-油底壳;10-后盖;11-机油泵齿轮

对于轿车,冷凝器一般安装在发动机冷却系统散热器之前,利用发动机冷却风扇吹来的新鲜空气和行驶中迎面吹来的空气流进行冷却。对于一些大、中型客车,则把冷凝器安装在车厢两侧、车厢后侧或车厢的顶部。当冷凝器远离发动机散热器时,在冷凝器旁必须安装辅助冷却风扇加速冷却。

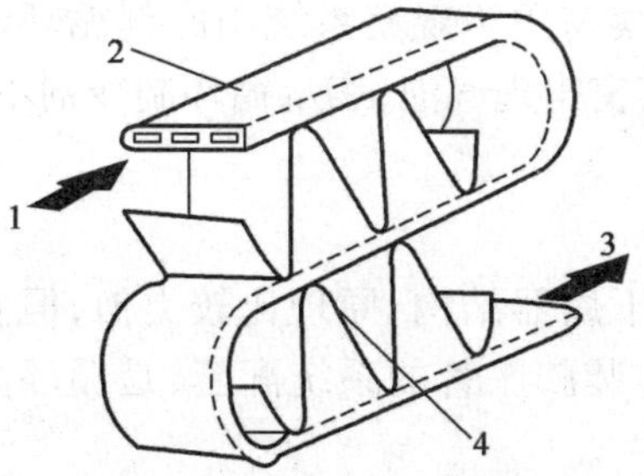

图6-27　管片式冷凝器图

1-入口;2-盘管;3-出口;4-翅片

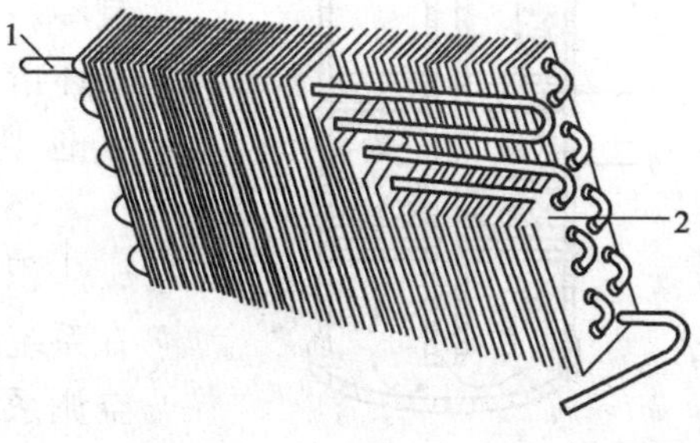

图6-28　管带式冷凝器

1-盘管;2-散热片

(3)蒸发器

蒸发器安装在热力膨胀阀高压通道出口与低压通道入口之间,其作用是产生冷气、降温除湿。蒸发器和冷凝器一样,也是一种热交换器,一般用铝材料制造,汽车空调制冷系统工作时,来自节流装置的低压雾状制冷剂通过蒸发器管道时,吸收车内空气的大量热量,同时低压雾状制冷剂变为低压气态制冷剂,并回到压缩机,如图6-29所示。空气中的水分由于温度降低而凝结在蒸发器上,因此制冷装置也起到除湿作用。

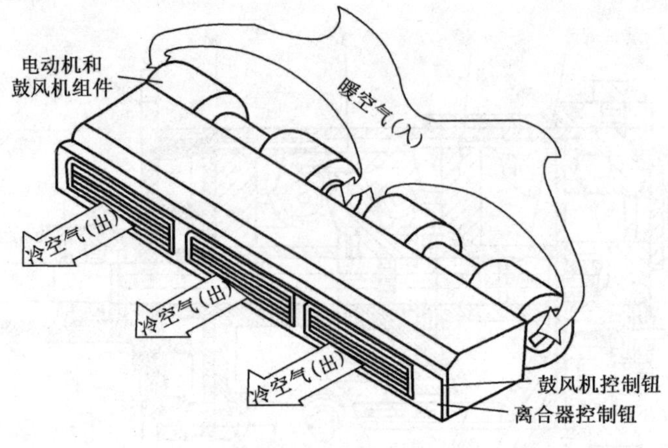

图 6-29 蒸发器工作原理

(4)储液干燥器

储液干燥器又称为储液器,在冷凝器和膨胀阀之间。储液干燥器有过滤杂质、吸收水分、防止堵塞的作用;还可以储存由冷凝器送来的高压液态制冷剂。图 6-30 为储液干燥器结构示意图。

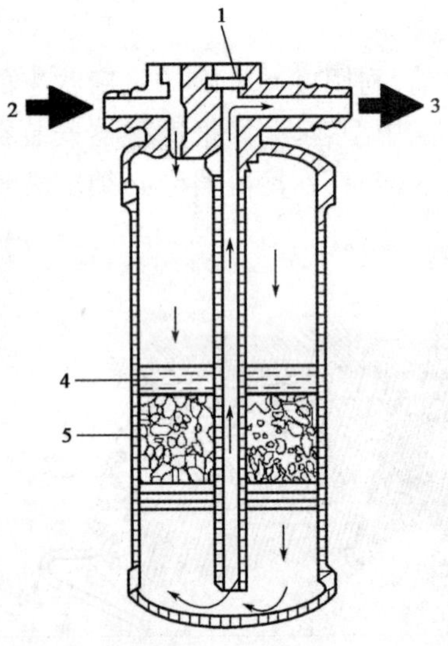

图 6-30 储液干燥器
1-观察窗;2-进口;3-出口;
4-干燥剂;5-吸出管

储液干燥器壳内装有铜丝布网制作的过滤器及干燥用的硅胶。在储液干燥器壳体的顶部,还装有安全熔塞。它是将低熔点的合金浇铸在熔塞的小孔中,若由于某种原因,使得高压侧压力骤然升高,温度也随之升高,当温度上升至 100 ~ 105℃,或者压力超过 2.94MPa 时,安全熔塞就会熔化或被冲破,及时将制冷剂喷射到大气中,防止损坏制冷装置。玻璃观察窗用于观察系统制冷剂循环流动的具体情况,一般观察窗出现气泡,表示循环制冷剂不足;无气泡,则表示适量。

(5)积累器

积累器和储液干燥器结构、原理比较类似,但它安装在系统的低压侧,与装膨胀管的系统配套,是循环离合器空调系统的组成之一。

积累器的主要功能是防止液态制冷剂液击压缩机,也用于储存过多的液态制冷剂,且内含干燥剂,起储液干燥器的作用。制冷剂从积累器上部进入,液态制冷剂落入容器底部,气态制冷剂积存在上部,并经上部出气管进入压缩机。在容器底部,出气管拐弯处装有带小孔的过滤器,允许少量的积存在拐弯处的机油返回压缩机,但液体制冷剂不能通过,因而要用特殊过滤材料,如图 6-31 所示。

(6)膨胀阀

膨胀阀又称节流阀,安装在蒸发器入口前,为制冷循环高压与低压之间的分界点。在膨胀阀前,制冷剂是高压液体;在膨胀阀后,制冷剂是低压、低温饱和液体和蒸气的雾状混合物。

膨胀阀的作用是将高压制冷剂液体节流减压，由冷凝压力降至蒸发压力，以便于制冷剂的蒸发；膨胀阀还可以调节制冷剂进入蒸发器的流量，以适应制冷负荷变化的需要，防止制冷剂液体进入压缩机而导致压缩机的损坏。目前，膨胀阀有内平衡式热力膨胀阀、外平衡式热力膨胀阀、H形膨胀阀和膨胀管（孔管）4种。

①内平衡式热力膨胀阀。内平衡式热力膨胀阀由感温包、毛细管、阀座、阀针及感应机构等组成，如图6-32所示。

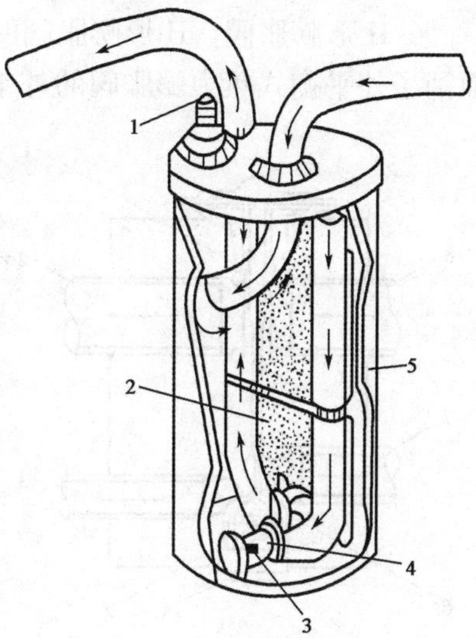

图6-31 积累器

1-观察窗；2-进口；3-出口；4-滤网；5-干燥剂

在感温包内装入制冷装置所用的制冷剂，感温包固定在蒸发器的出口管路上，并用保温材料进行包扎，保证接触良好，这样温度上升，从而压力也增大。增大了的压力作用在膜片上侧，在数值上大于蒸发器进口压力和弹簧压力的总和，于是阀针离开阀座，阀门开启，制冷剂流入蒸发器。阀门开启后，较多的制冷剂进入蒸发器，使蒸发器内压力上升，当温度降低后，膜片下侧压力增加，上侧压力降低，于是阀门关闭。

②外平衡式热力膨胀阀。外平衡式热力膨胀阀和内平衡式的结构大同小异，其结构如图6-33所示。内平衡式膜片下方的压力是蒸发器的进口压力，而外平衡式膜片下方的压力则是蒸发器出口的压力。由于蒸发器内部会产生压力损失，蒸发器出口压力要小于进口压力。要达到同样的阀开度，外平衡式需要的过热度要小些，因此蒸发器容积效率可以提高。大型客车空调系统要选用外平衡式热力膨胀阀。

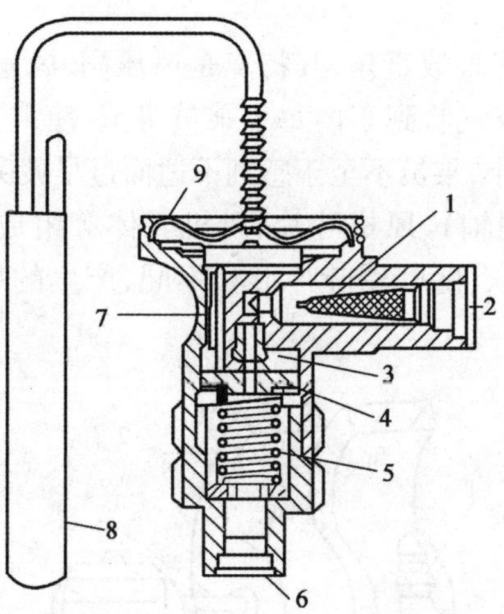

图6-32 内平衡式热力膨胀阀

1-滤网；2-进口；3-阀口；4-阀座；5-弹簧；6-出口；7-内平衡管；8-感温包；9-膜片

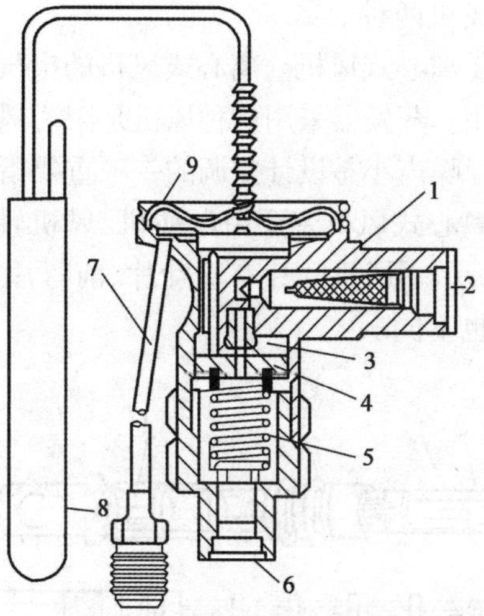

图6-33 外平衡式热力膨胀阀结构

1-滤网；2-入口；3-阀口；4-阀座；5-弹簧；6-出口；7-外平衡管；8-感温包；9-膜片

③H 形膨胀阀。H 形膨胀阀的结构如图 6-34 所示，因其内部通道形同 H 形而得名。它取消了外平衡式热力膨胀阀的外平衡管和感温包，直接与蒸发器进出口相连。它有 4 个接口通往空调制冷系统，其中两个接口和普通膨胀阀一样，一个接储液干燥器出口，一个接蒸发器入口。另外两个接口，一个接蒸发器出口，一个接压缩机入口。感温元件处在进入压缩机的制冷剂气流中。H 形膨胀阀具有结构紧凑、使用可靠、维修简单等优点，符合汽车空调的要求。这种膨胀阀安装在蒸发器的进出管之间，感应温度不受环境影响，也无须通过毛细管而造成时间滞后，调节灵敏度较高。由于无感温包、毛细管和外平衡管，不会因汽车颠簸使充注系统断裂外漏以及感温包包扎松动而影响膨胀阀的正常工作。

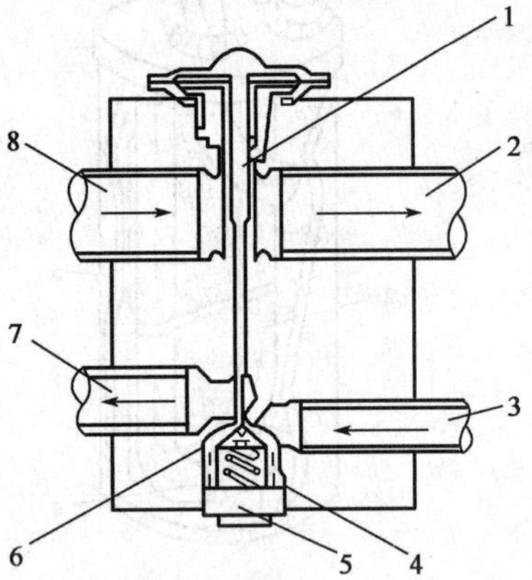

图 6-34　H 形膨胀阀结构

1-感温元件；2-至压缩机；3-从储液干燥器来；4-弹簧；5-调整螺栓；6-球阀；7-至蒸发器；8-从蒸发器来

④膨胀管（孔管）。全称为膨胀节流管，它取代膨胀阀，安装位置相同，但只起到节流降压的作用。如图6-35所示，膨胀管是一根装在塑料套内的小铜管。如果空调制冷装置装有膨胀管，则它属于循环离合器系统（CCOT），循环离合器系统的特点是依靠间断性地控制压缩机运转来调整流量，不必再安装膨胀阀。膨胀管没有运动零件，也不可调整。在安装有膨胀管的空调系统中，高压侧不用储液干燥器，低压侧装有积累器。

（7）风机

汽车空调制冷系统采用的风机为通风机、鼓风机。按工作原理不同，风机可分为叶轮式和容积式两类。叶轮式风机按气体流向与风机主轴的相互关系，又可分为离心式风机和轴流式风机两种。

①离心式风机。离心式风机的空气流向与风机主轴成直角，其特点是风压高，风量小，噪声也小。蒸发器采用这种风机是因为风压高可将冷空气吹到车内每个乘员身上，使乘员有冷风感。噪声小是设计空调的一项重要指标，车内噪声小，乘员不至于感到不适而过早疲劳。

离心式风机主要由电动机、风机轴（与电动机同轴）、风机叶片、风机壳体等组成，如图6-36所示。风机叶片有直叶片、前弯片、后弯片等形状，随叶轮叶片形状不同，产生的风量和风压也不同。

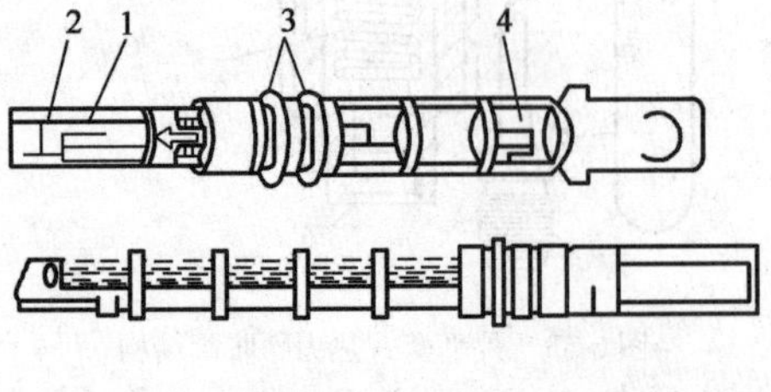

图 6-35　膨胀管

1-孔口；2-出口滤网；3-密封圈；4-进口滤网

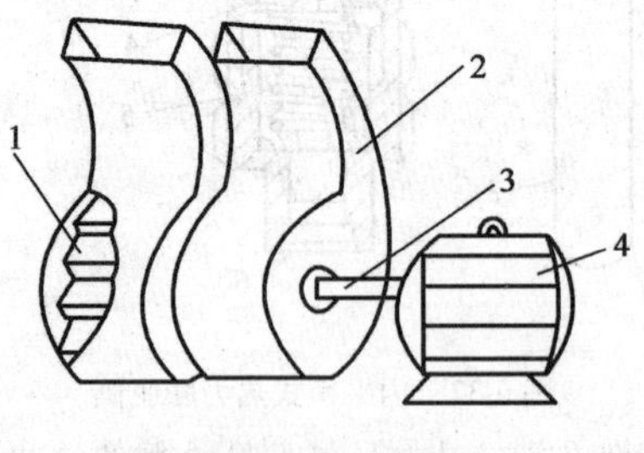

图 6-36　离心式风机

1-风机叶片；2-风机壳体；3-风机轴；4-电动机

②轴流式风机。轴流式风机的空气流向与风机主轴平行，它的特点是风量大、风压小、耗电小、噪声大。冷凝器采用这种风机，因为风量大，可将冷凝器四周的热空气全部吹走。轴流式风机能满足耗电小的要求。它的缺点是风压小、噪声大，但这对冷凝器来说不是大问题，因为冷凝器只要将其四周的热空气吹离即可，所以风压小不影响冷凝器正常工作；另外，冷凝器安装在车外面，风机噪声大也不影响到车内。

轴流式风机主要由电动机、风机轴、风机叶片、键等组成，如图6-37所示。叶片固定在骨架上，常做成3、4、5片不等，叶片骨架穿在电动机轴上，由键带动旋转。

(8)电磁离合器

电磁离合器的作用是根据需要接通或切断发动机与压缩机之间的动力传递。一般轿车空调设备的压缩机是由该车的发动机通过电磁离合器来驱动的，电磁离合器可使发动机与压缩机分离，而在需要使用空调设备时，电磁离合器又使发动机与压缩机结合，传递动力。电磁离合器安装在压缩机曲轴伸出端，其结构如图6-38所示。这种电磁离合器有3个主要组件，第一是装在轴承上的带轮，第二是和压缩机主轴花键连接的驱动盘(盘状衔铁)，第三是不转动的电磁线圈。当电流通过离合器电磁线圈时产生磁场，使压缩机驱动盘和自由转动的带轮接合，从而驱动压缩机主轴旋转。空调控制器一旦切断电磁线圈电流，磁场消失，靠弹簧作用，驱动盘与带轮脱开，压缩机停止工作。

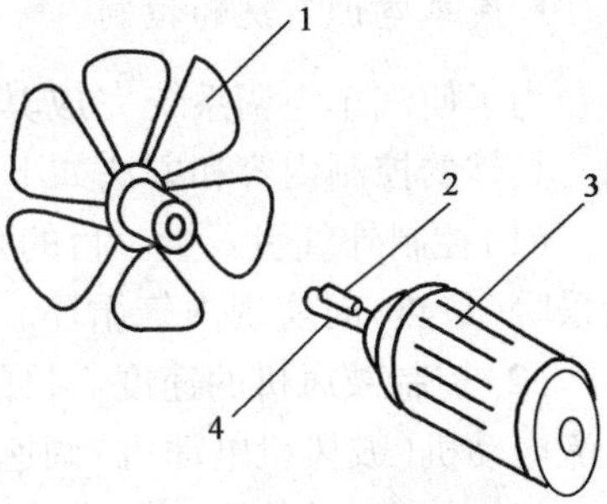

图6-37　轴流式风机

1-风机叶片；2-键；3-电动机；4-风机轴

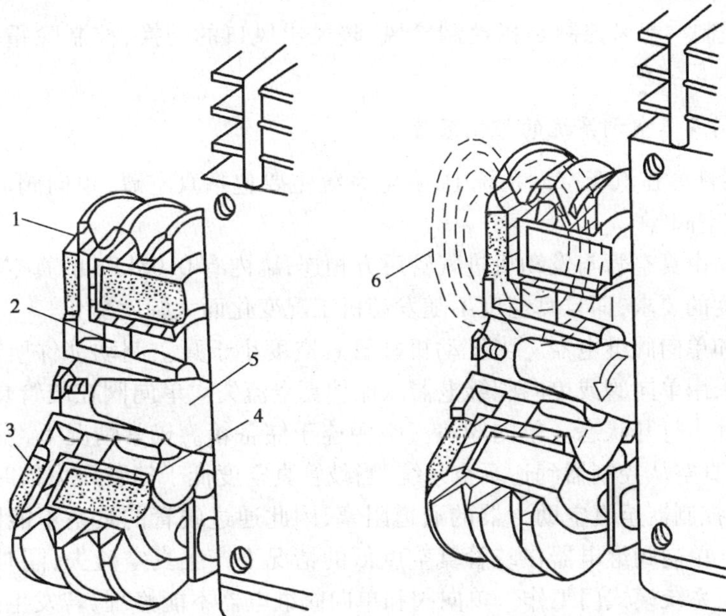

a)电磁离合器分离　　b)电磁离合器接合

图6-38　电磁离合器的结构

1-带轮；2-轴承；3-衔铁；4-电磁线圈；5-驱动轴；6-磁场

二、汽车空调系统的控制

目前,汽车空调控制系统有手动控制系统和自动控制系统两类。一般车辆仍采用手动控制系统,高级轿车及豪华客车均采用自动控制系统。

手动控制系统是依靠驾驶员拨动操作面板上的各种功能键实现对温度、风向、风速的控制。汽车空调自动控制则是把制冷、采暖、新鲜空气有机地组合成一体,形成冷暖适宜的气流提供到车内,其温度、风向、风速等进行自动调节。

1. 汽车空调系统的控制

为了使汽车空调系统完成其通风、调节温度和湿度等功能,必须对其进行多方面的控制。具体的控制内容和方法如下。

(1)控制外气引入量。目的是为了实现一定的换气量,并在要求快速制冷(最冷)和快速采暖(最热)时实现内气循环。可以通过控制内外气选择风门(气源风门)的开度来实现。

(2)控制鼓风机的速度。目的是为了控制送风能力、送风距离和温度分布。可以通过对直流电动机(鼓风机电动机)调速来实现,如改变电路中的电阻。

(3)控制制冷能力。制冷装置工作时必须把来自阳光的辐射热和车内乘员发出的热量转移到车外的大气中,与此同时,制冷装置工作时要防止蒸发器结冰。控制制冷能力可通过控制压缩机开、关实现。

(4)控制温度。控制温度是指控制出风口温度和车内温度,一般通过空气混合式或再热式的温控方式实现。

(5)配风控制。配风控制是指控制冷风、暖风出风口的转换,控制除霜和采暖的转换。一般通过转换风门实现。

2. 手动控制汽车空调系统的控制装置

(1)真空器件。在汽车空调系统中,真空系统主要包括真空罐、单向阀、单向阀继电器、真空电磁阀、真空阀等。

①真空罐。由真空管与发动机进气管后方相连,罐内有 0.08kPa 的真空度,保证真空控制元件对真空度的要求,而且真空度不随发动机工况变化而大幅度变化。

②单向阀和单向阀继电器。当发动机歧管真空度小于真空制动部件所需的真空值时,真空系统通常采用单向阀或单向阀继电器以保护真空流失。单向阀在歧管真空度大于储备真空的情况下处于打开状态。单向阀将真空源连于储备箱。正常情况下,发动机歧管真空将膜片打开,使真空从控制器到达真空系统,当歧管真空度低于储备压力值时,单向阀关闭,同时膜片关闭,控制器至真空助力器的通道阻塞,因此通过歧管的真空不能回流,以保证储备真空不流失。单向阀继电器在歧管真空度低的情况下产生真空流失,同时防止在发动机正常真空状态下系统模式门工作。单向阀和单向阀继电器不能修理,若发生故障,必须整体更换,其主要故障有膜片泄漏和错位。

③真空电磁阀。安装在发动机舱内或防雨罩下面,当空调装置用循环风门时,真空电磁阀接通真空管路控制循环风门及真空阀和暖风水阀。

④真空阀。将真空信号转变为机械运动,用以开启或关闭风门和阀门。当对其接通真

空时,膜片受到真空的吸力会向上提起,而对其撤掉真空时,膜片因没有真空吸力而下落,其联动装置也会下落回位。

⑤真空选择器。它是一个旋转开关,上部固定,可连接多个真空软管。其下部是可以转动的橡胶圆盘(胶盘上带槽),转动胶盘,在真空源软管和各种风门软管之间形成各条真空通路,从而对各种风门的位置实行控制。真空控制回路如图 6-39 所示。

(2)电气部件。共分为 8 种开关,分别介绍如下:

①高压开关。分为高压保护开关和高压调整开关。

高压保护开关为触点常闭型开关,安装在压缩机与冷凝器之间的高压管路上,在制冷系统中,如果冷凝器冷却不良或由于高压系统管路堵塞,导致冷凝器压力过高,高压保护开关就会切断压缩机电磁离合器,起到保护压缩机的功能。高压保护开关如图 6-40 所示。

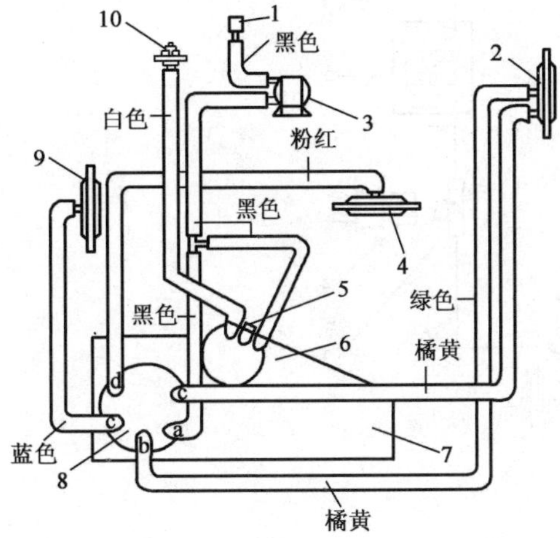

图 6-39　真空控制回路

1-歧管真空;2-气源真空电动机;3-真空罐;4-模式门真空电动机;5-温度控制阀;6-空调控制器;7-塞子;8-真空选择器;9-除霜风门真空电动机;10-水阀

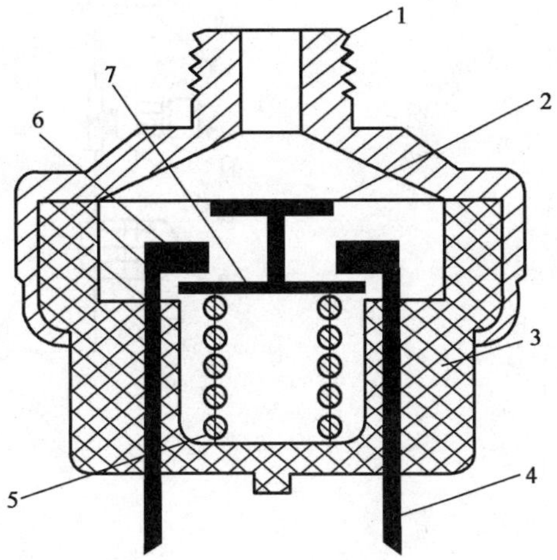

图 6-40　高压保护开关

1-插头;2-膜片;3-外壳;4-连接线;5-弹簧;6-固定触点;7-活动触点

汽车空调系统内压力正常,高压保护开关触点始终处于闭合状态,其触点断开压力为 2100 ~ 3000kPa,恢复闭合压力为 1600 ~ 1900kPa。

高压调整开关。当压力低于规定值时,自动断开冷却风扇的高速挡电路,保证制冷系统在正常压力范围内工作。压力超过 1500kPa 时接通。安装在冷凝器出口处或储液干燥器上,为触点常开型开关,一般用来控制冷凝器冷却风扇的高速挡电路,当压力超过某一规定值时,自动接通风扇高速挡电路,使冷凝器风扇高速运转,用以加强冷凝器的冷却能力,降低冷凝温度和压力。

②低压开关。又称为制冷剂泄漏检测开关,其触点为常闭触点,并与压缩机电磁离合器串联。可在缺少制冷剂的情况下触点断开,切断电磁离合器线圈使压缩机停转,保护压缩机免于损坏。制冷系统各器件工作位置如图 6-41 所示。

高压管路上的低压开关安装在冷凝器与膨胀阀之间的高压管路或储液干燥器上，串联在电磁离合器电路中。当制冷系统内压力高于 270kPa 时，说明系统内有制冷剂，此时低压开关触点闭合；当系统压力低于 200kPa 时，触点则在弹簧作用下断开，压缩机停止工作。

低压管路上的低压开关安装在蒸发器出口到压缩机进口之间的低压管路上，用于防止低压侧吸入压力过低或节流阀、膨胀阀和管路由于某种原因堵塞时，造成压力过低，防止压缩机处于抽真空状态。其触点断开压力为 90kPa ± 10kPa，闭合压力为 100kPa。

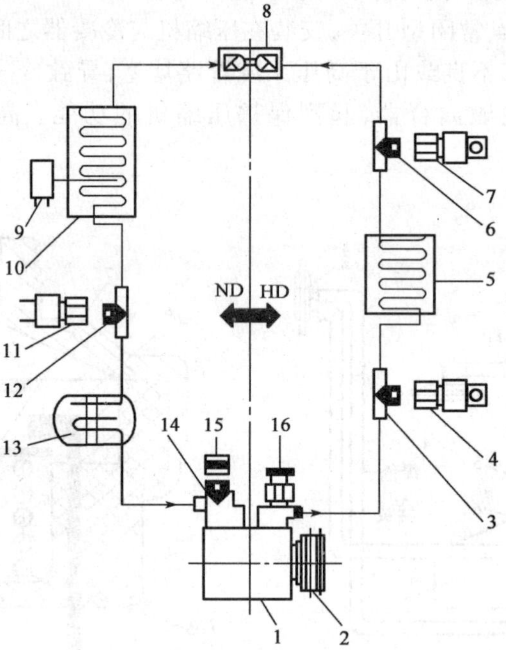

图 6-41 制冷系统各元器件工作位置

1-压缩机；2-电磁离合器；3、6、12、14-单向阀；4-高压保护开关；5-冷凝器；7-高压调整开关；8-CCOT 阀；9-防霜开关；10-蒸发器；11-低压开关；13-气液分离器；15-堵盖；16-过压保护阀

③除霜开关。也称为蒸发器温控开关，安装在蒸发器壳体侧面，其感温头插入蒸发器散热片中，感温头内封装制冷剂，同时有一毛细管通向其感温包，靠感温包的热胀冷缩控制其触点开关闭合。除霜开关是一个温度继电器，控制压缩机在给定的蒸发温度范围内工作，防止蒸发器结霜。除霜开关在 −1.5 ~ 1.5℃时切断，高于 +1.5℃时接通。除霜开关如图 6-42 所示。

④卸荷继电器。在汽车起动的瞬间，卸荷继电器切断空调电动机、刮水器、车灯等用电设备，保证起动时有足够的电源起动，安装在熔断器内。

⑤双温开关。也称散热器温控开关，即发动机冷却液开关。其功用是防止在发动机过热的情况下使用空调。当发动机冷却液温度高于 105℃时，双温开关控制风扇按高速挡运行，当冷却液温度下降至 95℃且冷凝压力不高于规定值时，控制风扇按低速挡运行，当冷却液温度降至 95℃以下且空调系统不工作时，风扇电动机停止工作。

⑥断路器。当电路中用电设备搭铁或负荷增大时，断路器会自动跳开，以保护电路。断路器的中央有一小孔，当把电路搭铁或短路处修好后，用牙签或其他细小铁棍向小孔中间轻轻一按，断路器接通。断路器中间是一小的断路片，会自动弹开，但不会自动闭合。

⑦高压卸压阀。安装在压缩机排气、散热器风扇接口处。当制冷系统压力过高(如超过3.5MPa)时,高压卸压阀打开,使制冷剂逸出而卸压,当压力降至3.5MPa以下时高压卸压阀自动关闭,以确保制冷系统正常工作。

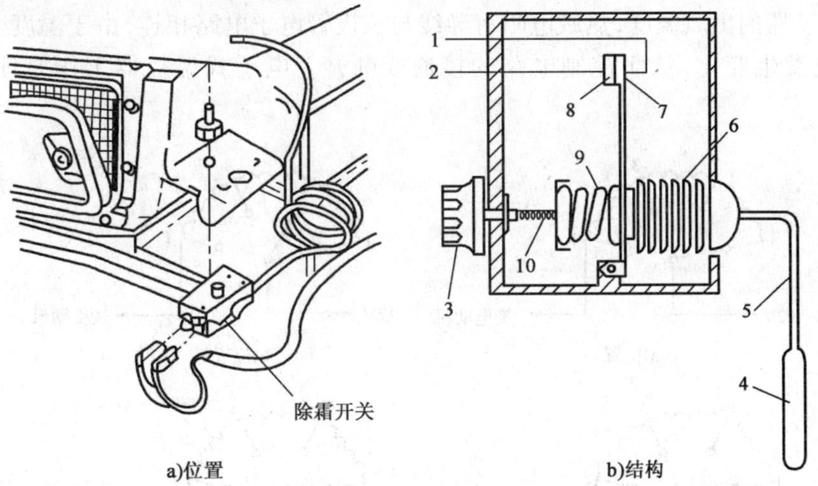

图6-42　除霜开关

1-接压缩机电磁离合器;2-接蓄电池;3-温度调整旋钮;4-感温包;5-毛细管;6-波纹管;7-动触点;8-静触点;9-弹簧;10-螺钉

⑧环境温度开关。环境温度开关也是串联在压缩机电磁离合器电路中的一只保护开关,或者直接串联在空调放大器电路中。通常当环境温度高于4℃时,其触点闭合;而当环境温度低于4℃时,其触点将断开而切断电磁离合器的电路或者空调放大器电源。也就是说,当环境温度低于4℃时是不宜开动空调制冷系统的,其原因是当环境温度低于4℃时,由于温度较低,压缩机内冷冻油黏度较大,流动性很差,如这时启动压缩机,润滑油还没来得及循环流动并起润滑作用时,压缩机就会因润滑不良而磨损加剧甚至损坏。汽车空调使用手册规定,在冬季不用制冷时,也要求定期开动空调制冷系统以使制冷剂能带动润滑油进行短时间的循环,以保证压缩机以及管路连接部位和阀类零件的密封元件不因缺油而干裂损坏,造成制冷剂的泄漏,膨胀阀、电磁旁通阀等卡死失灵。由此可见,这项保养工作应在环境温度高于4℃时进行,冬季低于4℃时最好不要启动压缩机。环境温度开关是为此而设置的,国产上海桑塔纳轿车的空调系统便装有这种保护开关。

(3)鼓风机速度控制。鼓风机速度控制有二速、三速、四速和五速,最常见的是四速,如图6-43所示。用3个电阻控制鼓风机速度,没有停止(OFF)位置,只要空调开关闭合,鼓风机就按照选定的速度运转。位置1,至电动机的电流需经过3个电阻,鼓风机低速运行;位置2,至电动机的电流需经过2个电阻,鼓风机中低速运转;位置3,至电动机的电流经过1个电阻,鼓风机中高速运转;位置4,至电动机的电流不经过任何电路,鼓风机转速最高。鼓风机速度控制电阻可安装于遥控位置,但不论装在何处运行状况相同。此外,电动机速度控制电阻均用镍铬钢丝制成,而且要装在空调和(或)加热器气流中,以便冷却。鼓风机速度可由电阻器控制,电动机绕组可以是一个或多个。

3. 电控自动控制空调系统

(1)电子式温控器

电子式温控器的感温元件是热敏电阻,装在蒸发器的外侧正面(或其他可感温的位置)用以检测蒸发器的出风温度,热敏电阻有导线与三极管电子电路相连,由于温度变化使热敏电阻的阻值发生变化,从而控制电路的接通或断开。电子式温控器工作原理如图 6-44 所示。

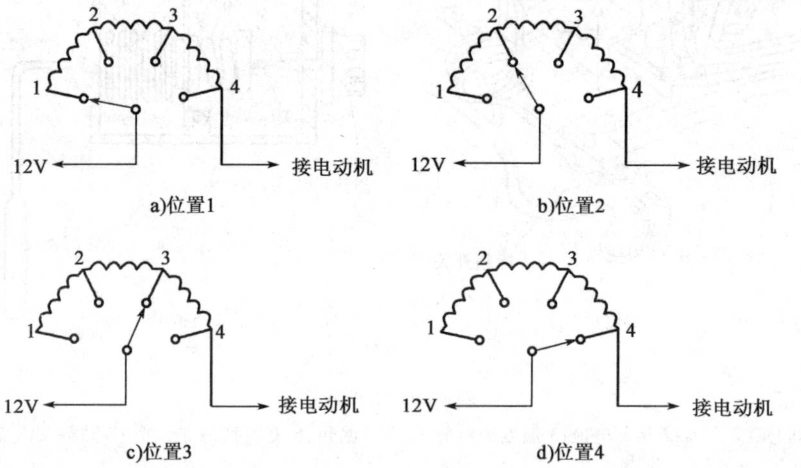

图 6-43 四速鼓风机

当空调系统工作时,空调开关接通,自蓄电池的电流经空调开关→R_{13}→R_1→R_3→VT_1 的基极,使 VT_1 导通,VT_2、VT_3、VT_4 也相继导通,电流由蓄电池→空调开关→电磁线圈→VT_4搭铁,继电器的触点闭合,电磁离合器通电,压缩机开始制冷。

当车内温度下降到低于规定值时,即蒸发器出风口温度低于规定值,热敏电阻的阻值增大,使 VT_4 的基极电位降低,这时 VT_1、VT_2、VT_3、VT_4 均截止,使继电器电磁线圈中无电流通过,触点脱开,电磁离合器因断电与压缩机分离,压缩机停止工作。这时蒸发器表面温度又要上升,负温度系数的热敏电阻的阻值又减小到一定值,重新使 VT_1、VT_2、VT_3、VT_4 均导通,继电器触点闭合,电磁离合器吸合使压缩机工作,重复以上过程可使车内温度稳定性在所要求的范围内。

(2)三位压力开关

除高、低压开关外,有些汽车空调系统中还有三位压力开关。三位压力开关由隔膜、碟形弹簧、轴和接点组成,一般安装于储液干燥器或高压管路上,感受制冷剂高压回路的压力信号,其工作过程如图 6-44 所示。

①制冷剂压力小于 196kPa,由于隔膜、碟形弹簧弹力大于制冷剂压力,因此高、低压接点断开,压缩机停转,实现低压保护,见图 6-45a)。

②制冷剂压力为 200 ~ 300kPa,此压力高于开关的弹簧压力,弹簧会挠曲,低压接点接通,压缩机正常运转,同时冷凝器冷却风扇低速运转,见图 6-45b)。

③制冷剂压力大于 3140kPa,超过隔膜、碟形弹簧弹力,碟形弹簧反转,断开高、低压接

点，压缩机停转，实现高压保护，见图 6-45c）。

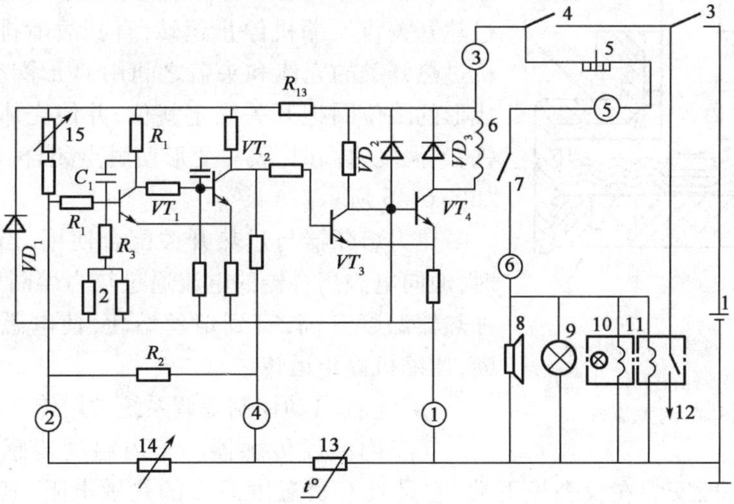

图 6-44　电子式温控器工作原理

1-蓄电池；2-熔断器；3-点火开关；4-空调开关；5-压力开关；6-电磁线圈；7-触点；8-电磁离合器；9-空调工况指示灯；10-真空开关阀；11-冷凝器冷却风扇继电器；12-通往发动机电压调节器；13-热敏电阻；14-可变温度控制电阻；15-调温电阻；①～⑥-放大器接点

④当制冷剂压力大于 1770kPa 时，压力大于隔膜弹力，隔膜反转，推轴向上接通冷凝器冷却风扇或散热器风扇的转速转换接点，此时风扇高速运转，实现中压保护。当压力降至 1370kPa 时，隔膜恢复原状，轴下落，接点断开，见图 6-45d）。

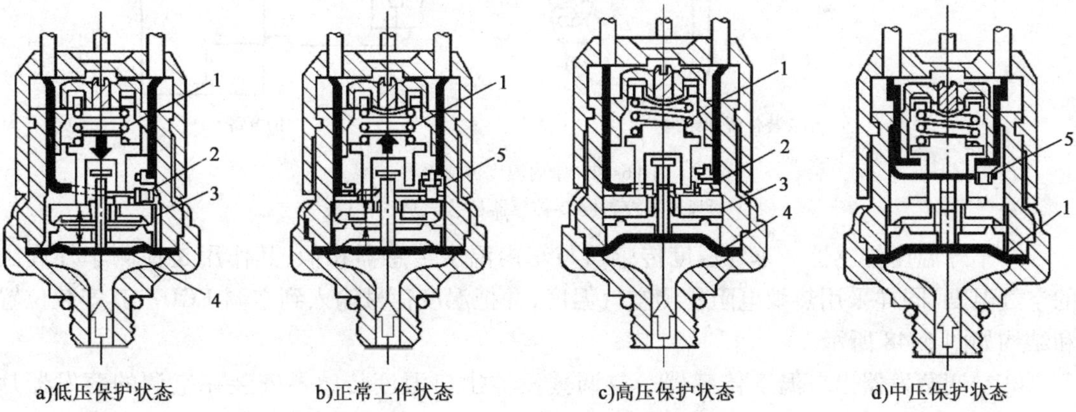

a)低压保护状态　b)正常工作状态　c)高压保护状态　d)中压保护状态

图 6-45　三位压力开关工作过程

1-弹簧；2-接点（断开：OFF）；3-碟形弹簧；4-隔膜；5-接点（接通：ON）

（3）过热开关和热力熔断器

过热开关安装在压缩机缸体后侧、高压管出口处。过热开关是一种温度与压力感应开关，在正常情况下，电磁离合器电流流过热流限制器的熔丝，过热开关断开。如果系统出现过热情况，当过热开关感测到高温时，过热开关触点闭合，又有电流流过热流限制器（电流增大），合成热量会使熔丝熔化，压缩机电磁离合器线圈的电路断开，压缩机停止工作，起到保

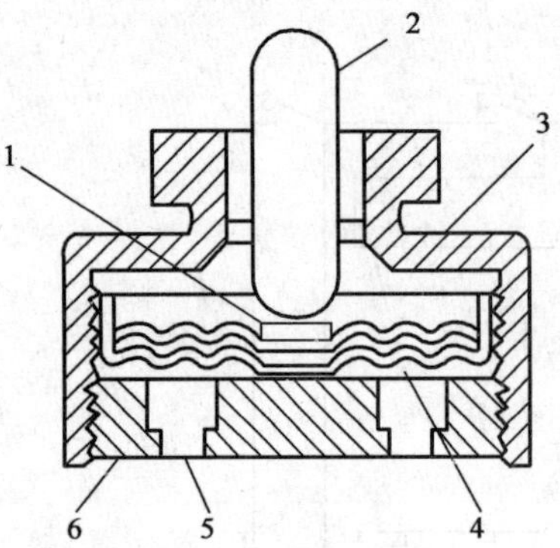

图 6-46 过热开关结构

1-电气触点;2-接线柱;3-壳体;4-膜片组件;5-基座孔;6-膜片安装基座

护作用。系统的高温、低压状态通常在缺少制冷剂时出现。如果压缩机继续运转,会因缺少润滑油而过热损坏,过热开关将压缩机停止运转,直到故障排除。保护压缩机过热开关的壳体和头盖之间用 O 形圈密封,一个特殊成形的限位圈把开关固定就位,并使壳体通过压缩机搭铁,当温度过高时,膜片变形使触点闭合。过热开关结构如图 6-46 所示。

热力熔断器与过热开关配合使用,当过热开关闭合时,通向电磁离合器的电流通过热力熔断器的加热器,使加热器温度升高,直到熔丝熔化,使电磁离合器电路中断,压缩机停止运转。

(4)电控自动控制空调系统常用传感器

①车内温度传感器。车内温度传感器的作用是检测车内温度,一般安装在仪表板下端,它是具有负温度系数的热敏电阻,其结构和安装位置如图 6-47)所示。该传感器可检测车内空气温度,并将温度信号输入空调 ECU。图 6-47b)为车内温度传感器电路图。

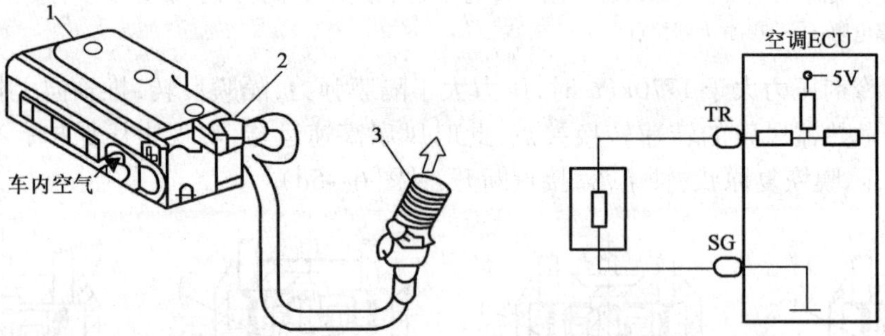

图 6-47 车内温度传感器

1-暖风装置控制板;2-传感器;3-空气管道接口

②车外温度传感器。车外温度传感器与车内温度传感器相似,其作用是检测车外周围的空气温度,同样采用热敏电阻检测空气温度,并把温度信号输入到空调 ECU。其安装位置和结构如图 6-48 所示。

③空调蒸发器出口温度传感器。空调蒸发器出口温度传感器安装在空调的蒸发器片上,用来检测蒸发器表面温度。空调蒸发器出口温度传感器同样采用热敏电阻。

④发动机冷却液温度传感器。发动机冷却液温度传感器直接安装在暖风加热器的水管上,用于检测发动机暖风装置的加热器的冷却液温度,并将温度信号输送给空调 ECU。

⑤光照传感器。光照传感器可把日光照射量变化转换为电流变化,并将电流变化信号输入空调 ECU,空调 ECU 根据此信号调整车用空调器吹出的风量与温度。光照传感器的结构及特性如图 6-49 所示。光照传感器主要由壳体、滤光片及光敏二极管组成,通过光敏二极管可检测出日光照射量的变化。光敏二极管对光照变化反应敏感,而自身不受温度的影响。

光照传感器安装在驾驶室仪表板上方容易接受日光照射的位置处，并能通过抽气机从该处吸入空气。

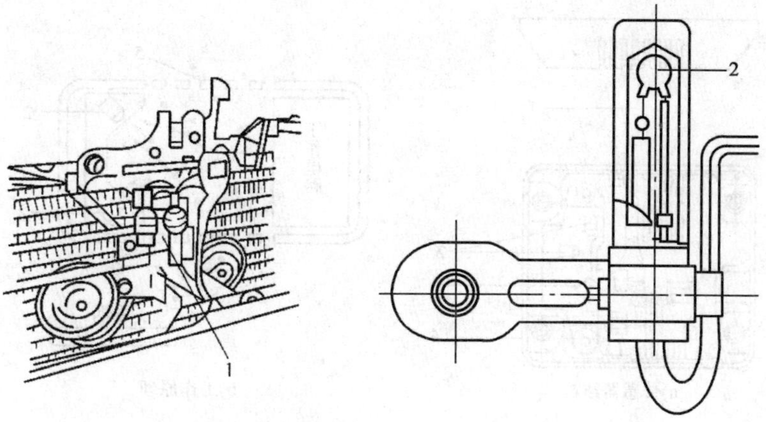

a)安装位置　　b)结构

图 6-48　车外温度传感器的安装位置和结构

1-车外温度传感器；2-热敏电阻

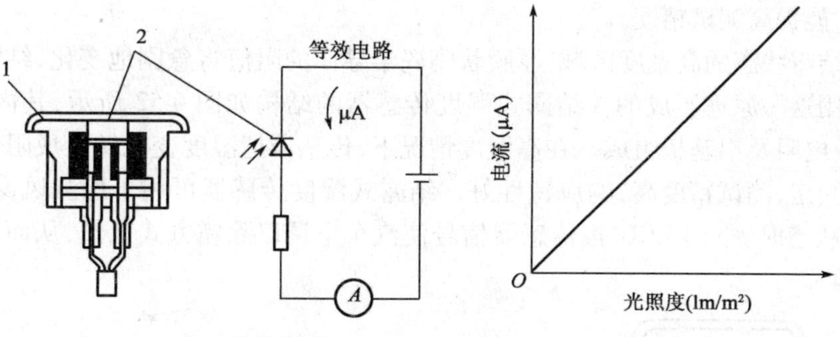

a)结构和电路　　b)特性

图 6-49　光照传感器的结构和特性

1-滤光片；2-光敏二极管

⑥烟雾浓度传感器。香烟的烟雾及车外传来的灰尘会污染车内空气，为保持车内空气清新，在某些电控自动控制空调上安装了空气交换器。它采用光电型散热式烟雾浓度传感器检测烟雾，通过空调 ECU 可使空气交换器在有烟雾时自动运转，没有烟雾时自动停止，保持车内空气清新。如图 6-50 所示，烟雾浓度传感器由发光元件、光敏元件及信号处理电路组成。

其工作原理如下：通过细缝的空气可以自由地流动，发光元件间歇地发出红外线。在没有烟雾的情况下，红外线射不到光敏元件上，电路不工作；但当烟雾等进入传感器内部时，烟雾粒子对间歇的红外光进行漫反射，就有红外光射到光敏元件上，这时空调 ECU 判断出车内有烟雾，就会使鼓风机电动机旋转。

⑦湿度传感器。湿度传感器主要有热敏电阻式和结露式两种。热敏电阻式湿度传感器可用于汽车风窗玻璃的防霜和电控自动控制空调车内相对湿度检测。热敏电阻式湿度传感器装有金属氧化物系列陶瓷材料制成的多孔烧结体，传感器就是利用烧结体表面对水分子

的吸附作用来工作的。当烧结体吸附了水分子时,其电阻值发生变化,根据这一变化就可以检测出湿度的变化,其结构如图 6-51 所示。

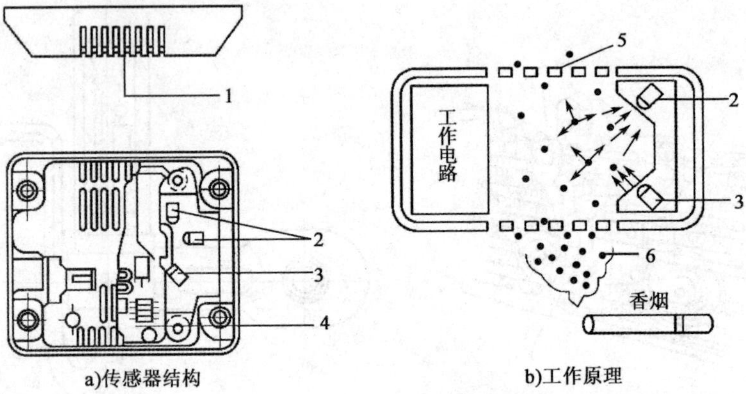

图 6-50　烟雾传感器的结构和原理

1-烟雾进口;2-光敏元件;3-发光元件;4-信号处理电路部分;5-细缝;6-烟粒子

当湿度增加时,传感器的阻值减少,当相对湿度从 0% 变化至 100% 时,传感器的阻值有数千倍变化。这种传感器的阻值随温度变化而变化,所以给湿度传感器再配以温度补偿热敏电阻后,才能提高测试精度。

在接近结露状态的高温度区域,厚膜状陶瓷半导体的阻值将急剧地变化,结露式湿度传感器就是利用这一原理制成的。结露式湿度传感器的结构如图 6-52 所示,其内部由电极、感湿膜、热敏电阻及铝基板组成。在高湿度情况下,传感器把湿度变化转换成阻值的变化并对湿度进行测定,测试精度高,响应特性好。结露式湿度传感器可用于检测风窗玻璃结露,当处于结露状态时,空调 ECU 按传感器信号使汽车空调以除霜方式工作,从而保持车内乘员的良好视野。

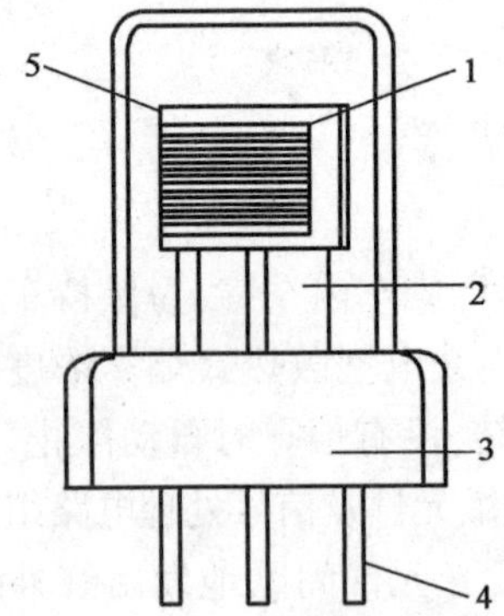

图 6-51　热敏电阻式湿度传感器的结构

1-加热器;2-元件;3-支板;4-导销;5-电极

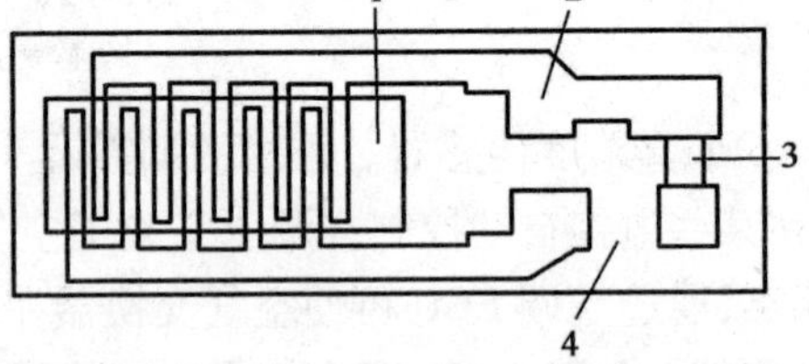

图 6-52　结露式湿度传感器

1-感湿膜;2-电极;3-热敏电阻;4-铝基板

(5)电子膨胀阀

将蒸发器出口的温度和压力信号送入控制器,以实现多功能的流量控制和调节。电子膨胀阀分电磁式和电动式,电动式又分为直动型和减速型。

(6)空调鼓风机控制器

安装在蒸发器的壳体上，由空调 ECU 输出电流对空调鼓风机转速进行无级调整，功率三极管内装有一个温度保护熔丝，可在 114℃时熔断，防止空调鼓风机控制器过热损坏。

（7）伺服电动机

①进风控制伺服电动机。用于进风控制方式。如图 6-53 所示，进风控制伺服电动机的转子经连杆与进风风门相连，当驾驶员使用进风控制键选择“车外新鲜空气导入”或“车内空气循环”模式时，空调 ECU 控制进风控制伺服电动机带动连杆顺时针或逆时针旋转，带动进风风门打开或关闭，从而改变进风方式。该伺服电动机内装有一个电位器随电动机转动，并向空调 ECU 反馈电动机活动触点的位置情况。

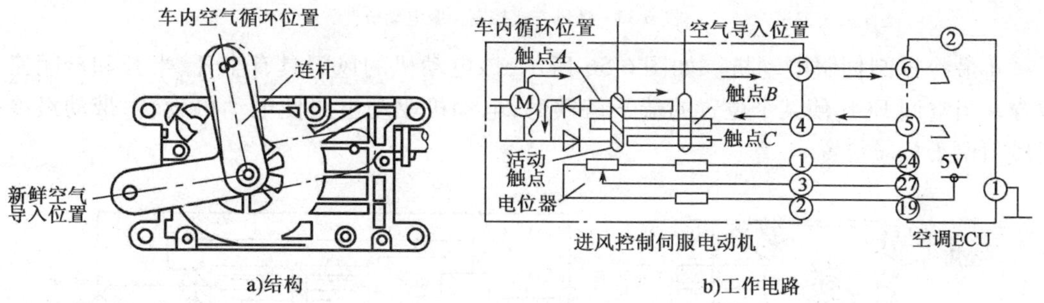

图 6-53　进风控制伺服电动机

②空气混合伺服电动机。如图 6-54 所示，进行温度控制时，空调 ECU 首先根据驾驶员设置的温度及各传感器送入的信号，计算出所需要的出风温度并控制空气混合伺服电动机连杆顺时针或逆时针转动，改变空气混合风门的开启角度，从而改变冷、暖空气混合比例，调节出风温度与计算值相符。电动机内电位计的作用是向空调 ECU 输送空气混合风门的位置信号。

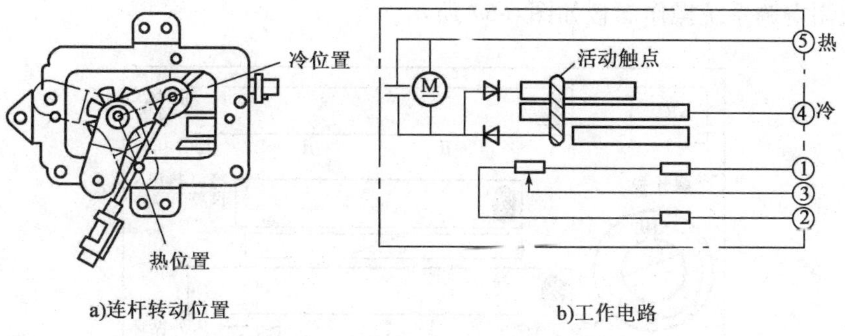

图 6-54　空气混合伺服电动机

③送风方式控制伺服电动机。如图 6-55 所示，当按下操作面板上某个送风方式键时，空调 ECU 将电动机上的相应端子搭铁，而电动机内的驱动电路由此将电动机连杆转动，将进风控制风门转到相应的位置上，打开某个送风通道。当打开 AUTO 开关时，空调 ECU 根据计算结果，自动改变送风方式。

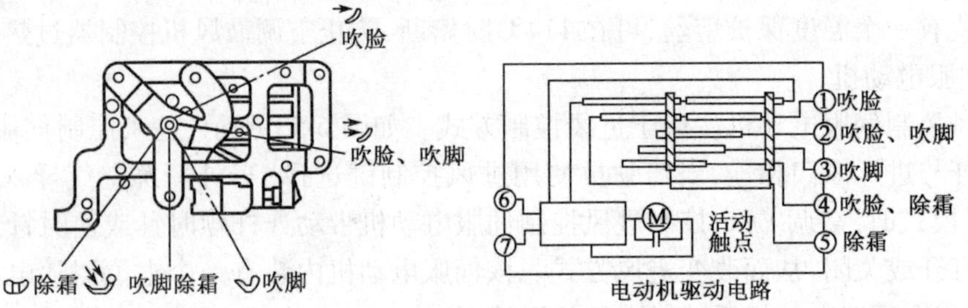

a)连杆位置　　b)工作电路

图 6-55　送风方式控制伺服电动机

④最冷控制伺服电动机。如图 6-56 所示，该电动机的风门具有全开、半开和全闭三个位置。当空调 ECU 使某个位置的端子搭铁时，电动机驱动电路使电动机旋转，带动最冷控制风门位于相应位置。

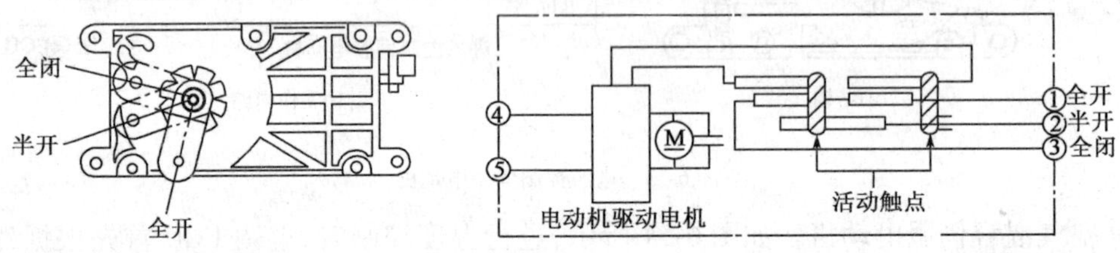

a)风门位置　　b)工作电路

图 6-56　最冷控制伺服电动机

4. 汽车空调系统的操作控制

(1)手动控制空调系统

手动控制空调系统操作面板如图 6-57 所示。

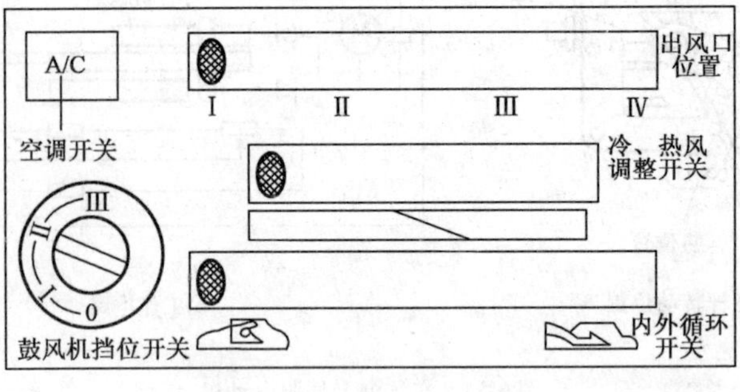

图 6-57　手动控制空调系统操作面板

①鼓风机挡位开关。当打开鼓风机挡位开关时，可选择鼓风机速度，并随着鼓风机挡位的加大，鼓风机转速逐步提高。

②内循环开关。选择内循环开关时，车内的空气在车内循环，此时车外的热空气进不到

车内。当打开空调时，应选择内循环模式，只有这样车内温度才能降下来。

③外循环开关。外循环开关是指车外的新鲜空气进入车内，当选择该模式时，车外的新鲜空气在鼓风机的带动下进入车内。

④出风口位置。

a. 当位置选择钮在位置Ⅰ时，此时所有的风只从中央出风口吹向头部。

b. 当位置选择钮在位置Ⅱ时，风会分两部分，一部分由出风口吹向面部，另一部分从下出风口吹向脚部。

c. 当位置选择钮在位置Ⅲ时，风会从下出风口吹向脚部，只有少量的风吹向面部。

d. 当位置选择钮在位置Ⅳ时，风会从除霜口吹向风窗玻璃对玻璃除霜。

⑤空调开关。当空调开关(A/C)打开时，空调开关指示灯点亮，此时压缩机电磁离合器吸合，压缩机开始工作。

⑥冷热风调整开关。在开关后有一根拉线，当选择任一位置时，拉线就会停到那个位置，同时拉线会带动联动装置动作，这时空调进入相应的冷风或热风工作状态。

(2)电控自动控制空调系统

电控自动控制空调系统能根据各种传感器输入的信号和设定温度，通过空气混合风门改变冷热风的比例，进而控制空气流的湿度。当车内温度达到设定温度值时，空调 ECU 停止驱动伺服电动机，并把此位置存入存储器；空调 ECU 还通过配风方式风门控制气流流向；通过进气风门控制进气来自车内还是来自车外。另外，空调 ECU 还有故障自诊断功能。电控自动控制空调系统操作面板如图 6-58 所示。

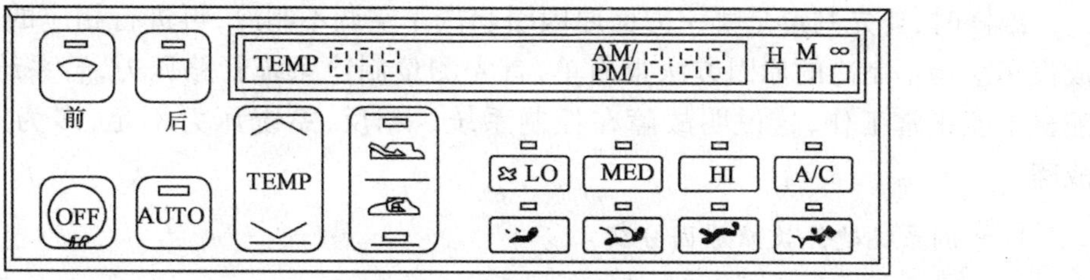

图 6-58　电控自动控制空调系统操作面板

①计算所需送风温度。空调 ECU 根据设定的温度及各种传感器输入的信号，向伺服电动机等执行元件发出控制信号，实现各种控制功能。当驾驶员将温度设置在最冷或最热时，空调 ECU 将用固定值取代上述计算值进行控制，以加快响应速度。

②车内温度控制。空调 ECU 根据计算出的送风温度及蒸发器温度信号，确定是否向空气混合伺服电动机通电，控制空气混合风门的位置，实现车内温度控制。

③鼓风机转速控制。空调 ECU 根据驾驶员选择的鼓风机转速，控制鼓风机的转速。AUTO 开关位于暖风装置操作面板上，打开 AUTO 开关，空调 ECU 根据计算值自动调整鼓风机转速。

④进风方式控制。当打开某个进风方式开关时，空调 ECU 控制进风控制伺服电动机转动，将进风风门固定在“车外新鲜空气导入”或“车内空气循环”位置上。当打开 AUTO 开关时，空调 ECU 根据计算值在上述两种方式之间交替自动改变进风方式。

⑤送风方式控制。当打开某个送风方式控制开关时,空调 ECU 控制送风方式控制伺服电动机动作,将送风方式固定在相应状态上。当进行自动控制时,空调 ECU 根据计算值,自动调节送风方式。当计算值非常小时,最冷控制挡风板完全开启增加送风强度。

⑥压缩机工作控制。同时打开空调开关和鼓风机开关,或打开 AUTO 开关,空调 ECU 使电磁离合器吸合,压缩机开始工作。进行自动控制时,若环境温度或蒸发器温度降到一定值以下,空调 ECU 将控制压缩机间歇工作,即磁吸开关交替导通与断开,以节省能源。

⑦故障自诊断功能。当空调 ECU 检测到某些传感器或执行元件控制电路发生故障时,其故障自诊断系统将故障以代码的形式存储起来,检测与维修时可选取故障代码。

任务实施

一、接车检查

车辆进入维修厂,维修技师接车后问了一些基本情况,然后起动发动机。当冷却液温度升到90℃时,打开空调开关,出风口有风吹出,用温度仪对出风口温度进行检查,温度为20℃。维修人员检查空调压缩机工作状况,压缩机不能正常工作,初步判断制冷系统故障。

二、汽车空调制冷系统故障原因分析

汽车空调不制冷故障一般可分为两大类,空调系统硬件故障和电器故障(控制系统),任何一部分出现故障都会影响空调制冷效果,轻则效果不理想,重则完全不能工作。

维修时,要先判定是哪一方面原因引起汽车空调不制冷,再进行相应的维修。判别造成汽车空调不制冷的原因方法很简单,首先测量制冷系统管路压力,若系统压力正常,压缩机不能正常工作,这说明故障在控制系统。相反,系统压力不足,多为制冷系统硬件故障。

1. 空调系统硬件故障原因分析

(1)制冷剂不足。不论何种原因造成制冷剂不足,只要系统压力低于其规定值,系统将中断压缩机工作,对压缩机进行强制保护。

(2)膨胀阀堵塞或损坏。膨胀阀的堵塞,会造成系统压力过高,制冷系统为保证系统安全,会中断压缩机工作;膨胀阀的损坏,可能会造成节流膨胀效果较差。

(3)冷凝器片堵塞或系统温度过高。冷凝器散热片变形、表面过脏或散热风扇电动机转速下降,均会使散热效果变差,从而导致系统的高、低压侧压力值过高和排气温度过高,且用手触摸从冷凝器出来的高压管时有烫手的感觉,需进行修复或更换。

(4)空调系统管路泄漏。造成制冷剂不足的原因大多是由于系统中的制冷剂微量泄漏。倘若空调系统中制冷剂不足,从膨胀阀喷入蒸发器的制冷剂也会减少,则制冷剂在蒸发器内蒸发时吸收的热量也将随之下降,制冷量也就下降了。

(5)空调压缩机压力不足。压缩机皮带松旷或断裂,都会造成压缩机运转不良,系统压力不足;压缩机内部损坏,例如进排气阀关闭不严、电磁离合器打滑、压缩机被液击等,都会引起压缩机压力不足故障。

2. 空调控制系统故障原因分析

(1)开关类故障。空调开关、环境温度开关、蒸发箱温度开关、高压开关、低压开关等故障,均会引起空调系统不制冷或制冷效果不良等故障。有些车辆鼓风机开关、冷却液温控开关也会引起空调系统不制冷或制冷效果不良等故障。

(2)线路类故障。线路类故障主要包括线路短路、断路等,这类故障的产生会造成空调系统不制冷,有时还会造成相关的零部件烧坏。

三、汽车空调电路分析(以桑塔纳轿车为例)

汽车空调系统电路随着电子技术的应用,由普通机电控制、电子电路控制,逐步发展到微机智能控制,其功能、控制精度和保护措施得到了不断改进和完善。由于各种车型的空调控制电路各不相同,本书以车辆保有量较大的上海桑塔纳轿车为例进行分析。

图6-59所示为上海桑塔纳轿车空调电路,它由电源电路、电磁离合器控制电路、鼓风机控制电路和冷凝器风扇电机控制电路组成,是一种典型的机—电控制空调系统电路。

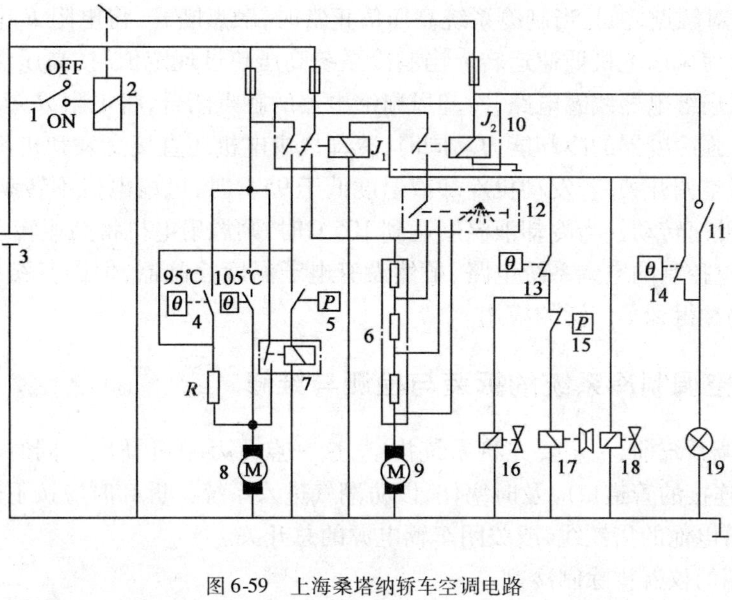

图6-59　上海桑塔纳轿车空调电路

1-点火开关;2-空调主继电器;3-蓄电池;4-冷凝器温控开关;5-高压保护开关;6-调速电阻;7-冷凝器风扇继电器;8-冷凝器风扇电机;9-蒸发器风扇电机;10-空调继电器组;11-空调开关;12-风机开关;13-蒸发器温控开关;14-环境温度开关;15-低压保护开关;16-怠速提升真空转换阀;17-电磁离合器;18-新鲜/循环空气电磁阀;19-空调指示灯

电路工作原理如下:

(1)点火开关处于断开(OFF)位置时,空调主继电器的线圈电路切断,触点断开,空调系统不工作。

(2)点火开关处于接通(ON)位置时,空调主继电器的线圈电路接通,触点闭合,空调继电器组中的线圈 J_2 通电,接通鼓风机电路,此时可由鼓风机开关进行调速,使鼓风机按要求的转速运转,进行强制通风、换气或送出暖风。

(3)当外界气温高于 10℃时,允许使用空调制冷系统。当需要其工作时,按下空调开关,空调指示灯亮,表示空调系统电路已经接通。此时电源经空调开关、环境温度开关可接通下列电路:

①新鲜/循环空气电磁阀接通,该阀真空驱动器作用,使新鲜空气进口关闭,制冷系统进入空气内循环工况。

②经蒸发器温控开关、低压保护开关对压缩机电磁离合器线圈供电,常闭型低压保护开关串联在蒸发器温控开关和电磁离合器之间,当缺少制冷剂使制冷系统压力过低时,开关断开,压缩机停止工作。同时电源还经蒸发器温控开关接通化油器的怠速提升真空转换阀,提高发动机的转速,保证发动机稳定工作,满足空调动力源的需要。

③对空调继电器组中的线圈 J_1 供电,使两对触点同时闭合,其中一对触点接通蒸发器风机电路,它保证只要空调制冷开关一旦按下,无论风机开关在什么位置,蒸发器风扇电机都至少运行在低速工况,以防止蒸发器表面结冰,影响系统的正常工作。

另一对触点接通冷凝器冷却风扇控制电路,它与高压保护开关、冷凝器温度开关共同组成系统温度—压力保护电路,其工作过程是:高压保护开关串联在冷凝器风扇继电器和空调继电器 J_1 的一对触点之间,当制冷系统高压值正常时,触点断开,将电阻 R 串接入冷凝器风扇电机电路中,使风扇电机低速运转。当制冷系统高压超过规定值时,高压保护开关触点闭合,接通冷却风扇继电器线圈电路,冷却风扇继电器的触点闭合,将电阻 R 短路,使风扇电机高速运转,以增强冷凝器的冷却能力。同时,冷却风扇电机还直接受发动机冷却液温控开关的控制,当不开空调开关,若发动机冷却液温度低于 95℃时,风扇电机不转动,高于 95℃时,冷却风扇电机低速转动。当冷却液温度达到 105℃时,则风扇电机将高速转动。

这类机—电控制的空调系统电路,虽然没有电子温度控制器,但因其结构简单,电路器件可靠,所以仍然得到了广泛的应用。

四、汽车空调制冷系统的拆装与检测与维修

在拆卸空调系统前,一定要先将系统排空,这一点万万不可马虎。同时,拆卸下来的每个部件及其相连接的管道口应及时塞住,以防潮气进入系统。拆卸时应按下述步骤进行:

(1)拆下蓄电池的搭铁线,或关闭车辆电源的总开关。

(2)用专用的仪器排除制冷剂。

(3)拆卸各管路接头,一定要在两管头上用两个扳手同时进行操作。

(4)管子拆下后,应立即在各管口上堵上堵塞,以保证管路的清洁。

(5)清洁管道时,不能用水或压缩空气清洗内部,而要用氮气或制冷剂进行清洗。

汽车空调系统检测与维修主要包括压缩机检测与维修、冷凝器和蒸发器检测与维修、储液干燥器检测与维修、膨胀阀检测与维修等。

1. 压缩机拆装与检测与维修

空调压缩机出现故障后,除个别故障可在车上排除,大部分故障都要拆下压缩机修理。

(1)压缩机拆卸

①压缩机拆卸要求:拆卸时首先要清楚压缩机结构,拆下的零件应按部件分类摆放,以

免弄乱。压出或打出轴套和销子时应先辨明方向，然后再操作，一般要用木锤敲打，以免损伤零件表面。拆卸零件时不要用力过猛，以免损伤零件。拆卸形状和尺寸相同的零件时，须做记号，以防装错。拆卸的零件用冷冻油清洗，清洗时要用软毛刷，不能用碎布纱头擦洗零件，以防脏物进入。

②压缩机拆卸步骤：拆除电磁离合器连接导线。从制冷系统内排出制冷剂。从压缩机吸、排气口卸下软管，并在压缩机吸、排气口加盖，以免灰尘和水汽进入系统内。拆除压缩机驱动带。从托架上卸下压缩机固定螺钉和压缩机，再将压缩机装在一个固定支架上，支架装夹在台虎钳上。排出压缩机内的冷冻油，用量筒测量出油量，并检查冷冻油是否变色，油内是否混有杂质。

(2)电磁离合器的拆卸和修理

①电磁离合器的拆卸：如图 6-60 所示，使用 Y 形爪具的三个定位销插进离合器盘上的三个孔，固定离合器的驱动盘，用套筒扳手拆下主轴上的六角锁紧螺母。六角锁紧螺母拆除后，用专用拉器拆下压板，并用卡簧钳拆卸内卡簧，如图 6-61 所示。用拉拔工具拆卸离合器驱动盘，如图 6-62 所示，将压缩机带轮和轴承拔出。拆下键和垫片。垫片是用来调整驱动盘和摩擦板之间的间隙的，安装时用它来调整到规定的间隙值。用旋具拆下电磁线圈安装螺钉，卸下电磁线圈。

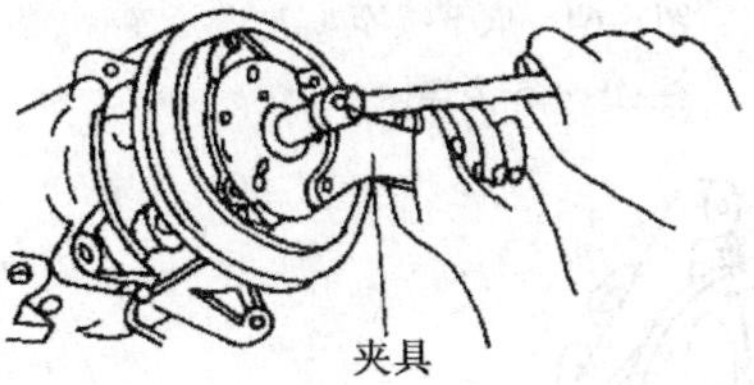

图 6-60　固定螺栓拆卸

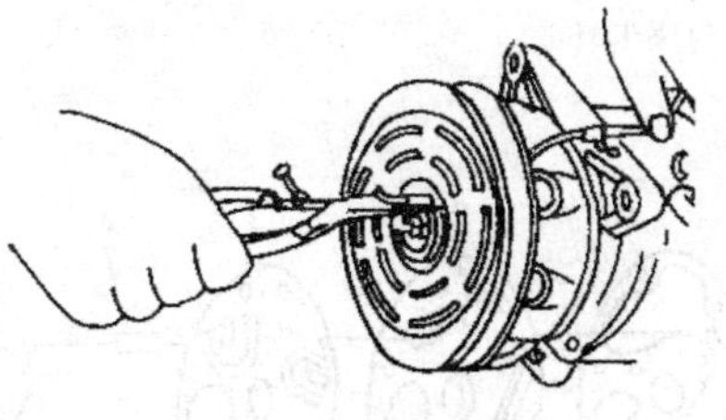

图 6-61　卡簧的拆卸

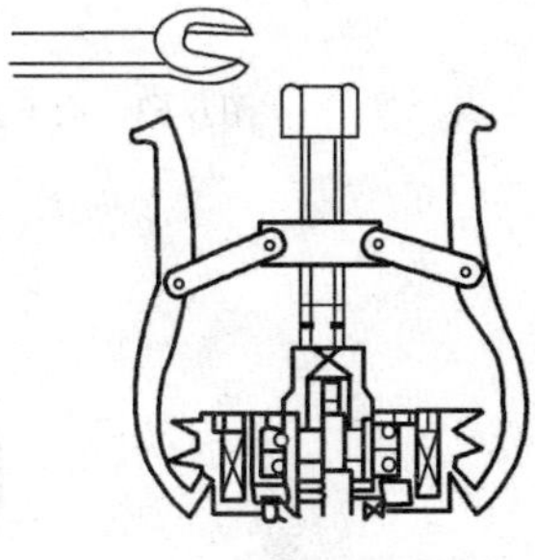

图 6-62　离合器驱动盘的拆卸

②电磁离合器的修理：检查离合器从动盘的摩擦表面，看是否由于过热和打滑而引起刮痕，以及是否有翘曲变形，若从动盘有刮痕损伤或变形，就要更换带轮总成。另外，摩擦表面上的油污和脏物应用清洁剂洗净。检查离合器轴承有无松动或损坏。损坏的轴承必须更换上同规格的新轴承。用万用表检查电磁离合器线圈有无短路或断路故障，若发生短路或断路故障，则需更换线圈。检查完的电磁离合器，按拆卸时的相反步骤装配。装好后要检查离合器的从动盘和主动盘以及带轮部件是否能自由转动，并检查从动盘和主动盘之间的间隙，其间隙一般为 0.3 ~ 0.6mm。

(3)空调压缩机轴封的拆卸和修理

①压缩机轴封的拆卸：拆下离合器总成。使用卡环钳，取下密封座卡环，如图 6-63 所示。使用密封拆卸工具，伸入到密封座位置，然后锁紧密封座的内周面，向外拉出密封座。用钩子取出密封件上的 O 形密封圈。

②压缩机轴封的修理和安装：检查轴封摩擦表面是否良好以及石墨环是否磨损，拆下的轴封不能再用，必须更换新的轴封。用清洁的冷冻油清洗压缩机密封部位。用清洁的冷冻

油涂抹U形密封圈。并将其装入密封沟槽内。用清洁的冷冻油涂抹密封座,并将其细心地压入安装孔中。安装卡环和油封盖。重新装上离合器。

(4)压缩机内部零部件的拆卸和修理

①压缩机内部零部件的拆卸:将压缩机从发动机上卸下并安装在专用夹具上。取下离合器压板、带轮、离合器线圈及轴封等。从放油孔放出压缩机内冷冻油,并用量筒测量出油量。用内六角扳手松开端盖上所有螺栓,然后取下螺栓,如图6-64所示。用木锤轻轻敲击端盖凸缘,使它从压缩机上分开。当压缩机的前后端盖打开后,就可以容易地抽出其活塞等部件,如图6-65所示。取下汽缸垫、O形密封圈、簧片阀板。取出内部的活塞组件和轴承等。

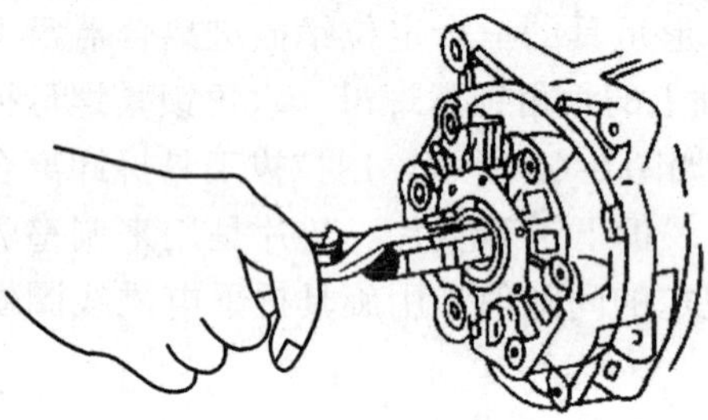

图6-63 取下密封座卡环

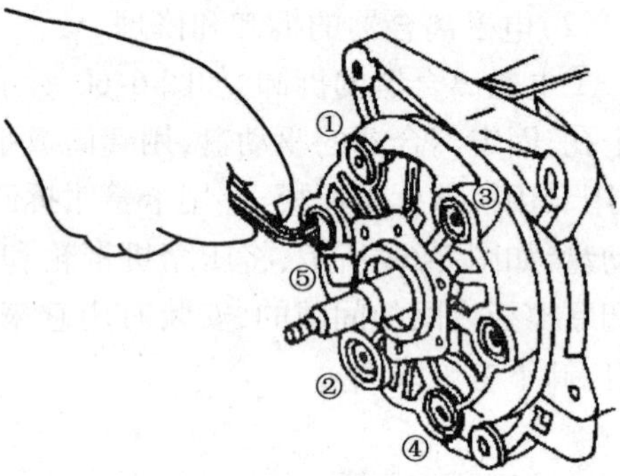

图6-64 取下螺栓

注:①~⑤为螺栓。

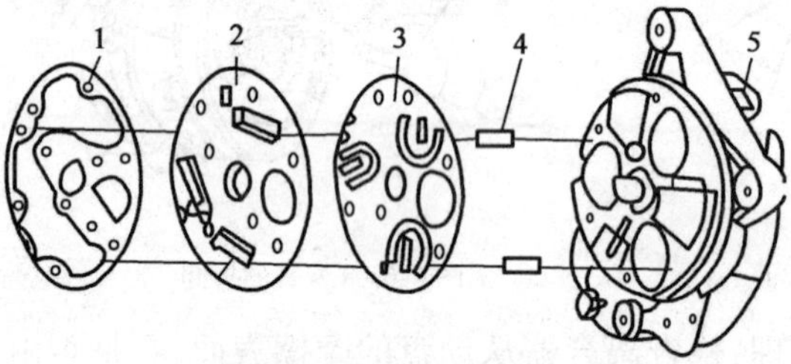

图6-65 压缩机内部零件拆卸示意图

1-排气阀片;2-阀板;3-吸气阀片;4-定位销;5-缸体

②压缩机内部零部件的修理和安装:检查压缩机活塞和汽缸,若活塞和汽缸有拉毛现象,则须更换压缩机。检查压缩机轴承,若有损坏则须更换。检查压缩机阀片和阀板。阀板可以用油石打磨平整,阀片、缸垫和O形密封圈损坏则须更换。装配时所有零部件都要清洗干净,以保证油路畅通,并在各摩擦部位涂上冷冻油。所有接合面须清洁干净,并在垫上涂上冷冻油,均匀地压紧螺栓,装上前后盖板。用手转动压缩机运转是否顺利。

(5)压缩机维修后的性能检查

将压缩机安装在工作台上就可检查其性能,其检查办法如下。

①压缩机内部泄漏检查:在压缩机吸、排气检测与维修阀上装上歧管压力计,并关闭手动高、低压阀,再用手转动压缩机主轴,每秒转一圈,共转十圈。这时打开手动高压阀,高压表的压力应大于0.345MPa,若压力小于0.310MPa,则说明压缩机内部有泄漏,须重新修理

或更换阀片、阀板和缸垫。

②压缩机外部泄漏检查：从压缩机吸入端注入少量制冷剂，然后用手转动其主轴，用检漏仪检查轴封、端盖、吸排气阀口等处有无泄漏，若有泄漏须拆卸重新修理，若无泄漏，就可装回发动机上。

2. 储液干燥器的检测与维修

储液干燥器主要用来储存多余制冷剂、吸附系统内水分、过滤系统内杂质或脏物，保证系统正常工作。如果储液干燥器吸附水分达到饱和状态和滤网被脏物堵塞，必须更换。其操作过程如下：

(1)排出系统内的制冷剂。

(2)拆下储液干燥器，为防止潮气进入系统内，应用堵头塞住干燥滤清器两端的连接管口。

(3)更换新的干燥滤清器，并向压缩机内添加10～20mL的冷冻油。

(4)对制冷系统检漏、抽真空、充注制冷剂。

3. 膨胀阀的检测与维修

(1)膨胀阀从制冷系统中卸下来，按图6-66所示将压力计、制冷剂罐与膨胀阀连接起来。

(2)将膨胀阀的感温包浸泡在可调冷却液温度的容器中，关闭歧管压力计上的手动低压阀，然后旋转注入阀手柄，使阀针刺破制冷剂罐上的密封垫并将管路中的空气排除。

(3)开启歧管压力计上的手动高压阀，并将高压侧压力调至0.490MPa，在读低压表读数的同时，测量冷却液温度。

(4)将两个实测值与膨胀阀的压力和温度曲线相比较，其交点应落在如图6-67所示的两条曲线之间，否则应进行调整或更换。

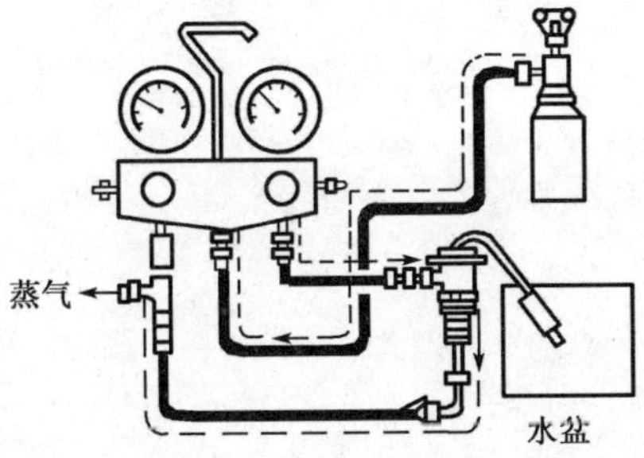

图6-66　压力机、制冷剂罐与膨胀阀连接示意图

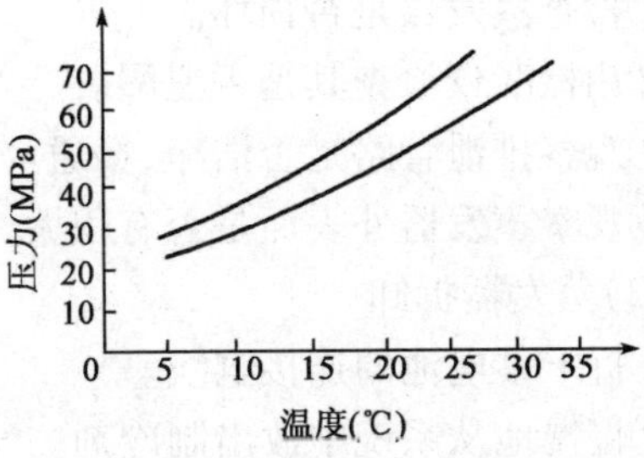

图6-67　膨胀阀的压力和温度曲线示意图

(5)膨胀阀的流量检验和调整。最大流量检验：将感温包浸入温度为52℃的保温散热器内，打开手动高压阀，精确地调整到压力为0.392MPa，读低压表读数，最大流通压力应为0.245～0.314MPa。压力超过0.314MPa，表示开度过大；不足0.245MPa，表示开度过小。最小流量检验：将感温包浸入0℃水中，打开手动高压阀，精确地调整到压力为0.392MPa，读低压表读数，低压值应在规定之内。

膨胀阀的调整：将调整螺钉向逆时针方向旋转，弹簧弹力增大，即流量减小；将调整螺钉向顺时针方向旋转,弹簧弹力减弱,流量增加。一般将调整螺钉拧一圈。其过热度变化量约为1℃。

4. 冷凝器拆装与检测与维修

(1)冷凝器检查

①用检漏仪检查冷凝器泄漏情况。

②检查冷凝器管内脏堵或管外弯瘪情况。若发现压缩机排气压力过高,不能正常制冷,管外有结霜、结露现象,说明管内脏堵或管外弯瘪。

③冷凝器管外及翅片外表面有污垢、残渣等,将造成散热不良。

(2)冷凝器拆卸

①慢慢地从系统中排出制冷剂。

②将制冷剂管从冷凝器的进、出口螺纹接头上拆卸下来。

③拆卸冷凝器,拧下连接螺栓,取出衬垫。

(3)冷凝器维修

①冷凝器由于碰撞或震动而破损,应卸下冷凝器进行焊接修补,无法修理时,更换同规格的冷凝器,并向压缩机补充40~50mL的冷冻油。

②冷凝器散热翅片若歪曲变形,可用镊子校正铝散热翅片。

③冷凝器内脏堵,应拆开冷凝器出口和进口接头,用高压氮气吹洗,冲出脏物。

④冷凝器表面积灰,通风受阻,可用软毛刷轻刷表面或用吸尘器吸除灰尘。

⑤冷凝器管接头处泄漏,应更换管接头,并重新进行检漏试压。

⑥若是冷凝器风机故障,可不必拆卸冷凝器,只需修理风机。

5. 蒸发器拆装与检测与维修

(1)蒸发器检查

①检查蒸发器是否损坏。

②用检漏仪检查其是否泄漏。

③观察排泄管路是否洁净、畅通。

④观察蒸发器外表面是否有积垢。

(2)蒸发器拆卸

①拆下蓄电池的连接电线。

②慢慢地从系统中放出制冷剂。

③将制冷剂软管分别从蒸发器的进口和出口接头螺纹上卸下来,并立即盖住开口部位,以防潮气进入系统内部。

(3)蒸发器维修

①清除蒸发器外表面积垢、异物。

②若蒸发器管有泄漏,应进行焊补,若无法焊补应更换蒸发器总成,并向压缩机补充40~50mL的冷冻油。

③清洁排泄管路,并清除积聚在底板的水分。

④若是蒸发器风机故障,应修理风机。

6. 制冷系统及压缩机的装配

制冷系统及压缩机的安装与拆卸顺序正好相反。在每个管接头处清洗干净后，有 O 形密封圈的，要更换新的密封圈。安装时，应在每个密封表面涂上一点规定的冷冻油，以提高其密封性能。安装储液干燥器时，其进口 IN 应与冷凝器出口管道相接；装离合器定子时，一定要使其与压缩机壳上的销钉对齐；当电磁离合器装配好后，应测量转子和中央片间的间隙值，正常情况下应为 0.4 ~ 0.7mm，否则可调整垫片厚度（垫片位于中央片中部下面）。

装配时还应注意以下几点：

(1) 按要求安装各管路的接头和各固定螺栓，并按规定的力矩拧紧。

(2) 检查所有零部件，保证无损坏，且各相邻的零部件之间互不干涉。

(3) 压缩机的吸气管与排气管接头要连接可靠，并进行泄漏检查。

(4) 进行泄漏检验，确保各连接部位没有泄漏现象。

(5) 对压缩机驱动皮带的松紧要按规定进行调整。

五、故障排除与维修小结

(1) 故障排除。经过维修技师的检查发现压缩机的电磁离合器线圈断路，经客户同意后，维修人员做出更换压缩机的决定，更换压缩机后，起动车辆，当发动机温度正常后，打开空调，各出风口温度正常，故障排除。

(2) 维修小结。空调压缩机是制冷系统的“心脏”，电磁离合器控制压缩机的工作与断开，当电磁离合器线圈损坏后，无法完成压缩机吸合动作，制冷系统则无法进行工作。

知识拓展

汽车空调制冷系统维护简介

一、制冷剂与冷冻油

1. 制冷剂

(1) 制冷剂 R134a。在制冷系统中用于转换热量并且循环流动的物质称为制冷剂。

汽车空调是利用蒸气压缩制冷装置驱动其循环流动实现制冷的。液体制冷剂在蒸发器中低温下吸取被冷却对象的热量而汽化，使被冷却对象得到降温。然后，又在高温下把热量传给周围介质而冷凝成液体。如此不断循环，借助于制冷剂的状态变化，达到制冷目的。

汽车空调系统使用的制冷剂，通常有 R12、R134a，英文字母 R 是 Refrigerant（制冷剂）的简称，其数字代号使用的是美国制冷工程师协会（ASRE）编制的代号系统。R12 是一种易于制造，原料来源丰富，价格相对低廉且可以回收重复使用的制冷剂。长期以来，汽车空调系统大多采用 R12 作为制冷剂。众所周知，R12 因泄漏而进入大气会破坏地球的臭氧保护层，危害人类的健康和生存环境，引起地球的温室效应。1987 年国际上制定了控制破坏大气层的蒙特利尔协议。我国于 1991 年加入该协议，并决定从 1996 年起，汽车空调的制冷剂开始使用 R134a，目前已全部使用 R134a。

R134a 制冷剂的分子式为 CH_2FCF_3，是卤代烃类制冷剂中的一种。R134a 的热力学性能包括分子量、沸点、临界参数、饱和蒸气压和汽化潜热等，均与 R12 相近，具有无色、无臭、不燃烧、不爆炸、基本无毒的特性。R134a 制冷剂的传热性能优于 R12。因此，在换热器表面积不变的条件下，可减少传热温差，降低传热损失；当制冷量或放热量相等时，可减少换热器表面积。因为 R134a 本身与矿物油是非相容的，必须使用合成润滑油，如 PAG 类润滑油等。否则，系统将会损坏。R134a 的吸水性和水溶解性高。

(2) 使用制冷剂的注意事项。

①装制冷剂的钢瓶，应储存在阴凉、干燥、通风的库房中，防止受潮而腐蚀钢瓶，在运输过程中要严防震动和撞击。

②要远离热源，不要把它存放在日光直射的场所或炉子附近。在充灌制冷剂时，对装制冷剂的容器加热，应在40℃以下的温水中进行，而不可将其直接放在火上烘烤。否则，会引起内储的制冷剂压力增大，导致容器发生爆炸。

③避免接触皮肤。因制冷剂在大气环境下会急剧蒸发，当其液体落到皮肤上时，会从皮肤上大量吸热而汽化，造成局部冻伤。尤其危险的是，当其进入眼球时，会冻结眼球中的水分，就有可能造成失明的重大事故。因此，在处理制冷剂时，应戴上眼镜和防护手套。若制冷剂触及眼睛，应尽快用冷水冲洗，不要用手或手帕揉眼，如有痛感时，可用稀硼酸溶液或2%以下的食盐水冲洗；如触及皮肤，应立即用大量清水冲洗，并马上涂敷凡士林，面积大时应立即到医院治疗。

④要避开明火。制冷剂不会燃烧和爆炸，但与明火接触时，会分解出对人体有害的气体（光气）。

⑤要注意通风良好。当制冷剂排到大气中含量超过一定量时，会使大气中的氧气浓度下降，而使人窒息。因此，在检查和添加制冷剂时，或打开制冷系统管路时，要在通风良好的地方进行操作。

2. 冷冻油

(1) 冷冻油的作用和特性：冷冻油也叫冷冻机油，是制冷压缩机的专用润滑油，它保证压缩机正常运转、可靠工作和延长使用寿命。其在空调制冷系统中的作用如下：

①润滑作用。压缩机是高速运动的机器，轴承、活塞、活塞环、曲轴、连杆等机件表面需要润滑，以减少阻力和磨损，延长使用寿命，降低功耗，提高制冷系数。

②密封作用。汽车使用的压缩机传动轴需要油封来密封，防止制冷剂泄漏。有润滑油，油封才起密封作用。同时，活塞环上的润滑油，不仅起减摩作用，而且起密封压缩机蒸气的作用。

③冷却作用。运动的摩擦表面会产生高温，需要用冷冻油来冷却。冷冻油冷却不足，会引起压缩机温度过热，排气压力过高，降低制冷系数，甚至烧坏压缩机。

④降低压缩机噪声。

(2) 对冷冻油的性能要求：冷冻油在空调制冷系统中完全溶于制冷剂中，并随制冷剂一起在制冷系统中循环。因此，冷冻油的温度有时会超过120℃，而制冷剂的蒸发温度范围为 -30 ~ +10℃，使冷冻油工作在高温与低温交替的条件下。为保证其工作正常，对冷冻油提出以下性能要求。

①冷冻油的凝固点要低,在低温下具有良好的流动性。若低温流动性差,会失去润滑作用而损坏运动部件。

②冷冻油应具有一定的黏度,且受温度的影响要小。温度升高或降低时,其黏度随之变小或增大。与冷冻油完全互溶的制冷剂会使冷冻油变稀,因此应选用黏度较高的冷冻油;但黏度也不宜过高,否则,需要的起动转矩增大,压缩机起动困难。所以,冷冻油的黏度要选择适当。

③冷冻油与制冷剂的溶解性能要好。在汽车空调制冷系统中,制冷剂与润滑油是混合在一起的。当制冷剂流动时,润滑油也随之流动,这就要求制冷剂与润滑油能够互溶。若二者不互溶,润滑油不能随制冷剂返回压缩机,压缩机将会因缺油而加剧磨损。

④冷冻油的闪点温度要高,具有较高的热稳定性,即在高温下不氧化、不分解、不结胶、不积炭。

⑤冷冻油应无水分。若润滑油中的水分过多,则会在膨胀阀节流口处结冰,造成冰堵,影响系统制冷剂的流动。同时,油中的水分会使冷冻油变质分解,腐蚀压缩机材料。

二、汽车空调系统的正确使用

正确使用汽车空调系统,可以节约能源,减少故障出现,并能保证汽车空调系统具有良好的技术状况和工作可靠性,发挥其最大效率,延长其使用寿命。为此汽车空调的使用应注意下列几点:

(1)使用空调前应先起动发动机,待发动机稳定运转几分钟后,打开鼓风机至某一挡位,然后再按下空调开关 A/C 以起动空调压缩机,调整送风温度和选择送风口,空调即可正常工作。需要注意的是当温度调节推杆处于最大冷却位置时,应尽量使用鼓风机的高速挡,以免蒸发器因过冷而结冰。

(2)在空调系统运行时,若听到空调装置(如压缩机、风机等)有异常响声或发生其他异常情况,应立即关闭空调,并及时查明原因并排除故障。

(3)若汽车空调系统无超速自动停转装置,在爬长坡或超车时应暂时断开压缩机的运行(即关闭 A/C 开关),以免发动机动力不足或发动机超负荷运行而过热。

(4)在夜间行驶时,由于整车耗电量较大,不应长时间使用空调以免引起蓄电池亏电。

(5)汽车停驶时不要长时间使用空调制冷装置,以免耗尽蓄电池的电能和防止废气被吸入车内,造成再次起动发动机时产生困难和乘员中毒,还可避免因冷凝器和发动机散热不良而影响空调的性能和发动机的寿命。

(6)当制冷量突然减少时,应断开空调开关 A/C,检查排除空调系统故障后再继续使用。

(7)发动机过热时,应当停止使用空调,待发动机正常工作后再使用。

(8)使用空调时,若风机开在低速挡,冷气温控开关不宜调得过低。因为这样做不仅达不到使车内温度进一步降低的目的(蒸发器容易结霜,产生风阻),而且有可能出现压缩机液击现象。

(9)有些汽车空调空气入口的控制有新鲜(FRESH)和封闭循环(RECIRC)两个控制位置。若汽车在尘土飞扬的道路上行驶,应将空气入口控制在封闭循环位置,以防车外灰尘进入。

(10)对于具有独立式空调(指有专用辅助发动机带动压缩机的空调装置)的汽车,应严格按使用说明书的规定起动和运行空调器。因这类空调装置控制辅助发动机的起动和运行,起动方法要比非独立式空调复杂。

(11)为延长辅助发动机的寿命,尽量做到低速起动,低速关机。有可能时,加设卸载起动装置的同时,应保证发动机吸气的清洁度。

三、汽车空调系统的维护

平时做好空调系统日常维护和定期维护工作是很重要的。由于在维护过程中能及时发现故障先兆,可积极采取措施消除隐患,所以能充分发挥空调的作用,保证系统正常运行。

1. 汽车空调系统的日常维护

(1)保持冷凝器和蒸发器的清洁。因为它们的清洁程度与其换热状况有很大关系,所以应经常检查表面有无污物、散热片是否弯曲或被阻塞等。

(2)保持送风通道空气进口过滤器的清洁。送入车厢内的空气都要经过空气进口过滤器的过滤,如果滤网堵塞会使风量减少。因此应经常检查过滤器是否被灰尘杂物所堵塞并进行清洁,以保证进风量充足。一般每星期应检查一次。

(3)经常检查制冷剂是否充足。可低速运转空调,从观察窗上察看是否有气泡出现。如出现气泡说明制冷剂不足,应及时进行检查修理或补充。

(4)应定期检查制冷压缩机驱动皮带的使用情况和松紧程度。皮带过紧会增加磨损,导致轴承损坏。过松则易使转速降低,造成制冷不足,甚至发出异常声响。如皮带过紧或过松应及时调整,如发现皮带裂口或损坏应采用汽车空调专用皮带进行更换。

(5)在春秋或冬季不使用空调的季节里,应每半个月起动空调压缩机一次,每次5~10min。这样制冷剂在循环中可把冷冻油带至系统内的各个部分,从而可防止系统管路中各密封胶圈,压缩机轴封等因缺油干燥而引起密封不良和制冷剂泄漏,并使压缩机、膨胀阀以及系统内各活动部件的动作,不致结胶黏滞或生锈。还要注意的是在进行这项维护时,应在环境温度高于4℃时进行,否则,环境温度过低会因冷冻油黏度过大而流动性变差,当压缩机起动后不能立即将油带到需要润滑的部位而造成压缩机磨损加剧甚至损坏。

(6)检查电路连接导线,插头是否有损坏和松动现象。

(7)经常注意空调在运行中有无不正常的噪声、异响、振动和异常气味,如有应立即停止使用并送专业修理部门及时检查和修理。

2. 汽车空调系统的定期维护

作为汽车上的一个重要系统,除了前述的一些日常维护和检查工作外,在汽车空调的使用过程中,还应由汽车空调专业维修人员对空调系统各总成和部件做一些必要的定期维护和调整检查工作,这样做不但可以保证空调的性能和发挥空调的最佳效果,而且可以更好地保证汽车空调的使用寿命和工作可靠性,减少维修工作量。维护项目主要有以下几项:

(1)压缩机的检查和维护。一般是每两年进行一次,主要检查进、排气压力是否符合要求，各紧固件有否松动，有否漏气现象。拆开后主要检查进排气阀片是否有破损和变形现象，如有应修整或更换进排气阀总成。压缩机拆修后装复时必须更换各密封圈和轴封，否则会造成压缩机密封处泄漏。

(2)冷凝器及其冷却风扇的检查和维护。一般每年进行一次，维护内容主要是彻底清扫或清洗冷凝器表面的杂质、灰尘，用扁嘴钳扶正和修复冷凝器的散热片，仔细检查冷凝器表面是否有异常情况，并用检漏仪检查制冷剂是否有泄漏。如防锈涂料脱落，应重新涂刷，以防止生锈穿孔而泄漏。检查冷凝器冷却风扇是否运转正常，检查风扇电机的电刷是否磨损过量。

(3)蒸发器的检查和维护。一般应每年用检漏仪进行一次检漏作业，每2~3年应卸开蒸发箱盖，对蒸发器内部进行清扫，清除送风通道内的杂物(可用压缩空气来吹)。

(4)电磁离合器的检查和维护。每1~2年应检测与维修一次，重点检查其动作是否正常，是否有打滑现象，接合面、离合器轴承是否严重磨损。

(5)储液干燥器的更换。轿车空调在正常使用情况下，一般每3年左右更换储液干燥器，如因使用不当使系统进入水分后应及时更换。

(6)膨胀阀的维护。一般每1~2年检查一次其动作是否正常，开度大小是否合适，进口滤网是否被堵塞，如不正常应更换或作适当调整。

(7)冷冻油的更换。一般每两年左右检查或更换，对于管路有较大泄漏时，应及时检查或补充冷冻油。

上述定期检查和维护周期，应根据空调运行的具体情况和相应车辆的维护手册进行，不可生搬硬套。例如，对于空调使用十分频繁的南方地区，可适当缩短维护周期，而对于北方地区，每年空调运行时间相对较短，因此，可适当延长维护周期。

四、汽车空调常用维修工具

为了迅速、准确地鉴定出汽车空调系统出现的故障及其部位，及时采取措施进行排除，需要有专门的仪器及设备。另外，要提高维修质量，还需要借助一些专用维修工具来进行修理。汽车空调在具体修理过程中，离不开检漏、抽真空、充注制冷剂、加注冷冻润滑油以及排出空气等基本操作。汽车空调维修及安装常用的检测工具有歧管压力计、检漏设备、制冷剂注入阀、真空泵以及其他专用维修工具。由于R12释放到空气中对大气臭氧层有破坏作用，制冷剂R134a释放到空气中，还会造成温室效应，这就需要对维修中排出的制冷剂进行回收利用，因此要有回收设备。还可以配一些温度、湿度测量仪表。

1.歧管压力计

歧管压力计也称压力表组，是维修汽车空调制冷系统必不可少的重要工具，它与制冷系统相接可进行抽真空、加注制冷剂等操作，主要用于检测制冷系统的工作状态和故障情况。

歧管压力计由高压表和低压表两个压力表组成，其上有三个接头分别与三根橡胶软管相接，分别完成制冷系统抽真空、加注制冷剂等操作。高压表用于检测制冷系统高压侧的压力，低压表用于检测低压侧的压力。低压表既可用来显示压力，也可用来显示真空度，真空度读数范围为0~0.10kPa，压力刻度从0开始，量程不少于0.42MPa；高压表测量的压力范围从0开始，量程不得小于2.110MPa。

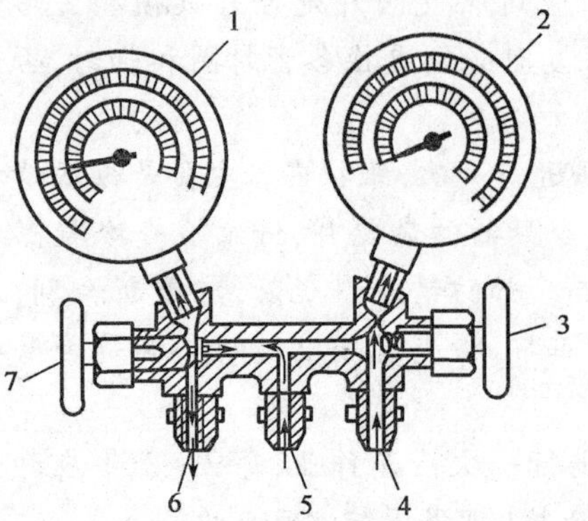

图6-68 歧管压力计结构

1-低压表(蓝色);2-高压表(红色);3-高压手动阀;4-高压侧接头(红色);5-维修用中间接头(绿色);6-低压侧接头(蓝色);7-低压手动阀

如图6-68所示的歧管压力计由高压表、低压表、手动高压阀、手动低压阀、阀体以及三个软管接头等组成。

工作时高、低压接头分别通过软管与压缩机高、低压阀相接,中间接头与真空泵或制冷剂钢瓶相接。其具体操作步骤如下:

(1)当手动低压阀开启、手动高压阀关闭时,低压管路与中间管路、低压表相通,这时可进行低压侧加注制冷剂或排放制冷剂,并同时检测高、低压侧的压力。

(2)当手动低压阀关闭、手动高压阀开启时,高压管路与中间管路、高压表相通,这时可从高压侧加注制冷剂,并同时检测高、低压侧的压力。

(3)当手动高、低压阀均关闭时,可检测高、低压侧的压力。

(4)当手动高、低压阀都开启时,可进行加注制冷剂、抽真空,并进行高、低压侧压力的检测。

使用时应注意如下事项:

①压力表软管与接头连接时只能用手拧紧,不准用工具拧紧。

②不用时,软管要与接头连起来防止灰尘、水或杂物进入管内。

③使用时要把管内的空气排空。

④压力表是一种精密仪表,应当细心维护,保持仪表及软管接头的清洁。

⑤对于使用不同制冷剂的系统,歧管压力计应专用。

2. 检漏设备

检漏设备用于检查空调系统内的制冷剂是否泄漏。制冷剂是一种十分容易蒸发的物质,在常态下,其沸点为-29.8℃,因此,要求整个制冷系统密封良好,否则制冷剂会泄漏,影响制冷效率。所以,需要经常检查制冷系统有无泄漏。当拆装或检测与维修汽车空调制冷系统管道、更换零部件之后,都需在检测与维修及拆装部位进行泄漏检查。

汽车空调系统泄漏通常有两种情况:冷泄漏和热泄漏。冷泄漏是指系统并非处在其运行的温度和压力下发生的泄漏,如夜间停放时发生的泄漏。热泄漏发生在高压部分,如汽车在空调系统运行中发生的泄漏。

检漏设备包括卤素检漏器、染料检漏器、荧光检漏仪、电子检漏仪、氦质谱检漏仪、超声波检漏仪等。电子检漏仪对常用制冷剂也存在适用性的问题,使用时要注意。

3. 真空泵

在安装、检测与维修或更换空调制冷系统的零部件后,会有一定量的空气进入制冷系统,空气中含有一定量的水蒸气,这会使制冷系统的膨胀阀冰堵、冷凝压力升高、系统零部件发生腐蚀。因此,对制冷系统安装或检测与维修之后,在未加入制冷剂之前,都必须对制冷系统进行抽真空。否则影响制冷系统正常工作。而抽真空是否彻底，将直接影响系统运行的效果。

真空泵用于制冷系统抽真空，排除系统内的空气和水分。抽真空并不能将水抽出系统，而是产生真空后降低了水的沸点，水在较低温度下沸腾，以蒸汽的形式从系统中抽出。这种真空泵的排气速度为50～300L/min，真空度在0.13Pa左右。

4. 制冷剂注入阀

为便于维修汽车空调和随车携带方便，制冷剂生产企业制造了一种小罐制冷剂（一般为400g左右），但要将它注入汽车空调制冷系统中去需要有注入阀才能配套开罐。

当向制冷系统灌注制冷剂时，可将注入阀装在制冷剂罐上，旋动制冷剂注入阀手柄，阀针刺穿制冷剂罐，即可充注制冷剂。如图6-69所示为制冷剂注入阀，制冷剂罐内装有制冷剂，接头用软管与歧管压力计的中间接头相连，其具体使用方法如下。

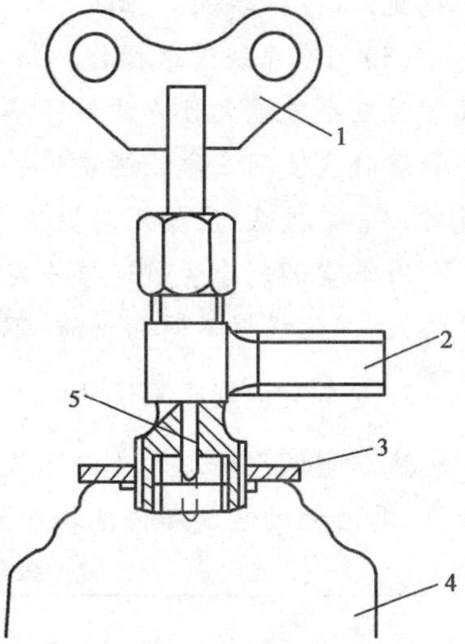

图6-69　制冷剂注入阀结构
1-制冷剂注入阀手柄；2-注入阀接头；3-板状螺母；4-制冷剂罐；5-阀针

（1）按逆时针方向旋转注入阀手柄，直到阀针退回为止。

（2）将注入阀装到制冷剂罐上，逆时针方向旋转板状螺母直到最高位置，然后将制冷剂注入阀顺时针方向拧动，直到注入阀嵌入制冷剂密封塞。

（3）将板状螺母按顺时针方向旋转到底，再将歧管压力计上的中间软管固定到注入阀的接头上。

（4）拧紧板状螺母。

（5）按顺时针方向旋转手柄，使阀针刺穿密封塞。

（6）若要充注制冷剂，则逆时针方向旋转手柄，使阀针抬起，同时打开歧管压力计上的手动阀。

（7）若要停止加注制冷剂，则顺时针方向旋转手柄，使阀针再次进入密封塞，起到密封作用，并同时关闭歧管压力计上的手动阀。

五、汽车空调维修操作技能

当汽车空调制冷系统各部件安装完毕后，或当有故障的制冷系统维修完毕之后，应对制冷系统进行泄漏检查，排除系统内的空气和水汽，充注制冷剂和冷冻润滑油。制冷系统工作过程中，应能正确储存制冷剂或从制冷系统中排出制冷剂。这些都是汽车空调维修的基本操作技能。

1. 汽车空调维修操作注意事项

（1）作业环境。检测与维修空调时注意清洁和防潮，一定要防止污物、灰尘和水分进入系统内，要把机组周围和接头附近清洁干净，避免雨天维修作业。

(2)制冷剂使用。保存和搬运制冷剂钢瓶时,应按其要求存放,严禁直接对制冷剂钢瓶加热或将制冷剂钢瓶放在40℃以上的热水中。加注制冷剂时应戴护目镜,以免冻伤眼睛。

发动机运转时,切不可打开歧管压力计上的手动高压阀使制冷剂倒流入到制冷剂罐内,否则会引起爆炸事故。在发动机运转过程中从低压侧加注气态制冷剂时,切不可倒放制冷剂钢瓶,以防压缩机"冲缸"。

(3)制冷系统管道操作。拆卸管道时,应立即将管道或接头封住,以免潮气和灰尘进入。弯管时应事先退火且弯曲半径尽可能大;切管时应保持管口平整、光洁,并清除管内积屑;清洗管道时应使用三氯乙烯液体并充分加以干燥;连接管道时应在接头处滴几滴润滑油;拧紧或拧松管道接头,应使用两把扳手。

汽车空调制冷管道连接一定要牢固可靠,具有良好的密封性能,但又不能拧紧过度而损伤螺纹,因此根据不同的材质、不同的管径按照拧紧力矩的要求操作。

2.汽车空调制冷系统检漏

汽车空调系统工作条件比较恶劣,极易造成部件、管道损坏和接头松动,使制冷剂发生泄漏,其泄漏的常发部位见表6-3。

汽车空调制冷系统常发生泄漏的部位 表6-3

部　　件	泄漏常发生的部位
冷凝器	冷凝器进气管和出液管连接处;冷凝器盘管
蒸发器	蒸发器进口管和出口管的连接处;蒸发器盘管;膨胀阀
储液干燥器	易熔塞;管道接头喇叭口处
制冷剂管道	高、低压软管;高、低压软管各接头处
压缩机	压缩机轴封;压缩机吸、排气阀处;前、后盖密封处;与制冷剂管道接头处

汽车空调制冷系统常用的几种检漏方法如下:

(1)检查油迹。如果制冷剂泄漏,就会带出一些冷冻油,所以系统中有油迹的地方一般都是泄漏的迹象。

(2)肥皂水检漏。肥皂水检漏是一种简便有效的方法,若零件、管路表面有油迹,要事先擦净。然后把肥皂液涂在受检处,若检查接头处,要整圈均匀涂上。仔细全面地观察,若有气泡或鼓泡,则可判为有泄漏。在制冷系统低压侧检漏,必须关机;在高压侧检漏时,可关机,也可不关机检查。关键是肥皂水的浓度要掌握好,太稀、太浓都不行。这种方法比较经济、实用,适用于暴露在外表、人眼能看得到的部位及周围有制冷剂气体的场合。但精度较差,不能检查微漏和压缩机、蒸发器、冷凝器等不便于涂抹肥皂液和不便观察的部位。

(3)使用电子检测仪检漏。使用电子检漏设备时,应该注意以下几点:

①将检漏仪电源接上,一般需要预热10min左右。

②大部分电子检漏仪有校核挡,在使用前应该确认校验正确,并使指示灯和警铃工作正常。

③将仪器调到所要求的灵敏度范围。

④检测时,将探头放到被检测的全方位,防止漏检。

⑤一旦查出泄漏部位,探头应立即离开,以免缩短仪器寿命。

(4)真空检漏。应用真空泵进行,真空度应达到0.1MPa,保持24h内真空度没有明显变化即可。抽真空的目的有三个:一是抽出系统中残留的氮气;二是检查系统有无渗漏;三是使系统干燥。只有在系统抽真空后才能加注制冷剂。

(5)充氟检漏。充氟检漏在上述两步压力检漏后即可进行,即向系统充入制冷剂,并使其压力达到0.1~0.2MPa时,用电子检漏仪进行检漏,其具体操作方法如下:

①抽真空后同时关闭手动高、低压阀。

②将歧管压力计上的中间软管从真空泵接头上旋下,换接上制冷剂钢瓶接头。

③旋松歧管压力计上的中间软管接头,并稍微开启制冷剂钢瓶阀,让制冷剂将中间软管内空气排出,一般开启2~3s即可。

④打开手动高、低压阀和制冷剂钢瓶阀,让少量制冷剂进入制冷系统,直到压力表指示到0.1MPa时,关闭手动高、低阀和制冷钢瓶阀,并保持数小时。

⑤若系统压力无变化,则说明系统无泄漏;若系统压力下降,则说明系统存在泄漏,应立即用检漏仪找出泄漏部位并加以修复。

(6)检漏工作注意事项。

①必须检查每一个接头的整个圆周。

②探头要靠近被检查点,离检测点约3mm。

③探头移动的速度要慢,不能高于3cm/s。

④因为制冷剂比空气重,所以要从部件(总成)顶部开始检漏,然后沿着部件或管路的底部移动。出于同样原因,在下部测出的泄漏,泄漏点不一定在下部。

⑤如发现制冷剂大量渗漏时,应进行通风处理,防止引起人窒息事故的发生。

3.汽车空调制冷系统的抽真空

抽真空是为了排除制冷系统内的空气和水分,它是空调维修中一项极为重要的工序。因为对空调制冷系统进行维修或更换元件时,空气会进入系统,且空气中含有一定量的水蒸气(湿空气)。

抽真空并不能直接把水分抽出制冷系统,而是产生真空后降低了水的沸点,水汽化成蒸汽后被抽出制冷系统。因此,系统抽真空时,时间越长,系统内残余的水分就越少。为最大限度地将系统内的空气及湿气抽出,必要时采用重复抽真空法,即第一次抽真空完毕后,再连续抽30min以上。

如图6-70所示为抽真空管路连接方法,具体操作过程如下:

(1)将歧管压力计上的两根高、低压力软管分别与压缩机上的高、低压阀接口相连;将歧管压力计上中间软管与真空泵相连。

(2)打开歧管压力计上的手动高、低压阀,起动真空泵,并注意两个压力表,将系统压力抽真空至96.60~99.99kPa。

(3)关闭歧管压力计上的手动高、低压阀,观察压力表指示压力是否回升。若回升,则表示系统泄漏,此时应进行检漏和修补。若压力表针保持不动,则打开手动高、低压阀,起动真空泵继续抽真空15~30min,使其真空压力表指针稳定。

(4)关闭歧管压力计上的手动高、低压阀。

(5)关闭真空泵。先关闭手动高、低压阀,然后关闭真空泵,目的是防止空气进入制冷系统。

4. 汽车空调系统制冷剂的充注

当制冷系统抽真空达到要求,且经检漏确定制冷系统不存在泄漏部位后,即可向制冷系统充注制冷剂。充注前,先确定注入制冷剂的数量,充注量过多或过少,都会影响空调制冷效果。维修手册或压缩机的铭牌上一般都标有所用的制冷剂的种类及其充注量。

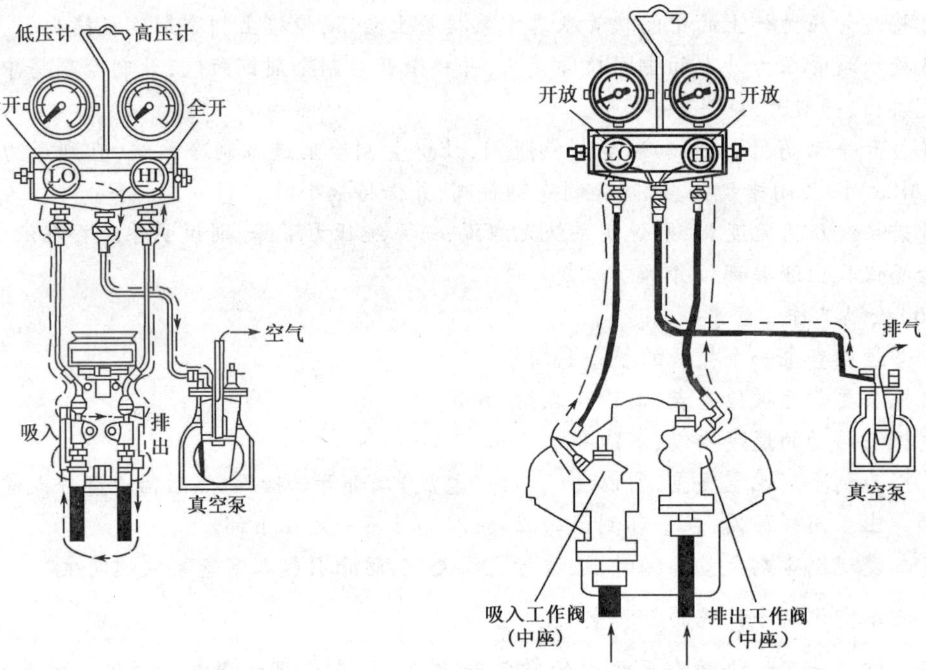

a)轿车空调系统连接图　　b)客车空调系统连接图

图 6-70　汽车空调制冷系统抽真空

充注制冷剂的方法有两种,一种是从压缩机排气阀(高压阀)的旁通孔(多用通道)充注,称为高压端充注,充入的是制冷剂液体,其特点是安全、快速,适用于制冷系统的第一次充注,即经检漏、抽真空后的系统充注。但用该方法时必须注意,充注时不可开启压缩机(发动机停转),且制冷剂罐要求倒立。另一种是从压缩机吸气阀(低压阀)的旁通孔(多用通道)充注,称为低压端充注,充入的是制冷剂气体,其特点是充注速度慢,可在系统补充制冷剂的情况下使用。

(1) 高压端充注制冷剂

①当系统抽真空后,关闭歧管压力计上的高、低压手动阀。将歧管压力计与系统连接。

②将中间软管的一端与制冷剂罐注入阀的接头连接起来,如图 6-71 所示,打开制冷剂罐开关,再拧开歧管压力计软管一端的螺母,让气体溢出几分钟,把空气赶走,然后再拧紧螺母。

③拧开高压侧手动阀至全开位置,将制冷剂罐倒立,以便从高压侧充注液态制冷剂。

④从高压侧注入规定量的液态制冷剂。关闭制冷剂罐注入阀及歧管压力计上的手动高压阀,然后将仪表卸下。

⑤装回所有保护帽和保护罩。

特别要注意,从高压侧向系统充注制冷剂时,发动机处于不起动状态(压缩机停转),更不可拧开歧管压力计上的手动低压阀,以防止产生液压冲击。另外,如果低压表不从真空量程移动到压力量程,表示系统堵塞。则应按要求消除堵塞后重新对系统抽真空并继续充注制冷剂。

(2)低压端充注制冷剂

①按图6-72所示,将歧管压力计与压缩机和制冷剂罐连接好。

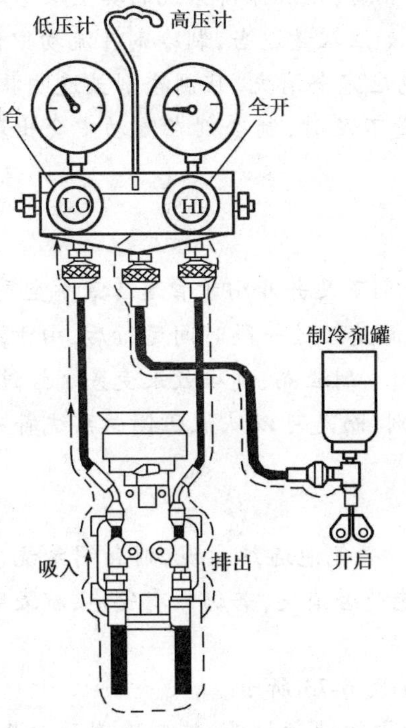

图6-71　高压端充注制冷剂

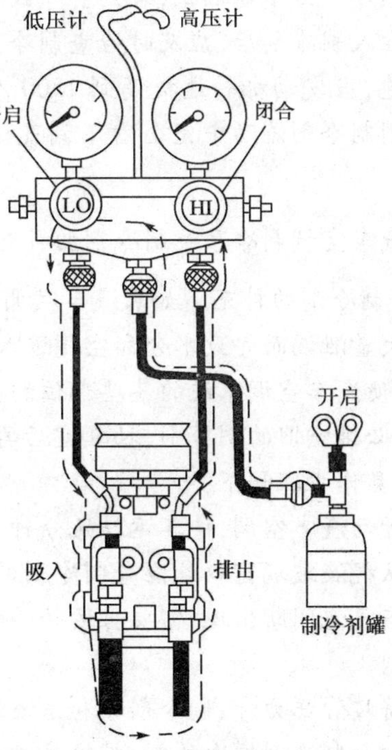

图6-72　低压端充注制冷剂

②打开制冷剂罐开关。关闭高、低压手动阀,拆开高压端检测与维修阀和胶管的连接,然后打开高压手动阀,再打开制冷剂罐开关。在胶管口听到制冷剂蒸汽出来的嘶嘶声后,立即将软管与高压检测与维修阀相连,关闭高压手动阀。用同样的方法清除低压端和管路中的空气,然后关好高、低压手动阀。

③打开手动低压阀,让制冷剂进入制冷系统,当系统压力值达到0.4MPa时,关闭手动低压阀。

④起动发动机并将转速调整到1250r/min左右,将空调开关接通,并将风机开关置于高速、调温开关调到最冷。

⑤再打开歧管压力计上的手动低压阀。让制冷剂继续进入制冷系统,直至充注量达到规定值时,立即关闭低压手动阀。

⑥在向系统中充注规定量制冷剂后,从视液玻璃窗处观察,确认系统内无气泡、无过量制冷剂。此时,高压表值应为1.01~1.64MPa,低压表值应为0.118~0.198MPa。

⑦充注完毕后，先关闭歧管压力计上的手动低压阀，关闭制冷剂罐开关，使发动机停止运转，将歧管压力计从压缩机上卸下，卸下时动作要迅速，以免过多制冷剂排出。

⑧装回所有保护帽和保护罩。

(3)注入制冷剂的注意事项

①充注人员应遵守操作规范、戴好防护眼镜，避免制冷剂与皮肤直接接触。

②制冷剂罐应放在40℃以下的无太阳直射的通风之处。

③在系统抽完真空后，应立即关闭歧管压力计上的高、低压手动阀，然后再关闭真空，两者关闭顺序千万不能颠倒，否则会导致管道与外界相通，无法保持系统的真空状态。

④注入制冷剂后，应及时检查制冷剂注入量。如注入量适当，制冷剂在流动中仅有极少量的气泡，当发动机转速提高到1500r/min时气泡应完全消失，且制冷剂呈透明状；如果注入过量则制冷剂流动中完全看不到气泡；而注入量不足时，制冷剂在流动中会出现明显的气泡。

5. 汽车空调制冷系统制冷剂的补充与排放

(1)制冷剂的补充。如果汽车空调系统的制冷剂不足并非由于管道暴露于空气之中，或并非因大量泄漏而导致水分和空气进入空调系统，而是经过一段时间运行后，由于汽车振动等原因，使汽车空调系统的某些部位的接头松动，制冷剂泄漏，制冷效果变差。经过查漏、排漏后，不必排空旧的制冷剂、抽真空后再注入制冷剂，而是可以从低压侧向系统补充不足的制冷剂，具体步骤如下：

①开动汽车空调，使其运转几分钟。

②从视液玻璃窗口处检查制冷剂的流动情况。若气泡连续出现，则表明系统内缺少制冷剂。若气泡间断出现，需要再运转一会，观察气泡是否消失，若仍然有气泡，就表明系统缺少制冷剂。

③将歧管压力计、制冷剂罐和系统连接起来，如图6-73所示。

④打开制冷剂罐上的阀，拧松歧管压力计上的中间软管接头，使制冷剂放出几秒钟，然后拧紧接头，以排出中间软管内的空气，防止它进入制冷系统。

⑤关闭手动高压阀，将制冷剂钢瓶直立，起动发动机，并稳定在快怠速位置上(六缸发动机为1600r/min，八缸发动机为1300r/min)，打开空调，风速为高挡，这时应打开汽车门窗，让排气压力保持在1.55~1.68MPa，如果排气压力不够高，可挡住送至冷凝器的通风，使其压力升高。

⑥打开手动低压阀，让气态制冷剂从低压侧进入空调系统(注意吸入制冷剂压力不得超过0.35MPa)，在补注时，应保持制冷剂罐竖立，以防止液态制冷剂进入系统，造成事故。

⑦待制冷剂达到规定量时关闭手动低压阀和制冷剂罐开关。从系统上卸下歧管压力计和制冷剂罐。

⑧停止发动机运行。

(2)制冷剂的回收。由于修理或其他原因，需将系统内的制冷剂排放掉。根据现行国家标准，制冷剂只能回收不准排放到大气中，污染环境。回收制冷剂要有专用回收装置。回收后，根据国家相关规定进行净化再利用。

6. 冷冻润滑油的加注

汽车空调制冷系统大修后，压缩机的冷冻润滑油需要按照规范加注，平时也要定期检查。发现减少时必须及时补充。

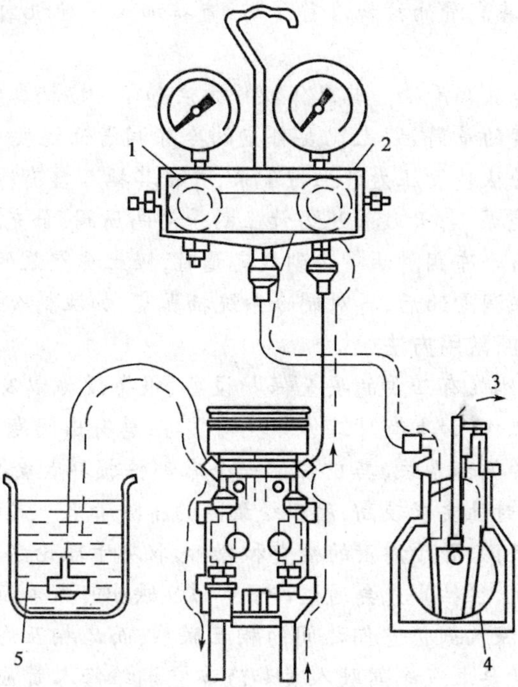

图 6-73　抽真空加注冷冻润滑油

1-手动低压阀;2-手动高压阀;3-排出空气;4-真空泵;5-冷冻润滑油

(1)压缩机冷冻润滑油量的检查

①观察油尺：如图 6-74 所示，卸下加油塞，通过加油塞孔察看并旋转离合器前板，把油尺用棉纱擦干净，然后插到压缩机内，直到油尺端部碰到压缩机内壳体为止，取出油尺，观察油尺浸入深度，当加油合适时，压缩机内油面应在前 4 ~6 格之间，若少则加入，若多则放出，然后拧紧加油孔塞。

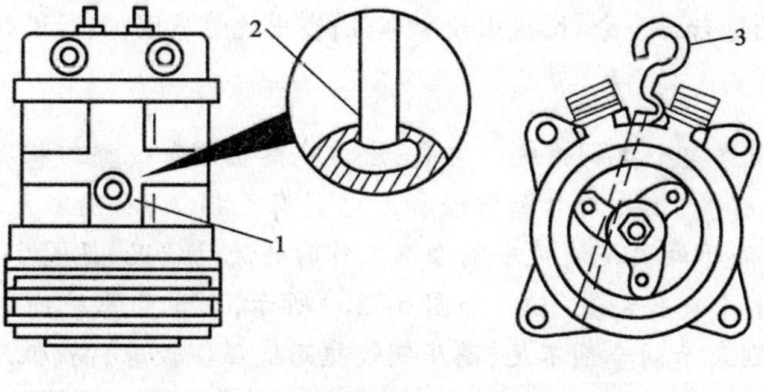

图 6-74　空调压缩机冷冻润滑油油量的检查

1-加油塞;2-加油孔;3-油尺

②观察视镜：通过压缩机上安装的视镜玻璃，可观察冷冻机油量，如果压缩机冷冻润油面达到观察高度的80%位置，一般认为是合适的，如果油面在这个界限以下，则应该添加；如果油面在这个界限以上，则应该放出多余的冷冻润滑油。

(2)冷冻润滑油的加注

①直接加入法：将冷冻润滑油按标准称量好，直接加入压缩机内，这种方法只是在系统大修后采用。

②利用抽真空加注冷冻润滑油。其具体操作方法如下：按抽真空的方法先对制冷系统抽真空。选用一个有刻度的量筒，装上比要补充的冷冻润滑油还要多的冷冻润滑油。将连接在压缩机上的低压软管从歧管压力计上拧下来，并将其插入盛有冷冻润滑油的量筒内，如图6-2-52所示。起动真空泵，打开歧管压力计上的手动高压阀，补充的润滑油就从压缩机的低压侧进入压缩机中。当冷冻润滑油量达到规定量时，停止真空泵的抽吸，并关闭手动高压阀。按抽真空法加注冷冻润滑油后，再对制冷系统抽真空、加注制冷剂。

六、汽车空调故障诊断常用方法

汽车空调设备中，虽然装有必要的安全保护设备、报警设施以及自动控制系统，但因在汽车这个特殊的装备上工作，加上有时工作环境的恶劣，总有出问题的时候。而汽车空调制冷系统是一个完全密封的循环系统，其中任何一个零部件损坏都会使空调能力下降或不能制冷、制热。由于系统密封性要求较高，所以给故障的排除带来一定的困难。

正确的故障诊断结果，来源于周密的检查和分析，取决于理论水平与实践经验的丰富程度。因为一个故障的产生，往往事先会通过许多部位反映出可疑和反常的现象，通过这些现象分析事故的内在联系，深入剖析它们之间的相互联系，而又相互影响的各个部件，从中找出矛盾的主要方面。这就要求汽车驾驶人员和汽车空调维修人员应具有熟练的技术，有迅速准确的分析故障的能力，从而及时地排除所发生的故障，使设备尽快投入正常的运行。

汽车空调的常见故障一般分为：电气故障、功能部件的机械故障、制冷剂和冷冻润滑油引起的故障三方面。这些故障产生后，集中表现为：系统不制冷、制冷不足或产生异响三类。

空调系统产品规格型号纷杂，因此，没有标准的诊断程序，只能有一些共性的常识。通常通过看(察看系统各部件的表面)、听(听机器运转的声音)、摸(用手触摸设备各部位的温度)、测(利用压力表、温度计、万用表、检测仪检测有关参数)来进行汽车空调故障诊断。先从容易检查的部位着手，逐步向难于检查的地方进行，即先靠听、看和摸进行检查，然后再使用检测设备进行检查。同时还应仔细向驾驶员询问故障情况，判断是操作不当，还是设备本身造成的故障。按上述四个方面进行综合分析，找出故障部位，查出故障原因，然后进行维修。

1. 看

用眼睛认真来观察整个空调系统。首先，应该观察空调系统整体状况，控制线路的连接状态，各部件的紧固程度，相关的电源保险和继电器有无损坏，以确定系统的基本工作完好性能。然后，察看储液干燥器视液镜中制冷剂工作时的流动状况，见图6-75。

若流动的制冷剂中央有大量气泡，如图6-75a)所示，则说明系统内制冷剂不足，应补充至适量。图6-75b)则表示制冷剂不足，高压侧较热而低压侧较凉，高、低压侧压力均偏低，从视液镜中可观察到每隔1~2s就会有气泡出现。图6-75c)表示两种情况下都会出现的视液透明镜面，其一是制冷剂适量，高压侧热，低压侧凉，且高、低压力均正常，镜面中几乎透明，但发动机转速提高或降低时，可能会出现气泡；其二是制冷剂过量，此时高压侧过热，高低压力均过高在视液镜中看不到气泡，此时应缓慢放出部分制冷剂。

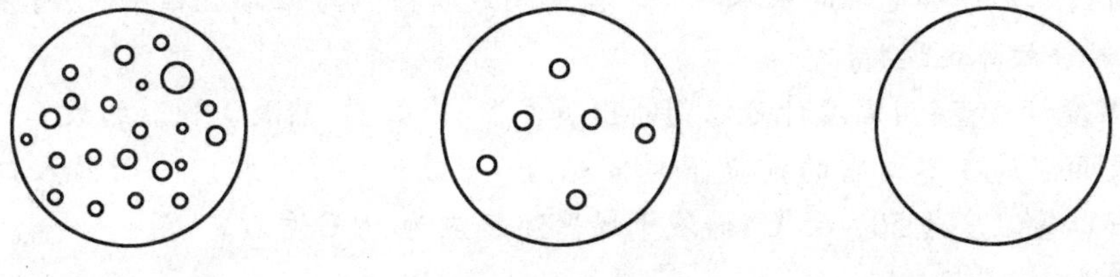

a)制冷剂严重不足　　b)制冷剂加注不足　　c)制冷剂正常或过量

图6-75　视液镜中制冷剂的流动状态

若流动的制冷剂呈雾状，且水分指示器呈淡红色，则说明制冷剂中含水量偏高，应按照规范排除；其次，察看系统中各部件与管路连接是否可靠密封，是否有微量的泄漏（参见检漏方法）；最后，察看冷凝器是否被杂物封住，散热翅片是否倾倒变形。若有此现象将影响流过冷凝器的冷却空气流量，导致冷凝器冷凝效果变差，使流经膨胀阀的制冷剂温度偏高，从而影响系统的制冷效果。这时应将冷凝器清扫干净，将变形的散热翅片修正。

2. 听

用耳朵仔细聆听空调系统运转中的声响。首先，听压缩机电磁离合器有无通电时的吸合声音，以判断电气控制系统是否正常工作。当空调制冷系统压缩机运行噪声较大时，则多为电磁离合器通电后所产生的电磁力不足或离合器片磨损引起其间隙过大，造成离合器打滑而发出尖叫声。这时应更换离合器线圈或调整其垫片，减小离合器间隙，防止打滑，以消除噪声。如果是压缩机内部发出的噪声，则说明其有严重故障，需要解体检测与维修或者更换。对于送风系统的工作噪声，多是因为风机工作阻力大或者内部电动机故障所致，可以对其总成解体检测与维修调整。

3. 摸

在通常情况下，检查制冷系统可用手慢慢触摸各部件及连接管路的表面。触摸高压回路（压缩机出口→冷凝器→储液干燥器→膨胀阀进口），应呈较热状态，若在某一部位特别热或者进出口之间有明显温差，则说明此处有堵塞。触摸低压回路（膨胀阀出口→蒸发器→压缩机进口）应较冷。若压缩机高、低压侧无明显温差，则说明存在泄露或者制冷剂不足。

4. 测

通过看、听、摸这些过程，只能发现表面现象，要作最后的结论，必须借助于相关仪器、仪表来进行测试，在掌握第一手资料的基础上，对各种现象做认真分析，找出故障所在，予以排除。

(1) 用压力表检查。这是判断空调制冷系统工况的最准确方法：将歧管压力计的高、低压表分别接在压缩机的排气、吸气口的维修阀上，在环境温度为 30～35℃、发动机转速为 2000r/min 时检查。将风机风速调至高挡，温度调至最冷挡，其正常状况是：高压端压力应为 1.421～1.470MPa，低压端压力应为 0.147～0.196MPa（具体数值可参考系统维修规范），若不在此范围，则说明系统有故障，可按照检测与维修程序予以排除。

(2)用检漏仪检漏:用检漏仪可以检查系统中各管路和接头处是否泄漏,并予以修复。

(3)用万用表检查:用万用表可以检查出空调系统控制电路中各传感器、控制器、执行器的故障,判断出零部件和电路的基本状态。当采用逻辑检测与维修流程图时,可以把较为复杂的电路和器件故障迅速排除。

(4)用温度计检查:用温度计可以判断出蒸发器、冷凝器、储液干燥器的故障。正常工作时,蒸发器表面温度在不结霜的前提下越低越好(一般为4℃左右);冷凝器入口管温度为70~90℃,出口管温度为50~65℃;储液干燥器温度应为50℃左右。

练一练

一、填空题

1. 汽车空调制冷系统工作时,制冷剂以不同的状态在密闭系统内循环流动,每一循环包括__________、__________、__________和__________4个基本过程。

2. 汽车空调制冷系统主要由__________、冷凝器、__________、储液干燥器、孔管或膨胀阀、高低压管路、鼓风机和控制电路等组成。

3. 压缩机吸入蒸发器中低温低压的__________制冷剂,将气态制冷剂压缩成高温高压状态并输入冷凝器。汽车空调制冷压缩机主要采用__________压缩机。

4. 膨胀阀又称节流阀,安装在蒸发器入口前,为制冷循环__________与__________之间的分界点。在膨胀阀前,制冷剂是__________;在膨胀阀后,制冷剂是低压、低温饱和液体和蒸气的雾状混合物。

5. 从高压侧向系统充注制冷剂时,发动机处于__________状态,更不可拧开歧管压力计上的__________,以防止产生液压冲击。

二、选择题

1. 抽真空的持续时间不少于(　　)。

A. 20min　　B. 25min　　C. 30min　　D. 35min

2. 高压端加注制冷剂时,制冷剂储罐应(　　)。

A. 侧置　　B. 倒置　　C. 正置　　D. 没有要求

3. 使用电子检漏仪进行检漏时,其探头不得直接接触元器件或接头,并置于检测部位的(　　)。

A. 上部　　B. 中部　　C. 侧部　　D. 下部

4. 汽车空调储液干燥器的功能是(　　)。

A. 防止系统中水分与制冷剂发生化学作用

B. 防止膨胀阀处结冰和堵塞

C. 随时向系统补充制冷剂

D. 以上答案全对

5. 制冷剂储罐的存放温度不应超过(　　)。

A. 40℃　　B. 50℃　　C. 60℃　　D. 70℃

6. 冷凝器将制冷剂热量散发到汽车外的空气中，使高温、高压的气态制冷剂冷凝成(　　)液体。

A. 高压　　B. 低压　　C. 压力

7. 压缩机将压缩后的高温，高压(　　)制冷剂排出，送到冷凝器向外放热。

A. 液态　　B. 气态　　C. 固态

8. 制冷压缩机主要是吸入低温(　　)的制冷剂蒸气。

A. 高压　　B. 中压　　C. 低压

三、判断题

1. 汽车空调的取暖系统有两大类，分别是余热式和独立式。(　　)
2. 压缩机输出端连接高压管路、冷凝器、液干燥器和液体管路，并构成高压侧。(　　)
3. 压缩机是空调系统高，低压侧的分界点。(　　)
4. 压缩机吸收的是高温，低压的制冷剂蒸汽。(　　)
5. 风机作用是将蒸发器周围的冷风吹入车内，达到降温目的。(　　)
6. 从汽车空调膨胀阀流出的制冷剂为低压气态。(　　)
7. 汽车空调冷凝器安装时，从压缩机输出的气态制冷剂一定要从冷凝器下端入口进入。(　　)
8. 制冷剂加注完成，在断开加注设备与制冷装置的连接后，应用检漏仪检测加注阀处(内有芯阀)有无泄漏。(　　)
9. 空调压缩机不工作的原因可能是低压开关接通。(　　)
10. 在使用气体泄漏测试仪(卤素检测仪)进行检漏时，应将探测头接触到部件表面进行检测。(　　)

四、问答题

1. 简述汽车空调冷凝器的作用。
2. 汽车空调主要检查和保养的内容有哪些？
3. 汽车空调系统主要检查方法有哪些？
4. 简述空调制冷系统的工作原理。
5. 简述利用抽真空加注冷冻润滑油的方法。
6. 简述低压端加注制冷剂的步骤。
7. 检漏工作注意事项有哪些？

做一做

两名同学一组，一名同学做工作任务内容时，另一名同学对其项目完成情况做出点评，说明其各步骤的表述是否清晰，对工作原理的理解是否有错，应当如何表述，之后对调进行同样的工作任务内容并评价。

任务评价

汽车空调制冷系统检测与维修评价表如表6-4所示。

汽车空调制冷系统检测与维修评价表 表6-4

序号	内容及要求	评分	评分标准	自评	组评	师评	得分
1	准备	10	①汽车进入工位前,准备好相关的器材(4分); ②拉紧驻车制动器,把变速杆置于空挡或P挡位置(3分); ③套上三件套、粘贴翼子板布(3分)				
2	清洁	10	按要求清理工位				
3	空调制冷系统检查	10	检测点清晰,能够说明原因				
4	制冷剂回收、抽真空	10	抽真空操作规范,无疏漏步骤				
5	拆卸空调系统	10	拆装工艺正确,不野蛮操作				
6	零部件检测	5	零部件检测工艺正确,通用、专用工具使用规范,测量结果正确				
7	安装空调系统	10	安装工艺正确,紧固力矩正确				
8	系统抽真空	5	抽真空操作规范,无疏漏步骤				
9	制冷剂、冷冻机油加注	10	加注工艺正确、规范,加注量合适				
10	运行测试	10	运行中检测工艺正确,结论正确,能够说明原因				
11	安全文明生产	10	①结束后清洁(5分); ②工量具归位(5分)				
指导教师总体评价 指导教师 ________ ____年___月___日							

教学提示

“汽车空调制冷系统检测与维修”教学提示如表6-5所示。

“汽车空调制冷系统检测与维修”教学提示　　表 6-5

<table>
<tr><td>任务2</td><td colspan="2">汽车空调制冷系统检测与维修</td><td>学时</td><td>6</td></tr>
<tr><td>学习目标</td><td colspan="4">1. 拆装空调制冷系统总成；
2. 检测空调制冷系统；
3. 检测、排除空调制冷系统典型故障</td></tr>
<tr><td>学习内容</td><td colspan="4">教学方法与建议</td></tr>
<tr><td>1. 空调制冷系统的功能；
2. 空调制冷系统的基本构造与工作原理；
3. 空调制冷系统电路；
4. 空调制冷系统的拆装；
5. 空调制冷系统使用注意事项；
6. 空调制冷系统一般故障检测与维修</td><td colspan="4">通过任务驱动教学法实施教学：
1. 空调制冷系统教学过程由任务目标、任务导入、知识准备、任务实施、知识拓展、练一练、做一做、任务评价组成，在老师的指导下制订方案并实施，最终进行评价；
2. 学生通过典型工作任务的完成，将理论知识融入实际操作中；
3. 教学过程中体现以学生为主体，教师进行适当讲解，并进行引导、督促和评估；
4. 教师应提前准备好各种媒体资料、教学课件，并准备教学场地和设备</td></tr>
<tr><td>教学媒体与设备</td><td>学生已有的知识、能力要求</td><td colspan="3">教师执教的要求</td></tr>
<tr><td>1. 实训设备：工作台、空调制冷系统总成等；
2. 通用、专用工具：扭力扳手、万用表、检漏仪、诊断仪；
3. 多媒体教学设备；
4. 多媒体教学课件、软件；
5. 网络教学资源</td><td>1. 安全操作知识；
2. 使用各种工具的基本技能和经验；
3. 空调制冷系统的构造、原理和拆装顺序</td><td colspan="3">1. 能够根据教学方法合理设计教学情境；
2. 熟悉空调制冷系统拆装的安全操作规程；
3. 能够完成空调制冷系统的拆装工作；
4. 能够完成空调制冷系统的检测；
5. 具备协调各方、处理学生误操作的能力</td></tr>
</table>

项目小结

1. 汽车空调系统主要由制冷系统、暖风装置、通风装置、空气净化装置、控制系统五大部分组成。

2. 汽车空调系统中常用的制冷剂为 R134a。

3. 冷冻机油也叫冷冻润滑油，是制冷压缩机的专用润滑油，它能保证压缩机正常运转、可靠工作和延长压缩机使用寿命。

4. 制冷循环过程分为压缩、膨胀、冷凝、蒸发四个过程。

5. 制冷系统主要由压缩机、冷凝器、储液干燥器、膨胀阀、蒸发器等组成。

6. 汽车空调部件主要由温度控制器、怠速控制装置、加速控制装置、压力开关、冷却液过热开关、温度环境开关、过热限制器、高压卸压阀等组成。

7. 通风系统的作用是在汽车运行中从车外引入一定量的新鲜空气，并将车内的污浊空气排出车厢外，同时还可以防止风窗玻璃起雾。通风方式一般有动压通风、强制通风和综合通风三种方式。

8. 空调自动控制电路由传感器、空调 ECU 和执行器元件三部分组成。

项目七
汽车线路的检测与维修

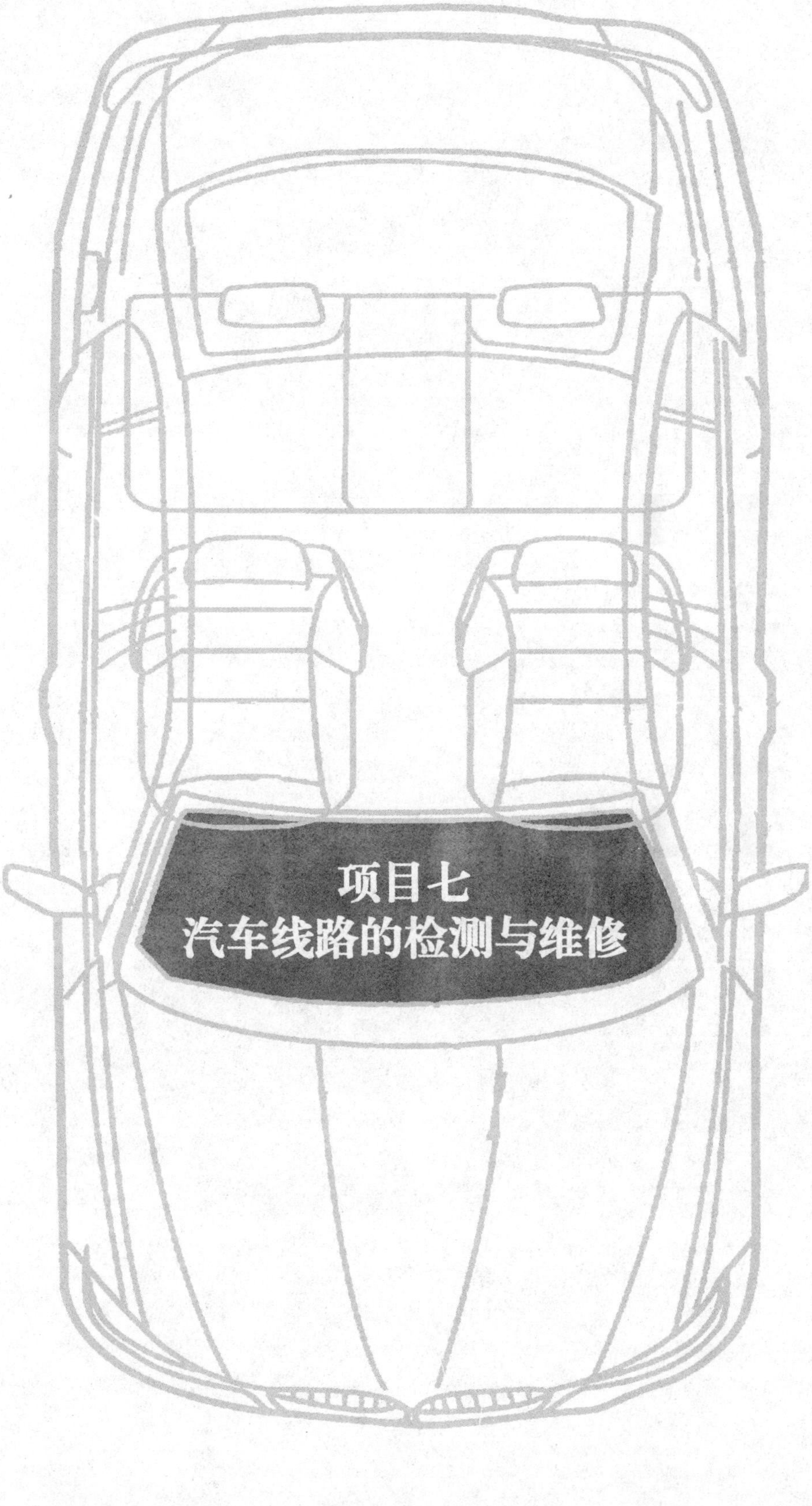

项目描述

汽车线路的功能是为用电设备供电并对其实现控制。

汽车线路的基础元件主要是导线、熔断器、插接器、各种开关和继电器等，是汽车电路的基本组成部分。汽车电路容易出现的故障有断路、断路、打铁、绝缘效果下降、防水效果下降、对控制系统产生干扰等。

任务　汽车线路的检测与维修

任务目标

1. 了解汽车线路的作用、类型。
2. 了解汽车电路的表达方式。
3. 掌握对汽车线路的检查方法。

任务导入

一辆2013年生产的新桑塔纳，装配CPD1.6L发动机，搭载手动变速器，行驶里程1.3万km。该车加装了倒车雷达和倒车映像系统，客户反映该车倒车灯不亮，倒车影像系统和倒车雷达不工作。服务顾问通过问询，得知之前汽车可以正常使用，加装了倒车雷达和倒车映像系统不久，出现故障。

任务知识

汽车电器的基础元件主要是导线、熔断器、插接器、各种开关和继电器等，它们是汽车电路的基本组成部分。

一、导线

汽车用导线有高压导线和低压导线两种，均采用铜质多心软线。

1. 低压导线

(1)导线的截面积

导线的截面积主要根据其工作电流选择，但是对于一些工作电流较小的电器，为保证导线具有一定的机械强度，汽车电器中导线截面不得小于0.5mm^2，大众车系上还有用于传输信号的lin线，lin线的截面积是0.35mm^2。各种低压导线标称截面积所允许的负载电流见表7-1。

低压导线标称截面积允许负载电流值　表7-1

导线标称截面积(mm^2)	1.0	1.5	2.5	3.0	4.0	6.0	10	13
允许电流值(A)	11	14	20	22	25	35	50	60

所谓标称截面积是经过换算而统一规定的线心截面积，不是实际线心的几何面积，也不是各股线心几何面积之和。

汽车 12V 电系主要线路导线标称截面积推荐值见表 7-2。

12V 电系主要线路导线标称截面积推荐值 表 7-2

标称截面积(mm^2)	用途
0.5	尾灯、顶灯、指示灯、仪表灯、牌照灯、刮水器、时钟、燃油表、冷却液温度表、油压表等电路
0.8	转向灯、制动灯、停车灯、断电器等电路
1.0	前照灯、电喇叭(3A 以下)电路
1.5	前照灯、电喇叭(3A 以下)电路
1.5~4.0	其他 5A 以上电路
4~6	柴油车电加热塞电路
6~25	电源电路
16~95	起动电路

(2)导线颜色

各国汽车厂商在电路图上多以字母(主要是英文字母)来表示导线外皮的颜色及其条纹的颜色。日本常用单个字母表示，个别用汉字，其中后一位是小写字母，中国标准大体上与此相同。美国常用两个字母表示一种颜色，如果导线上有条纹，则要书写较多字母。德国汽车导线的颜色代号中各厂商甚至各牌号不尽一致。如大众汽车导线的颜色常用双颜色来区分，当然也有单一的颜色，在电路图中用数字或字母表示线束的颜色；搭铁线常采用棕色导线。导线颜色代号见表 7-3。

汽车用导线颜色代号 表 7-3

	中	英	美	日	本田现代	德	奥迪4、5、6缸	帕萨特	奔驰	宝马	奥地利	法	波兰
黑	B	Black	BLK	B	BLK	SW	sw	BK	BK	SW	B	BL	N
白	W	White	WHT	W	WHT	WS	ws	WT	WT	WS	C	W	B
红	R	Red	RED	R	RED	RT	ro	RD	RD	RT	A	R	R
绿	G	GREE	GRN	G	GRN	GN	gn	GN	GN	GN	F	GN	V
深绿		Dark Green	DK GRN					DKGN					
淡绿		Light Green	LT GRN	Lg	LT GRN			LTGN					
黄	Y	Yellow	YEL	Y	YEL		ge	YL	YL	GE	D	Y	G
蓝	BI	Blue	BLU	L	BLU	BL	bl	BU	BU	BL	I	BU	A
淡蓝		Light Blue	LT BLU	SB	LT BLU			LTBU			K		L
深蓝		Dark Blue	DK BLU					DKBU					
粉红	P	Pink	PNK	P	PNK			PK	PK	RS	N		S
紫	V	Violet	PPL	PU	PUR	VI	li	PL(YI)	VI	VI	G	VL	Z
橙	O	Orange	ORN	Or	ORN			OG		OR			C

续上表

	中	英	美	日	本田现代	德	奥迪 4、5、6 缸	帕萨特	奔驰	宝马	奥地利	法	波兰
灰	Gr	Grey	GRY	Gr	GRY		gr	GY	GY	GR		G	H
棕	BR	Brown	BRN	Br	BRN	BK	br	BN	BR	BR	L		M
棕褐		Tan	TAN					TN				Br	
无色		Clear	CLR					CR					

另外,导线颜色要容易区别。如常用黑、白、红、绿、黄、蓝、灰、棕、紫;其次用粉红、橙、棕褐;再次为深蓝、浅蓝、深绿、浅绿。在导线上采用条纹标志要对比强烈,如黑白、白红等。双色线的主色所占比例大些,辅助色所占比例小些。辅助色条纹与主色条纹沿圆周表面的比例为1∶3～1∶5,标注第一色为主色,第二色为辅助色。我国规定汽车导线颜色的选用程序见表7-4。

导线颜色选用程序　　表7-4

选用程序	1	2	3	4	5	6
电线颜色	B	BW	BY	BR		
	W	WR	WB	WB	WY	WG
	R	RW	RB	RY	RG	RBl
	G	GW	GR	GY	GB	GBl
	Y	YR	YB	YG	YB	YW
	Br	BrW	BrR	BrY	BrB	
	Bl	BlW	BlR	BlY	BlB	BlO
	Gr	GR	GrY	GrBl	GrB	GrO

2. 高压导线

高压线用来传送高电压,其工作电压一般在15kV以上,但通过电流强度较小,因此高压导线的绝缘包层很厚,耐压性能好,但线芯截面积很小。高压线有铜芯线和阻尼线两种,为了衰减火花塞产生的电磁波干扰,目前已广泛使用了高压阻尼点火线。

高压阻尼点火线的制造方法和结构有多种,常用的有金属阻丝式和塑料芯导线式。金属阻丝式又有金属阻丝线芯式和金属阻丝线绕电阻式两种。金属阻丝线芯式是由金属电阻丝束绕在绝缘线束上,外包绝缘体制成阻尼线;金属丝线绕电阻式是由电阻丝绕在耐高温的绝缘体上制成电阻,再与不同形式的绝缘套构成。塑料芯导线式是用塑料和橡胶等材料制成直径为2mm的电阻线芯,在其外面紧紧地编织着玻璃纤维,最外面再包上高压PVC塑料或橡胶等绝缘体。

这种结构形式,制造过程易于自动化,成本低且可制成高阻值线芯,应用越来越广泛。不同车型采用的阻尼高压线的阻值不相同,在检测与维修或更换高压线时要注意测量。

二、线束

汽车上的全车线路(除高压线以外),为了不零乱、安装方便和保护导线的绝缘,一般都将同路的不同规格的导线用棉纱编织或用薄聚氯乙烯带半叠缠绕包扎成束，称为线束。在线束布线过程中不许拉得太紧，线束穿过洞口或绕过锐角处都应有套管保护，以避免水、油的侵蚀及磨损。线束位置确定后，应用卡簧或绊钉固定，以免松动损坏。一辆汽车可以有多个线束。汽车线束在汽车电器中占有重要位置，尤其是近年来，随着汽车电器与电子设备的增多，线束总成的结构与电路也越来越复杂，因此对线束的结构、功能、适用性、可靠性都提出了更高的要求。前面已经提到过用传输信号的 lin 线，lin 线的传输信号的速度是 20kbits。由于 lin 线的传输速度较小，只能在某一控制系统内使用，如新朗逸 4 个车门控制单元是采用 lin 线传输数据。除 lin 线之外还有传输速度更快的 CAN 线及在凌度上使用的光纤数据总线。

现代汽车的线束总成由导线、端子、插接器，护套等组成。端子一般由黄铜、紫铜、铝材料制成，它与导线的连接均采用冷铆压合的方法。线路间的连接采用插接器，现代汽车线束总成中有很多个插接器。为了保证插接器的可靠连接，其上都有一次锁紧、二次锁紧装置，极孔内都有对端子的限位和止退装置。为了避免装配和安装中出现差错，插接器还可制成不同的规格型号、不同的形体和颜色，这样不仅装拆方便也不会出现差错。

(1)线束应用卡簧或绊钉固定，以免松动磨坏。

(2)线束不可拉得过紧，尤其在拐弯处更要注意，在绕过锐角或穿过金属孔时，应用橡胶皮或套管保护，否则容易磨坏线束而发生短路、搭铁，并有烧毁全车线束，酿成火灾的危险。

(3)连接电器时，应根据插接器的规格以及导线的颜色或接头处套管的颜色，分别接于电器上，若不易辨别导线的头尾时，一般可用试灯区分。

三、插接器

插接器就是通常说的插头和插座，用于线束与线束或导线与导线或控制单元与线束间的相互连接。为了防止插接器在汽车行驶中脱开，所有的插接器均采用了闭锁装置。下面以日本汽车及大众汽车使用的插接器为例介绍其相关知识。

1. 插接器的识别方法

插接器的符号和实物对照见图 7-1a)、b)。符号涂黑的表示插头，白色的表示插座，带有倒角的表示的是针式插头。大众汽车常见的插接器如图 7-1c)所示，将插接器分开可看见插座及插头，插座如图 7-1d)所示，插头如图 7-1e)所示。

2. 插接器的连接方法

插接器接合时，应把插接器的导向槽重叠在一起，使插头和插孔对准，然后平行插入即可十分牢固地连接在一起。插接器连接后，其导线的连接见图 7-2。

例如 A 线的插孔①与 a 线的插头①^{1}是相配合的，其余以此类推。

3. 插接器的拆卸方法

要拆开插接器时，首先解除闭锁，然后把插接器拉开；要拆开图 7-1c)中的插接器，需先将箭头所指的闭锁按下，然后轻微用力拉开。要将往外拉的力作用在插头或插座上，不允许拽住导线往外拉。不允许在未解除闭锁的情况下用力拉插接器，这样会损坏闭锁装置。

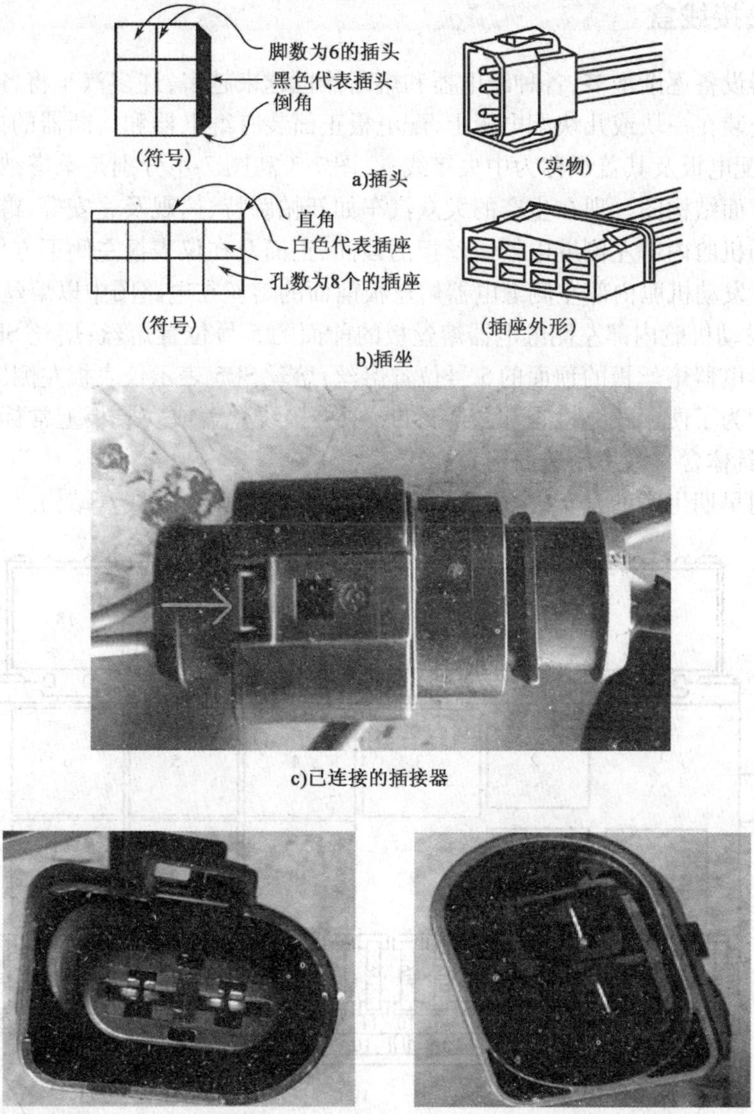

图 7-1　插接器的符号和实物

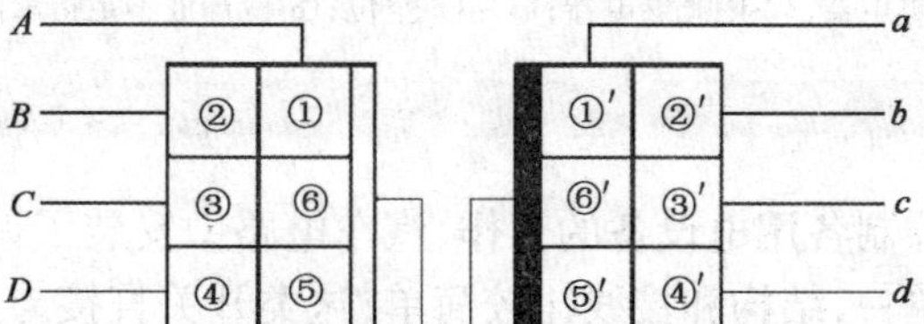

图 7-2　插接器的连接方式

四、中央接线盒

随着电器设备逐渐增多，各种继电器和熔断器也越来越多，许多汽车将各种继电器和熔断器等集中安装在一块或几块配电板上，配电板正面装有继电器和熔断器的插头，背面是接线插座，这种配电板及其盖子称为中央接线盒，图 7-3 和图 7-4 分别是桑塔纳轿车中央接线盒的正面和背面结构图。现在生产的大众汽车如新帕萨特、途观及途安等，继电器和熔丝分别安装在发动机舱内部左侧继电器熔丝板的顶面、正面及在仪表板左侧下方位置，如图 7-5、图 7-6 所示。发动机舱内部左侧继电器熔丝板前面的熔丝在电路图中以熔丝 SA 标注，如熔丝 SA5 表示发动机舱内部左侧继电器熔丝板的前面的 5 号位置熔丝；熔丝 SB5 表示发动机舱内部左侧继电器熔丝板的顶面的 5 号位置熔丝；熔丝 SC5 表示仪表板左侧下方熔丝板的 5 号位置熔丝。为了便于线路检查和故障诊断，中央接线盒盖或安装板上常标有器件名称或其缩写字母，具体含义参考制造商定义。

大众公司早期生产的汽车，丰田系列汽车等都采用了中央接线盒结构。

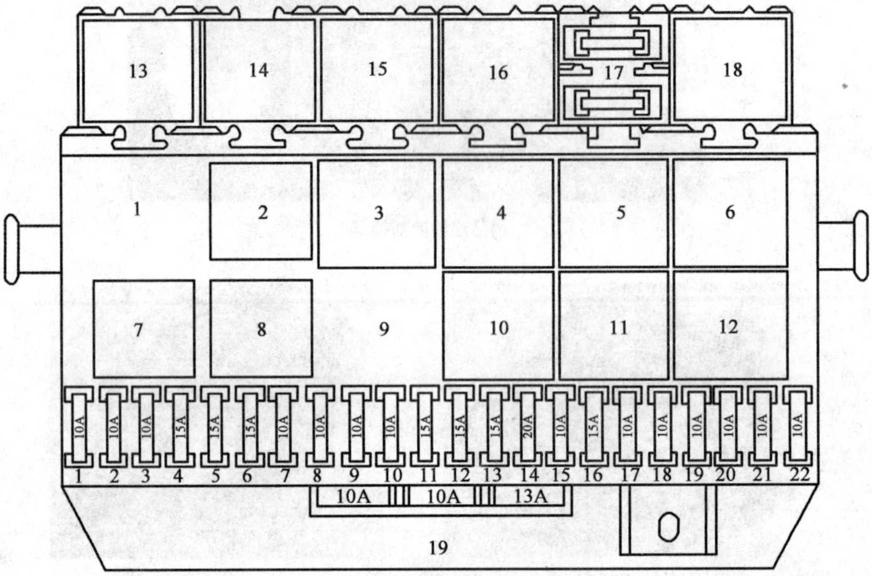

图 7-3 桑塔纳轿车接线盒正面结构

1、3、9、11-空位；2-进气管预热继电器；4-换挡指示器控制装置；5-空调继电器；6-喇叭继电器；7-雾灯继电器；8-中间继电器；10-前风窗清洗刮水器间歇继电器；12-闪光继电器；13～17-空位；18-冷却液不足指示器控制继电器；19-中央控制板

五、汽车开关

为了方便、有效地控制各用电设备的工作，汽车电路中安装了许多开关。有些开关只控制一种用电设备，功能单一，结构和接线比较简单，这类开关直接与用电器连接，也就是没有经过控制单元；有些开关则控制多种用电设备，功能多，结构和接线比较复杂，如点火开关、灯光开关及组合开关等。如途观及途安的近光灯开关与车身控制单元 BCM 连接，BCM 根据识别到开关的状态，控制相应的灯光亮起。按操纵方式不同，汽车开关有旋转式、推拉式、顶杆式、扳柄式、翘板式及组合式等。

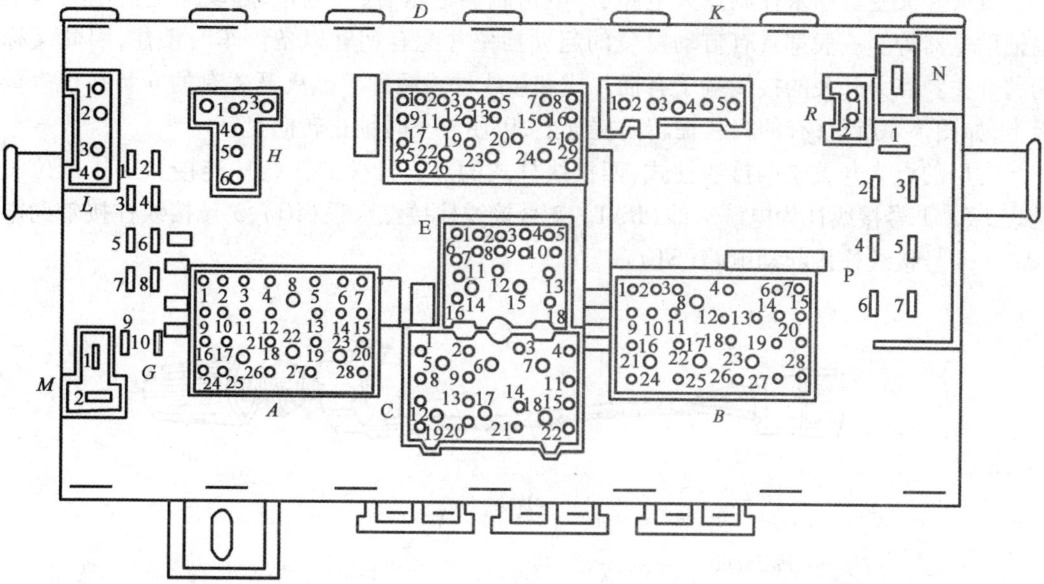

图 7-4　桑塔纳轿车接线盒背面结构

图 7-5　发动机舱内部左侧继电器熔丝板的顶面、正面

图 7-6　仪表板左侧下方位置熔丝继电器板

1. 旋转式开关

旋转式开关主要有暖风机开关和点火开关等。暖风机开关的结构和外形如图7-7所示。

点火开关主要用来控制点火电路、发电机磁场电路、仪表电路、起动继电器电路以及一些辅助电器等。一般都具有自动复位的起动挡位并配有钥匙以备停车时锁住，因此又称为钥匙开关。点火开关的接线端子有插片式和接线柱式两种。点火开关有的安装在仪表板台板上，如图 7-8 所示；有的安装在转向柱管上，以便停车时锁止转向盘。

常用的点火开关是四接线柱式，四接线柱式的点火开关的接线柱连接和工作挡位关系见表 7-5。1 号接线柱为电源火线（BAT）；2 号接线柱接点火系（IG）；3 号接线柱接辅助电器（Acc）；4 号接线柱接起动电路（ST）。

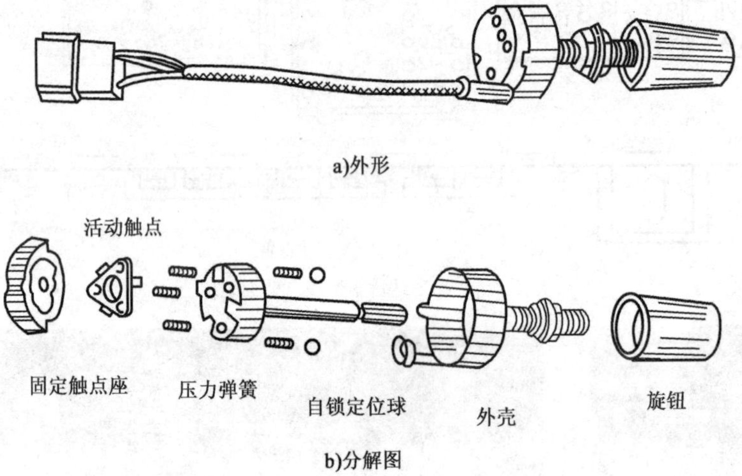

图 7-7　暖风机开关

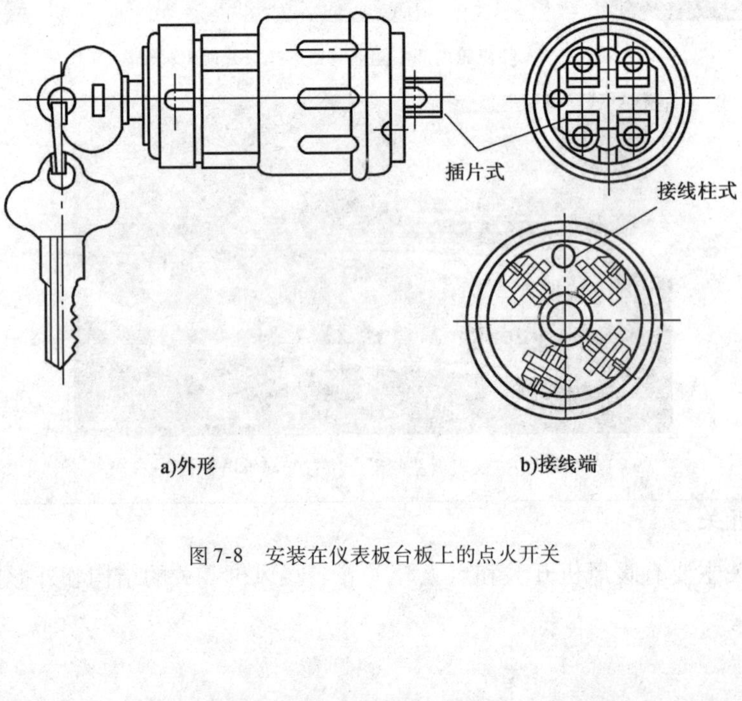

图 7-8　安装在仪表板台板上的点火开关

点火开关挡位和接线柱之间的连接关系　表 7-5

接线柱 / 通断 / 挡位	1 (BAT)	2 (IG)	3 (Acc)	4 (ST)
Ⅲ	○	—	○	
0	○			
Ⅰ	○	○	○	
Ⅱ	○	○	—	○

点火开关 0 挡是断开位置，1 接线柱和其他接线柱断开；Ⅰ挡是发动机正常工作位置，1 接线柱和 2、3 接线柱接通，为点火电路、发电机激磁电路、仪表电路、辅助电器等提供电源；Ⅱ挡是起动位置，1 接线柱和 2、4 接线柱接通，为点火电路、发电机激磁电路、仪表电路、起动电路等提供电源，切断与起动无关的辅助电器电路，改善起动性，该挡位具有自动复位功能；Ⅲ挡是辅助电器位置，1 接线柱和 3 接线柱接通，只为辅助电器等提供电源。

为了提高点火开关的工作性能，有些点火开关具有 4 个以上的接线柱，设置减荷继电器控制接线柱或有多个电源接线柱等。

新帕萨特、途观及途安的点火开关直接与转向柱控制单元连接，当点火开关的位置发生变化时，转向柱控制单元能识别到，控制相应的用电器工作。新帕萨特点火开关有 4 根线，3 个触点。3 个触点分别是 15 号线触点、50 号线触点及 *S* 触点。点火开关的 2 号针脚是转向柱控制单元给点火开关的正极供电。点火开关插头的第 6 号针脚，也就是 15 号线触点，连接转向柱控制单元的 E5 号针脚，拧转点火开关一次，可以看到组合仪表的指示灯亮起，如蓄电池指示灯，表明 15 号触点接通，该触点也是发动机正常工作的位置。点火开关插头的第 1 号针脚连接转向柱控制单元的 E1 号针脚，也就是 50 号线触点，拧转点火开关两次，50 号线触点接通，起动机工作。点火开关插头的第 3 号针与转向柱控制单元的 E4 针脚连接，将钥匙从点火开关中取出，*S* 触点接通，转向柱控制单元识别到 *S* 触点接通，在收音机没有关闭的情况下，会自动关闭收音机，同时也是遥控器控制中控锁工作的条件之一。使用引导性查看功能，可以检查点火开关的状态。

2. 推拉式开关

推拉式开关常用于控制灯光和刮水器。主要由手柄、拉杆、绝缘的滑块、接触片、外壳、锁止装置等组成，如图 7-9 所示。操作时，拉动手柄，移动滑块，改变接触片的位置使接线柱之间断开或接通，达到控制外电路的目的。推拉式开关常分为一挡式、二挡式、三挡式三种。

灯光开关主要用来控制前照灯、仪表灯、牌照灯等照明灯和示廓灯等。推拉式灯光开关有的还带有保险装置，如双金属片熔断器或玻璃管熔断器；有的还带有仪表灯亮度调节电位器，驾驶员可以调节仪表灯亮度。

灯光开关一般具有三个挡位：0 挡，是断开位置；Ⅰ挡是小灯位置，为仪表灯、牌照灯等照明灯和示廓灯提供电源；Ⅱ挡是前照灯位置，为前照灯、仪表灯、牌照灯等照明灯和示廓灯等提供电源。有的灯光开关在断开位置时还可以旋转,以控制停车示廓灯。

3. 顶杆式开关

顶杆式开关凭借作用于顶杆上的外力和内部的弹簧力改变控制触点的接触和断开,主要用作门灯开关、机械式制动灯开关、倒车灯开关等,常见结构和符号如图 7-10 所示。

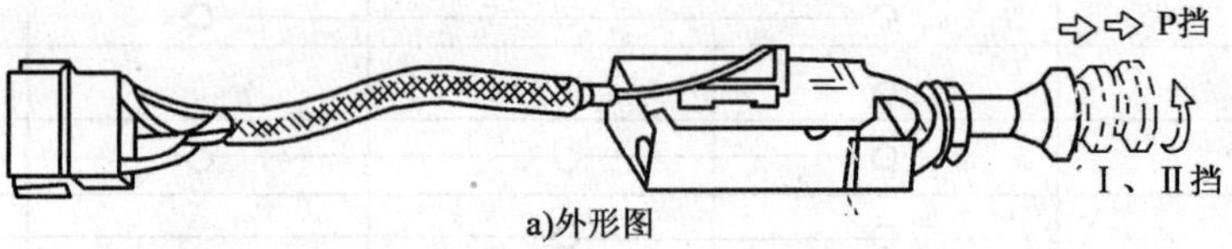

a)外形图

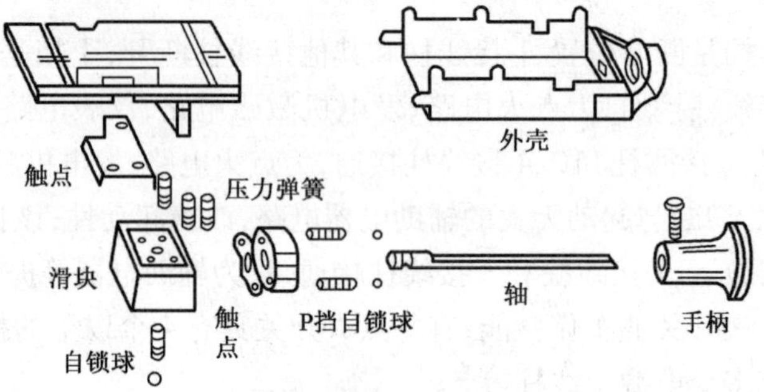

b)分解图

图 7-9 推拉式开关

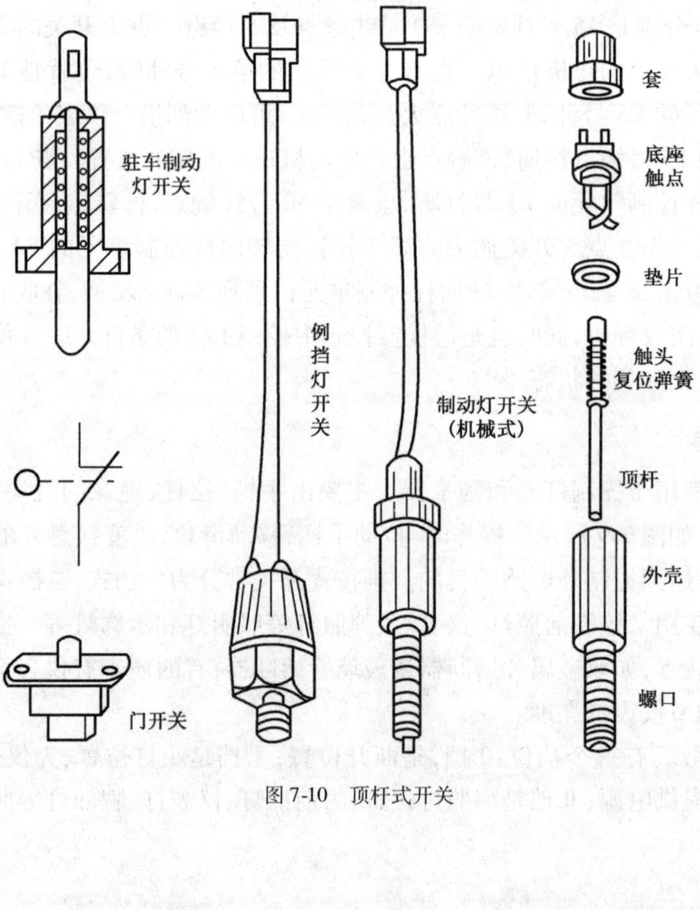

图 7-10 顶杆式开关

4. 扳柄式开关

扳柄式开关常用作转向灯开关和顶灯开关,常见结构和符号如图 7-11 所示。

5. 翘板式开关

翘板式开关常用作顶灯开关、雾灯开关、危险信号灯开关等,一般带有指示板照明灯,指示板上有表示用途的图形符号,常见外形和符号如图 7-12 所示。

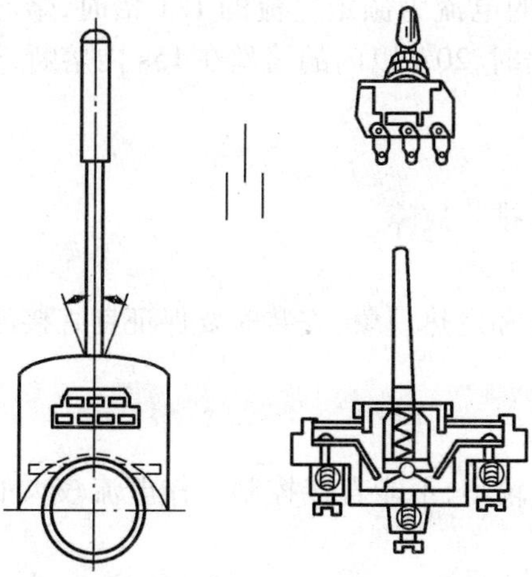

图 7-11 扳柄式开关

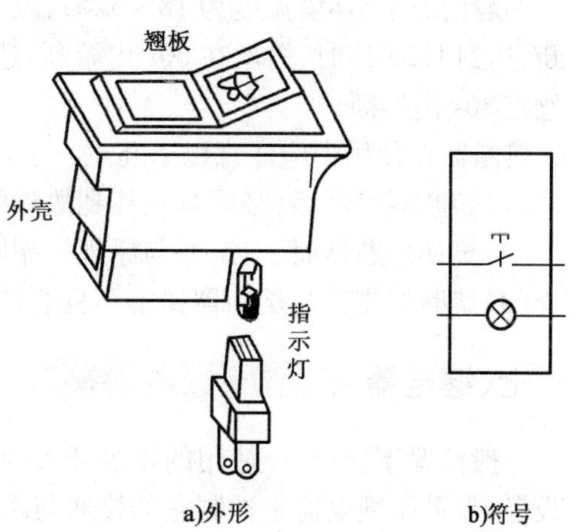

图 7-12 翘板式开关

6. 组合开关

为了操作方便,保证行车安全,有些车辆将转向灯开关、小灯与大灯开关、变光开关、刮水器开关、洗涤喷水开关、喇叭开关(或其中部分开关)等组装在一个组合体内,称之为组合开关。组合开关常安装在转向盘下的转向柱上。组合开关的操纵手柄上一般有表示用途的图形符号。图 7-13 为国产 JK320 型组合开关的外形和接线标号图。

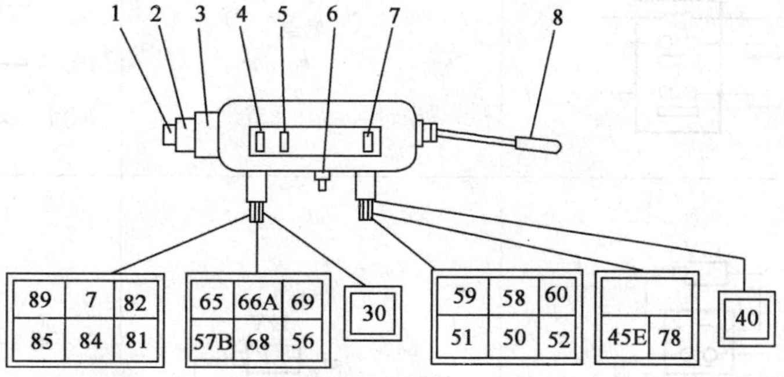

图 7-13 JK320 组合开关

1-风窗洗涤器按钮;2-刮水器开关;3-车灯开关;4-前侧灯开关;5-后照灯开关;6-喇叭开关触头;7-暖风开关;8-转向变光开光

由于不同组合开关的结构和控制内容等不尽相同,并且有多个接线柱与电源连接,因此在检测与维修和更换时要仔细研究,明确各接线柱的作用,以免造成新的故障。

六、熔断器

熔断器在电路中起保护作用。当电路中流过超过规定的电流时，熔断器的熔丝自身发热而熔断，切断电路，防止烧坏电路连接导线和用电设备，并把故障限制在最小范围内。通常情况下，将很多熔断器组合在一起安装在熔断器盒内，并在熔断器盒盖上注明各熔断器的名称、额定容量和位置，并用不同的颜色来区别熔断器的容量。

一般情况下，环境温度为 18 ~ 32℃，流过熔断器的电流为额定电流的 1.1 倍时，熔丝不熔断；达到 1.35 倍时，熔丝在 60s 内熔断；达到 1.5 倍时，20A 以内的熔丝在 15s 内熔断，30A 熔丝在 30s 内熔断。

熔断器在使用中应注意以下几点：

(1)熔断器熔断后，必须真正找到故障原因，彻底排除故障。

(2)更换熔断器时，一定要与原规格相同。

(3)熔断器支架与熔断器接触不良会产生电压降和发热现象，安装时要保证良好接触。

七、继电器

一般情况下，汽车上使用的操纵开关的触点容量较小，不能直接控制工作电流较大的用电设备，常采用继电器来控制它的接通与断开。

汽车上的继电器有很多，常见的有三类，这三类继电器的动作状态见表 7-6。

继电器的工作状态　　表 7-6

工作状态	第一类继电器	第二类继电器	第三类继电器
正常通常状态	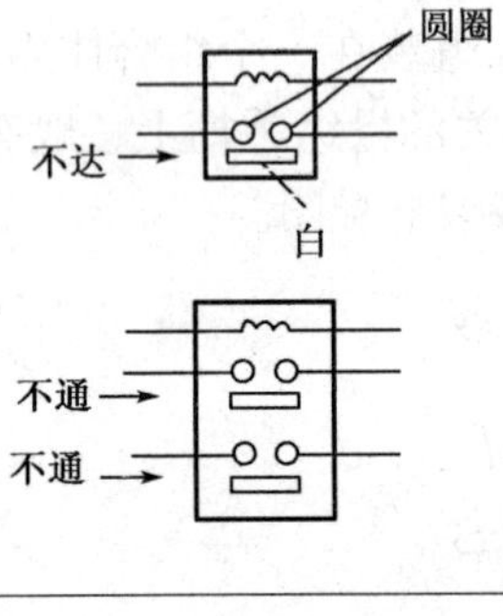	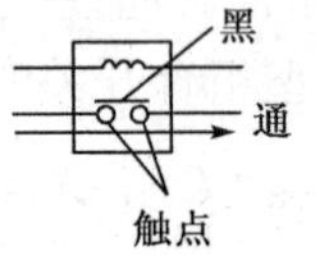	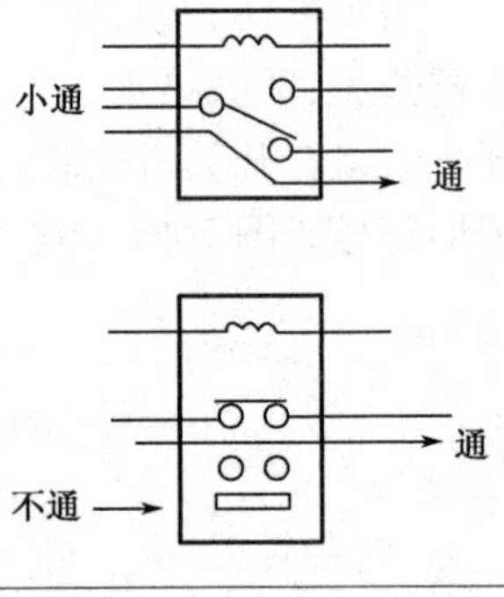
线圈通电时的情况	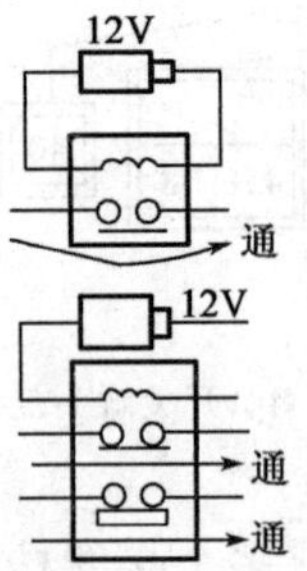	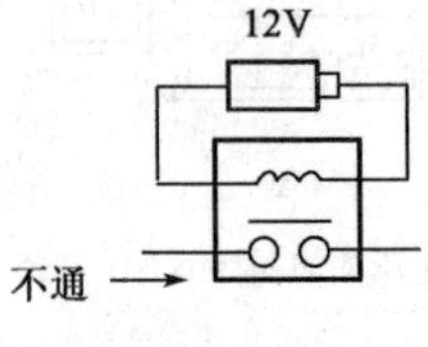	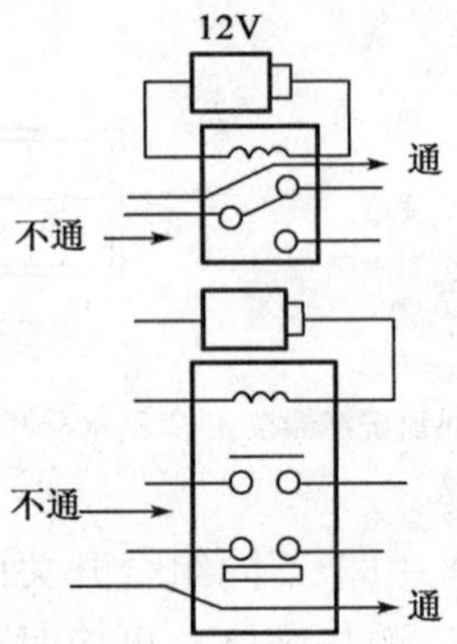

第一类继电器平时触点是断开的，继电器动作后触点才接通；第二类继电器平时触点是闭合的，继电器动作后触点断开；第三类继电器平时动断触点接通，动合触点断开，如果继电器线圈通电，则变成相反状态。

八、汽车电路图的表达方法

随着汽车工业的迅速发展，汽车性能的逐渐提高，汽车电器日益增多，汽车电路也日趋复杂。与此相适应，汽车电路图的表达方法也在发生变革。汽车电路图趋于简化、规范化已是当今世界各国汽车电路图表达方法的总趋势。现代汽车电路图的种类繁多，电路图依车型不同，也存在一定差别，但归纳起来汽车电路图主要有接线图、电路原理图、布线图等。

1. 接线图

图7-14是某系列微型汽车的电气系统接线图。接线图是按照电器设备在汽车上的大致安装位置来绘制的电路图。接线图的优点是：整车设备数量准确，线路的走向清楚，有始有终，便于循线跟踪，查找起来比较方便。接线图的缺点是：图上电线纵横交错，印制版面小则不易分辨，版面过大印刷装订受限制；识图、画图费时费力，不易抓住电路重点、难点；不易表达电路内部结构与工作原理。因此，在电气系统复杂程度不高的情况下一般采用接线图。

2. 电路原理图

天津华利牌系列微型汽车的电气系统电路原理图见图7-15。电路原理图以电路连接最短、最清晰为原则布置图面，且基本表示出电气设备内部电路。因此，电路图既表达了电器之间的连接，又体现了电气设备内部电路情况，容易分析各电器工作时电流的具体路径。因此，电路原理图应用比较广泛。

电路原理图有整车电路原理图和局部电路原理图之分。

(1)整车电路原理图

为了生产与教学的需要，常常要尽快找到某条电路的始末，以便确定故障的部位。在分析故障原因时，不能孤立地仅局限于某一部分，而是要将这一部分电路在整车电路中的位置和与之相关的电路都表达出来。

整车电路图的优点如下：

①对全车电路有完整的概念。它既是一幅完整的全车电路图，又是一幅互相联系的局部电路图。重点难点突出、繁简适当。

②在此图上建立起电位高、低的概念。其负极“-”搭铁，电位最低，可用图中的最下面一条线表示；正极“+”电位最高，用最上面的一条线表示。电流的方向基本是由上而下。

③尽最大可能减少电线的曲折与交叉，布局合理，图面简洁、清晰，图形符号考虑到元器件的外形与内部结构，便于读者联想，易读、易画。

④各局部电路(或称子系统)相互并联且关系清楚，发电机与蓄电池间、各个子系统之间的连接点尽量保持原位，熔断器、开关及仪表等的接法基本上与实际吻合。

整车电路图的缺点是:图形符号不太规范,容易各行其是,不利于与国际标准统一,因而也不利于对外交流。但是,近年来,国内外汽车电路变化很快,大量外国汽车的电路资料被翻译并刊登出来,国产汽车电路的设计、使用、维修以及教学、科研人员在电路图的表达方式和实际应用方面均作了长期的探索与实践,结合我国标准和国际标准以及汽车电器行业的情况,对汽车电路原理图的画法制定了较为详细的规范,推荐采用以德国博世(BOSCH)公司为基础的,经多年使用并修改定稿的《汽车电路图与图形符号》。

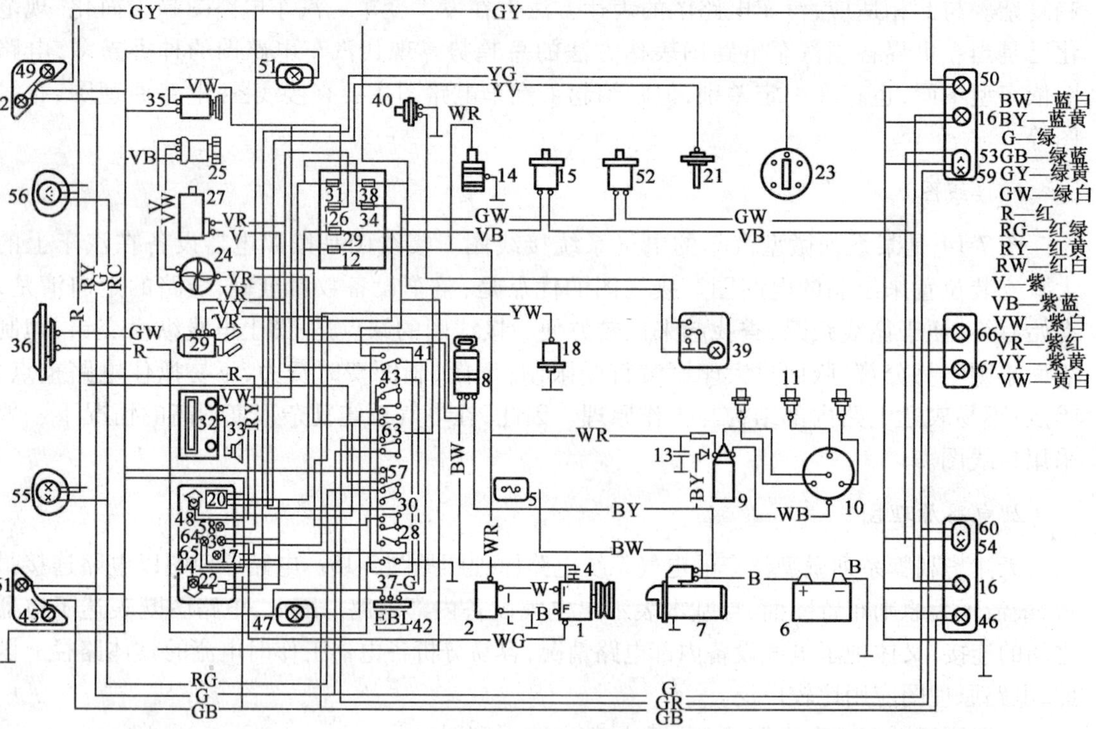

图 7-14　某系列微型汽车接线图

1-发电机;2-电压调节器;3-充电指示灯;4、13-防干扰电容器;5-总熔断器(40A);6-蓄电池;7-起动机;8-点火开关;9-点火线圈;10-分电器;11-火花塞;12、19、26、31、34、38-熔断器;14-燃油截止电磁阀;15-倒车灯开关;16-倒车灯;17-油压报警灯;18-油压开关;20-冷却液温度表;21-冷却液温度传感器;22-燃油表;23-燃油传感器;24-暖风电机;25-暖风开关;27-洗涤器电机;28-洗涤器开关;29-刮水器电机;30-刮水器开关;32-收音机;33-扬声器;35-点烟器;36-电喇叭;37-喇叭按钮;39-带开关的室内灯;40-门控开关;41-转向与危险报警开关;42-闪光器;43-转向灯开关;44-左转向指示灯;45～47-左转向信号灯;48-右转向指示灯;49～51-右转向信号灯;52-制动灯开关;53、54-制动灯;55、56-前照灯;57-前照灯开关;58-远光指示灯;59、60-后示宽灯;61、62-前示宽灯;63-示宽灯开关;64、65-仪表照明灯;66、67-牌照灯

(2)局部电路原理图

为了弄清汽车电器的内部结构,各个部件之间相互连接的关系,弄懂某个局部电路的工作原理,常从整车电路图中抽出某个需要研究的局部电路,将重点部位进行放大、绘制并加以说明。局部的汽车电路原理图的电器设备少、幅面小,看起来简单明了,易读易绘;其缺点是只能了解电路的局部。

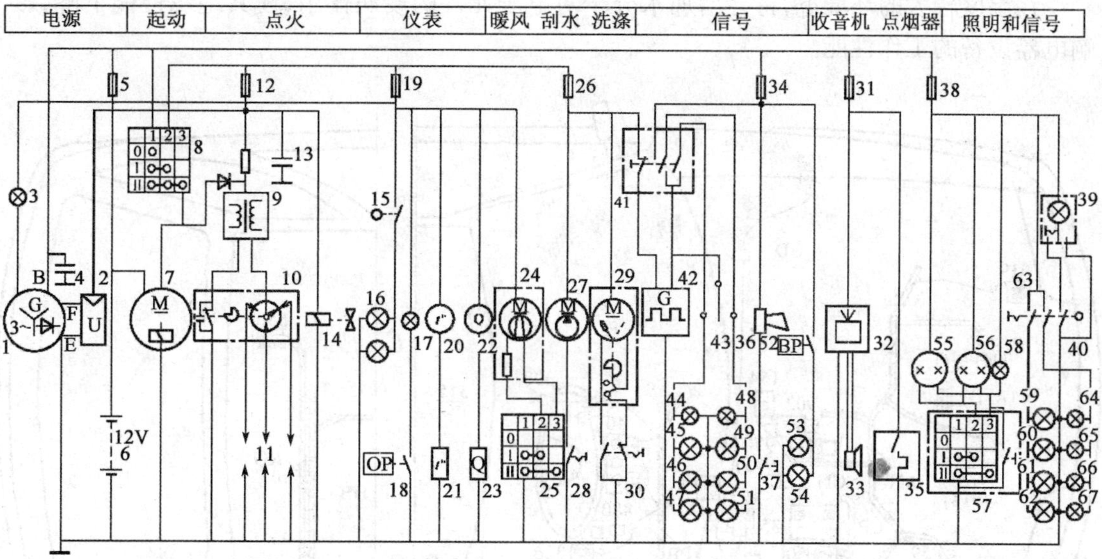

图 7-15　天津华利牌系列微型汽车电路原理示意图

1-发电机；2-电压调节器；3-充电指示灯；4、13-防干扰电容器；5-总熔断器(40A)；6-蓄电池；7-起动机；8-点火开关；9-点火线圈；10-分电器；11-火花塞；12、19、26、31、34、38-熔断器；14-燃油截止电磁阀；15-倒车灯开关；16-倒车灯；17-油压报警灯；18-油压开关；20-冷却液温度表；21-冷却液温度传感器；22-燃油表；23-燃油传感器；24-暖风电机；25-暖风开关；27-洗涤器电机；28-洗涤器开关；29-刮水器电机；30-刮水器开关；32-收音机；33-扬声器；35-点烟器；36-电喇叭；37-喇叭按钮；39-带开关的室内灯；40-门控开关；41-转向与危险报警开关；42-闪光器；43-转向灯开关；44-左转向指示灯；45～47-左转向信号灯；48-右转向指示灯；49～51-右转向信号灯；52-制动灯开关；53、54-制动灯；55、56-前照灯；57-前照灯开关；58-远光指示灯；59、60-后示宽灯；61、62-前示宽灯；63-示宽灯开关；64、65-仪表照明灯；66、67-牌照灯

3. 布线图

富康 988 轿车仪表系统布线图见图 7-16。布线图主要是表明电线束与各用电器的连接部位、接线柱的标记、插接器的形状及位置等，它是人们在汽车上能够实际接触到的汽车电路图。也可以把一些车辆的电器元件位置图看成是简化了的布线图。这种图一般不详细描绘线束内部的线路走向，只将露在线束外面的线头与插接器作详细编号或用字母标记。它是一种突出装配记号的电路表现形式，非常便于安装、配线、检测与维修。若布线图能够与电路原理图或接线图结合起来使用，则会起到更大的作用。

九、汽车电气系统的工作条件

汽车电气系统的工作条件可概括为大范围的温度和湿度变化，波动的电压及较强的脉冲干扰，电器间的相互干扰，剧烈的振动以及尘土的侵蚀等。

1. 温度与湿度

温度的变化包括两方面：一是外界环境温度；二是使用温度，它与电器设备工作时间的长短、布置位置以及电器元件自身的发热散热条件有密切关系。对于电子元件来讲，较高的使用温度是造成过热损坏的主要原因。

在湿度较大的环境下，将会增加水分子对电子元件的浸润作用，使其绝缘性能下降，影响电器设备的工作性能。

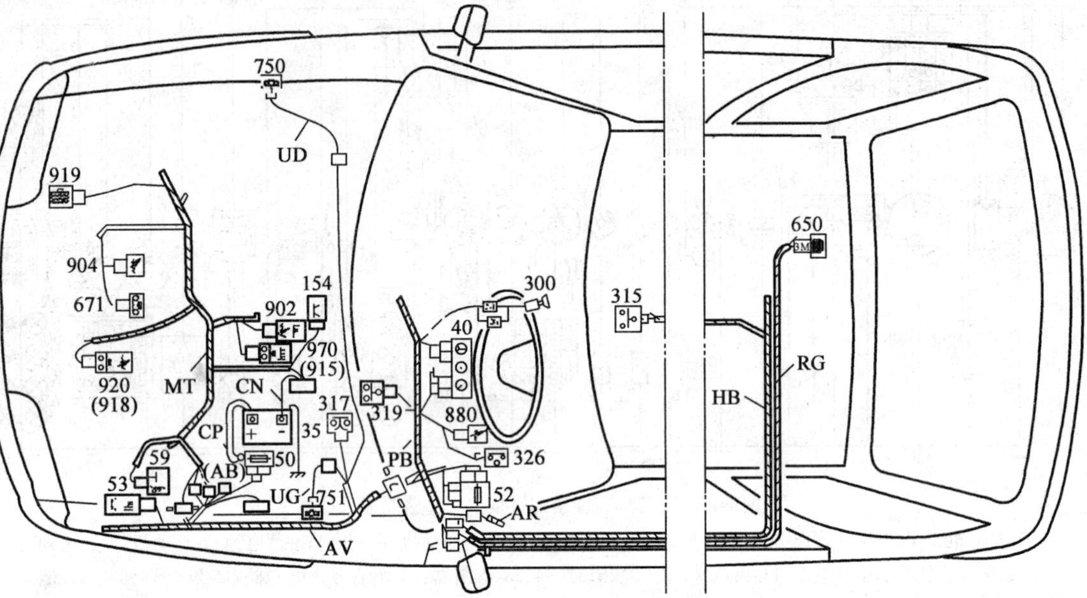

图 7-16 富康 988 轿车仪表系统布线示意图

35-蓄电池；40-仪表板；50-发动机罩下熔断器盒；52-车内熔断器盒；53-冷却液温度控制盒；154-车速传感器；300-点火开关；315-手制动开关；317-液面开关；319-制动灯开关；326-阻风门开关（未用）；650-燃油表传感器；671-机油压力表传感器；750-右前制动摩擦片报警器；751-左前制动摩擦片报警器；880-仪表照明变阻器；915-冷却液温度传感器；59、902、904、918、920-未用；970-发动机温度报警开关

2. 电压的波动

汽车电气系统的电压波动可分为两种：一种是正常范围内的波动，即从蓄电池的端电压到电压调节器起作用的电压之间的波动；另一种为过电压，过电压将对汽车上的电子设备带来极大危害。过电压从其性质来分，可分为非瞬变性和瞬变性过电压。

非瞬变性过电压主要是由于发电机调节器失灵或其他原因，引起发电机励磁电流未经调节器，使发电机电压升高到不正常值。这种故障如不及时排除，则整个充电系统的电压会一直处于不正常的高压，过电压有时可高达 100V 以上。它会使蓄电池的电解液沸腾，电器设备烧毁。

瞬变性过电压对汽车电子元件危害最大，其产生主要有以下几种情况：

(1)当停车关闭点火开关时，由于发电机的磁场绕组与蓄电池之间通路瞬间切断，从而在磁场绕组中感应出按指数规律变化的负电压，其反向峰值可达 50 ~ 100V。该脉冲由于没有蓄电池吸收，极易引起电子元件的损坏。

(2)汽车运行中，发电机与蓄电池之间的导线意外松脱，或者在没有蓄电池的情况下突然断开其他负载，发电机端电压瞬间可升高很多，极限情况可达 100V 以上，且可维持 0.1s 左右的时间。对一些过电压敏感的电子元件，这样的过电压足以造成损坏或误动作。

(3)电感性负载,如喇叭、各种电机、电磁离合器等,在切换时将在电路中产生高频振荡,振荡的峰值电压可达200V以上。其持续时间较短(300s左右),一般不会引起电子元件损坏,但对于具有高频响应的控制系统,如电控汽油喷射系统,往往会引起误动作。

3. 电器间的相互干扰

由于各个电器设备工作方式不同,它们之间会以不同的方式彼此侵扰。通常将汽车上所有电器能在车上正常工作而不干扰其他电器正常工作的能力称为汽车电器的相容性。在实际中,电器间的相互干扰是不可避免的,因此,对汽车电气系统来说,重要的是相容性。任何因素激发出的振荡都会通过导线等以电磁波的方式发射出去,势必对其他电子系统产生电磁干扰。因此,汽车上应用的计算机等,都应具有良好的屏蔽措施,一旦屏蔽被破坏,也会导致其工作异常。

4. 其他

汽车行驶中不可避免地会产生振动和冲击,它将造成电子设备的机械性损坏。如脱线、脱焊、触点抖动、搭铁不良等故障。尘土及有害气体的侵蚀会导致接触不良、绝缘性能下降等故障。

十、汽车电气系统故障种类

汽车电气系统的故障总体上可分为两大类:一类是电器设备故障;另一类是线路故障。

1. 电器设备故障

电器设备故障是指电器设备自身丧失其原有机能,包括电器设备的机械损坏、烧毁,电子元件的击穿、老化、性能减退等。在实际使用和维修中,常常因线路故障而造成电器设备故障。电器设备故障一般是可修复的,但一些不可拆的电子设备出现故障后只能更换。

2. 线路故障

线路故障包括断路、短路、接线松脱、接触不良或绝缘不良等。这一类故障有时容易出现一些假象,给故障诊断带来困难。例如,搭铁线与车身出现接触不良,就有可能造成电器设备开关失控,电器设备工作出现混乱。这是因为有的搭铁线多为几个电器设备共用,一旦搭铁线出现接触不良,它就把多个电器设备的工作电路联系到一起,就有可能通过其他线路找到搭铁途径,造成一个或多个电器设备工作异常。

十一、检测与维修汽车电路注意事项

(1)拆卸和安装电器元件时,应切断电源。

(2)更换熔断器时,一定要与原规格相同,切勿用导线替代。

(3)正确拆卸导线插接器(插头与插座)。为了防止插接器在汽车行驶中脱开,所有的插接器均采用了闭锁装置。要拆开插接器时,首先要解除闭锁,然后把插接器拉开,不允许在未解除闭锁的情况下用力拉开,这样会损坏闭锁或连接导线。

(4)在检测与维修传统汽车电路故障时,不能采用“试火”的办法逐一判断故障部位,否则会给某些电路和电子元件造成意想不到的损害。

(5)在发动机工作时,不要拆下蓄电池接线。对于装有电控装置的车辆也不要采用该办法来判断发电机是否发电。

(6)不允许使用欧姆表及万用表的 $R\times100$ 以下低阻欧姆挡检测小功率晶体管,以免电流过载损坏晶体管。

(7)更换三极管时,应首先接入基极;拆卸时,最后拆下基极。

十二、汽车电路检测与维修方法

汽车电路发生故障主要有断路、短路、电器设备的损坏等。为了能迅速准确地诊断故障,下面介绍几种常见的诊断方法。

1. 直观诊断法

汽车电路发生故障时,有时会出现冒烟、火花、异响、焦臭、发热等异常现象。这些现象可通过人的眼、耳、鼻、身感觉到,从而可以直接判断出故障所在部位。

2. 断路法

汽车电路设备发生搭铁(短路)故障时,可用断路法判断。将怀疑有搭铁故障的电路段断路后,根据电器设备中搭铁故障是否还存在,判断电路搭铁的部位和原因。

3. 短路法

汽车电路中出现断路故障,还可以用短路法判断。将被怀疑有断路故障的电路短接,观察仪表指针变化或电器设备工作状况,从而判断出该电路中是否存在断路故障。

4. 试灯法

试灯法就是用一只汽车用灯泡作为试灯,检查电路中有无断路故障。

5. 仪表法

观察汽车仪表板上的电流表、冷却液温度表、燃油表、机油压力表等的指示情况,判断电路中有无故障。

6. 仪器法

随着汽车电气设备的日趋复杂,在维修中,特别是维修装置电子设备较多的车辆,使用一些专用的仪器是十分必要的。

任务实施

一、技师询问李先生车辆信息

接通点火开关然后挂入倒挡,发现倒车灯不亮,故障确实与客户描述一致。经仔细询问,得知车主加装的倒车雷达与倒车映像系统是在非正规的汽车美容店安装,初步分析故障可能出现在倒车灯开关或熔丝断开。

二、技师检测与故障排除

经过查看图7-17得知倒车灯的供电顺序为:仪表板左侧下方的熔丝SC13→倒车灯开关→右侧倒车灯插头的T4d/4(黑/蓝)→灯泡。

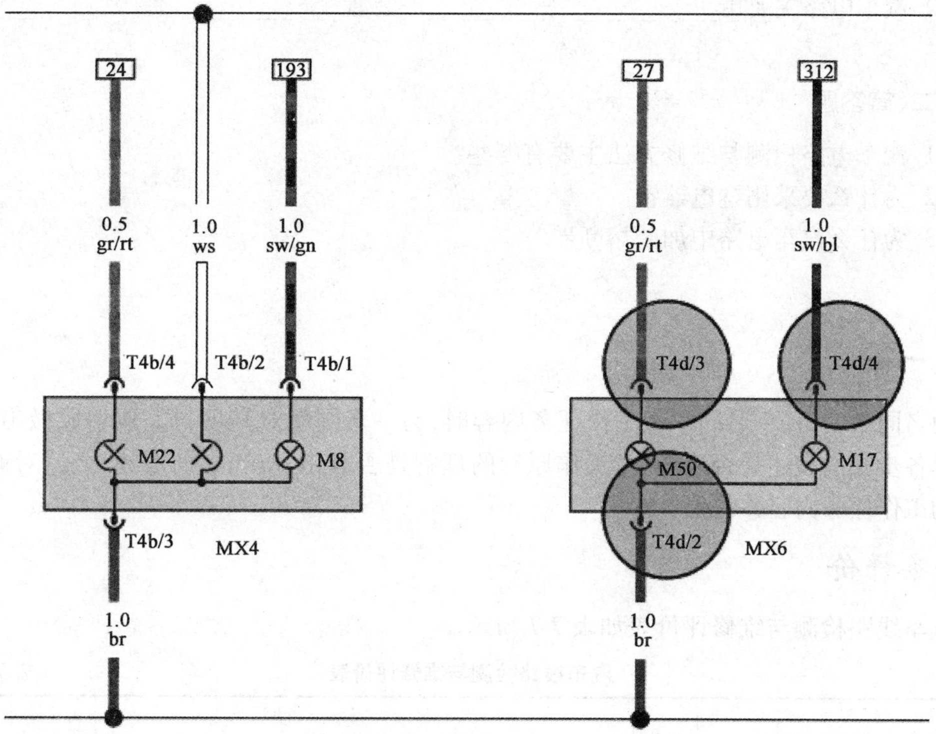

图7-17　倒车灯接线图

接通点火开关挂入倒挡,测量倒车灯插头的T4d/4针脚与搭铁的电压,发现为0V。拔下倒车灯的熔丝发现熔丝已经断开,尝试更换新的熔丝,挂入倒挡,发现倒车灯亮起,倒车雷达和倒车映像系统可以正常工作,表明线束中存在偶发性电流过大造成熔丝断开。经过多次挂入倒挡并路试,倒挡在挡时间较长时,故障再次出现,拔下熔丝发现已经断开。判断故障为倒车雷达和倒车影像系统从倒车灯线路取电,同时线路连接处的绝缘处理得不好,有时会出现短路现象,造成熔断丝处于过负荷状态,时间较长时可能会出现熔断丝故障。检查后发现倒车雷达和倒车映像取电的接头处固定的不好,绝缘胶带简单处理处已经磨损,造成了轻微的短路。

三、维修结论

车主在改装汽车的用电设备时,没有关注用电负荷的变化,同时非正规改装店的电路处理不当,熔断丝会过负荷工作,出现熔断丝烧熔造成电路不工作的故障。

修复处理电路后,试车不出现故障。车主离开后,没有出现返修的问题。

练一练

一、填空题

1. 汽车电路图的种类主要有：__________、__________ 和 __________图。

2. 汽车电路主要由__________、__________装置、__________件及__________组成。

二、简答题

1. 汽车电路检测与维修方法主要有哪些?
2. 为什么要采用继电器?
3. 为什么汽车电路中加装熔断器?

做一做

两名同学一组,一名同学做工作任务内容时,另一名同学对其项目完成情况做出点评,说明其各步骤的表述是否清晰,对工作原理的理解是否有错,应当如何表述,之后对调进行同样的工作任务内容并评价。

任务评价

汽车线路检测与维修评价表如表 7-7 所示。

汽车线路检测与维修评价表 表 7-7

序号	内容及要求	评分	评分标准	自评	组评	师评	得分
1	准备	10	①汽车进入工位前,准备好相关的器材(4 分); ②拉紧驻车制动器,把变速杆置于空挡或 P 挡位置(3 分); ③套上三件套、粘贴翼子板布(3 分)				
2	清洁	10	按要求清理工位				
3	检查汽车照明电路线路	10	检测工艺正确,结论正确,能说明理由				
4	检查汽车喇叭电路线路	10	检测工艺正确,结论正确,能说明理由				
5	检查汽车制动电路线路	10	检测工艺正确,结论正确,能说明理由				
6	检查各类连接器	10	检测工艺正确,结论正确,能说明理由				
7	检查线束	10	检测工艺正确,结论正确,能说明理由				
8	检查熔断器	10	检测工艺正确,结论正确,能说明理由				
9	检查继电器	10	检测工艺正确,结论正确,能说明理由				

续上表

序号	内容及要求	评分	评分标准	自评	组评	师评	得分
10	安全文明生产	10	①结束后清洁(5分)； ②工量具归位(5分)				
指导教师总体评价 指导教师________ ____年____月____日							

教学提示

“汽车线路检查”教学提示如表7-8所示。

“汽车线路检查”教学提示　　表7-8

任务1	汽车线路检查		学时	2
学习目标	1. 检测汽车线路； 2. 检测、排除汽车线路典型故障			
学习内容	教学方法与建议			
1. 汽车电路图的类型与特点； 2. 汽车线材类型与特点； 3. 汽车电路连接器与继电器的类型与特点； 4. 汽车线路检查的一般方法	通过任务驱动教学法实施教学： 1. 汽车线路检查教学过程由任务目标、任务导入、知识准备、任务实施、练一练、做一做、任务评价组成，在老师的指导下制订方案并实施，最终进行评价； 2. 学生通过典型工作任务的完成，将理论知识融入实际操作中； 3. 教学过程中体现以学生为主体，教师进行适当讲解，并进行引导、督促和评估； 4. 教师应提前准备好各种媒体资料、教学课件，并准备教学场地和设备			
教学媒体与设备	学生已有的知识、能力要求	教师执教的要求		
1. 实训设备：工作台、汽车线束、连接器、继电器、熔断器等； 2. 通用、专用工具：扭力扳手、万用表、诊断仪； 3. 多媒体教学设备； 4. 多媒体教学课件、软件； 5. 网络教学资源	1. 安全操作知识； 2. 使用各种工具的基本技能和经验； 3. 汽车线路零部件的构造、原理和一般检测方法	1. 能够根据教学方法合理设计教学情境； 2. 熟悉汽车线路检查的一般流程； 3. 能够完成汽车线路检查工作； 4. 具备协调各方、处理学生误操作的能力		

项目小结

1. 导线、熔断器、插接器、各种开关和继电器等，它们是汽车电路的基本组成部分。

2. 标称截面积是经过换算而统一规定的钱心截面积，不是实际线心的几何面积，也不是各股线心几何面积之和。

3. 高压线用来传送高电压，其工作电压一般在15kV以上，但通过电流强度较小，绝缘包层厚，耐压性能好，线芯截面积很小。

4. 插接器就是通常说的插头和插座，用于线束与线束或导线与导线间的相互连接，所有的插接器均采用了闭锁装置。

5. 汽车将各种继电器和熔断器等集中安装在一块或几块配电板上，配电板正面装有继电器和熔断器的插头，背面是接线插座，这种配电板及其盖子就称为中央接线盒。

6. 点火开关主要用来控制点火电路、发电机磁场电路、仪表电路、起动继电器电路以及一些辅助电器等，一般都具有自动复位的起动挡位并配有钥匙以备停车时锁住，因此又称为钥匙开关。

7. 有些车辆将转向灯开关、小灯与大灯开关、变光开关、刮水器开关、洗涤喷水开关、喇叭开关（或其中部分开关）等组装在一个组合体内，称之为组合开关。

8. 熔断器在电路中起保护作用。当电路中流过超过规定的电流时，熔断器的熔丝自身发热而熔断，切断电路，防止烧坏电路连接导线和用电设备，并把故障限制在最小范围内。

9. 接线图是按照电器设备在汽车上的大致安装位置来绘制的电路图。

10. 电路原理图以电路连接最短、最清晰为原则布置图面，且基本表示出电气设备内部电路。

11. 布线图主要是表明电线束与各用电器的连接部位、接线柱的标记、插接器的形状及位置等，它是人们在汽车上能够实际接触到的汽车电路图。

12. 汽车电路检修方法有直观诊断法、断路法、短路法、试灯法、仪表法和仪器法。

参考文献

[1] 姜大源.工作过程导向的高职课程开发探索与实践——国家示范性高等职业院校课程开发案例汇编[G].北京:高等教育出版社,2008.

[2] 姜大源.当代世界职业教育发展趋势研究[M].北京:电子工业出版社,2012.

[3] 姜大源.职业教育学研究新论[M].北京:教育科学出版社,2007.

[4] 曾玲娟.职业教育心理学[M].北京:北京师范大学出版集团,2010.

[5] 吴芷红,胡福祥.汽车电气设备[M].2版.北京:中国水利水电出版社,2015.

[6] 吴涛.汽车电器设备与维修[M].西安:西安电子科技大学出版社,2006.

[7] 梁朝伟.汽车构造与维修(电器部分)[M].北京:北京航空航天大学出版社,2008.

[8] 李春明.汽车电气设备与维修[M].北京:高等教育出版社,2005.

[9] 黄孟涛.汽车电气设备[M].北京:中国劳动出版社出版,1999.

[10] 孟庆浩.汽车电器设备与维修技术[M].济南:山东科学技术出版社,2007.

[11] 张梦欣.汽车修理工[M].2版.北京:中国劳动社会保障出版社,2008.

[12] 山东省劳动和社会保障厅.汽车维修工[M].济南:山东科技出版社,2002.

[13] 舒华,姚国平.汽车电子控制技术[M].北京:人民交通出版社,2008.

[14] 周建平.汽车电气设备构造与维修[M].北京:人民交通出版社,2005.

[15] 于明进,于光明.汽车电气设备构造与维修[M].北京:高等教育出版社,2005.

[16] 李春明.汽车电器与电路[M].北京:高等教育出版社,2003.

[17] 王运朋.丰田汽车电路图[M].广州:广东科技出版社,2000.

[18] 李春明.汽车车身电子技术[M].北京:北京理工大学出版社,2003.

[19] 何丹娅.汽车电器与电子设备[M].北京:人民交通出版社,1998.

[20] 边焕鹤.汽车电器与电子设备[M].北京:人民交通出版社,2005.

[21] 纪光兰,戈秀龙.汽车电器设备构造与维修[M].北京:机械工业出版社,2011.

[22] 张西振.汽车发动机电控技术[M].北京:机械工业出版社,2011.

[23] 杨勇.汽车电气设备维修[M].北京:人民交通出版社,2008.

[24] 毛峰.汽车电器设备与维修[M].北京:机械工业出版社,2007.

参考文献